綫裝書局

濰安武工隊

陈建平　沃　土◎著

图书在版编目（CIP）数据

潍安武工队 / 陈建平，沃土著．-- 北京 ：线装书局，2018.8

ISBN 978-7-5120-3346-7

Ⅰ．①潍… Ⅱ．①陈… ②沃… Ⅲ．①长篇小说—中国—当代 Ⅳ．① I247.5

中国版本图书馆 CIP 数据核字（2018）第 194640 号

潍安武工队

作　　者：陈建平　沃　土
责任编辑：程俊蓉
装帧设计：济南普林达印务有限公司
出版发行：线装书局
地　址：北京市丰台区方庄日月天地大厦B座17层（100078）
电　话：010-58077126（发行部）010-58076938（总编室）
网　址：www.zgxzsj.com
经　　销：新华书店
印　　制：济南普林达印务有限公司
开　　本：880mm×1230mm　1/32
印　　张：17
字　　数：350千字
版　　次：2018年8月第1版第1次印刷
印　　数：0001-2000册

线装书局官方微信

定　　价：48.00元

淮安县公安局原局长县委副书记王润斋（中）与陈澍（右，本书主人公原型）和警卫员在一起（1946 年）

于学忠将军

周复将军

起义团长韩寿臣

1947 年 1 月，前排右一为厉文礼

真实生动再现抗战风云

——长篇小说《潍安武工队》序

今年四月中旬的一天，济南作家陈建平到创联部来，说是拟与作家韩济生共同创作一部以安丘武装斗争为题材的长篇小说《潍安武工队》，需要去安丘市查阅官庄地区30余个村庄的村志，想让我们给安丘市有关方面开一个介绍信，请他们提供方便。没想到半年之后，他们俩再次登门，带给我一部30多万字的书稿。

陈建平说安丘是他的故乡，是他父亲当年生活和战斗过的地方。小说主人公陈树的原型之一就是他的父亲。应该是对故乡的热爱、对亲人的真情，促使他在年过花甲之后重回故土，追寻父辈战斗的足迹吧？

抗战胜利70多年来，抗战题材的长篇小说难以计数。特别是广大山东作家，秉承这块红色土地的深厚浸润，创作了大量抗战题材的文学作品。2015年是抗战胜利70周年，山东省委宣传部和山东省作家协会联合举办了“纪念中国人民抗日战争暨世界反法西斯战争胜利70周年”文学征文，仅长篇小说就收到近百部，涌现出一批思想性、艺术性、可读性俱佳的优秀作品。

在 70 多年后的今天，重新回望那段历史，并且用文学的形式书写出来，难度很大，最根本的是真实，最重要的是创新。作者既要努力揭开岁月的灰尘对历史的遮蔽，逼近历史的真相，还原真实的历史，又要在题材的选择上、人物形象的塑造上、艺术手法的运用上有所创新，才有可能脱颖而出。《潍安武工队》为此做出了积极努力。

安丘历史悠久，可溯至春秋莒国，汉景帝中元二年（公元前148 年）正式置县。这个地方挺有意思，山地、平原、丘陵各占三分之一。抗战期间，共产党、国民党、土匪、日伪军各派军事势力共存，各自发展自己的力量。《潍安武工队》以陈树带领潍安武工队穿梭于安丘各派军事势力之间、不断发展壮大的传奇经历为主线，讲述了 1938 年到 1946 年间，发生在安丘地区的抗战故事，真实地展示了各派军事势力或正面斗争，或相互利用、或勾心斗角的生存态势，是其亮点之一。

陈树是因为自己的婚姻不幸，而被迫离家“出逃”，参加了八路军。他的六个小伙伴也不是为了报效国家，而是实在舍不得自己的精神领袖，少了他就少了许多的乐趣，而跟了这个“孩子王”集体出逃。起初，他们并没有远大的革命理想和抗日自觉性，但是战争的环境、斗争的历练，促使他们一步一步走向成熟。陈树等众多人物扎根泥土，真实可信，是小说的亮点之二。

革命队伍的发展历程不是一帆风顺的，革命队伍中也并非铁板一块，刚刚拿起枪的农民，山头林立，各有宗派，再加上极左思潮的影响，造成了革命队伍内部出现了极不正常的情况。季方华被害，张鸿礼被冤枉枪杀，跟随张鸿礼的朱文淑一些人受到株连，大部分被遣返，就连陈树的队伍也差点遭到厄运。对这些忌讳莫深的历史伤疤，书中没有回避，而是大胆地展现，但是又不做任何评判，相信读者能够从中领悟：堡垒最容易从内部攻破，党同伐异，互相猜忌，是让“亲者痛，仇者快”的事情，是最不应该教的学费。这是小说的亮点之三。

栗文礼是安丘地区国民党抗战的“领军”人物，不能说不抗战，但杀起共产党来也毫不手软，只是城顶山之战中，贪生怕死，投降了日本人。章步云是个有恩必报、有仇也必报的土匪。他们却和陈树结合在一起，成了亦敌亦友的特殊关系。通过这三个人物之间关系的描写，既反映了抗战形势的复杂性，又反映了人与人关系的复杂性和人性的复杂性。这是此书的亮点之四。

再就是白玫瑰这个人，既是个坚决的抗日派，又是个军统特务，对共产党怀有刻骨仇恨。一会儿帮着陈树，一会儿攻击陈树，一会儿是国民党，一会儿是八路军干部，就和陈树的队伍一样，八路军、国民党、二鬼子全都干过，但是二人的思想和信仰始终没有变，只是随着形势的变化，为了生存，为了实现自己的理想，在变换着不同的衣服。层层剥笋，白玫瑰最后才露出庐山真面目，给本书增添了一种悬疑成分。这是本书的亮点之五。

小说叙述生动，故事性强，引人入胜。可以说是本书的亮点之六。当然，如果故事线索能够再紧凑一些，出场人物再精减一些，可能会有更好的阅读效果。如果能够对安丘的风土人情有更多描述，小说的内容会更丰厚一些。

日本侵华是中国人心中永远的痛。《潍安武工队》从不同角度丰富了对于抗日战争的文学书写，用文学的形式生动地展示了这场艰苦卓绝的伟大战争，再次提示我们铭记历史、缅怀先烈，珍爱和平、开创未来，为实现国家富强、民族振兴、人民幸福的中国梦而努力奋斗。

是为序。祝愿两位作家写出更多更好的作品来。

陈文东

山东省作协副主席

目　录

第1回 风雪下里戈庄

1938年安丘的2月，仍然很冷。整个世界混混沌沌，皑皑茫茫，大地和天空被雪混成了一体。狂风卷着雪头，呼啸着，翻滚着，铺天盖地而来。飞舞的雪粉，来往冲撞，不知它是揭地而起，还是倾天而降。

穿着灰军装的一个连队，从汶河的一条支流上走过，单薄的军衣在狂风飞雪的天气里更觉得冷气直入骨头缝。尖厉的寒风从白色溜光的冰面上旋起，又在笔直而光秃的杨树梢上打着呼哨而去。雪如舞动的鬼魅，仿佛穿越时空而来，狠狠地砸在战士的额头上，毫不留情地搜刮着士兵身上的热量。

“咯吱”“咯吱”的脚步声，踏着陈雪，新的雪粉又没到了脚脖子，鞋里的雪水，冰凉冰凉。风越刮越猛，枯树枝发出刺耳的尖叫，让人感到凄凉，感到恐怖。有的战士头上包着一块肮脏的破布，只露出两只眼，有的战士在单鞋上也包上了布，好抵御脚被冻伤。

一个战士走着走着歪倒了，旁边的战士赶紧扶起他，拖着他走。在这样的天气里，脚里的血脉要是不流通，真要坏死的。又一个战士歪倒了，这是严重的营养不良再加上寒冷的天气，把身上的热量吸走了。两个战士又扶起他，踉跄地拖着他走……

连长吴少平很着急，给战士搞到冬装，让战士吃上几顿好饭，比完成军事任务更为艰难。

前面出现了一个村庄，庄边上写着“下里戈庄”四个大字。吴少平一招手，指挥着队伍向庄里走去。庄里一黑一黄两条土狗开始大叫。本来胡同里还有几个老人，瞬间跑得没了人影。

北风很硬，把地上的浮雪从野外刮进庄子里，再从胡同里刮出来，然后在墙根下，柴火垛下，在所有背风的地方，堆出一道道的雪岭子。墙边的蒿草，在雪中露出焦黄的草梢子，发出丝丝的颤音。

庄里的房屋破旧，全是一些低矮的土坯房，有的土坯外面糊了一层泥，有的直接是干茬垒，在积雪的重压下，几乎要坍塌。院墙是土筑的，由于年久失修，有的墙也就有半人高，长年风吹雨打，土都积到了下面，上面窄下面宽，白雪一落，好像是一溜雪山。没被雪盖上的，上面布满了一道道沟痕，和老头儿的门牙一样，豁豁牙牙。

要说大门，那更是聋子的耳朵——摆设。好点的，用几块破板子做成；差点的，直接就是一个木头框子，上面别上了几根树枝。

战士们开始敲门，然而要想敲开这样的门，也并非易事。

庄中是陈传吉家，两口子租种了外村地主五亩薄地，养了三个儿子，为了这三张大嘴，两口子可没少作难。亏着陈传吉年轻时候曾在城里烧饼店当过学徒，学了做烧饼的手艺，并在村中心开了个烧饼铺，才勉强维持生活。

弟兄三个都在堂屋里扒着门缝往外瞧，可是院子里除了一些烂柴火和磨盘上落着一层雪以外，什么也看不到。

正在这时，门口传来轻轻的敲门声。

“老乡啊，不要害怕，我们是八路军，是打鬼子的队伍。请你们开开门，有柴草的话，卖给我们一点儿……”

屋里陈传吉小声骂：“说得怪好听，一开门，就不是他了。”

老三陈树听了，高兴地对爹说：“真要是八路就好了，早就听说八路是共产党的队伍，他们打鬼子，纪律好。”

陈树今年十七岁，个头已经有他大哥高了，宽宽的肩膀，长得非常结实，大大的眼睛，细细的眉毛，眉宇间透着一股读书人的气质。他读过四年小学，父亲豁上血本又供了两年高级小学，要不是日本人进了安丘城，学校停了课，陈传吉还要把三儿子一直供下去。

听了老三的话，陈传吉高高地举起轻轻地落在陈树头上一巴掌，骂道："三小子，给我老实点，那都是糊弄人的鬼话，哪有当兵不糟蹋老百姓的！"

门外敲了好一阵子门，见没拍开，只好走了。这边刚走，门外又有人敲门，敲得震天响，传来一个姑娘心急火燎的声音："陈树啊，快出来！出大事了！"

"是失火了，还是发水了？"陈树问。

"比失火、发水还厉害，再不出来就晚了！"门外大喊道。

这个喊陈树出去的姑娘叫小青，是本村李秀才家的独生闺女，和陈树同岁，还在一个学校上过学。对于她和陈树的关系，陈传吉看在眼里，喜在心里，自然对青儿姑娘高看一眼。

"是青儿姑娘吗，什么时候了怎么还出门？赶快回家，关好门别出来！"陈传吉劝告着青儿姑娘，手自然也就松了。陈树瞅准这个机会，从老爹手里挣脱出来，开了屋门，再开院门，一溜烟找小青去了。

陈树出了门，就和出笼的鸟儿一样，又蹦又跳。小时候，还常和小青拉拉手，搂搂膀子，做一下"娶媳妇"的小游戏。不过随着一年年树青树黄，羞涩来了，距离慢慢拉大，两个人的心却离得更近了。

小青穿着花棉袄、黑色的棉裤、小红棉鞋，显得分外利索。再加上梳着两条小辫子，白白的脸冻得通红，凤眼、柳叶眉，下里戈庄的俊闺女。由于着急，她的头上沁出一层细密的汗珠，着急地喊："俺爹把我许了人！七天后出嫁！"

这消息对于陈树来说，像是晴天霹雳："男人是哪个？"

"就是栗文礼的一个团长胡鼎三。最近死了老婆，看上俺了！"

“原来是那个死猪头，都半截老头子了，还老牛吃嫩草！那你爹图个啥？”

“还不是因为胡团长有势又有钱，俺爹想攀高枝，落个衣食无忧，拿着亲闺女往火坑里推。你说咋办吧？”

陈树傻了，实在不知道怎么办好，想了想：“还得回家找俺爹去！”

两个人又重新回了家，听着陈树把事情说了一遍，陈传吉骂了起来：“李秀才这个老糊涂，老顽固，老不开窍，两个人不般配呀！他多大，俺小青才多大呀，不能拿着这么好又有文化的闺女卖钱花呀！”

陈树的娘看了看两个孩子，嘴里嘟囔起来：“要是俺陈树和小青嘛，我看还差不多……”

说得陈树和小青的脸都红了起来。

陈传吉想了想，说道：“不行，说什么也得找这个老糊涂去，叫他断了这种想头！”

陈传吉拿着旱烟袋就走，后面大儿文昌、二儿陈平和老婆子都跟在后边。陈传吉想了想，又觉得不妥，对两个儿子和老婆子训斥着：“这又不是打狼，去这么多人干什么！你们三个老老实实看家，我和陈树、小青去就行了。”

三个人走到街上，看到街上已经挤满了士兵，有的只穿着一身单衣，有的身上不过多套着几件单衣，个个冻得瑟瑟发抖。街上到处是雪，他们勉强打扫了一块块干地方，放下简单的被包，坐在上面休息，有几个战士直接瘫倒在背包上。

有的士兵饿了，拿出凉干粮啃着，那是一些黑乎乎掺了野菜的黑窝窝头。旁边的院子里就有柴草，他们也不点堆火烤烤。

陈传吉朝后面摆摆手，意思是不要招惹这些兵，但是实在绕不过去，又感觉到这些兵似乎对自己并没有敌意，才小心翼翼地从他们身边走过，嘴里嘟囔着：“都这样了，手里有枪，还不动手。

奇怪！”

陈树和小青目前最关心的是自己的大事，跟着陈传吉紧走慢走，往李秀才家奔去。

抗战以前，国民政府为了对付土匪和共产党，十户编为一甲，十甲编为一保。百十来户的下里戈庄，正好编为一保，小青她爹李秀才正是村长兼保长。全庄只有李秀才的房屋最好，也就是半砖半土坯的，他省吃俭用，积累下几十亩好地，置办下了这些产业。

李秀才也不是真正的秀才，只不过念过几年私塾，庄里识字的不多，别人称呼他为秀才。

他们仨人进了李秀才家。李秀才穿着厚厚的元宝缎子棉袄，黑黑的棉裤，骆驼鞍棉鞋，头戴白羊皮帽，对陈传吉是一脸的看不起。他撇着嘴角：“陈烧饼啊，怎么到我家来了。无事不登三宝殿，有何见教啊？”

因为陈传吉打烧饼，久而久之，陈烧饼代替了陈传吉的名字。李秀才这一说，倒叫陈传吉没了话说，好半天才拿出烟袋锅子吸了一袋烟，笑着说：“听说给青姑娘找了主啦？”

“是呀！”李秀才半理不睬。

“不知是何方贵人啊？”

“嗨，谈不上贵人，就是栗文礼的胡团长。”

陈传吉皱起了眉头：“不大般配吧，胡团长多大年龄了，小青才多大啊？”

李秀才的小眼一斜愣：“什么叫般配，什么叫不般配？胡团长有钱，东西就不说了，光聘礼钱就给了50块现大洋，你要是拿100块现大洋，我就把小青嫁到陈家。你打烧饼一辈子能赚几块大洋，恐怕连3块也拿不出来吧！管天管地，管着你那个烧饼鏊子，还管着我嫁闺女了？”

几句话噎得陈传吉眼直白瞪，一生气，终于放了狠话：“我说李秀才呀，话不能这样说，得从长远看。一是从年龄上不行，到时候他一闭眼，守寡的还不是俺小青。二是从才气上不行，小青有文化，得找一个有才气有文化的，是不是？三是从志向上，两人得脾气相近，志向相同，是不是……”

李秀才听了连连摆手，打断了陈传吉的话：“陈烧饼啊，照你这么说，够条件的只有你家陈树了。实话实说吧，就是为了断了你陈家的念想，所以我才给小青说了婆家。一辈子穷根，三辈子难断，趁早断了这种想法吧！我李家断然不会找你陈家这样的穷亲家！”

气得陈传吉浑身哆嗦，指着李秀才说：“好呀，你这个李秀才，刁钻、刻薄，我看就是个糊涂蛋！三十年河东，三十年河西，有你后悔的时候！”说着气哼哼地对儿子说：“老三，咱们走，这样的家门进不得！”

第2回　住宿和烧饼

陈传吉气冲冲地前面走，陈树只好跟在后面，小青铁青着脸，绷着小嘴也紧紧地跟着陈树。李秀才一见大为生气，在后面喊：“小青，你不能跟他们走！”

小青不听爹的话，倔强地哼着：“你这样的爹呀，叫我说什么好呢！有你这样的爹吗？”还是紧跟着陈树出了家门。

出了李秀才家门老远，陈传吉这才转身对陈树说：“三儿呀，爹没本事，实在办不了这个大事，认命吧！没听李秀才说吗，胡鼎三给了他50块现大洋，给我要100块，就是把你爹的骨头砸了榨油，也凑不够5块大洋啊！这个世道，没钱没势，只能认命……”

陈传吉撂下这些话，弓着腰一撅一撅地独自走了。

街上除了来来往往的八路军战士，就是陈树和小青了。小青低着头不认命："陈树啊，我一辈子的大事，难道就这样了？"

陈树想了一会儿，猛地一拍大腿："把人逼急了，咱俩投八路去！"

小青的眼睛一亮："你一个小子家好说，我一个女孩子，人家也要？"

"凡事总得试一试，你不试，怎么知道人家不要？"

二人拿定了主意，满街找八路当官的，终于找到了一个挎手枪的。

这个当官的有二十来岁，挎着盒子枪，个子虽然不高，却相当结实。他见到下里戈庄的两个青年人主动找到了自己，非常高兴，对陈树和小青说："我们是八路军115师的一个连队，我叫吴少平，从这里路过，给你们添麻烦了！"

陈树还没有说话，小青抢着说："真是八路军啊，我早就听崔师傅说过，八路军纪律好，今日一见，确实和栗文礼、章步云的队伍不一样。你们最需要什么，我们怎样才能帮你们？"

吴少平连长问："你们二位叫什么？"

小青又抢着说："我叫李青，他叫陈树，都是安丘高级小学的学生。"

吴少平点了点头："我们确实有困难，今晚不走了，能不能安排战士到屋里住一宿，暖和暖和。再借一下乡亲们的锅灶，吃顿热饭，喝点热水，洗洗脚，好好地休息一下。放心吧，烧过的柴草，我们一定按价付钱。"

小青高兴地说："走，找我爹去，他是村里的保长，还是村长，不会看着不管的。"

吴少平一听大喜，高兴地说："好吧，就找你爹去！"说完领着几个排长跟在小青和陈树后面来到李秀才家。

没想到李秀才连门都不让进，吴少平这一次来，他把身子堵在大门口，先对小青发了一顿脾气："叫你在家，你偏跟着陈烧饼家的人到处乱跑，跟人学变个鹅，跟人爬梯子，变个傻妮子，我看你是牵着不走，打着倒退，都跟着陈家人学坏了。”

接着他抄着手对吴连长乜斜着眼睛说：“八路军的队伍？没听说过。再说，县政府也没有说过要伺候八路军的队伍啊！庄里穷，老百姓承担不起，还是自己想办法吧！”

吴少平耐心地说：“如今，共产党和国民党早已联合抗日，八路军也是政府的队伍，应该和国民党的队伍一样对待！”

李秀才还是一个劲儿地摇头：“没听说过，我们老百姓两眼一抹黑，什么也不知道。自己的经还得自己念！”

小青一听急了，对她爹说道：“爹呀，你这人怎么这样？栗文礼和章步云来了你跑前跑后的，忙得怪欢。怎么八路军来了，和换了一个人一样，装不认识了？”

气得李秀才嘴一噘，和拴驴一样，大骂小青：“你这个死丫头片子，怎么和你爹这样说话？没大没小的，书念瞎了啊！”说着，脱下了棉鞋，顺手捞起来，逮着小青就要打。

小青一溜烟跑了。

陈树对李秀才的做法十分不满，嘟囔着：“李叔啊，怎么这个样，当面一套，背后一套。同样是政府的队伍，怎么不一样对待？”

李秀才骂起陈树：“你这个小杂种，吃里扒外的东西，毛还没有长全哩，竟敢教训起你叔来了？！”

陈树鼻子一哼：“听蝼蛄叫还不耩麦子了，没了张屠户还吃不上猪肉了。不就是住宿和用点儿柴草嘛，你当保长的不想办法，我想办法！”

李秀才又骂陈树：“陈家老三，刚缝上开裆裤才几天啊，竟然吹起大牛来了。好吧，愿意咋着就咋着，我不伺候你们！”说着，“咣唧”一声，关上了黑漆大门。

几个排长愤愤不平，就想动武，被吴少平制止了。

吴少平看着两个学生和保长起了争执，而且保长还是小青她爹，没再说话。对于陈树的大话，他也有些半信半疑，对陈树说：“安丘是国民党的模范区，老思想确实根深蒂固。我们在这些地方没少碰钉子。你就是个学生，村里人会听你的？”

陈树胸一挺，拍了拍胸脯：“小鸡不尿泡，各有各的道。看我的吧！”

就连几个排长也有些看不起陈树，纷纷说：“人不大吧，口气倒不小。”“别把牛吹大了，到时候收不回来。”“真能吹，才多大啊，家里都听大人的话，哪有听孩子话的。”

陈树不再听他们唠叨，从怀里拿出了一个孩子玩的小喇叭，边走边吹。顿时，“呜呜”响的喇叭声在全村回荡起来。

不一会儿，各个院落的小门都打开了，上至二十来岁的小伙子、大闺女、小媳妇，下至五六岁的孩子，淌着鼻涕，牵着小狗，都纷纷到村中心集合，人是越聚越多。

吴少平连长看着稀罕，嘴里嘟哝着：“人不大吧，鬼不小！”他在看着不大的陈树，到底能搞出多大的动静，有多大的能量，怎么能调动起这么多年轻人和孩子在他身边转悠。

几个排长更是撇着嘴，莫名其妙地看着热闹。

那个时候，没有计划生育，只要死不了随便生，每家多的有五六个孩子，少的也有一两个，没有多长时间，已聚集起上百个青年和孩子。当然，陈文昌和陈平也出来凑热闹，再远一点的，有一些当家人也靠拢在附近，指指画画，竖起耳朵听着，看看陈树又要讲什么新闻和没听说过的故事。

农村里孤陋寡闻，每天晚上这个时候，在村中心，也就是陈传吉家的烧饼铺门口，陈树都要点上油灯，拉一拉三国、水浒、七侠五义和一些时事新闻，当然也就成了他们中的核心人物。

陈树往前一站，犹如一个统率他们的将军，小青呢，往旁边一站，就和陈树的一员副将一样给他助着威。

陈树还有一帮光着腚长起来的忠实的朋友，纷纷靠拢在他的周围。

同族大哥陈明义，比陈树大两岁，个子不高，却非常精明，是除了陈树以外的第二个核心人物。

任兆宗长得比陈树的大哥还要强壮，比陈树大一岁，是小伙伴中的大力士。谁要是不听话、捣蛋啥的，陈树一句话，任兆宗就上去拾掇他。

曹班生、曹金、王凌云、郑西伦四人，也属于进步青年，年龄和陈树差不了一两岁，各有各的长处，但都以陈树马首是瞻。

这七个人往前一站，半堵墙一般，谁敢惹呀！再说陈树还有大哥、二哥帮衬着，上阵亲兄弟，打仗父子兵，一般人更是戳不得。还有这个李青，女中豪杰，专门在女孩子里面敲边鼓，更加树立起陈树在青少年中的威信。

二丫嘻嘻哈哈地嚷着："陈树哥呀，今晚上讲什么呀？时间短了我就站着，时间长了，我好回家搬个板凳呀！"

"是呀，"一些小姑娘也吱吱呀呀，"都等了一天了，就等着这个时辰呢！""俺家早早地吃完了饭，听你讲完了，还要回家给奶奶讲呢！""快点儿讲吧，俺都等不及了。"

陈树左手掐着腰，右手一挥说："今晚上就讲桃园三结义的故事，在讲之前呢，大家先回家去，给八路军安排一下住宿和柴草的事情，把锅头都让给八路军用。八路军是干啥的，是打鬼子的队伍，也就是刘备的队伍，安排完了，回来开讲。"

二丫说道："哎哟！那是大人的事情，俺可管不了这些。"

另一些小姑娘也七嘴八舌地说："这些事给大人说去，要不找保长去。""俺们就是来听故事的，卖鱼的不管虾事。"

陈树又大声喊道："要是这点儿小事都搞不定，那好，以后就别来听故事了。"

陈明义对他的小伙伴递了一个眼色，纷纷给陈树帮腔："陈树说得对，大家先回家，给八路军安排好房子，准备好柴草、锅头，再回来听故事。”“谁要是连这个事也办不了，以后就别来了。”

于是，众人纷纷散戏，都回家张罗这个事去了。有的当不了家，但确实能起到一定作用，所以这一个连的住宿、柴草问题很快便解决了。

战士们纷纷到村民家去住，家家户户的烟囱冒起了炊烟，下里戈庄一时热闹起来。

吴少平从心眼里喜欢上了陈树这个小伙子，高兴地拍着陈树的膀子夸奖：“陈树啊，真能干！”几个排长也对陈树刮目相看，眼光里流露出欣喜之意。

陈树到了这时候，仍然没有说参军的事儿，认为还不到火候。他眉头一皱，对吴少平说：“吴连长啊，当兵的吃得不好，怎么能打仗？能不能改善一下啊！”

一说这事，吴少平愁上眉梢，对陈树诉苦：“安丘县不是根据地，对八路军有看法，就是有钱也弄不到白面啊！”

陈树嘻嘻一笑：“你知道我家是干什么的？”

“我哪里知道你家是干什么的，不就是种地的吗？”

第3回　棉花

陈树这才说：“我家是开烧饼铺的，做的烧饼可好吃哩！糖鼓子烧饼，发面和死面掺和而成，以红糖做饼心，上蘸一层芝麻，烤熟后外酥里嫩，香甜可口。还有一种麻酱烧饼，里头全是麻汁，吃起来满口香甜……”

吴少平一听，吃了好多天的黑窝窝头，连个白面馍馍都吃不上，更甭说烧饼了，哈喇子都流了出来。他急忙对陈树说：“陈树啊，快别说了，再说我那大牙都掉了下来。干脆说吧，怎样能叫你爹给我们烙烧饼，每人先弄上一斤，钱我们照付。”

陈树对吴少平一摆头说：“还得找我爹呀，走吧！”

大门早就开了，陈树领着吴少平进了门，陈传吉正坐在炕头上抽旱烟，“叭哒、叭哒”的，一袋接着一袋。他在想着，这个八路军确实和栗文礼、章步云的队伍不一样，兴许，以后这样的队伍还真有指望头。

见陈树领来了八路军的长官，他也没有起身，不过，也没有反对。

吴少平见了陈传吉，先哈哈一笑，接着客气地说：“大爷啊，知道你家是做烧饼的，能不能给我们做上一些烧饼？”

“没有白面啊！”陈传吉冷冷地说。

“噢，是这样，”吴少平说，“我们给钱，而且比市面上价钱还高，别人的烧饼二分钱一个，我们三分钱一个。银圆还是法币，随便。”

“没有油，没有糖，还没有芝麻，这个烧饼没法做。”陈传吉还是冷冷地说。

“这样吧，一个银圆 30 个烧饼，先做上 500 个。”吴少平一下子把十五六个银圆塞进了陈传吉的手里。

陈传吉这才停止了抽烟，看了看手里的银圆，点了点，然后又给了吴少平 6 个，说：“我陈传吉做烧饼，童叟无欺。这样吧，500 个烧饼，糖鼓子和麻酱烧饼各一半。不过现在晚点了，明早以前，一定叫队伍吃上热烧饼。”

吴少平高兴地说：“成交！”

解决完了明早的早饭改善问题，吴连长自是喜不自禁。陈树又对吴少平说：“住的问题和明早的早饭问题解决了，可是天这么冷，战士们冻得打哆嗦，棉衣薄了点啊！”

这下子又勾起了吴小平的愁肠：“谁说不是啊，部队发展快，新兵多，根据地里穷，搞不到这么多棉花，没有办法，只有凑合着了。光说到新区搞，可是新区里思想工作一时做不通，拿钱也买不到啊！”

陈树还是没有说参军的事情，他相信水到渠成，只是说：“只要有钱，我能不能给你搞点？”

吴少平一听大喜，拉着陈树的手说：“陈树啊，说实话，冻伤的减员比战斗还要严重，打仗打的是什么？就是后勤，没有后勤，一切都是白瞎。只要搞到了棉花，战士们穿得暖和和的，打起小鬼子来才有劲头，你说是不是啊？”

陈树点了点头说：“我试试看吧！”

就在门口，来听说书的已经不少了，小汽灯也点了起来，挂在小棚子边上。这个汽灯是从安丘城买来的，只要打上气，贼亮贼亮的，能照亮方圆几百米的地方。卖烧饼的小桌，也成了说书的台子，早有人把它擦得干干净净，就等着“说书人”陈树了。

陈树一出来，后面跟着吴少平，人们立刻欢闹起来。二丫抢着说:“陈树哥呀,你叫我们办的事我们都办好了,就等着开书了。”

下边的小姑娘吱吱呀呀乱成一团：“是呀，为着八路军住宿的事儿,俺还和家里吵了一架。”“耽误了俺不少的时间,听完了书,还要讲给俺奶奶听呢！”“时间不早了，快点儿讲吧！”

陈明义、任兆宗、曹班生、曹金、王凌云、郑西伦一帮铁哥们给陈树镇着场子。陈明义对底下一摆手说:“底下都别痒痒（嚷嚷）了，陈树也没闲着，不是也在帮着八路军安排住宿吗，还把明早的烧饼也安排了。也得让人喘口气是不？”

任兆宗大手一挥，朝底下吼道：“谁再乱说话，看我不把他揪到一边去，以后就别来了！”

曹班生、曹金、王凌云、郑西伦也跟着鼓噪:“是呀，是呀，就你们小丫头片子嘴能说，活谁都没少干了。”“就你们事多，都是些废话，有本事的，也来说书。”

一听这话，姑娘们不乐意了，七嘴八舌地反驳：“丫头片子怎么着，丫头片子也是爹娘生的。”“你们有什么了不起，不就是多个把吗？”“没有我们拆拆洗洗，缝缝补补，你们穿什么，光着脚丫子走路啊！”

曹班生这些半大小子不服气，你看看我，我看看你，有的朝着姑娘们做鬼脸，有的朝着姑娘们乱吼。

这时候，小青出来说话了，她对曹班生这些人训斥说：“你们这是看不起妇女，如今什么时代了，女人早就废除了裹脚，提倡男女平等，同工同酬。到现在你们还看不起妇女，我们要带头斗争你！”

看到小青站在了年轻妇女一边，姑娘们顿时来了底气，七嘴八舌地喊：“对呀，对呀，斗争他，斗争他！”

曹班生这些人和她们对着吵，一时弄得沸沸扬扬，乱成一团。

陈树一看这些人脱离了大方向，赶紧摆了摆手，会场一下子安静了。陈树清了清嗓子说：“所要开讲的，该到桃园三结义了。我想吗，不但咱们要听，也要把劳苦功高的八路军战士请来听一听，是不是？”

“对呀！”陈明义带头支持。

“是呀，是呀！”任兆宗，曹班生那些人也跟着一齐叫好。

“可是呀，”陈树讲到正题了，“八路军穿得那么单薄，坐在这里受不了呀！我们家里谁还有剩下的棉花，献出来，八路军拿钱！他们不但要听说书，还要打鬼子，穿得暖和和的，打鬼子是不是也带劲呀！”

“对呀，对呀！”陈明义带头支持道。

陈明义一支持，那些铁哥们纷纷响应。“我怎么没有想到这一点呢！”“我家还有半斤棉花，叫我爹献出来，支持八路，怎么着也能絮件棉袄。”

二丫说：“俺家新棉花没有，但是有替下来的烂被套，不知道行不行？”

陈树点点头："烂被套不暖和，可是总比没有棉花强吧！要不你先拿出来，用得着就用，用不着的话，再拿回去！"

小青也说："俺家也有几十斤新棉花，就是不知道俺那个顽固爹肯不肯拿出来？"

陈树摇了摇头："就凭你那个爹？属铁公鸡的一毛不拔，给八路军，他更舍不得，我看是瞎子害眼——没治了。"

一句话惹得小青生了气："好，陈树，你和我一块儿去，就在墙外等着。这回我不告诉爹，就从墙里往外扔。"

"那我可不敢，"陈树做了个鬼脸，"要是你爹知道了，还不砸断我的狗腿。"

众人嘻嘻哈哈一阵欢笑。

"哼！"一句激将的话，更把小青的火惹了起来。"你就请好吧，我一定把我家的棉花献出来，你在墙外只管接棉花就行！"

事情做到这一步，也算大功告成，吴少平对大家说："我代表八路军谢谢大家了，放心吧，至于钱的事情，我们一定买卖公平，绝不让大家吃亏。"

陈树总结说："至于大家听书的事情，今天讲不完还有明天，可是支持八路军的事情，过了这个村就没有这个店了。多支援八路一件棉衣，就是我们打鬼子了。好了，大家赶紧回家弄去吧！"

陈明义又补上一句："谁家要是不出棉花，以后就别来听书了，回家自己看梁头去吧！"

此话，惹得众人又是一阵哈哈大笑。

陈树直接到了小青的墙外边，不一会儿，从墙里边小声喊道："接着。"一个大棉包递上墙头，又从墙上推了下来。

陈树赶紧把棉包放在一边，准备再接第二包。

还没等到第二包，就听到院里吵了起来，李秀才在院子里大喊大叫："真是家贼难防啊，怨不得过不富呢，都叫你这个丫头片子把东西偷了出去！"

“爹呀，这不是偷，是送给八路军做棉衣。八路军又不是不给钱！”

“都抓住手脖子了，还不是偷，是不是又是陈树那个小子唆弄的？我叫你胡倒腾——”院里传来了棍子打在身上的声音。

小青围着院子满院里跑，传来了呱唧呱唧的声音。小青一面跑着一面喊着：“支援八路不对吗？八路打鬼子，你能打鬼子吗？你这些烂棉花，发霉了又能派上什么用场，还不如捐了打鬼子……”

声音越来越小，小青从家里跑了出来。

小青找到了陈树，和陈树抬起这包棉花就送到吴少平那里。陈树认为这会儿已经到了提要求的时候，住宿搞了，烧饼做了，棉花也弄了，相信这时候，自己在吴连长的脑子里，已是陆逊夷陵败刘备——少年老成，应该能说上话了。

吴连长的屋里，已堆了不少棉花，有新的，也有旧的。吴连长递给小青两块银圆，对陈树说：“谢谢你了，陈树，你给我们解决了住宿，烧饼，还有棉花问题。我们八路军，要是总有你这样的支持，那就好办多了。”

陈树点了点头，问：“这些好听的话，就不要说了吧！顺便问一句，你这里要人不？”

第4回　全家人的反对

吴少平一听大喜，说：“怎么不要啊，特别喜欢你这样的干将！”

陈树听了吴少平的话，心里一阵狂喜，可是随后一句话，又让陈树的心里凉了半截。

“不过啊，得做通你爹的工作，我看大爷挺好的，全家都在忙着为我们做烧饼。他要是不愿意，以后我们就没法来了。这是新区，要是你爹领着你来，我们可以考虑，要是偷偷摸摸跟着走，我们不能收！”

“他是他，我是我，我必须得跟着你们走！”陈树又问：“女兵要不要？”

“谁呀？”吴少平问。

陈树指了指小青说：“就是她呀！”

吴少平摇了摇头：“目前我们不要女兵，要是李青的话，更不能要了。李青的事儿，我们也知道一些，听说她已和栗文礼的胡鼎三定了亲，要是跟我们走了，那还不戳了马蜂窝呀，和栗文礼的关系以后没法搞！”

陈树觉得，一盆凉水从头泼到了脚后跟，浑身冰凉冰凉的。

小青也来了脾气：“我爹那是包办婚姻，我不愿意的。不行，说什么也得跟着八路走！”

吴少平摇了摇头，一脸的严肃：“安丘的情况非常复杂，我不想八路军和国军再起争执。请你们不要给我们出难题好不好？你们的帮助我非常感谢，但是参军这个事情，确实解决不了……”

李少平的一些话，再次把陈树和李小青打入了冰窟窿。

两人垂头丧气地出了吴少平的屋，再在一块儿商议怎么办？

陈树想了想：“要不，我先做通俺爹的工作，做通一个算一个。我就不信，活人能叫尿憋死！至于你爹嘛，千万不能给他说，要是给他说了，那还不炸了锅！”

李青想了想无计可施，只好点了点头：“先这样吧！”

陈树回到了自己家里，全家正忙活着做烧饼。老大陈文昌有劲，正在和面，他把家里藏的两袋白面弄了出来，对上老酵面头，先和成一团。这发面也有学问，只是发了一小部分，然后发面和生面掺着用，这叫兑面。

老二陈平摆弄着烙烧饼的铁鏊子，鏊子擦了个干干净净，并准备了不少柴火。这烧火也得有技巧，火大了，烧饼糊了，火小了，烙得太慢。

最精细的活得陈传吉干了，他把藏着的红糖、麻汁、芝麻、花生油统统拿了出来，花椒面、细盐等一些佐料也放在了一排，就等着根据不同的烧饼品种，掺上这些佐料。

娘也没有闲着，打扫卫生，给爷们几个递碗开水，做着一些下手的活儿。

陈树问："爹，我干什么？"

陈传吉白横了陈树一眼，嘲讽地说："哟！少爷回来了，这些粗活哪能你干啊！读你的书去吧！"

陈树却非要干活，献着殷勤："爹呀，给八路做烧饼，我不能不干啊！我看啊，家里有我没我一个样啊，我也就是个闲人。"陈树没活找活干，把东边的盆放到西边，又把西边的柴火抱到了东边。

老爹烦了："你这是干活嘛，这是添乱！本来都放得好好的，你这一帮忙，全乱了。"

陈树赶紧从老娘的手里接过一碗水，递给老爹说："爹呀，喝碗水，别累着。"

陈传吉笑了："老三呀，我觉得今天太阳从西边出来了，准是有事求我吧？"

陈树看着老爹高兴，赶紧说："爹呀，你看着八路军好不好？"

"我没说不好啊！"陈传吉一边往面饼里兑着糖一边说。

"八路军打鬼子，是不是得有人参加？"

"哎哟！"老爹烦了，"有话就直说吧，别拐弯抹角的。读书人那一套，一股子穷酸气，把我转迷糊了。"

"是这样的，"陈树尽量和缓着语气，"既然八路军是好队伍，既然打鬼子是好事，既然我在家里是个闲人。干脆，让我跟着八路干算了！"

“你再说一遍，我耳朵听不清？”陈传吉问。

“爹呀，是这样的，你都认为八路好。我想，跟着八路打鬼子去。”

“什么！”老爹一听大怒，把烧饼往案板上一摔，里面的糖稀溅了出来，喷了陈树一脸。

“再提这个事，我就砸折你的狗腿！”陈传吉余怒未消，一边干着活，一边骂道：“你这个小兔崽子，忘恩负义的家伙，一回来，我就知道放不出什么好屁！养活你这么大容易吗，全家人舍不得吃，舍不得喝，供你念书。你念书念了个啥？书念成了，翅膀硬了，要飞走了，爹娘也不要了。砸折你的狗腿，还能落个全尸，要是真跟了八路，你小子啊，就回不来了，就成了孤魂野鬼了。”

陈文昌两手粘着一层白面，也埋怨陈树：“老三呀，别惹爹生气了！好人不当兵，好铁不打钉，怎么连这个小小的道理也不懂，我看书真是白念了。”

陈平一边烧着火，一边对陈树说：“老三呀，说句实话吧，八路军那是叫花子兵，你能吃了那个苦吗？再说，八路军是共产党的队伍，甭管日本人胜了，还是国民党胜了，那是眼看着的，怎么也轮不到共产党赢啊！爹这是向着你，你怎么就这么糊涂呢，趁早死了这个心吧！”

老娘还是向着陈树的，和稀泥说：“老三这是说着玩的，你们怎么当真呢！读书人的想法，就是和你们这些大老粗不一样。以后还要指望俺老三呢，指望老三光宗耀祖，振兴陈家呢，老三绝不会扔下俺们不管的！”

陈树长长地叹了一口气，就像一闷棍砸了个晕头转向，一屁股坐在柴火上，任凭着全家人的肆意“批判”。

陈树想着，我要是不和小青逃出去，这个媳妇就丢了，可能他们一开拔，就再也找不到机会了。崔杰千也说过，八路军是穷人的队伍，是中国未来的希望，加入八路有什么不好？！

一股子热血在心底里猛烈地向上撞击，冲击着自己的大脑，憋得陈树再也忍不住了，大吼起来：“我就是要参加八路军，就是要打鬼子！”

陈传吉也被惹恼了，又把生糖饼往案板上一摔，糖稀又喷了他一脸。大骂道：“你这个不知天高地厚的家伙，打鬼子那是国家的事情，你一个小孩子瞎掺和什么？是不是嫌死得慢啊！烧饼我也不做了，先把老三捆起来，砸折他的狗腿，念了几天书还胀饱了！”

陈传吉真生气了，大喝一声，叫老大、老二来帮忙。老大看了一眼老二，本来不情愿，但是也怕失掉这个兄弟，只好上手。尽管陈树一阵挣扎，但还是被老爹和两个哥哥绑了起来，关进柴火屋里。

老爹火气未消，还在门口骂：“哼！等我做完了烧饼，再来拾掇你。没想到念书，念书，都念傻了。胎毛还没褪净哩，还净想着管国家大事，国家这么大，你一个孩子家，管得了吗？真是的……”

陈树躺在柴火堆里，一股子火气在心里乱窜，又气又悲，气的是老爹什么也不懂，只想着做烧饼赚钱，指望家里出个读书人光宗耀祖。悲的是小青要是嫁给胡鼎三，自己这一辈子还有什么活头？如果随便找个女人结婚生子，和老爹一样，再也出不来这个下里戈庄了！

唉，自己真是虎落平原，龙陷沙滩啊！但愿有贵人拉自己一把，使自己快快脱离家乡这个是非之地。

正在想着，突然门上挂着的锁链有轻轻的“哗啦哗啦”响声，木板子门被轻轻地挪开了。接着两个黑影钻进了屋里，还没等陈树看清是谁，小伙伴陈明义对着陈树轻轻地“嘘”了一声。

陈树心里明白，笑了，自己落难，铁杆兄弟不会看着自己不管的。

陈明义、任兆宗匆匆解开绑在陈树身上的绳子。挣脱了绳索，陈树就像一只出笼的鸟儿一样，快速地逃离了束缚自己的牢笼，跟着小伙伴来到平常聚会的地方。好家伙，曹班生，曹金那些小伙伴早已等候多时了，看到陈树到来，纷纷让开地方，问长问短。

这是庄外的一个场院，场院里布满了一个个柴火垛，又避风又暖和。此时风雪过后，天气放晴，弯弯的月亮一照，自然是半大孩子的一个乐园。

陈明义对陈树说："你的事情，我们都知道了。不就是想当八路吗？"

"是的，"陈树说，"我决定了，就跟着八路干了。本来想回家给爹说说，可爹就是不愿意，好了，这就怨不得我了。反正跟家里说了，同意也得走，不同意也得走！"

小伙伴们半天没有说话。好长时间，陈明义才说："陈树，你想过没有，你走了，我们咋办？"

陈树不明白了："我走了，和你们有什么关系！你们该干什么还干什么呀？"

陈明义摇了摇头："有你在，我们就有主心骨，就有快乐！你走了，谁再领着我们玩？"

任兆宗说话瓮声瓮气："谁再给我们讲三国、水浒、七侠五义，还有那些讲不完的故事？"

曹班生也忿忿地说："我们这些人，就你有文化。你一拍屁股走人了，可我们呢，有事问谁去啊，都成傻瓜了！"

"是呀！""是呀！"小伙伴们纷纷埋怨陈树的不是。

陈明义总结着："我们大家商量好了，你走到哪里，我们就跟到哪里，带着我们一起投八路吧！？"

第5回 油坊里的温情

陈树一听大吃一惊，急忙反对："那可不成，你们哪个不是家里的宝贝疙瘩，这投八路可是要打仗的，打仗要死人的。说句不好听的话，真要死在外面，我怎么向你们家里交代？不成，不成！"

陈明义冷冷一笑："你都不怕死，我们还怕个啥？你在书里常讲，生死由命，富贵在天，谁死谁活着，那是阎王爷的事情，我们管不着！"

任兆宗也说："你常给我们讲，阎王叫你三更死，愣是活不到五更，能活到现在，我们都是阎王爷不要的人。决心跟定你了……"

曹班生也叫着："反正你走到哪里，我们跟到哪里，要是撇下我们，门也没有！"

陈树还是摇着头："不行，不行，那是书里的话。说书唱戏没真事，你们怎么能信以为真呢？"

陈明义一摆手："我们都没念过书，你的话就是真的，我们都信了。再说，你和你爹的话我们都听到了，打鬼子是正事，八路军是好队伍，跟着你参加八路军，没错的！"

众人也纷纷附和："是的，是的。""别想撇下我们。""老妈妈跳井——坚决（尖脚）到底了。"

陈树看着他们怪坚决的，只好点了点头："既然这样，那你们就回家说说，只要家里同意，咱们就投八路去。"

陈明义一撇嘴："连你这样能说会道的，都说不服家里，指望我们的棉裤腰嘴，家里怎么能同意？既然你偷着跑了，我们也和你一样，偷着当八路去，给家里说也是嘴上抹石灰——白说。"

“对呀，对呀，”小伙伴们齐声附和。

陈树一想，这个事忒大了，弄不好自己就会在庄里惹下天大的乱子。闷着头想了半天，没敢点头。

陈明义看着陈树拿不定主意，对小伙伴们说：“大家能不能发个毒誓，如果事情一旦泄露，和陈树无关。”

大家又纷纷点头：“怎么不行啊，投八路是我们自愿的，怎么能怨陈树。”“你还信不过我们，什么时候出卖过朋友。”“好了，好了，就这样定了。”“我要是卖了陈树，天打五雷轰，不得好死！”

任兆宗又提议：“三国里有个桃园三结义，我们弟兄七个出门在外的，应该有个照应才是。不如学了刘备、关羽、张飞，来个月亮七结义，大家有福同享，有难同当。”

陈明义一听，大叫道：“我正有这个意思，咱们就共同结拜为兄弟，同宗也好，异姓也好，众心齐，泰山移，不愁闯不出一番天下。”

小伙伴们都高兴得嗷嗷大叫，齐声叫好。陈树也有些舍不得这些光着腚长起来的小伙伴，和他们一块儿投八路，自然心里多了不少底气。于是伸出右手说：“感谢众位哥哥、兄弟，既然大家都这样想，我要再反对，就是不懂人事了。在投八路之前，我们先结拜为异姓兄弟吧！”

大家对着一勾弯月，纷纷跪下。夜空中一望无垠的深蓝，一直伸向天际，璀璨的星空有一条银河，特别耀眼，由七颗星组成的北斗七星亮晶晶的，好似一把勺子，就像此时的七兄弟。

年龄不用说，早已知根知底，从右往左，排成一溜。大哥陈明义、二哥任兆宗，三哥陈树，再往后就是曹班生、曹金、王凌云、郑西伦。

陈树说一句，大家说一句，一个个慷慨激昂，热血沸腾，从心里头，流露出气壮山河的声音。

“月亮在上，虽然我们不是同年同月同日生，但愿同年同月同日死。如今山河破碎，日寇掠我中华，我们弟兄七人，义投八路，共同抗日。如有贪生怕死者，出卖兄弟者，投降日寇者，人神共殛，天地不容！”

大家起完誓，七只嫩嫩的手紧紧地攥在一起，从此刻起，七颗火热的心已通过彼此的血脉紧紧地联结在一起了。

陈明义又提议：“我虽为大哥，但是虚长两岁，没有文化，没有见识，怕误了大家前程。人无头不走，鸟无头不飞，虽然众兄弟都可以说话，但是最后的决定权上，大家还是要听陈树的。”

众伙伴又纷纷同意。“好啊，好啊！”“原来就听陈树的，现在还听陈树的。”“就陈树学问大，不听他的听谁的。”

陈树见大家都有了主心骨，形成了一股绳，说道：“如果大家没有什么意见，那就分头准备吧！集合的时候，以我的小喇叭为号，带足两天的干粮。”

大家点头同意，分头准备去了。

陈树想到，现在有两件最迫切的事情需要办，一个是告诉吴少平，说七兄弟要集体从军。二是和小青商议，让小青跟着大伙一块儿走。

陈树到了吴少平住的房子，对吴连长一说这事，吴少平当时就火了。他朝着陈树发脾气：“刚才你爹和两个大哥来找了，朝我们嚷嚷一通，说我们八路拐跑了他的文化儿子。你说说这事闹得！陈大爷不错的，又是安排我们住宿，又是给我们做烧饼。他不同意，你硬跟我们走，以后不好收场！”

“还有就是，不但自己跟着我们走，还带着六个人，他们也是偷偷跑的。参加八路本来是好事，可是群众思想做不通，和土匪队伍随便抓丁有什么两样？以后我们八路如何再进下里戈庄。还有那个小青，纯粹就是没事找事！”

陈树坚决地说：“这个事就这样定了，你们要也得要，不要也得要！”

吴少平微微一笑，嘴一撇：“看来还是个黏黏糕，粘在牙上拽不下来了。”

两人为参军的事情争吵不休，吵了一阵子，还是没有结果。陈树无奈地走出屋门，看到小青正在门口等着自己，不用说，参军再次遇阻的事情她早就知道了。小青恨恨地说：“看来这个道走不通了，此处不留爷，更有留爷处。走，找个地方商量去！”说着，拉着陈树就走。

村东头有个小油坊，是李秀才的产业。此地盛产花生，利用传统方法，把花生榨成油，远销到全国各地。榨油需要精选、热炒、粉碎、出油，哪一样也离不开温度，尽管是寒冬，油坊里弄得比春天还要暖和，是村里的“天堂”。

小青牵着陈树的手，快速地进了油坊小屋，看门的师傅正守着一盏孤灯百无聊赖，一看东家小姐来了，赶紧爬起来说着好话：“是大小姐呀，活都干完了。放心吧，一根草棒也少不了的！”

小青冷冷地说：“陈树被他家赶了出来，今晚就在这里帮你看油坊，你回家吧！”

师傅一听，正巴不得这句话呢，这里连个说话的也没有，哪里有家里老婆孩子热炕头舒服，越紧屁股一撅，夹着小棉袄回家了。

小青重新拨亮了灯芯，屋里显得明亮起来，窗户都用苇席堵得严严实实，旁边放着一口大炒锅，锅里的水正冒着徐徐的热气，不时地袭来一阵阵花生的香味儿。几只鸽子在旁边嬉戏打闹，咕咕地调情，地上老鼠，不时地窜来窜去，玩着青春的游戏。

屋里比外面热多了，小青脱下大棉袄，一屁股坐在了热热的炕头上，对陈树冷冷地说：“咱俩的事儿，咋办？”

陈树也觉得油坊里太热，扒下棉袄，放在炕上，冷冷地说：“咱们还得走，这个下里戈庄，不是咱们待的地方。”

小青伸出食指狠狠地戳了一下陈树的眉心：“走，上哪里走？你家里不愿意，队伍上不要，我家里逼我。我是你的女人，就这么便宜了那个老猪头？心里不甘心！”

“这回走不是咱两个，还有陈明义他们六个，八个人一块走。”

“哼！”小青生气了，“恐怕没这么容易。与其便宜了那个老猪头，还不如给了你！生米做成熟饭，看他们怎么办？”

“这……哪能行呢？”

“那……你说咋办？”

“我看还是咱们一块走？”

“人家不要你，何必非要勉强！不如我把身子给了你，给老爹撕破脸！他不是拿我卖钱吗，我就打开天窗说亮话，叫他断了这个想头。反正他们不让我好过，我也不能让他们好受！”

“这……这……”陈树更加为难了，“你把事情弄得更复杂了，我心里盛不下。”

“哼！连这个胆都没有，还是个男人呢！要不你就要了我，要不你就别走。”

陈树摇了摇头：“跟队伍的事情不能耽误，过了这个村就没这个店了。”

小青不说话了，慢慢地闭上眼睛，轻轻地脱下了她的小红棉袄，只穿着贴身的一件小白褂，圆圆的肩头，高高隆起的乳房，少女窈窕的身材完全敞露在陈树面前。

陈树只觉得浑身燥热，热血浑身乱窜，满脸涨红，屋里的闷热和身上的热血烧得他浑身发烫。他情不自禁地脱了白褂……

第6回　随军路上凶险起

第二天一早，劳累一晚上的陈传吉父子交给了八路军烧饼，队伍开拔后，一家人才睡。还没起床，就被一阵猛烈的砸门声惊醒了。

陈传吉睡眼惺忪地开了门，门口早已围了一大帮左邻右舍，有陈明义他爹、任兆宗他娘、曹班生、曹金、王凌云、郑西伦家里的人都来了，一个个怒气冲冲的。还有一些看热闹的，纷纷把陈传吉的烧饼铺围了个严严实实。

“这是干啥哩？”陈传吉问，“烧饼今天不卖了，关门停业。”

陈明义他爹质问陈传吉：“别揣着明白装糊涂，我问你，俺儿哪里去了，是不是叫你儿拐跑了？”

“是呀，”任兆宗他娘跟着说，“你家老三就是个孩子头，俺兆宗一晚上没回来，是不是也跟着他跑了？”

曹班生那些家属更不讲理，不是哭就是叫，鼻子不是鼻子眼不是眼的，非说是陈树把他们的孩子拐跑的。

陈传吉才不怕这个呢，不慌也不忙，平心静气地对这些人说：“咦，这是怎么个说话呀！俺老三也是一晚上没回来，本来把他绑了起来，是不是叫你们那些儿给拐跑了也说不定呢？你们那些儿是宝贝蛋子，俺老三就是笤帚疙瘩啦！说实话，三个也不能换俺一个，俺还指望他支撑门面呢！”

“咦！怎么猪八戒扛耙子——倒打一耙。”陈明义他爹不服气，“明明陈树是孩子头，明明听着晚上小喇叭响了一阵子，从那以后，俺明义就不见了。秃子头上的虱子明摆着，不是陈树领头跑了又是啥，肯定一帮孩子投了八路啦！”

“是呀，是呀！”

“就是的就是的，赖也赖不掉。”众人七嘴八舌地说。

陈传吉却是非常冷静，待他们叫唤完了，不紧不慢地说：“要说他们投了八路，那是万万不能的。昨天我找吴连长吵了一架，说八路无论如何也不能带陈树走。并且，吴连长也亲口答应了俺。八路怎么会说话不算话呢？”

“那可说不定。”一直在旁边看热闹的李秀才发了言，他趁机摆出保长的样子，走到了卖烧饼的小桌旁，拍了一下桌子，从桌子缝里蹦出几粒芝麻，李秀才用手指头捻了起来，塞进了嘴里。

“我一看就知道八路没什么好心眼，哪有队伍不抓丁的，不抓丁，他们指望什么扩充队伍。有人有枪就是草头王，这点儿道理连三岁小孩子都懂的。”

他又拍了几下桌子，又有几粒芝麻蹦了出来，他又捏起来，塞进嘴里。

陈传吉鼻子一哼，反驳他：“说话可不能昧着良心。八路昨晚在咱村里，抓丁了吗？没有！抢粮了吗？没有！就连他们用的柴草，都是付了钱的。”

陈传吉这样一说，倒是引起了一些人的共鸣。陈明义他爹说：“院子也给俺打扫了，缸里也给打满了水。”

任兆宗他娘说：“他们说话也和气，一口一个大娘地叫着。”

曹班生那些家属也纷纷说着八路的好处，没有一个向着李秀才的。李秀才有些生气，又使劲地擂着桌子，往外蹦着芝麻粒儿，发着脾气说：“八路是干啥的，原来都是些土匪，别和他们靠得太近。靠近了，要吃亏的！”

陈传吉嘲讽他：“我说李秀才呀，给孩子留的这几个芝麻粒儿，都让你吃光了。八路这么不好，那么不好，你见过吗？今天我们算见识到了。”

众人又纷纷附和着陈传吉：“我看八路不孬。”

“不抢东西不欺负老百姓，还是不错的。”

“和栗文礼、章步云的队伍就是不一样……”

事情出现了戏剧性的变化，本来大家是朝着陈传吉要人的，没想到，他们现在又和陈传吉合起伙来，对着保长的话提出了种种质疑。站在姑娘堆里的小青叹了一口气：“我这个爹呀，叫我怎么说呢？明明睁着眼说瞎话。”

反正桌子缝里的几粒芝麻都给吃光了，李秀才不愿意听大家夸奖八路的话，撅着屁股背着手气哼哼地扭着头走了。

陈传吉对大家说："你们的儿找不到了，我老三也没在家呀！到底上哪里去了，我心里还着急呢！吵破天也没用，自己的经还得自己念，赶紧找去呀！"

于是，众人纷纷安排人，去找这几个孩子的下落。

再说陈树七人，悄悄跟着八路军这支队伍前进，不远也不近，隔着大约有一里地的样子。陈明义觉得光这样跟着也不是个长法，对陈树说："我们就和做贼一样，什么时候熬到头啊，干脆找到吴连长说，投奔他们了。"

陈树摇摇头："不行！吴连长说不要我们了，早已把路封死。这时候就亮了底牌，岂不是自找别扭。我看不如这样跟着，跟上一阵子，等生米做成熟饭，他们要也得要，不要也得要。"

陈明义笑了一下说："我看啊，读了书，就是心眼多，和我们想法就是不一样。"

吴少平领着这支队伍，从下里戈庄一路东行，向着景芝镇的方向慢慢前进。不一会儿，后面的战士来报，说发现了一些可疑的人在后面跟着。

吴少平心里生疑，到后面来看，果然看到有七个人跟在后面，吴少平叫部队停住，他们也不走了，吴少平叫队伍继续前进，后面的七个人又悄悄跟了上来。再仔细一看，领头的不是别人，正是陈树。

吴少平干脆站住了，对后面喊道："是不是陈树啊，要是陈树的话，就干脆过来吧！"

陈树听到吴少平喊自己，只好领着这些小伙伴过来，既然双方已经亮开了，陈树对吴少平说："吴连长啊，我们就是来投八路的，收下我们算了。"

吴少平笑了笑："如果我们不住在下里戈村，见不着你爹，这事倒好办了。可是你爹已经找我们闹了一通，我们真不能收你了。还有你带的这些人，恐怕家里也不同意。下里戈庄是个新区，如果和乡亲们闹顶，以后就没法来了，会使我们的工作更加困难。”

陈树嚷嚷着：“反正我们是王八吃秤砣——铁了心了，你收也得收，不收也得收！”

陈明义朝着后面的小伙伴使了个眼色，大家纷纷朝着吴少平嚷道：“是呀，我们铁了心了。”“别的队伍抓人都不去，我们看着八路好，就是要投八路。”“我们要跟着八路打鬼子。”

吴少平的眉头皱了起来，对大家说：“你们还不知道情况的严重性，我们是要到景芝去，景芝是谁的地盘？是章步云的地方。章步云知道吧？是杀人不眨眼的土匪。此去凶多吉少，我劝你们还是不要趟这个浑水。”

陈树对吴少平鼻子一哼：“章步云有什么了不起，也是一个鼻子两个眼，我见过的。章步云就是见了我，都得笑着说好话。”

吴少平一见陈树人不大，倒是挺能吹的，问道：“噢，你怎么认识章步云，通过谁认识的？”

正在这时，忽然听到后面响起了一阵激烈的枪声，接着，警戒的哨兵跑来报告：“一支队伍杀了过来，情况不详。”

吴少平再也顾不得陈树他们，对几个排长一挥手：“保护好陈树他们，准备战斗！”

队伍“刷——”的一下散开，趴在了平坦的雪地上。陈树想抬头看看，也被一排长死死地摁在地上。

吴少平往西一看，大约有七百多人的队伍，灰压压地向这边围了过来。要说他们是国民党的队伍，也有一些人穿着老百姓的衣服，要说不是国民党的队伍，大部分也穿着灰军装。就连使用的武器，也是杂七杂八的，既有中正式，也有汉阳造，既有捷克式轻机枪，还有一些土枪。

吴少平朝后面摆了摆手，叫战士们不要开枪。他朝前边喊道：“来的是哪支队伍，报上番号。”

前面的队伍一时没了动静，过了一会儿，一个粗嗓子喊：“我们是山东省第八区游击大队第二团，我是胡鼎三，也就是栗司令的队伍，你们是什么番号？”

吴少平喊道：“误会了，我们是八路军，是抗日的队伍，请你们闪开，不要搞摩擦了。”

那边胡鼎三继续喊道：“我看你们不是八路军，八路军的话，为什么去投章步云。这个章步云是土匪，你们肯定也是土匪。”

吴少平继续喊道：“我们有任务，不是去投章步云，请你们不要开枪，不要找借口搞摩擦。”

“你们不去投章步云又是做什么？见到你们就是要打，就要打你们这些土匪！”

真是冤家路窄，对面的这个敌人就是和自己争夺小青的情敌。气得陈树骂道：“你这个胡团长啊，真是不讲理，八路军是抗日的队伍，是纪律严明的部队，怎么会是土匪呢？你们是找借口打八路吧，你们打八路，那你们就是汉奸了，最起码是和鬼子穿一条裤子！”

那边胡鼎三也不客气，原形毕露：“小子来，算你说对了，我们就是打八路，就是要打共产党！”

吴少平对陈树说：“别和他们废话了，给他们有理说不清，他们就是专门来搞摩擦的。”

部下请示吴少平：“我们咋办？打不打？”

第7回　章步云

吴少平对三个排长说：“撤吧，按照原定订划向景芝前进，我们一个连，对付不了栗文礼的一个团。”

于是，吴少平指挥着，一个排掩护，其余两个排向东面退去。两个排再掩护，断后的一个排又向后退去，交替掩护着，才退了出来。

路上，陈树问：“我们算不算参加了八路？”

吴少平心情沉重，只好对陈树说：“本来我们不想让你们参加的，可是形势严峻啊！你们也看到了，再往回退不可能了。往前走，是章步云的队伍，也是危机重重。这个时候，要是把你们推出去，甭管落在哪一方，都是不负责任。这么着吧，你们要是实在愿意参加八路，就算是编外人员，由你当班长。”

“那编外八路，算不算八路？”陈树又问。

“当然算八路了，只要我们能回到根据地，我再申报上级批准。”

陈树一听，高兴地拍手大叫：“好！”小伙伴们听到了这些话，也高兴得一个个嗷嗷大叫：“八路要我们了！”“终于参加八路了！”

陈树又对吴少平提要求：“既然我们是八路了，那就发给我们军装，发给我们枪吧？”

吴少平笑了：“你以为我们带着兵工厂呢，军装得回去发，至于枪吗，得从敌人手里夺。”

几个人正说着话，又有一队人马拦住了去路。

他们一个个也是穿着灰色军装，枪上膛，用枪顶着吴少平连。他们的武器比栗文礼的队伍好多了，全是崭新的中正式，黄黄的枪托，似乎刚上过油漆，黑黑的枪机，铮明瓦亮，就连刺刀，也在冬日的阳光下闪着寒光。

吴少平连早就有所准备，一排在前，枪上膛，顶着对方。二排、三排往后一撤，趴在地上，捷克式机枪拉开了保险，双方稍有不慎，就会有一场血拼。

陈树七兄弟，被夹在了一排和二、三排中间，个个手足无措，不知道怎样是好。

对方问：“哪一部分的？”

吴少平答："我们是八路军115师的，奉命前来会见章步云司令。请问，你们是哪一部分？"

来人一笑，收起了手枪，笑着说："我是章司令手下的王吉祥，奉司令命令，在此等候多时了。"

吴少平一听，原来这位就是章步云的副司令王吉祥啊，急忙对队伍说："收起枪，收起枪。"又对王吉祥一拱手说："原来是王司令呀，久仰，久仰！"

吴少平和王吉祥接洽完毕，领着队伍慢慢向景芝镇走着。连队的战士虽说收起了枪，但是警惕的眼睛不敢有丝毫懈怠，手不时地摸摸枪，一旦遇到紧急情况，立刻投入战斗。

陈树七人夹在一排的后面，虽然穿着老百姓的衣服，但在队伍中却是相当扎眼。陈明义知道形势复杂，危险说不定什么时候就会来到，不时地给弟兄几个使着眼色。弟兄几个个个攥紧拳头，做好拼命的准备，一旦危险来临，就会和章步云的队伍殊死搏斗。

陈树阴沉着脸，面无表情，心里却在想着章步云的种种事情。

听说章步云1904年生于高密县八区大王庙村，年幼时，曾受教于老师郭金锡，读过五年私塾，但生性狂放，好勇斗狠，不受约束。后因多次受郭金锡警告和责打，章步云十分恼怒，收买亲信到高密状告郭金锡，为此郭金锡遭受了一年零六个月牢狱之灾。

读书识字后，章步云曾在自己名字上下过一番功夫，他先叫云霓，以后想到这个名字不吉利：霓者，虹也，不能在天上长存，只能一现而逝。后改名应龙，字天梯，又想，天梯也不好，万一让人家把梯子抽掉，岂不摔个粉身碎骨？不如改为"步云"好，"平步青云"，那就可以稳稳当当地往上爬了。

章步云改名叫"应龙"后，曾找人测过字。测字人对他说："龙乃帝王也，云从龙，龙在天，如果您能得到水的辅佐，将来必定前程无量。"

章步云听后，喜不自胜。以后他的军队驻防，都是有意找那些带水字的村庄，如潮河、林泉、胜水、井上、水泊等。后来他办大榆林中学，要求学生的名字也要有一个带水的字，没有的现改。

1921 年，章步云 17 岁，加入本村一个土匪帮伙，先是拦路劫道，继而与潍河东岸的土匪勾结在一起，绑架勒索，搅得周围十几个村庄不得安宁，人心惶惶，并几度涉案高密、胶县、诸城、五莲、日照、青岛等地。为此，大王庙村常遭他人报复偷袭。村里的百姓对章步云愤恨已极，当时作为地主武装的联庄会，也不能袖手旁观。

诸城县二区联庄会会长赵方文暗中与高密县八区联庄会相约：平时密切注意章步云的行踪，一旦发现他回家，就联合起来捉拿。一天，密探发现章步云已经回家，赵方文就秘密联合两区联庄会的 100 多人，包围了大王庙村，挨家挨户地搜捕。

此时章步云正在一个邻居家玩耍，忽然听到鸡鸣狗叫，人声嘈杂，料定有人来捉他，连忙翻墙爬屋，逃到村外。联庄会在后面紧追不舍，章步云一直逃到下里戈庄，被做烧饼的陈传吉藏在地窖里，才逃得一命……

以后章步云发迹了，以假言联合抗日为由，下令缴了曾经带头抓捕他的赵方文部枪支。由于赵方文见势不妙而逃，章步云将赵母活埋，并将其子赵效民诬陷为共产党，借刀杀人。这样仍不解章步云的心头之恨，又暗令其营长王金铭活埋了在赵家寨村的赵方文本家赵效方兄弟二人，达到了斩草除根的目的。

陈树想到，就是这样一个欺师灭祖，有仇必报，杀人成性，狭隘无信的小人，到了他的地盘上，给他做抗日工作，无异于虎口索食，身陷危局啊！

景芝镇渐渐到了。

景芝镇又称“玉皇城”，自明朝始建“玉皇阁”，其规制宏伟，发展至清朝香火鼎盛，形成“九庙十八坛”的格局，八方祭祀络绎不绝。因其文化规制高于京城，配享九门，分别为阜康门（南门）、启文门（东南门）、景阳门（东南门）、镇东门（东门）、保元门（东北门）、永贞门（北门）、望阙门（西北门）、众成门（西门）、障浯门（西南门），与京城九门一一对应。

九门中尤以障浯门占据地利，此门南有霸王台，北有黄坛庙，进可攻，退可守。

霸王台源于修炼于泱泱浯河中的一只千年寿鼋，百年前某夜，月朗星稀，云图轻舒，冰轮射电，星宿归隐。忽然浯河上空一阵狂风刮过，刹那间，风起烟云动，浪激波涛涌，千年寿鼋真身浮现，摇头摆尾，伸缩自如，飞升化龙只在今朝。

凡夫俗子喜出望外，奔走相告。突然，咔嚓一声，一道霹雳一闪而过，空中出现四个大字：渡劫失败！寿鼋冒着青烟坠于障浯门南落而化为霸王台。从此成为障浯门之瓮城。

章步云早就派出一个连的兵力，扼守此军事要地。

景芝镇西傍浯河，东依潍水，土地肥沃，为历代天然粮仓，尤其盛产小麦、玉米、大豆、谷子和红高粱，适于酿酒。其潍水清澈透明，浯河系汇集多股山泉而下，其深处藻荇映绿，浅处水净沙明，是不可多得的酿酒佳源。

但真正有名的酿酒用水，是大松树底下的一口井，俗称“松下古井”，井水清澈甘芳，用来酿酒，不仅味醇，而且产量也高，故有“景芝水里三分酒”的传说。

还没到景芝镇，但见几十个人早已在镇东门等候，众星捧月之中，有一个人特别显眼，中等个，三十来岁，一身戎装，三角脸，捉摸不定的小眼睛，眉毛一会儿是八字，一会儿是倒八字，就连茂密的唇髭，也像是隐藏了不少的秘密。

吴少平到了十来步远，赶紧拱了拱手说：“是不是章司令啊，幸会，幸会！我是八路115师的连长吴少平。”

章步云微微一笑，也对吴少平拱了拱手，不冷不热地说道："我是章步云，本来抱着个热罐子，以为来多少人呢！虽然来的人不多，官衔也不高，好歹也代表着八路啊！既然来了，那就请吧——"

陈树心话，章步云的意思是嫌吴少平的官小，只不过看着八路的面子，才勉强出来迎接。

章步云说着话，犀利的小眼睛略微往后面一扫，就看到队伍中夹杂着一些老百姓。他又多看了一眼，看到了领头的陈树，心里猛然"咯噔"一下，板着脸大吼一声："这位小哥是不是下里戈庄的陈树啊？！"

第8回 "天上"酒店论刀兵

陈树说了一声："就是我啊！"

章步云一阵哈哈大笑："原来恩人来了，怨不得今天喜鹊喳喳叫，一大早起来就有好事！不但来了援兵，而且把陈树也带来了。"

说完了话，他几步钻进了队伍里，拉起陈树的手问："陈树，你爹可好？"

陈树只好笑了笑说："托你的福，还算可以！"

章步云一边拉着陈树的手，一边往景芝镇里走去，对陈树高兴地说："见到了你，就算见到你爹，真是几年未见，长这么大了。自古英雄出少年，听说全家为了供你念书，没少受了苦。你这个爹呀，什么都好，就是心眼太死……"

吴少平一边带着队伍往景芝镇里走着，一边犯着糊涂，心想，怎么这个章步云对八路军不冷不热，对这个陈树倒是十分热心，咋回事呢？他把陈明义叫到跟前，问他到底是怎么回事。陈明义悄悄地把陈传吉和章步云的关系说了一遍，吴少平才算明白里面的缘由。

章步云发达后，曾提着重礼来答谢陈传吉这个救命恩人，但陈传吉嫌他这些钱来路不正，所以从来不收，仍然以打烧饼维持生计。

听完章步云和陈传吉的这些源渊后，吴少平叹了一口气："真是小鸡不尿泡，各有各的道。章步云能混到今天，自有他生存的一套本事。"

章步云领着八路军进了景芝镇，陈树看到景芝镇里有大大小小的几十家酒厂，致使商业发达，店铺林立，人口稠密，烟馆、酒馆、妓院点缀其中，更是锦上添花，致使这里成了纸醉金迷的繁华之地。

章步云把吴少平连领进了景芝镇最大的"天上"酒店，吴少平对章步云说："章司令啊，不要客气，我们吃顿便饭就可以了，这样的地方，可不是我们待的。"

章步云哈哈一笑："远来都是客，况且是救命恩人的小哥来了，不看僧面看佛面，秃子跟着月亮沾光，也算给我一次表现的机会。什么狗事猫事，喝着酒再说！"

吴少平想到，要说是鸿门宴，量这个章步云还不到翻脸的时候，现在栗文礼大兵压境，恐怕他还要借着八路的力量来助他一臂之力。形势虽然这样，但也不能粗心大意，一招不慎，就可能被章步云包了"饺子"，成为盘中美餐。

吴少平暗中嘱咐几个排长，只能吃饭，不能喝酒，时刻做好战斗准备。几个排长点头答应，暗暗布置下去。

吴少平和陈树被安排在上席，其余的人都坐在院中的一般餐桌上。本来下桌中每桌还有一个陪酒的士兵，但都被八路军谢过了，酒是一滴不沾。

章步云坐在上首，王吉祥坐在下首，章步云非得邀着吴少平和陈树坐在自己的两边，陈树的旁边坐着一位老者。陈树看着他有六十来岁，面目沉稳，一脸的慈祥，没等陈树问，章步云先对吴少平和陈树介绍说："这位是我的救命恩人，王林肯老先生，现在是我的高参，也是王老先生建议和八路军搞好关系的。想当初，我因状告曹仲芳，被韩主席关进大牢，多亏了王老先生上下斡旋，才逃得一命。"

王林肯老先生说："以前的事情就不要提了吧，只要章司令顺应潮流，做利国利民的事情，我想，我们的队伍一定会渐渐壮大，越走越光明的。"

陈树心想，怨不得吴少平敢上章步云的筵席，原来王林肯和八路军早有关系呀！

章步云端起了一杯酒，对大家说："今天，贵客临门，我章步云高兴，第一杯酒呢，先庆祝八路军来到景芝镇，为我军助威打败栗小鬼。干——"

吴少平一听，心里一惊，真是酒没好酒，宴没好宴，这哪是喝酒啊，分明是绑架，拉我八路军和栗文礼的队伍开战。要说双方开战，那也不能全怨栗文礼。

栗文礼从潍县退到安丘后，到处招兵买马，曾派孙秀峰率部经过沙浯、王家庄、侯家岭等村到南戈庄与曹克明部联系。当他们行至侯家岭时，突遭章步云部袭击，孙秀峰被迫退到潍河西岸王家庄一带。

在诸城东南山区的章步云接到其部下与栗文礼部有战事的报告后，立刻派兵增援，想彻底打垮栗文礼部，占领这一些地方。章部援军赶到南戈庄，打垮了曹克明部，活埋了曾"陷害"他的联庄会长，枪杀了曹克明的亲戚等10余人，并抢走了大批粮食、财物，放火烧了半个村子。

双方排兵布阵，还要继续大干一场。

吴少平感觉到酒场上没真事，有些话也不好和他争辩，就算他信口雌黄吧！只好把这杯酒干了。

王吉祥又给大家倒满了酒。章步云端起第二杯酒对大家说："这第二杯酒呢，是欢迎陈树的到来！陈树呢，是我救命恩人陈传吉的三儿子，有文化，人又长得帅，将来必成大器。干——"

众人又把这杯酒喝了。

王吉祥倒满了酒，章步云又端起酒杯对大家说："喝了这杯酒，吴连长就可以谈谈公事了。干——"众人喝完了这杯酒，章步云对大家说："吴连长请说吧，这回八路军 115 师来找我，还有何公干？"

等了这么半天，才轮到吴少平说话。吴少平不紧不慢地说："这次来呢，主要奉上级的命令，来和章司令谈一谈联合抗日的事情。鬼子兵早已占了潍县，安丘城鬼子已经来了两次，恐怕这个弹丸之地，鬼子早晚要占。大敌当前，我八路军愿意和章司令联合抗日！"

章步云微微一笑，一副不阴不阳的神色："联合抗日好啊，这是民族大义，中国这么好的地盘，决不能让日本人占了去。可是吴连长你看看，他栗小鬼放着日本人不打，却跑到我的地盘上称王称霸，张牙舞爪，刀架在我的脖子上！所以说啊，请吴连长先和我联合起来，打败栗小鬼的进攻，我们才能联合起来抗日！"

吴少平一听，这是章步云把自己当枪使呀，于是又说道："目前大敌当前，各方抗日力量应该一致对外才是，而不是互起战争，自相残杀，做亲者痛，仇者快的事情！"

章步云摇了摇头，一脸冷淡："命都没了，何谈抗日。还是请吴连长给上面汇报一下，考虑一下我的难处，只要我们联合打败了栗小鬼，一切都好说！"

吴少平想了想，事情确实棘手，八路军要和章步云联合抗日，而章步云却要挟八路军和他联合对付栗文礼的进攻。栗文礼和章步云都是地方实力派，谁拳头大谁是老大，八路军人少枪少，是在夹缝中生存啊！

吴少平只好表态："这个事忒大，容我报告上级，上级指示后再做决定。"

"那好吧，"章步云的眼珠子转了转，"部队的驻地我已经给你们安排好了，就住在景芝镇的前屯。我们等着八路的命令来了，好联合起来打败栗小鬼。"

陈树一听，感觉到这个章步云实在毒辣，这是拿着八路的这个连当人质，要挟八路军绑上他的战车。

吴少平也在想，事到如今，只好既来之，则安之，出去必然遭到栗文礼的进攻，先驻扎在这里再说，只好点头同意。因为心里有事儿，哪敢敞开肚子喝酒，而章步云由于心里高兴，却是喝了不少。

临散席的时候，章步云对吴少平说："吴连长啊，好几年没见陈树了，我要好好地和他拉拉。你们也累了，就到前屯休息吧！"

吴少平一听，这是咋回事儿，陈树刚刚参加八路，屁股还没有坐热，就要被章步云留下，还不知道有什么阴谋诡计在等待着他，只怕陈树涉世不深，上了他的当啊！只好对章步云说："他一个小孩子。有什么事以后再说吧！"

哪知章步云却是软中有硬："要说我和陈家父子的感情，绝对比你们八路还要铁，亏着这两天战事不紧，真要是打起恶仗来，恐怕连个说话的空儿也没了。今晚必须让他在我这里住下，让我们兄弟俩好好地叙叙家常。"

吴少平哪里放心，心情复杂地看了陈树一眼。没想到陈树却对吴少平递了一个眼色："吴连长啊，你就放心吧，章司令挺好的，也就是和我随便拉呱拉呱，该说不该说的，我心里自然明白。"

章步云夸奖陈树："你看这孩子，心里和明镜似的，又聪明又有文化，我看了就喜欢。"

既然一个强留，一个不走，吴少平不好再劝，只好对陈树说："陈树啊，你虽是刚参加八路，但是咱八路的规矩也不是不懂，一切可要悠着点！”见陈树点了点头，只好拉着队伍往前屯去了。

待吴少平的队伍一走，章步云拉起陈树的手就像变了一个人：“陈树啊，走，我领你到一个好玩的地方。”也不管陈树是否乐意，强拉着陈树进了一个楼上的包间。这间屋里是地毯铺地，花布罩墙，罗汉床，锦花被，相当的奢华。这样的屋，别说陈树没有见过，连听都没有听说过。

章步云喊了一声：“上茶——”接着一个敞胸露背的服侍小姐端来了两杯上等的茉莉花茶，老远就透出一股浓浓的香味儿。接着又铺下了四样小碟，西瓜籽，葵花籽、苹果、橘子。

陈树从小就没有喝过茶水，更甭说见过这样的细瓷茶碗，端过茶水就大喝了一口，一下子又吐了出来，连说：“好烫，好烫，把我的舌头都烫下来了。”

喜得章步云是咧开嘴大笑。

陈树拿过苹果就往嘴里塞，一边吃着一边说：“不吃白不吃，吃了也白吃，白吃谁不吃。”几口就啃光了一个大苹果，又拿过了橘子，扒下皮就往嘴里塞，塞了嘴里一个满满登登。

章步云又笑了，说：“还不错，知道橘子扒皮。”

陈树哼了一声：“没吃过猪肉，没见过猪跑吗？”

章步云诱导陈树说：“八路那是叫花子队伍，吃不上穿不上的，以后跟着我干算了。保你有女人，有骏马任骑，有好枪尽使。”

第9回　女人、金钱和迫击炮

陈树一边吃着水果，一边说：“我一个农村小孩子家，见过什么世面，哪有这样的好事儿。”

章步云心里一阵窃笑，又拍了一下巴掌。

只听得一阵子“呱嗒、呱嗒”的高跟鞋响，屋门一开，相继走进来六个穿着妖艳服装的年轻女人，个个美丽无比，该凸的凸，该收的收，叫人想入非非，乱了方寸。

她们站成一排，个个搔首弄姿，那嘴唇涂得艳红艳红，脸蛋子抹得和墙皮一样，描眉画眼的，说狐狸精扮的也毫不过分。

章步云指着她们说：“陈树啊，想必还没有开荤吧！你看着哪个好，只要手一指，今晚上就是你的了。”

陈树摇了摇头：“章司令啊，我已经有女人了，我的女人比她们好！”

章步云一惊，接着又笑了：“真是人小鬼大，这么小的年纪，就有女人了，哈哈哈……男人嘛，该享受就得享受呀！你看我，都有了六房姨太太，外面的女人更是不计其数。你呀，一只羊牵着，一群羊赶着，再多一个又有何妨？”

陈树还是摇头：“俺爹说，女人只能有一个，多了不行！”

陈树把老爹搬了出来。章步云一听，尴尬地笑了笑：“也好，也好，色是刮骨的钢刀。有出息，有出息，你们都出去吧！”

章步云挥了挥手，这些妓女高兴而来，噘着小嘴扫兴而去。

章步云又对门外喊了一声：“小银子，端上来。”

小银子叫张鸿文，是章步云的本家侄子，听到招呼，急忙端上来一个盘子，上面盖着一块红绸布，恭恭敬敬地放到章步云和陈树面前的茶几上。

章步云一下子掀开红绸布，原来绸布下面是一盘子银圆，足有几十块。章步云对陈树说：“你爹对我有恩，早就该报答他老人家。今天，这盘子银圆就是你的了。”

陈树见了银圆大喜，接着脸又耷拉下了，懊悔地说：“俺爹说，意外之财不可取。我没有尺寸之功，凭什么接受这些银圆啊！可惜啊，只能馋得慌，实在不能收下。”

“哎——”章步云拐着话音说，“你爹是你爹，你是你，哪有男人不爱财的。有了这些银圆，吃点喝点，女人呀，要什么有什么？快快收下吧！”

陈树摇着头：“父母之命不可违，如果这点儿事都把握不住，那不和禽兽无异吗？”

陈树的几句话，倒说得章步云一愣一愣的，好半天，才琢磨出味儿来，夸奖陈树说：“好兄弟，有志气呀，真是富贵不能淫，贫贱不能移，威武不能屈。还有一句话，叫什么来，就是说人在任何时候，都不能丢了自己的志气。那么，我就纳闷了，陈树呀，你到底喜欢什么？”

“我喜欢枪！”陈树说。

章步云一听，高兴得一拍大腿，大叫一声：“好啊！怎么和我一样，我就是喜欢好枪、好马、好女人。终于有一样你喜欢的东西了，人没嗜好不行，要不就没有了乐趣。走吧，到军火库里挑一样你喜欢的武器吧！”

章步云借着酒劲，领着陈树就走，陈树在外面野惯了，早就烦透了这屋里的闷热，也赶紧抬腿跟在章步云的后面，脱离了这个富贵的淫窝。

两个人在前，后面跟着一大串呼呼啦啦的护兵，不一会儿，就到了章步云的军火库。守卫的士兵打开了门，点亮了灯，只见一屋的步枪，机枪，子弹、炮弹。章步云大手一挥：“陈树，你想要啥，那就是你的。终于有一个报答陈家父子的机会了……”

陈树问：“真的吗，可别说话不算数呀！”

章步云脸色一沉，大嘴一咧：“我章步云是什么人？是个顶天立地的男子汉，有仇必报，有恩必答，话掉到地上砸个坑。连我这条命都是你爹给的，几条破枪又有什么稀罕！”

陈树赶紧奉承他：“章司令啊，君子一言，驷马难追。我信了！”

陈树没有当过兵，对枪的知识一窍不通：“章司令啊，我也不懂呀，给我介绍一下吧！”

“那好，”章步云借着酒劲，心里高兴，对陈树指着一些步枪："这是中正式步枪，德国毛瑟步枪的翻板，7.92毫米尖头子弹，目前中国最好的步枪。这是日军三八式步枪，6.5毫米子弹。"

陈树问："中正式和三八式哪个好？"

章步云想了想："要以我说，日军的三八式步枪比较精致，而中国的中正式步枪比较凶狠。三八式子弹打到身上，只要打不到要害，那是穿透伤，而中正式步枪打在躯干上，翻个滚，基本上就没命了。"

陈树点了点头，牢牢地把这些话记在心上。

到了几挺轻机枪跟前，那里摆着几挺捷克式轻机枪和日军的歪把子机枪。陈树又问："章司令啊，这些机枪哪个好？"

章步云想了想说："要说哪个机枪好，我觉得捷克式轻机枪比日军的歪把子机枪好，为什么呢？捷克式轻机枪比日军歪把子机枪口径大射程远，而且枪身也轻。"

陈树又点了点头，记下了。

面前又摆着一堆手枪，章步云对这些枪说道："这是目前中国常用的德国式二十响，日军的王八盒子，还是中国仿造的撸子。"

"这些枪哪些好呢？"陈树又问。

"打起仗来，还是德国二十响最好，能连发又能单发，7.63毫米子弹，能打50米到150米，一扫一大片。护身的话，撸子最好，7.65毫米子弹，有10发的，也有7发的。最不好的，就是王八盒子了，8毫米子弹，装弹8发，射程50米，光出毛病。"

听了章步云的话，陈树在屋里乱转，看看还有没有更好的武器。

就在屋里的一个角落里，盖着一块大帆布，陈树猛一下子掀开帆布，里面露出一个个四方底盘，底盘上摆放着一个个直筒子。陈树问："这是什么武器？"

章步云骄傲地说："这是金陵兵工厂生产的20式82迫击炮，炮径为82毫米，弹重3.8公斤，最远射程为2800米。"

陈树问："这么重的炮，人能扛动吗？"

章步云听了哈哈大笑："傻小子，扛不动不会拆开扛吗？它一共只有 68 公斤，分成几块，也就不重了。"

陈树一听，这是个好武器，什么机枪也好，步枪也好，碰到了迫击炮，只有挨揍的份了。陈树激他说："章司令呀，你说话算不算数呀？"

"怎么不算数呀？"章步云两眼一瞪，胡子一翘，"说话不算数还叫什么狗屁司令！"

"那，这三门迫击炮就送给我吧！"

章步云一下子傻了，眼睛瞪得老大，问："你要迫击炮干啥？"

"帮着你打敌人呀！"陈树在这里卖了个技巧，把打鬼子说成了打敌人。

章步云这时候酒劲上来了，只觉得一阵晕眩，只想着快点儿躺一躺，睡一觉，于是大手一挥："好吧！既然帮着我打仗，给谁不是给，送给你！"

陈树又说："光有炮也不行，还得有炮弹不是？"

"那好吧！"章步云又挥了挥手，"既然送了炮，还在乎几箱炮弹吗，送给你 10 箱炮弹，30 发。"

陈树得寸进尺，继续要求："章司令呀，这一回，咱下里戈庄一共有七个人，你还得送给我二挺捷克式轻机枪，七支中正式步枪，配上两箱子弹。"

"那……那……"章步云有些舍不得了，"中正式步枪也倒说得过去，你要捷克式轻机枪干啥？"

陈树说："好汉配好枪，我也喜欢枪啊，这捷克式轻机枪总比步枪强吧！"

章步云的脑子有些发晕，想了想："是的，和我一样，喜欢好枪，好马，好女人，既然迫击炮都送给你了，也不在乎这几条枪！好了，答应你，可是这么些武器你也拿不了啊？！"

“我也困了，章司令，你赶紧叫人把我和武器送到前屯去吧，好好睡一觉，有什么事明天再说。”

章步云也觉得眼皮子睁不开，头晕乎乎的，困得不行，于是大叫一声：“小银子，把这些武器给陈树送到前屯去。”

小银子过来，对章步云悄悄说：“章司令呀，你说的都是醉话，不算数的。武器还是明天送吧？”

陈树一听，小银子要是挡住，那就什么好事也捞不着了，又刺激章步云：“章司令呀，要是那样说，你说话不当家呀，原来是糊弄小孩子的？”

章步云一听大怒，对小银子吼：“费什么话，叫你送你就送，再不送我毙了你！”说着掏出了盒子枪，对着小银子比画。

小银子一听，这个醉汉司令惹不得，只好乖乖地找了辆驴车，连陈树带这些武器，一块儿向前屯送去。

小驴车从景芝镇的景阳门出了大门，小黑驴摇晃着铃铛，然后丁零零地响着，顺着一条小路，向东南方5公里的前屯走了过去。

走不多远，旁边就是一个小树林。乡村本来人就不多，半宿了，更是肉眼看不到一个人影，只有送枪的小银子领着十几个兵，垂头丧气地押着小驴车和兴高采烈的陈树晃荡着。

第10回　神秘的“兄弟”

零碎的几声乌鸦叫增加了夜时的宁静，月亮趁着鸟儿归巢的机会，从枯草中悄悄爬上了树梢。乡村的夜晚宛如一幅水墨山水画，凝神望去，白色的雪，夜晚的墨，田间的荒凉，混成了一幅别致的韵味，给浓浓的天际增添了一层说不清道不明的色彩。

章步云醉了，小银子可没有醉，给陈树点戏道：“我估计着，明早起来，章司令又得发脾气，问我武器哪里去了。我说什么？”

陈树暗自想，真是阎王好见，小鬼难缠，煮熟的鸭子，可不能让它飞了。只能装着听不见，身子晃得厉害，真和喝醉了一样。

看看离前屯更近了，小银子骂道："装疯卖傻是不是，我们军队打仗就得指望这些好武器。这么好的武器，凭什么给了你？你也识相点，咱们不伤和气，你就说不要了，我再把武器拉回去。要是再装傻，可别怪我小银子不客气！"

陈树一身酒气，摇晃得更厉害了。

小银子突然拽住了毛驴缰绳，对他的兵吼道："弟兄们，不送了，我们这就把武器拉回去！明早保准没事。真要把武器送到前屯，章司令发了脾气，我们哪个也招架不住。回去！"

陈树突然和小银子争夺开驴缰绳，嘴里含糊不清地说："这是我的武器，凭什么你给拉走。不行，这是我的！"

小银子哈哈一笑："我说你这小子装醉吧！糊弄我们都是傻冒是不是？弟兄们，给我拉走！好不容易得来的武器哪能随便送人！！"

上来几个兵就和陈树争夺驴缰绳，几个人打起来，陈树虽然力气不小，可要和当兵的斗起手来，显然技巧不足。很快地，陈树挨了几个耳光，身上被踹了几脚，但陈树仗着蛮力，一次次地朝前扑，嘴里也大叫着："这些枪炮是我的，你们不能抢，不能抢，看章司令不毙了你们！"

突然，"啪"的一声，黑暗中飞来一枪，小银子的一个士兵倒下了。小银子那也是久经战阵，枪声一响，朝旁边一扑，在黑暗中滚出好远，大声吼道："有情况，打——"

他的弟兄们朝着黑暗中齐声射击，"啪啪啪"地干了起来。陈树一看，自己还等什么，顾不得身上疼痛，拉着毛驴一阵快跑，甭管半道上插来的是哪一方弟兄，先打个兔子揣到腰里，把这一车武器弄到手里再说。

陈树猛跑一阵，前方突然一拨人前来接应，来的不是别人，正是吴少平领着一排人和陈树的六个弟兄。原来吴少平早在前屯坐卧不宁，听见枪响，哪敢怠慢，急忙领着人前来救援。

陈树把驴缰绳交到了吴少平手里，心里稍安，跑了几步，又觉得不大对劲，对吴少平说了一声："不对！这位兄弟救我，我却把他置于危地不管，不仁不义呀！你们先回去，我去帮他一把！"

"就凭你？"吴少平显然对陈树的能力表示怀疑，"一个新兵，连枪也不会使，怎么救？要不，我们去。"

"别价！别价！"紧急之中，陈树的脑子还算好使，"你们要是和章步云的人干起来，我就是满身是牙，也说不清了。我一个人试试吧！"

吴少平一想也对，急忙把盒子枪交给陈树："拿着枪，总比没有强！"

陈树点了点头，接过吴少平的二十响，向着枪声激烈处跑了过去。跑到了交战处一看，双方正打得难解难分，那边人多枪多，弹如飞蝗，压得这边抬不起头来。这边枪准，在地上来回翻腾，一会儿换一个地方，时而响起一枪，那边有人"哎哟"一声，身上中弹。

小银子气不过，大喊一声："手榴弹，炸他个龟孙子！"黑暗中，听得"扑通""扑通"乱响，肯定有几枚手榴弹扔了过来，导火索"吱吱"地冒着火星。陈树一看，事不宜迟，利用自己从小有过的武术功底，一个鹞子翻身扑过去，抱住这位兄弟往旁边一滚。

"轰隆——""轰隆——"一阵阵巨响，纷纷扬扬的黄土和白雪落了两人一身一脸。

两人正滚在一条壕沟里，底下的身子在动弹，陈树觉得特别的软，和男人硬硬的硌人骨头不一样，特别是胸膛，好像还有两块赘肉。这位兄弟一边挣扎，一边吼道："想占我便宜是不是？混蛋！"

手榴弹仍然在炸响，陈树紧紧地抱住他，压在底下："兄弟别怕，上面有我，先炸我！"

"你他妈的，把你的臭嘴挪开！"底下还在大吼。

陈树这才发现，原来自己的大嘴和他的小嘴紧紧地靠在一起，气都喘到对方嘴里去了，就和接吻一样："你怎么这么多事呀，小命要紧！"

陈树把嘴挪开，底下仍然在吼："快把你的脏手拿开，你这个挨千刀的！"

陈树发现自己搂得他紧紧的，两腿把他的小身子夹着，就和一个人一样。陈树只好又把双手挪开，两腿下来，趴在他身边。这时候手榴弹不响了，小银子大喊道："准是炸死了，上去一个人看看。"

对方停止了乱枪，然后一个士兵弯着腰，来看看人死了没有。这位蒙面兄弟举起枪来又打，可惜没响，子弹没了。陈树也朝着目标扣了一下，枪也没响，这是没打开保险。气得这位兄弟抢过陈树的枪，一甩，枪响了，"啪啪"两声，那个士兵应声倒地。

结果又招来小银子那边的一阵排子枪，陈树又想把这位兄弟护在身下，不想被踹了一脚，身上好痛。陈树有些着急，骂道："真是不知好歹，看着你救我，所以我来救你，没想到你这么多事。又不是个娘们。"

"他妈的就凭你还救我，连个枪都不会使……"这位兄弟又骂了几句。

蒙面人打了几枪后，然后拉着陈树连滚带跑，陈树也不敢恋战，跟在后面乱窜。小银子领着剩下的一些人，追了一阵，又伤了一个，才停止了追击。

又跑了一阵，蒙面兄弟拿枪顶着陈树，吼道："你光顾跑，也不问问我是谁？"

"我管你是谁？"陈树叫道，"自凡来帮我，就不会害我！"

“给我站住！你怎么知道是来帮你的。我要是要你命呢？你这个淫贼！”蒙面兄弟吼道。

陈树只好站住，甩开了三寸不烂之舌：“都是中国人，何必呢？我一个小小老百姓，知道你有本事，有本事朝着有本事的人使呀，对付我这个小老百姓，打一枪不够药钱。我一看就知道你是个义士，一个英雄，何必跟我一般见识呢？”

蒙面人嘿嘿笑了，拿开了枪：“你这小子，嘴还挺会说呢！好吧，看在同是中国人份上，饶你一命。”

那人刚要走，陈树又说话了：“这位英雄，能不能留下姓名，以后好报答？”

那人冷冷地说：“知道姓白就行了。”

“我叫什么，难道你也不想问问？”陈树道。

“相逢何必曾相识？我不想再遇到你。”说完，他扬长而去。

“我的枪呢？”临走之前，陈树还忘不了吴少平的枪。

“给你的破枪！”蒙面兄弟恶狠狠地把陈树的枪甩出好远，不一会儿就消失在苍茫的夜色中。

陈树拾回了枪，长长地舒了一口气，今晚好悬，没被小银子算计了，又差点儿被这个蒙面兄弟要了命！真要是挂了，那真是出师未捷身先死，长使英雄泪满襟。虽然虚惊一场，但弄了一车武器，也算不幸中的万幸。

吴少平哪敢走远，听到陈树跑来，早领着一排人和六兄弟来接应。他心里有一肚子的谜，急忙问陈树：“这一车军火怎么回事，到底是怎么回事？”

陈树把前前后后仔细一说，高兴得吴少平连连大叫：“好啊，陈树，你算立下大功啦！这么好的武器，真是雪中送炭啊！没想到你人不大吧，鬼不小！今晚上你也累了，先休息吧，有事明天再说！”

“这些武器呢？”

“先放到你那里再说。”

再说章步云睡得和死猪一样，第二天一觉醒来，老觉得什么事儿不大对劲，他把小银子叫到跟前来问个明白。小银子把这个事儿一说，气得章步云是七窍生烟，狠狠地骂小银子：“你脑袋让驴踢了！怎么做出这等傻得不能再傻的傻事？我喝醉了，难道你也醉了，看我不毙了你！”

说着，又要掏枪朝小银子比画。

小银子一个立正，说：“章司令呀，我是劝阻来着，可你拿出了枪，非要枪毙我呀！没有办法，才把武器和陈树送了过去。路上，我越想越不对劲，想把武器拉回来。谁想到，半路上杀出一个程咬金，打死打伤我好几个弟兄，把陈树那小子也给放跑了！”

章步云的三角眼转了转：“你说，劫道的会不会是八路的人？”

小银子摇了摇头：“我想不是，那是一个人，蒙着脸，武功高强，枪法又准。要是八路的话，不会一个人，也没有那么高的武功。”

悔得章步云深深地叹了一口气，骂道：“想我章步云一辈子玩鹰，老了老了，倒叫小鹰叼了眼。”

第11回 前屯练兵

小银子只好劝道：“章司令呀，既然事情已经做了，后悔也来不及了。再说这个陈树和你有缘，早晚还不是你的人。我看这小子够机灵的，好好训训，是一匹好马。再说，前屯被咱们里里外外圈了几层，这些武器早晚还不是咱们的！”

章步云一想也是，只好忍了这口气。

再说陈树在前屯一晚上哪能睡着，早早地盼着天明，第二天一大早就起来了，摸摸这杆枪，捏捏那个炮，心里高兴得呀，自是合不拢嘴。陈明义、任兆宗六人，正因为没有武器，急得坐卧不宁。一看陈树搞来了这么多这么好的武器，就认为是给他们搞的，一人抱着一杆枪，再也不肯撒手。

一会儿战士都起床了，也都围着这些好武器这里看，那里瞧，赞不绝口。

吴少平自然是分外高兴，把式把式，全靠家什，部队如果没有好武器，那还打得什么仗。一早起来就和陈树商量武器的分配问题。

吴少平对陈树说："初来乍到，就搞到这么好的武器，立功的事就等着上级批了。我和副连长、几个排长商量一下，本来新兵只能使用替换下来的旧枪，可是由于你立了大功，这些中正式步枪就分给你们几个新兵用了。"

陈树并没有丝毫高兴，又问："那捷克式轻机枪呢？"

吴少平说："一排一挺，二排一挺。"

"那不行，"陈树反对说，"机枪是我们新兵搞来的，得让我们新兵使用。"

吴少平的脸拉下来了，对陈树严肃地批评："这是部队，得服从命令，不是讨价还价的市场。你们新兵别说机枪了，连步枪也玩不转呀，怎么能使用机枪？"

"那迫击炮呢？"陈树又问。

"迫击炮准备让三排使用，正好建立起一个迫击炮加强班。"

"那不行，"陈树强烈反对，"好不容易搞来这些武器，原来没我们的份呀。要是这样的话，还不如送回去。"

吴少平听了这些话，急了，脸上一会儿红一会儿白的，狠狠地熊道："陈树同志，你这是狭隘的个人主义。打鬼子汉奸，能靠你们几个人吗，得靠一个政党，一个团体。你们现在还是一些老百姓，没有经过正规训练，好武器得让给最有经验的战士使用，这样才能发挥最大的作用。真是的，还想送回去……那是资敌，知道吗？”

陈树心里不服气，想了想说：“如果，如果……我们新兵掌握了这些新武器，能不能让我们使用。”

吴少平点了点头：“可以的，你们现在已经成了正式的八路军战士，如果能熟练地掌握这些新武器，自然会考虑到让你们使用！”

陈树又使出了激将法：“好呀，这是你说的，说话究竟算数不算数？”

吴少平说：“作为一个连长，连里的军事问题当然我说了算。怎么不算数！？”

“那好，是骡子是马拉出来遛遛，咱就骑驴看唱本——走着瞧！”陈树愤愤地说。

陈树回到了新兵班里，立刻把这个事儿对大家说了。几个新兵都闷着头不说话。

陈树愤愤地对大家说：“怎么都哑巴了，不说话了，这么好的武器好不容易搞来，落到了别人手里，我心里就是不平气。”

陈明义想了想，对陈树说：“陈树呀，我们这是参加了八路军，八路有八路的规矩。我看了，八路军战士个个都是好样的，无论打枪也好，服从命令也好，跑跑退退也好，都比我们强。吴连长说得也有道理，是你有点儿太逞强了！”

任兆宗说话瓮声瓮气：“说实话，我虽然力气大，但是叫我玩枪，玩得了吗？玩不了。更不用说机关枪、迫击炮了。”

听了他俩的劝告，陈树的心里才稍微平缓了一下，又对大家说：“我们下里戈庄没个孬种，吴连长说了，只要我们好好训练，掌握了这些新武器，机关枪和迫击炮还是我们的。大家有信心没有？”

“有！”六个下里戈人一齐高声呼喊。

从这以后，陈树的新兵班投入到艰苦的新兵训练之中，队列呀，射击呀，投弹呀，拼刺呀，战术演练呀，无不比老战士更加刻苦磨炼。除了使用步枪之处，有空没空的，到老兵跟前学习操作轻机枪、迫击炮、手枪的使用。这样不知不觉地过了十多天。

陈树觉得新兵班的功夫已经练得差不多了，叫上自己的弟兄对吴少平叫板说：“吴连长啊，你说话还算数不算数？”

吴少平笑着说：“怎么不算数呀！有什么事你就说吧？”

“我们也练了一段时间了，就请吴连长检验一下我们的训练成果吧！我们新兵愿意向老兵挑战！？”

“那好，”吴少平从心眼里喜欢这个倔强好强的陈树，对副连长和几个排长看了一眼，说：“那就请吧！”

陈树大吼一声：“新兵班站队集合！”

很快的，陈明义、任兆宗他们整齐地站成一排。再也不是松皮懈骨，低头耷拉肩膀，而是一个个昂首挺胸，小腹收起，两腿绷直，雄赳赳气昂昂的八路军战士了。

在副连长的指挥下，老兵也列成队伍，一个个跃跃欲试，欲和新兵一比高低。

“稍息、立正！”陈树又对新兵吼叫几声，然后以军人的姿态，跑到了吴少平跟前：“报告连长，请检验一下我们的训练成果。”

吴少平大步地走到了新兵班前，吼了一声：“稍息！”看到大家放松身子后，对大家说：“那么，今天我们就检验一下吧！第一项就是比赛拼刺，看看你们新兵练得怎么样了。谁先来？”

陈树说：“我先上吧！”

“那好吧！”吴少平说着，从老兵手里拿过一支“步枪刺刀”，这是专门为训练用的简单器械，也就是一米四的木棍上，绑上了一块布。吴少平看了一眼新兵：“我就代表老兵吧，只要把我干挺了，你们也就过关了。”

陈树也拿过同样的一支器械，在琢磨着怎样向吴少平进攻，恨不能一刺刀就“捅死”他，叫他不要小瞧了自己的这些人。

说实话，陈树还没有见过吴少平拼过“刺刀”，不知道他有几把“刷子”，不过想着，在下里戈庄传统的武术熏陶下，自己从小练武，凭着身高体壮再加上这些天的刻苦训练，对付吴少平应该不成问题。

陈树拿着“步枪刺刀”，恶狠狠地连刺几刀，没想到，被吴少平轻松地拨过，然后瞅准破绽，对着陈树用力一刺，一下子刺中了陈树的肋条。疼得陈树“哎哟”一声，只觉得下盘不稳，一下子倒在了地上。

全场响起了一阵热烈的掌声。

陈树觉得自己很没面子，多年习武，又是新兵班长，竟然在吴少平面前如纸糊的一般不堪一击。自己不行，新兵班里早就比试过了，他们更不行。

陈树很快地爬起来，对吴少平说：“这回不算，再来！”

吴少平冷冷一笑：“人的命只有一条，一旦失去了，就再也回不来了。再换个节目吧！”

陈树咬着牙，狠狠地说：“好吧，再来什么呢？”

吴少平把自己的驳壳枪和副连长的驳壳枪拿过来，抽出子弹，狠狠地甩向远方，对陈树说：“咱们再来个抢枪搏击吧！”

陈树一看就明白了，心话，这可是我的强项啊，只要抢到了枪，打开保险，朝着对方身上猛扫一下，就算胜利了。他大声地说：“好吧，咱们就来一个抢枪搏击！”

副连长算是裁判员，叫两个人站在同一位置上，喊了一声：“开始！”两个人立刻像离弦的箭一样，向目标奔去。

目标中间虽然只有三十来米距离，可是训练场之外有一条排水沟，虽说只有两米来宽，一米来深，可旁边布满了垃圾和暄土，再往外还有一个一米多高的小土坡。再说，双方肯定谁也不让谁，还要一路上厮打。

本来陈树还想踹吴少平一脚，把他踹倒了，自己好跑在前面。

谁想到，吴少平根本就没理陈树，避过陈树的飞脚，只顾朝着那把枪飞奔。几步就抢到了水沟跟前，腾空而起，跃了过去。

陈树一看急了，奋起直追，越过了水沟，追到了小坡的跟前。吴少平正要往上爬，被陈树一下子拉住了腿，拽了下来。陈树也要往小坡上蹦，可是吴少平一把把陈树也拉了下来，两人没有办法，只好先进行搏斗。

陈树依靠身高力大，把吴少平压在了下面，没想到吴少平却异常灵活，一拳打在陈树的额头上，几乎把陈树打晕。就在陈树一晕乎的刹那，吴少平爬起来就跑，越过了这道小坡，拾起了枪。

陈树顾不得头疼，蹦过了这道坡就扑向了另一条枪。只见吴少平把驳壳枪朝腿上一蹭，打开了保险，朝着陈树的额头上就点了起来。

不用说，陈树早已经“死亡”了。

就在这时候，只听到一声大喊：“好热闹啊，怎么打得这么激烈！”

第12回　栗文礼和章步云大战

两个人停止了这场抢枪搏击，都抬起头来观看，吴少平不认得这个人，而陈树却是认得的，大喊一声：“崔师傅！”向着来人飞奔而去。

到了跟前，陈树紧紧地抓着他的手：“崔师傅，崔师傅，可想死我了。”接着又对跟过来的吴少平介绍：“吴连长啊，这位就是我在安丘城里认识的崔师傅，很多八路军的事就是他给我讲的。不用说，我猜想，崔师傅一定是个共产党。”

吴少平正在因为找不到党的组织而发愁，听陈树这么一说，赶紧叫副连长安排训练，把陈树和崔杰千叫到一边，试探着问：“请问，你是……”

崔杰千自我介绍说：“我叫崔杰千，1933年在荣城加入共产党，同年11月，参加了共产党领导的石岛暴动。暴动失败后，被国民党通缉，避居胶县城，与党组织失去联系。七七事变后，我和同是党员的夫人孙继武回到安丘开展抗日活动。

“我的公开身份是安丘烟叶税务所的书记员，活动了不久，就有一些进步青年，其中也包括陈树，找到我，要求参加共产党。我当时是这样答复的，按说，一个共产党员与组织失去联系时，是不能当别人的入党介绍人的，但是一个共产党员在任何情况下必须为党工作。如果我的党籍得到组织承认，你们既然是按照党的要求入的党，就是共产党员，如果组织不承认，请你们也不要埋怨。在这样的情况下，安丘发展了一部分党员，建立了党支部。”

听到了这番话，吴少平非常激动，紧紧地拉着崔杰千的手：“你们这些老同志啊，在和党失去联系的情况下，还坚持党的信仰，努力为党工作，实在让晚辈自愧不如。我回去后，一定汇报给有关部门，请尽快地调查、恢复安丘县的工作。同时，我们115师的部队，也认可了你们的地方组织。没有地方上的支持，我们寸步难行啊！”

两只手又紧紧地握在了一起。

再往下的谈话，牵涉到党的机密，陈树不便于参加，只好躲开了。

崔杰千又给吴少平介绍说：“前屯村的条件就很好啊，前屯村的小学校长支持党的工作，在他的周围团结了一批拥护党的进步青年。还有这个下里戈庄的陈树，李青，他们都是一些进步青年，特别是陈树，已被发展为秘密党员。以后安丘要发展党的武装，陈树就是个好苗子，好好地培养培养，说不定会派上大用场。”

听到崔杰千的一番介绍，吴少平对陈树更是另眼看待，在训练中加紧对陈树的新兵班开“小灶”。而陈树呢，通过比武也知道，自己离一个战士还有不少的差距，带着新兵班更加刻苦训练，所以战斗素质提高很快。

再说栗文礼和章步云的战争。章步云挂着一个山东第二路游击司令的头衔，兵力很快扩充为两个团，一个营，又占领着诸城、安丘、高密一带比较富庶的地方，可谓有枪有钱有地盘。

而栗文礼呢，比章步云小一岁，1905年生人，原是潍县县长，当县长期间，也做过一些好事儿，如重视城市建设，严禁吸毒贩毒，开过风筝会，还微服私访，捉拿过凶僧，也算为官清廉，得到一些人的拥护。但他多次捕杀中共党员及进步人士，破坏共产党地方组织，杀起共产党来绝不手软。

七七事变后，栗文礼带着原来建立起来的民团武装800多人窜入安丘西南山区，在躲避日寇锋芒的同时，以游击抗战为名，扩充武装势力。同时，他将游击司令部先后设在安丘西南山区的常家岭、崔巴峪等村，将所率人马重新改编为三个总队。

他以游击司令的名义任命考斌之为鲁八区游击第一总队队长；胡鼎三为第二总队队长；钱澧堂（原潍县第五区区长）为第三总队队长。这三个总队成为栗文礼的嫡系部队。

接着，栗文礼将势力扩展到昌乐、诸城、潍县、寿光、昌邑等地，队伍很快发展到16个总队，2万余人。

1938年2月，栗文礼辞去潍县县长之职。4月，栗文礼率考、胡、钱各部进驻诸城长城岭一带，他被撤销游击司令职务，改任山东省第八区保安司令兼行政督察专员，统辖安丘、昌乐、潍县、诸城、寿光、昌邑、高密、掖县、莱阳、平度、广饶、胶县、即墨13个县。

1938年1月，山东省政府主席韩复榘因消极抗战被蒋介石解职扣押，其所属第二路游击队少校司令、诸城人章步云率部由胶东返回诸城、安丘、高密一带，假借抗日之名，扩充队伍，征粮逼捐，烧杀抢掠。

真可谓一山不容二虎，章步云的到来，已经严重地影响了栗文礼的生存。栗文礼也想收编章步云，但被章步云拒绝，两部结下了深刻矛盾。

栗文礼为了生存，更为争夺地盘，纠合曹克明、王鹤轩、路景韶、李永平等地方势力，调集人马向章步云部进攻，先后攻占了葛家彭旺、沙浯、王家庄一带。张部西线退到南院、景芝固守，东线退至潍河东岸逄家岭、侯家岭、王交一带。

栗文礼是人多，章步云是精兵，双方打得你死我活，老百姓可谓生灵涂炭。可是打着打着，章步云部出现了问题，子弹将要耗尽，兵员也显不足。他想到前屯的八路军吴少平和陈树，立刻骑着马带着一帮护兵来到了前屯。

哨兵飞报吴少平，一支马队就要来到村里，看样子好像是章步云。吴少平对陈树说："你和章步云关系好，面子大，还是由你出面接待吧！无事不登三宝殿，还不知道他来干什么。"

陈树赶紧摇了摇头："还能干什么，一是要人，二是要枪，帮着他打栗文礼呗。如果我在，反而不好说话，干脆不如躲起来，有什么事你往我身上推就行。"

吴少平一想也是，点了点头："你就给他来个黑面白面不见面，有事我就往你身上推。"

章步云带着护兵马队威风凛凛地进了村子，来到了连部的跟前，下了马，把缰绳扔给小银子，就大声喊叫："陈树呢，跑到哪里去了，给了你这么好的武器，用人了，连个边也不凑。真是的，这小子，看我不揍扁了你！"

吴少平装着慌慌张张的样子跑了过来，一边跑着一边对章步云说着好话："章司令啊，你看你，来也不打个招呼，我好迎接啊！"

章步云大手一摆："不必了，战事紧张，哪里还有这样的客套。陈树呢，叫陈树出来说话！"

吴少平忙对通信兵说："快去找陈树，就说章司令来了。"

好一会儿，通信兵来报告说：“报告连长，找了一圈没找到。听副连长说，请假看老同学去了。”

吴少平就骂：“这个陈树，早不走，晚不走，章司令来了，他却不在，真是的！”

章步云没了办法，只好对吴少平说着软话：“请八路一块儿对付栗文礼的事情，不知道请示得怎么样了？”

吴少平叹了一口气：“不好办呀，这么大的事儿，已经报到师里，师里当不了家，又报到中央。等中央批下来，还不知道猴年马月，怎么办点儿事这么难哪，我都烦了！”

章步云一针见血地指出：“恐怕连报也没报吧，我看就是你吴连长不愿意趟这个浑水。噢，兴这个呀，吃着我的，喝着我的，要你们打仗，不出头了。那也好，不出头可以，给了陈树这么多的武器，怎么吃的，怎么再吐出来。要不，别怪我翻脸无情！”

吴少平一脸尴尬，无奈地摆着手：“这个事呀，我就不当家了，你给陈树这么些武器是不错，陈树都自己留着呢！他放到了哪里，我怎么知道呢？你还是找陈树去吧！”

章步云一听，十分生气，气汹汹地吼：“哪有这样的道理，陈树是你的兵，孩哭了抱给他娘，不找你找谁啊？！”

吴少平一脸的冤屈，对章步云诉苦：“是我的兵不错，可是我看到你俩的关系这么铁，所以也就睁一只眼闭一只眼，不管他了。他的武器归他管，我也不好说话。”

章步云一听，明明是吴少平耍赖，但是见不着陈树也没有办法，只好气哼哼地吼：“陈树这个小子，我就不信你躲着不出来，躲过初一，躲不过十五，先把你饿起来，看看你出来不出来。”

放完这些狠话，他对小银子大吼一声：“走！”然后领着护兵马队，一阵马蹄子响，绝尘而去。

第13回 诉说利害

章步云走后，陈树一下子钻了出来，对吴少平说："话我都听到了，章步云是个恶人，不会善罢甘休的！"

吴少平点了点头说："章步云酒醉后误给你这么些武器已经怀恨在心，现在他正在和栗文礼开战，暂时还顾不得我们。一旦战事稍有结果，恐怕就会对我们下手，使我们陷入更加危险的境地。对于这个翻脸比翻书还快的章步云，我们连队应该早早逃出去为好。"

陈树点了点头："是呀，待在章步云的包围圈里没有好事，可是冲出去也是一场恶战，章步云和栗文礼都不会放过我们。"

吴少平叹了一口气："难啊！横竖都是死棋了。"

两个人正在无计可施，突然崔杰千派交通员给吴少平送来一份情报。上面说，章步云弹药将尽，已和日寇勾结，要日本人补充给他弹药。一旦章步云降日，安丘抗战形势更将恶化。

吴少平看完情报，又递给陈树观看。陈树看完后默然不语，好半天才说："安丘党的武装基本没有，根据地也没有，只有章步云和栗文礼的杂牌武装，一旦章步云降日，半壁江山就是日本人的了。"

吴少平也叹了一口气："比我估计的还要严峻。如今的安丘国民党势力太大，章步云要是和日本人联起手来，那就复杂了。日本人会借着章步云的势力，迅速做大，更没有我们共产党的地位了。"

"不行，"陈树坚决地说，"说什么，我也要到章步云那里去说透利害关系，叫他坚决不能走这一步棋。"

吴少平摇了摇头："对于武器的事，章步云早已怀恨在心，正找你的碴呢！你这一去，岂不是自投罗网。我看还是不去了吧，要是把你扣起来，那就更麻烦了，还得想办法救你。”

陈树咬了咬牙，狠下了心：“如今形势危急，顾不得这些了。凭着我爹的这层关系，话搁到那里，总得有个响声才是。”

吴少平见阻挡不了陈树，又问：“需要带多少人？”

陈树摇了摇头：“这又不是打仗，带人干什么，人多了他更疑心。真要是打起来，咱这一个连，还不够他塞牙缝的。连枪也不用带，单人去就行了。”

虽说是这样，吴少平还是派人用马把陈树送到了景芝镇边上，然后带马折回。陈树鼻子底下扛着个嘴，独闯章步云的司令部，门口通报完后，陈树大摇大摆地进了章步云的办公室。

这一回，章步云可没有原来那么热情，冷冷地嘲讽陈树：“找你找不到，不请又来了。何事，说吧？”

陈树开门见山：“我听人说，章司令要投降日本人，气得我大骂他一顿。章司令是什么人啊，是抗日的民族英雄，怎么会投降日本人？”

章步云鼻子一哼：“就为了这事？”

“这事还小呀，”陈树说，“这就是一条鸿沟，过了这道沟就是万丈深渊。像章司令这么聪明的人，不能不知道这个厉害！”

“我要是真投了日本人呢？”章步云斜楞着眼睛，捉摸不定地看着陈树。

“那我就和你一刀两断，不认你这个章司令。”陈树恨恨地说。

章步云微微一笑，又深深地叹了一口气：“不当家不知道柴米贵，如今我的子弹不多了，队伍没了子弹，枪还不如个烧火棍。要说我投降日本人，那都是无稽之谈，可是陈树呀，你也替我想想，我外无救兵，内无子弹，到底应该怎么办？”

陈树想了想说：“其实，栗文礼也不是没有弱点。只要我们战术得当，就不愁打不败他！”

“噢，那你说说，”章步云来了兴趣，“怎样才能打败栗文礼？”

陈树利用自己所学到的军事知识，分析着：“我们是处于内线，被迫防守，而栗文礼是处于外线，主动进攻，战争的主动权始终掌握在外线进攻一方。他能集中兵力，愿意打哪里就打哪里，而我们却是撒芝麻盐，分兵防守，这样打下去，越打越被动。”

“我们怎么办呢？除了固守军事要塞之外，还应该派出一支奇兵，主动出击，到栗部后方主动打击他们，专打他的痛处。一旦有机会，让更多的部队到他们后方去，寻找战机，这样就会越打越主动……”

章步云眨巴着眼睛，听着陈树滔滔不绝地讲着战术理论，有的听懂了，有的没听懂。他夸奖陈树：“真是三日不见，定当刮目相看，本事见长啊！你说的真事也好，假事也好，总算有一套办法，比我的参谋长还强。可是陈树，别忘了，一支部队打出去，处在敌人四面围攻之中，这可不是闹着玩的，非得有勇有谋的人才行。”

陈树主动请缨：“如果章司令不嫌，我愿意领着一支部队打出去。”

章步云小心翼翼地问：“需要多少人枪？”

陈树说：“打出去不需要太多的人枪，现在我已经有了三十多人的一支队伍，这支队伍先打出去，在栗文礼的队伍后面闹腾一番，打烂他的坛坛罐罐。等时机成熟，再通知章司令，派出更多的队伍，把栗文礼的后方打烂。这样的话，仗就好打多了。”

章步云一琢磨，又不需要自己出兵，又不需要出枪，还不需要承担风险，借着陈树的这支部队到栗文礼后方去捣乱，何乐而不为呢！于是拍了一下大腿，大叫一声：“好！就这样定了。如果你们打烂栗小鬼的坛坛罐罐，就算给我立下了汗马功劳！”

陈树又奉承了章步云两句：“要不怎么说陈家和你章司令有缘呢，能为章司令效劳，也算我陈树的福气。”

章步云听了哈哈大笑，拍着陈树的膀子夸奖：“好好干小子，只要干好了，好枪任使，好马任骑，女人任上。”

陈树回到前屯，把这个事情一说，吴少平拍了一下大腿说：“好，事情宜早不宜迟，以免夜长梦多，今晚上咱们就突围。不过在突围之前，有个事情先和你商量一下。”

“有什么事你就说吧。”

吴少平说：“由于新兵班这一阵子进步很快，我们连队几个研究了一下，决定由你担任一排一班班长，陈明义为副班长，一排的轻机枪由陈明义使用。把任兆宗调到三排，重点操作 82 式迫击炮。曹班生、曹金、王凌云、郑西伦四人，也调入一排一班。”

陈树一想，这下子新兵班里的人，全都成了连队骨干。下里戈庄的几个弟兄，除了任兆宗以外，也全归自己领导，还让陈明义和任兆宗掌握着连里最重要的武器，轻机枪和迫击炮。这是领导对自己的信任啊！

心里一阵感动，紧紧摇了摇吴少平的手说：“谢谢领导这么看重我们下里戈庄的几个兄弟，我觉得，给我这么重的担子，是不是有点儿重了？”

吴少平安慰他说：“好好干，以后还会把更重的担子压给你。以后去县的地方武装，还指望着你们哩。”

吴少平说了这么几句让人振奋，捉摸不定的话。

晚上，部队把住在老乡家里的琐事处理完毕，饱餐一顿，然后吴少平率队，向西面进发。由于正式参加战斗，陈树的心里特别兴奋，感觉到心脏跳得特别厉害，旁边的陈明义，也是兴奋得满脸通红，扛着捷克式轻机枪颠颠地跟在自己旁边。

曹班生、曹金、王凌云、郑西伦四人，挎着崭新的中正式步枪，行军被包，几天的干粮，也是跑得相当带劲。

不远处的任兆宗，由于身高力大，除了自己的必需装备以外，还扛着最重的 82 迫击炮筒，尽管浑身是汗，还是一脸兴奋，没有觉得累。第三排的负担最重，68 千克的迫击炮分为三截扛着，最重的就是炮筒了。弹箱每个重二十多斤，装着三发炮弹，那也是分给三排的战士扛着。

这场战争从春天一直打到嗅到麦子香，如果再继续打下去，这茬麦子就废了。

在章步云的防区里，由于内部早就打了招呼，所以畅通无阻，越过了彭旺村，前面是沙浯一带，正是栗文礼的防区。

吴少平对大家压低声音说："大家做好战斗准备，一切听我的命令。"

沙浯是西进的必经之地，绕是绕不过去的，为了阻止章步云的部队突围逃走，所以在防线附近点了不少的火堆，一堆一堆的篝火形成了一道蜿蜒曲折的火龙，使防线附近如同白昼。

果然走不多远，对面有人喊："站住，哪支部队的？再不站住就开枪了！"

八路军一下子全趴下了，放下背包拿起枪，做好战斗准备。吴少平朝对面喊道："我们是八路军，是你们的友军。前面是不是栗文礼的队伍？请你们的长官出来说话！"

不一会儿，对面有人喊道："我是第二总队队长胡鼎三，有什么事你就说吧？"

吴少平喊道："胡队长，我们八路军路过此地，请你们让开一条道，我们过去就走，绝不和你们为难！"

胡鼎三嘿嘿一笑："八路军是干啥的，是共产党的队伍。你也不打听打听，原来我是干啥的，被我打死的共产党还少吗！要是知趣的话，赶紧退回去，要是不退回去的话，我的子弹可不长眼睛！"

第 14 回　冲破封锁线

胡鼎三为什么这么猖狂呢？他原是潍县的公安局长，没少杀共产党，所以虱子多了不痒痒，也不在乎再多杀几个。

吴少平继续做工作："胡队长啊，你说的都是老皇历了，现在国共已经合作，红军早就改编成八路军，都是国家的正式军队，请你们放开一条路，再不要搞摩擦了。"

胡鼎三嘿嘿一声，骂道："好啊，想从我这里走也可以，那得有本事打过来。只要冲过我这里，你们就可以放心大胆地走了！"

吴少平一听，这个胡鼎三简直油盐不进，不可救药。只好说道："既然这样的话，引起的后果，由你们负全部责任！"

战斗不可避免了，但是吴少平还是不愿意打第一枪，对一排长说："看来必须动武了，带着一排冲一下，尽量不要打第一枪。"

一排长喊了一声："明白！"他对一排的战士吼了一声，"一排跟我上！"

一排长在前，后面的战士拉开战斗队形跟在后面，越走越近了，死亡和危险正在悄悄来临。一排长悄悄地说："大家注意，枪一响，一定要冲得狠，打得猛！"

离敌人的阵地只有八十米了，已经看到了战壕里端着步枪一个个准备射击的敌人，一排长又果断地发出命令："一班留下，枪一响注意火力掩护，二班三班继续上。"

也许就是一排长的这个命令，才使一班避免了灭顶之灾。

地上的篝火还在燃烧，火中的玉米秸有的已经烧成了白色，但黑黑的烟灰还在向空中飘荡，形成了一溜下面是火，上面冒烟的黑色怪物，正在吞噬着这个亦白亦黑的世界。

一排长离敌人阵地只有六十米了，突然，一阵排子枪响撕破了夜中的宁静，随即“啪啪啪……”“哒哒哒……”暴风骤雨般的枪声响了起来。一排长晃了一下，一下子栽倒在地，口鼻出血，身上被打穿了十多个窟窿。

随后二班、三班的战士躲避不及，像谷个子一样，倒下了一大片。

急得陈树的心都快蹦了出来，大吼一声：“打——”一班的轻机枪，所有的步枪都朝着敌人射击着。后面吴少平指挥着二排、三排也在向敌人进行着火力压制。

尽管这样，敌人的机枪足有三四挺，步枪足有几百支，以少打多，怎么能压制住敌人的火力？急得陈树啊，大声地呼喊着：“迫击炮、迫击炮，我们的迫击炮呢？”

稍微停了一会儿，三发 82 毫米迫击炮弹，朝着敌人的阵地飞了过去。“轰轰轰——”三声巨响，在敌人的阵地上腾起了三团巨大的烟雾。停了没有两秒钟，又有三发炮弹在敌人的阵地上炸响……

九发炮弹过后，敌人的阵地上几乎没了动静。82 毫米高爆弹，杀伤半径将近四五十米，这发炮弹炸不死他，另一发炮弹准炸上他。乘着浓黑的烟雾，陈树大吼一声：“冲上去，占领阵地——”

陈树端起中正式步枪，陈明义把捷克式轻机枪的背带挂在脖子上，端着机枪跟在了陈树后面，一边冲击一边“哒哒哒……”地扫射着，曹班生一些人挺着明晃晃的刺刀，像猛虎一样冲上了敌人的阵地。

到了阵地上一看，胡鼎三的队伍被炸死了几十个，没死的，全跑了。

吴少平也带着二排、三排冲了上来。

陈树的心里一点儿也高兴不起来，他还挂念着一排长，问吴少平：“吴连长，一排长呢，他们怎么样？”

吴少平沉痛地说："一排长和十几个战士已经牺牲了。形势危急，来不及掩埋他们，轻伤员跟着，重伤员抬着，迅速西进。一排长暂时由你来代替，二排为尖刀排，你们跟在二排后面，三排断后。"

陈树跟在二排后面，一路默默无语，心里想着，人的生命怎么如此脆弱啊！一排长和十几个战士，刚才还活灵活现，怎么说没就没了。甭管他们骂自己也好，嘲讽自己也好，开玩笑也好，现在再也见不到他们了……

想到了这些，陈树的眼角慢慢地湿润了。

再说下里戈庄，陈树、陈明义、任兆宗他们的家属派人四处打听失踪七人的下落，却是音信全无，死活不知。

还有李青，尊重陈树的誓言，当然不能把他们参加八路的事情对任何人说。李秀才来逼小青结婚，小青说开了实话："我和陈树睡了，已是他的人。要是胡鼎三那个猪头不嫌戴绿帽子的话，那就来吧！"

李秀才吓了一跳，真要是胡鼎三娶了个"小二婚"，找自己算账，自己可就倒了血霉。李秀才气了个半死，只好把这事先拖一拖，彩礼钱又乖乖地退给了胡鼎三。

一个月后，小青发现自己该来的"朋友"不来了，开始并没有放在心上，6周过后，出现了头晕、恶心，吃饭的时候，稍微有点儿油腻的东西，就出现了反胃，跑到了一边"哇哇"地吐。

别看李秀才对别的事情不上心，对宝贝女儿还是蛮关心的，老伴早走了，他也没续弦，算是又当爹又当娘。当女儿乱吐的时候，他就警觉了，一边给小青拿过一瓢水漱着口，一边问："小青啊，咋回事？"

"爹呀，我怎么知道咋回事儿。"

李秀才点了点头，自己的闺女还算老实，除了小时候好和陈树搅在一起外，大了不跟男孩子玩了，也就是跟二丫那些小闺女叽叽喳喳地混在一起。但愿小青说的那个事儿，不是真事！

小青可是个知识女性，心里也害怕，抽空的时候，找了一个中医大夫偷偷地给看了一下。那个中医大夫眯缝着眼睛把了一会儿脉，高兴地对小青说："恭喜你呀，有喜了！"

这一句话犹如晴天霹雳，砸得李小青几乎失去了理智，脑子全乱了。

都怨自己呀，怎么这么傻，办了这样的傻事！也怨陈树呀，造了孽，跑了，我可怎么办？

下里戈庄又十分传统，这种事情找谁说去，就是好朋友二丫也难于启齿。老爹的眼睛又不住地朝自己身上打量，这就使得自己更不知道怎样是好，只能强忍着不适，把想犯的毛病尽量地隐藏起来。

可是藏也藏不住啊，吃饭的时候，小青的胃里一阵子乱搅，又到门外吐了起来。

李秀才一边拿着一瓢水，在等待着小青漱口，一边小眼睛在小青身上乱瞅，阴阳怪气地说："年轻轻的，怎么这么些毛病。你娘怀你的时候，才有这些毛病……"

小青的脸红了一下："爹呀，我想出门一下。"

"兵荒马乱的，一个闺女家，出门干什么？你拿着自己不当回事，我还不放心哩……"

"可是爹呀，我确实有非常重要的事情，需要出去。"

"你说什么事吧，难道连你爹也不告诉？"

"是呀，爹，真的连你也不能告诉。"

李秀才一听急了，气呼呼地说："看来真白疼你了，我又当爹又当妈的容易吗？没良心的东西。除了生孩子的事情不能告诉我，还有什么事情不能告诉我！"

小青没有说话，拿过递来的一瓢水漱漱口，就到自己的屋里，饭也不吃了。

李秀才是什么人啊，早已猜透了八九分，跟着小青到了闺女屋里，对小青说："小青啊，你娘不在了，我也算你娘吧！你说，是不是遇到了什么难事？"

小青没有说话，倔强地扭过了头。

李秀才又逼问一句，半藏半露地说："小青呀，什么事是趁早不趁晚，趁现在说还来得及。真要是生米做成了熟饭，那就什么也来不及了。"

小青还是倔强地扭过了头，不理李秀才。

李秀才觉得没趣，可是一肚子牢骚没处发，只觉得肚子气得鼓鼓的，不知不觉地来到了街上。街中心就是陈传吉的烧饼铺，南来北往的客人，不时地到村上来买几个烧饼，要上一碗热水，也算是买卖红火。

李秀才心里有气，有事没事的就想和陈传吉干上一架，老远就朝着树上骂："穷鬼，嘚瑟什么！逮住了好吃的不松口，小心吃不了噎死你！"

陈传吉可不吃这一套，干买卖的什么人没见过，就朝着李秀才喊："骂谁呢？"

"我骂树上的蚂蚁，碍你什么事？你看啊，这树上的蚂蚁，真是小人得志，找了点儿好吃的，就高兴得了不得了，忙前忙后的，没完没了。"

陈传吉微微一笑："蚂蚁也比河里的王八强，那王八就是个守财奴，仗着有几十亩好地方，成天涨饱得了不得，可老天有眼，就只有一个干巴闺女，纵然有万贯家财，又传给谁呢？"

李秀才也是文化人，一听，这不是骂自己吗，对陈传吉吼道："你骂谁呢？"

"我这是骂河里的王八！哈哈……"

气得李秀才指着陈传吉吼道："你那个宝贝儿子回来没有？"

陈传吉一边翻着烧饼，一边说道："我儿回来不回来，碍你哪根筋疼，和你半毛钱的关系也没有。不吃你的不喝你的，管得怪宽！”

李秀才又吼道：“话是这么说，自己造的孽自己知道。我闺女这两天病了，我琢磨过来琢磨过去，不是你那个宝贝儿子又是哪个。所以啊，嘴上得留个把门的，老天爷在上，人在做天在看，看你吃不了兜着走！”

第15回　下里戈庄的风波

陈传吉一听，李秀才话里有话啊，怪不得这两天听村里的娘们，三三两两地说着小青的怪话，莫非真叫她们说准了，三儿是不是给人家搞大了肚子。

想到了这里，陈传吉再也不敢挖苦李秀才了，赶紧用草纸包上两个糖鼓子烧饼，对李秀才巴结着说：“这是新烙的，热着呢，就算孝敬您了。没听说陈树的消息吧？”

李秀才凑近陈传吉的耳朵边，小声说道：“安丘的变化可大了，栗文礼和章步云打了四十多天，章步云没了子弹，联合了日本人，日本人出动了飞机，才算占了上风。他们一打仗，害得老百姓麦子都没法割，多亏了商会和教堂出面，双方才停止了打仗。我听说，有人见着你儿了，跟了章步云，投降了日本人。”

“你胡说！”陈传吉一听大怒，骂李秀才，“我儿才不是那种人呢，他怎么着也不能投降日本人。要是投降了日本人，书就白念了！”

看到终于把陈传吉的火惹起来，李秀才高兴了，瞪着小眼睛对陈传吉说：“我也是听人说的，着什么急呢！越着急，说明心里越有鬼！”

陈传吉一听更急了，把那两个糖鼓子烧饼抢回来，吼叫着：“李秀才，我就知道你满嘴喷粪，放不出什么好屁来！”

李秀才却是不急不躁，对陈传吉不阴不阳地说：“还是把自己的屁股擦干净再说吧，就是村里不找你，恐怕栗文礼也得找你。他吃了败仗，正找人撒气呢！还有俺小青病了，弄不好就是你儿子的事，你还嘚瑟什么？！这种事啊……你就看着办吧！”

说完，他背着手趾高气扬地走了。

李秀才的一番话，闹得陈传吉也没心情干买卖了，急忙收摊关了铺子，还没有找小青，小青倒找上门来了。

陈传吉是从小看着小青长起来的，自然有一番感情，再说自己的老三和小青又这么好，他不是不知道。陈传吉两口子把小青让到了炕沿上。陈传吉老伴就看着小青的身子，一见不要紧，脸就变了颜色。

陈传吉看到了小青的身子，又看到老伴的脸色，心里就明白了几分。

小青对陈传吉说：“陈大爷呀，这个村里我待不下去了，要去找陈树！”

陈传吉这下子更明白了，劝小青说：“小青啊，这兵荒马乱的，一个女孩子家怎么出门，我们当大人的不放心啊！是不是陈树做了什么对不起你的事？”

小青不说话，眼睛里“吧嗒，吧嗒”地掉出了眼泪。

小青这一哭，陈传吉心里有些不忍，对小青说：“小青啊，要是实在家里容不下你，就搬到我这里来住吧。”

小青摇了摇头：“我又不是陈家的人，搬到这里算咋回事。”

陈传吉听到了这句话，大声地骂道：“这个造孽的小子，还算个男人吗，敢做不敢当，看他回来我不活剥了他！”

刚把小青送走，突然听到街上大乱，马蹄子声，乱跑声，响成一团，陈传吉的门被砸得“啪啪”乱响。不一会儿，门被撞开了，几个带枪的兵闯进院来，进了屋，用枪逼着陈传吉一家说：“你们是不是陈树的家属？”

陈传吉问："我是他爹，咋回事？"

几个兵说："抓得就是你，你儿子当汉奸，不抓你抓谁？"

陈传吉不服气，问："我儿子怎么当了汉奸？失踪好多天了，找还找不到呢。"

当兵的不容分说，抓着人就走。陈传吉一家到了街上一看，好家伙，陈明义、任兆宗、曹班生、曹金、王凌云、郑西伦的家属都被抓了起来，足有好几十口子。

再就是全村的人被赶在了一边，逼着他们前来开会。

一个矮胖子军官足有三四十岁，那脑袋真和猪头一样，挥舞着手枪喊道："我们是栗文礼的队伍，我叫胡鼎三，有人看到你们儿子了，就在章步云的队伍里。章步云是干什么的，投降了日本人，当了汉奸。现在摆在你们面前的有两条道，一条道是把你们儿子找回来，叫他不能参加章步云的队伍。二是找不回来，那好办，统统枪毙！你们就看着办吧。"

被抓的家属一时乱了，纷纷喊冤。陈明义他爹说："你说我儿参加了章步云的队伍，有何凭证。我们找了好几个月了，也没有找到。"

任兆宗他娘说："他们就是参加了章步云的队伍，也由不得我们啊！腿长在他身上，想拴也拴不住啊！"

"那我不管，"胡鼎三挥舞着手枪吼道，"你们儿子当了汉奸，我就朝你们要人。人回来了，咱们都省事，要是回不来，别怨我心狠。这就叫儿子的债，老子还……"

被抓的家属纷纷不平："天下哪有这样的事，这不是冤枉人吗。""草菅人命，老百姓的命不值钱了。""青天在上啊，老天爷看得清楚啊！"

就是逼着来开会的人也看不下去了，纷纷嚷着："栗文礼不能这样办事。""我们老百姓供他吃，供他喝，怎么说抓就抓，说杀就杀呢？""这是什么事呀，天下乌鸦一般黑。"

胡鼎三挥舞着手枪喊："你们光说你们冤，我们就不冤了？一场仗下来，死了好几百，冤魂满天飞。冤有头，债有主，不找你们家属算账找谁算账！栗司令早就说了，要是他们不回来，就找你们说事……"

正在这时候，人群中小青喊道："如果他们没有参加汉奸队伍，是不是可以放这些家属？"

胡鼎三搭眼一瞧，这不正是自己的梦中情人李青吗？赶紧一摆手："没你的事儿，一边去！"

他正为这个事生气呢！本来说得好好的，50块现大洋，娶小青为妻，怎么李秀才连个屁也没放，就反悔了！那阵子忙于战事，实在无心再搞续妻的事儿，这会儿有了工夫，正好打听个究竟。

他想了想，又对李青吼道："出来！你怎么知道陈树他们没有参加章步云的队伍？"

小青大踏步地从人群中走出来。胡鼎三又对小青瞧了一眼，发现她的容颜有些不对，脸上没有一点儿血色，身体瘦削，好像肚子也有些问题。胡鼎三是过来人，一下子明白了几分，对小青嘲笑道："我知道你叫李青，是不是被哪个男人搞大了肚子，站在这里抽风呀？"

他那些兵们一阵嘻嘻淫笑。

小青气得脸色更加苍白，但对胡鼎三这个无赖，绝对不能客气："谁说他们参加了章步云的队伍，敢站出来说话吗！其实他们参加了八路军，八路是抗日的队伍，也是政府的军队。"

胡鼎三撇着嘴："这就怪了，有人说是参加了章步云的队伍，有人说是参加了八路军，到底哪个真，哪个假，真是一锅粥没个豆了。"

小青又朝他叫板说："到底是哪个说他们参加了章步云的队伍，能出来和我对质吗？"

胡鼎三有心瞧李秀才和小青的笑话，看了看李秀才一笑："这个事，这个事……李秀才啊，你就出来说说呗，陈树他们是不是参加了章步云的队伍？你不是亲眼看到了吗？”

一看，要和自己的亲闺女对质，李秀才也是有些生气，对小青说：“小青啊，一个闺女家都这样了，还出来丢人现眼的干什么？不说话憋不死你！”

小青口齿牙硬地对爹说：“爹呀，凭什么说陈树他们参加了章步云的队伍，你看见了？这样说话要害死人的。”

陈传吉听了有些受不了啦，大骂李秀才：“李秀才，你这个吃里爬外的东西，还算下里戈人吗？我们这些人真要是死了，做鬼也不能放过你！上有天下有地，我就看看你李秀才在全庄人面前怎么做人？”

李秀才有些心虚：“我也是听人说，有人看到陈树他们在章步云的队伍里，章步云还请他们吃了饭！”

小青反驳说：“就是章步云请他们吃了饭，也不一定加入章步云的队伍。章步云是什么人？陈树是什么人？陈树是念书的人，不能黑白不分，是非混淆。真要是章步云投了日本人，陈树他们更不能加入，难道说大家对陈树的为人还不清楚吗？”

这下子被抓的家属见有人给他们撑腰，可来了理啦！“是啊，陈树不是那样的人。”“咱那孩子跟了陈树，就是看着陈树人品好，走得端。”“陈树怎么能投章步云呢？谁信啊！”

众人一吵吵，就连胡鼎三都觉得理亏，挥舞着手枪又叫唤：“这么着吧，人还是要关起来。你们要是找着陈树他们，叫他们回来，见见面，咱就放人。要是找不到，对不起，还是栗司令的那句话，就找你们家属说事儿，统统枪毙！”

真是百姓遇到兵，有理说不清，碰到栗文礼、胡鼎三这样的混蛋，能给他们讲出什么道理来。

小青从家里收拾了一个小包袱，拿上了一些随身用的东西，根本就没给爹打招呼，恨恨地离开了这个难以依靠的家，然后踏上了寻找陈树的路程。

原来小青和崔杰千认识的时候，听崔杰千讲，万一有什么事情，到川里院村找潘墨卿联系。川里院在四区，从这里往西走，大约有 11 公里。

蔚蓝的天空，火红的六月，很炙热，但也充满着希望。

一阵热风刮来，就像火炉烘烤，六月是火热的，又是繁忙的。田野里，金黄金黄的麦子一片又一片，不算粗壮的秸秆上挑着蓬乍乍的穗头，不算很重，但熟得那么欢畅，既像串串汗珠，又像粒粒宝石。风吹麦浪，一波又一波，起起伏伏，委婉婀娜，像无边无际金色的海洋。

第 16 回　寻找陈树

这不算沉重的麦穗，受尽坎坷，凝集着耕种者的汗水，散发着诱人的麦香。转眼间大地就要裸露出肌腱宽阔的胸膛，焦急地等待人们播撒下粒粒新的种子，新的希望！

腹中隐隐作痛，小青在鼓励着自己的孩子："儿啊，坚持一会儿，等见到了你爹，我们娘俩好好地打他一顿，给你出出气！"

渴了，村里讨一碗清水，饿了，啃一口煎饼，好不容易，来到了川里院村。

打听到了潘墨卿的家，进了院，正巧碰到了崔杰千。崔杰千一见小青来了，满脸被炙热的太阳晒得通红，而且肚子也有些不正常地凸起。崔杰千没好意思问，赶紧把小青让到了炕头上，给她倒上了一碗温水，小青一口气把这碗水喝干。

崔杰千这才问："你怎么来了？"

小青这才把胡鼎三在下里戈庄将陈树他们的家属都抓起来的事说了一遍。

崔杰千听了默默不语，好半天才说：“栗文礼、胡鼎三之流，打不过章步云，干不过小日本，却拿着老百姓出气，这都算一群什么鸟啊？你说得这个事必须马上解决，不能让这些八路的家属受到伤害！”

小青着急地问：“崔师傅啊，陈树他们到底在哪里呀？快快想办法啊！”

崔杰千叹了一口气：“至于陈树他们现在到了哪里，我也不知道啊。只知道是343旅的吴少平连，大概到了鲁中山区一带。”

“哪个县哪个区哪个村？”

崔杰千摇了摇头说：“真的不知道！”

“这上哪里找去啊？”小青非常焦急。

“是啊，”崔杰千也是急得六神无主，“我们吃亏就吃在武装力量弱啊，想去救，指望赵大志的自卫团怎么去救？现在的社会，是弱肉强食，手里人少枪少，只能任人宰割。我看当务之急，还是要找到陈树他们，利用八路军的合法关系，叫栗文礼放人！”

“那我就到鲁中山区找八路军，找陈树，叫他们速速回来，解救这些亲人。”

崔杰千看了一眼小青：“去是必须去，但是你别去了。我看你身体不好，又是一个女人家，不方便。”

小青坚决要求：“正因为是一个女人家，才有方便之处。只有我，才能把这个事情说清楚，还是我去吧！”

崔杰千想了想：“这样吧，我们也在找党组织，咱们分头找吧！我给你写一封介绍信，谁先找到组织，谁就先和组织联系。”

“那你快给我写信吧！事情宜早不宜迟！”

崔杰千匆匆写完信，交给小青，又劝道：“我看你身体不好，还是休息几天再走吧！”

小青把信放在贴身的肚兜里，一股火拱得她坐卧不安，急迫地说：“刀架在脖子上，哪里还顾得上身子，趁早走吧！”

小青吃饱了饭，拿上干粮，又向着西边，一路寻去。

这个时候，中共中央派陕甘宁边区党委书记郭洪涛率干部 50 余人，携带两部电台也就刚刚来到山东泰安县南上庄中共山东省委驻地，初步谋划着想在山东各地建立根据地。

山东中部有一大片山区，叫鲁中山区，它位于胶济铁路西段以南，津浦铁路济南至兖州段以东，滋（阳）临（沂）公路以北，沂河以西，正是打游击，建立根据地的好地方。特别是沂蒙山区，北依沂山、鲁山，西接新泰、莱芜，境内山脉连绵起伏，河流纵横，地势险要，战略地位十分重要。

小青决定沿着汶河走，就能到达鲁中山区的腹地。

汶河出自沂山，河流在临朐县东南部向东北流淌，至高崖转向东流，沿安丘与昌乐边界，到凌河镇偕户村北入安丘县境，从黄旗堡镇夹河套村东北注入潍河，最后流至渤海莱州湾。

汶河水质清澈，两岸风景秀丽，河中的鹅卵石上长满青苔，鱼虾、螃蟹聚集，成为孩子的天堂。乘小船溯流而上，但见小鱼成群追逐，群鸭嬉戏，村姑洗衣，牛羊成群吃草，小鸟鸣叫不绝于耳，是一幅恬静的乡村美景。

但这美丽的风景早已是过眼云烟，如今天空中布满了战争的乌云，各路武装蜂起，老百姓怨声载道，似乎天都要塌了。

从川里院到簸箕掌村，从南石家营再到刘家营，从小关庄子再到赵家大桥，然后进入了沂山。走一路，打听一路，饿了吃一口干粮，渴了喝一口汶河水。肚子里的儿子又提抗议了，一个劲地乱踢乱踹，时不常地疼得小青捂着肚子。

小青安慰儿子："孩子啊，再坚持一会儿，救你爷爷要紧啊！咱娘俩得受点苦了。"

儿子挺听话的，不再捣乱了。

上山的时候，多半在阴坡，树林阴翳，芳草萋萋，兼有山鸟鸣唱，水流潺潺。一路拔高，脚步蹒跚腿如灌铅，每走一步，几乎都要付出全身的力气。大人累，孩子闹，小青只得不断地鼓励着儿子："咱娘俩得加把劲啊，上不了这山，就找不到你爹呀！"

下山的时候，多是在阳坡，这时候，儿子也不闹了，小青对他说："儿啊，舒服了吧，坚持就是胜利啊！"

终于在一个叫大峪村的地方，看到了有一个站岗的军人，小青把脸上又抹了一把土，上去问："你们是谁的军队？"

站岗的军人说："我们是八路军，请问，你找谁？"

小青一听，恨不能要哭了，赶紧说道："我找的就是八路军啊，俺男人叫陈树，在115师343旅的吴少平连，你快领俺去吧。"

站岗的说："我们虽然是115师的343旅，但哪是吴少平连，我也不知道。好吧，我领你找连长去！"

经过多方打听，凑巧的是，吴少平连就驻在离此不远的小摩岭村。

到了小摩岭村见到陈树的时候，小青由于疲劳过度，苦尽甘来，心里顶着的一口气顿时泄了，一下子昏了过去。

等小青再次醒来的时候，周围挤满了人，陈树在给自己捋巴着太阳穴，掐着人中，陈明义、任兆宗、曹班生、曹金、王凌云、郑西伦几人，一个劲地呼喊着："小青，小青——"

吴少平连长小声说："小青太累了，需要好好休息，你们这么吵，她能休息过来吗？"

陈树见小青醒来了，急忙端给她一碗热水。小青慢慢地喝着，着急地说："家里出大事了，栗文礼的胡鼎三把你们的家属都抓了起来，要枪毙呢！"

陈明义、任兆宗他们一听急了，七嘴八舌地问："他们凭什么抓人？""这不是不讲理吗？""到底怎么回事？"

小青把这个事情简单地一说，他们更急了："找栗文礼算账去！""我们是军人，手里有枪，谁怕谁！""这个胡鼎三早就不是个东西了，和我们打了好几仗，差点儿没把他炸死！"

陈树和吴少平紧急地商量着。吴少平说："我尽快地向上级汇报这事，请求上级处理。"

小青又从怀里拿出一封信，递对吴少平："噢，吴连长，这是崔杰千写的一封信，叫我交给党组织。"

吴少平拿着这封信，领着陈树，迅速找上级汇报有关情况。

没有多长时间，吴少平和陈树返回了小摩岭村，为了紧急应付下里戈庄事件，召开了紧急会议，参加人员主要有陈树七兄弟和小青。小青躺在床上，觉得浑身没劲，体力还没有恢复过来。床下坐着陈树他们。

会议有吴少平连长主持，他首先宣布上级的决定，他说："虽然上级地方党组织我们也联系不上，但是根据343旅和安丘地方党崔杰千的要求，我们旅决定成立潍县安丘县武工队，简称潍安武工队，队长由陈树同志担任，大家欢迎啦！"

陈明义带头鼓掌，当然结义兄弟也个个高兴，掌声尤为热烈。小青也笑了，一个劲地鼓掌。

吴少平又说："决定由陈树带着我连最好的武器，人员约三十来人，也是我连最优秀的战士，先到安丘去处理下里戈庄的问题。然后就留在安丘，听从崔杰千同志的领导，协助地方党争取打开一个新的局面。下面由陈树同志发言啦！"

大家又响起了热烈的掌声。

陈树说话言简意赅："同志们，情况紧急，没有过多的废话，从组织上来说，潍安武工队我们都是骨干，决定成立三个班。第一班班长为陈明义，除每人配备一支中正式步枪以外，再装备一挺捷克式轻机枪。第二班班长曹班生，装备也是一样。"

"第三班为我们的炮兵班，班长任兆宗，装备三门82式迫击炮，每人再配置一支较差的步枪防身。开完会后，其余人员我和吴连长再商议，大家争取一小时后出发，有意见的话，请发言。"

大家没有提出意见，倒是小青说："我提个意见行不？"

陈树说："可以，请发言。"

小青却摇了摇头："别人不能听，我只能和你说。"

陈明义、任兆宗、曹班生这些人互相看了看，都笑了。

陈树的脸有些发红，只好说："好吧，不过时间不能超过 5 分钟。"

第 17 回　疑兵营救众乡亲

大家都出去了，纷纷准备自己的行装。屋里只剩下陈树和小青，陈树对小青说："没别人，有话你就说吧。"

小青本来还想见了陈树好好地打他一顿，好撒撒自己的怨气，可时间太仓促，打他也没有时间。只好说："你看你做的孽，你的儿子受罪了。"说着，指了指自己的肚子。

陈树一下子脸红了，问："真的有了？"

"那还有假！"小青说，"要不看看你儿。"

从小青一进门的时候，陈树就看到了小青身体消瘦，脸色憔悴，但肚子却有些不正常地大，心里有些犹疑，但没有机会问。这时候一下子觉得头大了，着急地说："这可怎么办？"

小青说："你说怎么办，问你呢？"

陈树着急地说："我怎么知道怎么办？"

"要不，咱打了吧！"小青吓唬陈树。

陈树摇了摇头："大人作孽，孩子无罪。不行！"

"那怎么办？"小青问。

陈树果断地说："你早就是我的女人，咱结婚呀，不就是补个手续嘛！"

小青一下子哭出声来，狠狠地打了一下陈树："该你的啊！俺这辈子该你的啊！"又狠狠地打了一下陈树："你作的孽，你不要俺谁要俺，你这个该死的！”

陈树面无表情，闭着眼睛说：“打吧，狠狠地打吧，叫你娘们受苦了！”

本来陈明义他们收拾行李的，没想到这会儿一下子撞开了门，拥了进来。围着陈树一块儿这个一把，那个一下，喝着彩叫唤：“俺有侄子了，太高兴了——”“咱们弟兄后继有人了，庆祝一下吧！”“你俩还有什么秘密呀，俺早就知道了。”

陈树一下子羞红了脸，对他们挥舞着拳头：“这个事呀，谁也不许说，谁说了，看能饶了他。解决完了下里戈庄的问题，就叫你们喝喜酒，吃喜糖。”

众人再一次地欢闹起来：“还不叫说，糊弄谁呀！”“肚子在这里明摆着，睁着眼睛说瞎话。”“这不是好事吗，这叫先有孩子再结婚，时髦嘛！”

一小时后，武工队奉命出发，一班长陈明义走在最前面，后面是雄赳赳气昂昂的八路军战士。小青也夹杂在队伍里面，不过是骑着一头黑毛驴，队伍里怕她的体力不足，特意为她准备的。

再就是二班、三班。三班尤其显眼，因为扛着三门分拆开的迫击炮，还有炮弹箱，显得略吃力。在八路军的部队里面，就是团一级的单位也不一定能装备上迫击炮。

陈树走在最后面，对着吴少平一再地挥手告别。陈树心里明白，是吴少平帮着自己弟兄七人，完成了从农民到军人的蜕变，也许这次分别后，就再也见不到面了。

残酷的军事环境、频繁的战事，军人战死沙场，马革裹尸，是再正常不过的事情。

终于一山遮挡，两人只能各奔前程，陈树还是最后地招了招手。搁下这段友谊，陈树心情复杂地走到了队伍前面，对陈明义说：“你、我，还有任兆宗和曹班生，就开一次行军会议吧！”

不一会儿，陈明义、任兆宗和曹班生三个班长来到了陈树的跟前。陈树一边走着一边对他们说："以后，潍安武工队就是我们四人为最高领导了，三个臭皮匠，顶个诸葛亮，逢到重要军事行动，我们就要一块儿出主意，想办法。这一次怎样救家属，大家说说意见吧。"

任兆宗瓮声瓮气地说："这还不好办，我们有这么好的准备，迫击炮一打，机枪一扫，冲上去把他们干挺了。救人啊！"

陈明义随即反驳他："那不行，火力再好，我们也就是三十多人，可敌人是一个团，不能硬打。再说，我们八路军和杂牌军撕开脸皮打仗，也不符合政策呀！"

曹班生想了想："那我们就带着队伍，开到胡鼎三跟前，叫他们放人。他们要是不放，那就开打！"

陈明义想了一会儿："有点儿简单吧！胡鼎三是什么人，过去是潍县的公安局长，杀共产党不眨眼的刽子手，见我们这点儿人马，能把我们放在心上！我看这样不行。"

任兆宗一听急了，大喊道："这也不行，那也不行，你说怎么办？"

陈明义不慌不忙地说："到底应该怎么办，我还没有想出办法来。要是想出办法来，早就当队长了。"

说完，他看了一眼陈树，依靠陈树惯了，出现了难题，总要看陈树一眼。

陈明义是陈树心里最聪明、最有智慧的，陈树一直对他寄予厚望。至于任兆宗呢，是勇猛有余，而智慧不足。曹班生呢，有点儿过于谨慎，死板了一些。

陈树想了想说："我想啊，对于胡鼎三既不能硬打，又不能暴露我们的实力。怎么办呢，我想用虚实结合，疑兵之计，来解救咱们的家人。"

任兆宗不愿意听陈树拐着弯说话，催促道："有什么好办法就直说吧？三拐两拐的，我都听迷糊了。"

曹班生也说：“陈队长啊，我们听着哩，赶紧说具体的吧。”

陈树把自己的办法一说，陈明义首先高兴地支持：“我看这个办法好，叫胡鼎三摸不着头脑，弄不清咱们到底有多少人。”

曹班生也点头：“行！我同意。”

任兆宗大叫道：“你们都同意了，我还说什么，同意！”

从临朐县的小摩岭村到安丘的下里戈庄有66公里的山路夹杂着河边路，事情紧急，武工队连夜行军，天明前终于赶到了下里戈庄。

按照原订计划，三班留下，布置疑兵，陈树领着两个班的战士直闯庄里。村口有胡鼎三的人站岗，见到一支队伍突然来到，枪栓一拉，大声喝问：“哪支部队的，站住，再不站住就开枪了！”

陈明义大声喊道：“我们是八路军东进支队的，是你们的友军，请不要开枪！”

一听说是八路军东进支队的，站岗的也弄不清这是八路的什么番号，赶紧回去报告。

不一会儿，胡鼎三领着几十个人出来了，他先瞪着两只三角眼，仔细打量着面前的这支队伍。看到为首的一人，虽然年轻，但是气宇轩昂，英气勃勃，腰挎着油光锃亮的勃朗宁枪套，半掖半露着一支崭新的手枪。

再看这支队伍，崭新的军装，一个个战士军容整齐，气度不凡，特别是一律崭新的中正式步枪，黄油油的枪托，黑黑发亮的枪管、枪机，还有两挺捷克式轻机枪，油光明亮，更是叫人分外眼馋。

再和自己的队伍一比，一个个松皮懈骨，低头耷拉着脑袋，还有武器，那也是杂七杂八，根本没法和八路军比。

货比货，该扔，人比人该死，胡鼎三觉得自己先比人家矮了一头，怯生生地问：“请问……”

陈明义往前一站，赶紧介绍说：“这是我们东进支队的队长，陈队长。”

当大官的都是金口玉言，说话不多。陈树这才说：“听说你的队伍把陈树七人的家属当汉奸家属抓了起来，实在荒唐。这不，我们都回来了，澄清一下事实。”

小青这才从驴背上下来，对胡鼎三没好气地质问：“别听俺爹说他们参加了章步云的队伍，明明是八路军的部队。人都来了，你还不信！”

胡鼎三还在转动着眼珠子，想着坏心眼子，问：“东进支队……你们有多少人，都住在哪里？”

陈树笑了一下，不卑不亢地说：“我说胡团长啊，管得太宽了吧！我们东进支队去执行任务，是不是还要向你汇报？”

“你这个陈队长，听着像是安丘人？”胡鼎三又问。

“我叫陈树，家就是下里戈庄的，怎能不是安丘人？”

胡鼎三一听，大吃一惊，原来是只闻其声，不见其人，这下子其声其人都见到听到了。这不正是自己的情敌吗？没想到，陈传吉这么一个窝窝囊囊的老头子，竟然养了这么一个有出息的儿子，还抢了自己的老婆。

杀父之仇，夺妻之恨，不共戴天，恨得胡鼎三牙根痒痒。什么他妈的东进支队，不就是这二十来个人嘛，拉大旗做虎皮，谁信哪！今天算你小子倒霉，撞到我枪口上了，我堂堂的一个团还打不过你这个小小的东进支队！

胡鼎三冷冷一笑，手就想摸枪，先把东进支队给灭了再说！

正在这时，只听得“轰轰轰——”三声炮响，炮弹在离这里二百来米的地方爆炸了，腾起了三团巨大的烟雾，炸得麦茬末子，碎土飞上了半空，好半天，才纷纷扬扬地落了下来。

再看胡鼎三的队伍全趴下了，一个站着的也没有。而陈树的队伍呢，却纹丝不动，该怎样的姿势还是怎样的威武雄壮。

炮声过后，下里戈庄又恢复了平静。胡鼎三看没动静了，才慢慢地爬起来，问：“哪里打炮，太厉害了！要是落到这里，那就麻烦了。”看到了两支军队的对比，更觉得有了差距，骂道：“都滚起来，什么熊样啊！看看人家八路，再看看你们，丢人现眼，妈的……”

陈树也假装生气地训斥陈明义：“告诉炮兵，别乱打炮，留着炮弹，还打小日本呢！”

陈明义答应了一声，对后面的旗语兵说道：“告诉他们，不许乱打炮。”

旗语兵立刻掏出了红绿小旗，对着后面摇了几下。

第18回　接受新的任务

胡鼎三一看，东进支队还有炮兵啊！栗文礼好几万人还没有炮兵呢，这样的主惹不得，别光着腚串门——没事找事了。他赶紧笑着对陈树说：“陈队长啊，都是李秀才信口胡说，才造成今天的误会。既然你们回来了，事实也澄清了，我们的任务也算完成了。那我们就撤了，抱歉，不再打扰。”

说着，领着他的队伍撤出了下里戈庄。

陈树领着武工队进了庄，放出了被关的八路军军属。没有死在栗文礼的枪下，亲人相见，自然是喜极生悲，哭哭啼啼，抱在一起一肚子的话也说不完，感到亲情比什么都重要。

陈树对爹说：“爹呀，儿子不孝，临走也没有给你说一声，把您吓着了！”

陈传吉挥了挥手，骂道：“说真的，我真气死了。叫你不要当兵，你偏要当兵，当了兵，惹下这么大的乱子！”

陈树说：“爹呀，不参加八路军，不抗日，岂不让日本人骑在头上拉屎！你就是想过好日子，有日本人在，能过上好日子吗？”

陈传吉轻轻地点了一下头：“现在啊，我也想开了，儿大不由爹，你的事我就不管了。这回还算有良心，还想着咱这一家，派队伍来救。”

两人冰释前嫌，陈传吉看了看小青：“小青的事，是不是你干的？”

陈树低下头：“爹呀，儿错了，犯了错误啦！”

陈传吉狠狠地打了陈树一巴掌：“你这个浑蛋，怎么能这样做。还嫌惹得事不够啊，净给我添事。”停了一会儿又说：“事到如今，你说怎么办？”

陈树只好说：“事到如今，请爹给我们做主，我们结婚吧！”

陈传吉点了点头：“还算是我的儿子，敢作敢当！好吧，小青这姑娘不错，我们家也蛮喜欢她。你就到李秀才家求婚吧！”

陈传吉准备了两瓶好酒，三块银圆，一大摞烧饼，陈树拿着这些礼品到李秀才家去求婚。

要不是闺女小青有这事儿，李秀才打死也不愿意这门亲事，但是既然闺女生米做成熟饭，要是不愿意的话，不但以后小青嫁不出去，李家也是颜面扫地。李秀才没有办法，只好硬着头皮答应了这门亲事。

事情说办就办，当晚明媒正娶，洞房花烛，吹吹打打，弟兄六人都来闹洞房，全村的乡亲们也来热闹一番。

闹洞房的时候，陈树悄悄地对陈明义说：“明义啊，救这些家属虽然成功，但我们全暴露了。栗文礼是什么人啊，从今以后，我们睡觉也得睁着一只眼。”

陈明义说：“要不天亮以后，我们就撤出村子。”

陈树摇了摇头：“晚了，下半夜我们就撤出村子，换个地方住。”

“那小青呢？”陈明义问。

“小青也暴露了，暂时先撤出去，跟我们行动。以后的事情再说。”

闹完了洞房，喝完了喜酒，部队撤出了下里戈庄。就在天将亮的时候，栗文礼派胡鼎三和考斌之两个总队包围了下里戈庄，结果是狗咬尿泡一场空。

再说陈树领着武工队撤出下里戈庄后，一路向西北走去，走了大约 11 公里来到了川里院村，全村狗一阵大叫。陈树在村四周布下岗哨后，然后直奔潘墨卿的家。

潘墨卿早就听到了全村狗叫，知道有了情况，披着褂子摸起手枪堵在门口。当陈树敲门的时候，他警惕地问：“谁呀？”

陈树小声地说：“我呀，陈树。”

潘墨卿这才放了心，打开门，把武工队迎进院子。崔杰千也迎了上来，一看这么整齐的队伍，心里非常高兴，赶紧把队伍往北屋让。陈树说：“人太多，先住在东屋和西屋吧！”

安排好了队伍，陈树、小青、陈明义、任兆宗、曹班生这才来到堂屋坐下。陈树给崔杰千仔细地汇报了一下 343 旅的指示，并把下里戈庄的行动给崔杰千说了一遍。

崔杰千听完陈树的汇报后，内心非常激动，紧紧地拉着陈树的手说：“好啊，感谢 343 旅支援我们这么好的军事骨干和武器。下里戈庄的事件急得我了不得，这下好了，终于放心了。”

崔杰千又把安丘县的军事形势介绍了一番。

1937 年冬天，安丘二区的大朱旺村共产党员赵大志和大尚庄村共产党员朱文淑，在大朱旺一带拉起了一支三十多人的队伍，叫“抗日保乡自卫团”。1938 年 2 月，潍县的章红立带领十七、八人与赵大志、朱文淑的队伍在大朱旺村进行了合编。全队共有 40 余人，几十条枪，章红立任军事指挥，朱文淑分管政治工作，赵大志任联络员。

今年的 2 月 16 日，贺风驰、何凤鸣、张世祥、张俊千等人，又在潍县的东西曹庄、安丘的大小朱庄重新组织了一支 100 多人的抗日队伍，命名为八路军鲁东游击队第七支队第二大队。由贺风驰任大队长，章红立任副大队长，何凤鸣与张俊千管组织，赵大志任联络员。

队伍成立后，发展很快，到四月下旬，已发展到七八百人。

崔杰千对陈树说："队伍发展太快，免不了鱼龙混杂、山头林立。你来得正好，正想和你商量一下，想把你派到第七支队第二大队去，担任政委，加强一下那里的军事和政治工作。"

陈树听了十分振奋，说："坚决服从领导安排。"

崔杰千又小声对陈树说："我也是听说，贺风驰和章红立好像有点儿不大团结，希望你当政委的，当好粘粘胶的工作，把大家团结在一起。"

陈树点了点头："连国民党都要团结，更甭说党内了，你的话我明白。"

崔杰千又对小青说："临时支部研究了一下，确定党的工作方针是，根据党的抗日民族统一战线和抗日救国十大纲领，迅速壮大党的组织，发展党员。根据这段时间你出色的表现，支部和你商量，决定派你到下里戈庄一带工作，不知你有没有信心？"

小青高兴地说："我早就要求入党，早就要求党派给我工作。虽然有个顽固的爹，但我坚决听党的话，组织上终于相信我了，我一定完成组织上交给我的任务！"

崔杰千高兴地握了一下小青的手："李青同志，支部相信你！"

接受了新的任务后，第二天陈树和小青又被迫分离，各自踏上了新的工作岗位。

崔杰千带着潍安武工队，从川里院一路往北，大约四、五公里就到了汶河，过了河，沿着汶河顺流而走，避过安丘县城，走了大约 30 公里，才到了大朱旺村。这个大朱旺村紧靠着汶河，也就在安丘县城的东北部，离城里也就有 8 公里，是一马平川的膏腴之地，西北紧靠着小朱旺村。

崔杰千问陈树："你觉得这个地方咋样？"

陈树说："地方是好地方，搞农业肯定行。但是离县城太近，又无险可守，军事上的话，就是个死地。"

崔杰千点了点头，说："何止是个死地，安丘日本人刚走，县城里有栗文礼，景芝镇有章步云，北边12公里就是胶济铁路，是日本人的地盘，真是夹在三个强敌之中，哪一方也不好对付。"

陈树点了点头："此地非久留之地，一不小心，就可能被敌人包了饺子。"

队伍还没进庄，老远就看到有人站岗，一个穿着便装的人拉着枪栓大喊："站住！再不站住就开枪了。来的是哪支部队？报上番号！"

陈明义大喊："我们是八路军潍安武工队，请你给通报一下！"

有个哨兵迅速去通报情况，别的岗哨继续监视着潍安武工队。不一会儿，贺风驰大队长带着一些人快速地跑来，老远就伸出了手，跑到跟前热情地和崔杰千握着："欢迎！欢迎！欢迎崔书记前来指导工作。"

陈树看到他，三十冒头的年龄，老成持重，尤其是一双眼睛，捉摸不定。

崔杰千和贺风驰握完了手，给双方介绍着情况。不说不知道，一说吓一跳，贺风驰是个老资格的共产党员，早年参加了党的组织，1927年就被派到洪山煤矿做工运工作，1930年5月到安徽省泗县组织农民武装暴动，8月被捕，1932年11月经保释出狱，被遣返原籍。以后到青岛码头做工，抗战爆发后，又在家乡拉起一支抗日队伍。

自己的资历和他相比，简直是小巫见大巫，尤其是坐到政委的座位上，更是有点儿浑身发凉，不大自在。

说着拉着，不一会儿，到了第七支队的第二大队部。副大队长章红立又迎了上来，陈树看到他，三十四五岁的年纪，比贺风驰大不了几岁，但那双眼睛清澈透明，陈树和他说话的时候，他的情感已经全都表现在那双眼睛里了。

崔杰千一介绍，陈树更是吓了一跳，这个章红立更是不简单，履历上摆满了革命的功劳。他大革命时期就加入了中国共产党，1932 年 8 月参与领导博兴农民武装暴动，同年秋被国民党逮捕，抗日战争爆发后获释出狱，又到家乡拉队伍。

自己才革命几天啊，和章红立相比，后革命的坐到了政委的位子上，甚至还要对老革命指手画脚，老觉得这把椅子要塌了。

崔杰千临时召开了一个欢迎会，对第二大队的主要领导宣布了安丘县委的意见，第二大队的领导们一致鼓掌欢迎。要陈树发言时，陈树只能说："我只是一个晚辈，在众多老革命面前，只能服好务，当好后勤，和大家团结一起，一块儿打鬼子！"

开完了会，章红立就来找陈树谈工作。

第 19 回　章红立与贺风驰

章红立对陈树说："政委来了，我感到非常高兴，队伍里终于有党的正式领导了。在这里，我也要求党组织，尽早地给我恢复党的关系。"

原来章红立在被捕期间，和上级党组织断了联系，所以组织关系一直恢复不上。

陈树只能这样说："安丘县的党组织早就和上级断了联系，但是一个党员，在任何时候都不能放弃党的工作。连崔书记都是这样答复我的，要是上级承认安丘县的党组织，当然我们这些新党员都会得到党的承认。如果上级党组织不承认，我们也不要埋怨。你是老革命了，想必一些事情看得更透彻，是不是一个合格的党员，每时每刻自己都要以行动来表现。"

章红立紧紧地握着陈树的手："有你这句话，我就放心了。"

陈树对他说："我们的队伍处在这样恶劣的环境下，真是相当的危险，如果鬼子或者国民党顽固派一旦进攻，我们如何应对？"

章红立一听，也是有些着急："陈政委终于说到正题了，我们就别在这里纸上谈兵了，出去看看呗！"

陈树点了点头："走吧，边走边谈。"

两个人出了屋，在大朱旺村的一个大场院里，看到正有不少战士在训练，有练队形的，也有练瞄准射击的，还有练战术的。尽管战士们士气高昂，喊声震天，但是手里真正拿枪的不多，大部分手里只是大刀、长矛，有的连这个也没有，只能以木棍代替步枪。

陈树问："这队战士估计能抵抗住多少鬼子的进攻？"

"恐怕一个小队没问题吧。"章红立说。

陈树摇了摇头："恐怕你还没有和鬼子交过战。鬼子的一个小队，就有三个步枪班和一个掷弹筒班。步枪班为 13 人，除了步枪外还有一挺歪把子轻机枪。掷弹筒班配备 3 个 50 毫米掷弹筒。整个小队编制为 54 人。"

章红立皱起眉头："照你这样说，我们这些人，只能对付日军一个班了。"

"一个班恐怕也有点儿勉强，如果我们没有轻机枪，就压制不住敌人的火力。压制不住敌人的火力，战士们怎么能抬头射击？"

章红立点了点头："照陈政委这么说，情况还相当严重。"

"不但严重，而且是树上之卵，掉下来就麻烦。"

章红立指着北边说："大朱旺村的西北小朱旺村，驻着我们的一个中队，在小朱旺村的北边一公里刘家洼村，还驻着我们的一个中队，我们互为依靠，相互支援。"

陈树又对章红立说："如果敌人从西边向东进攻，我们怎么撤退？”

章红立看了看说：“背后就是汶河，我们一退，就退到汶河里了。”

陈树表情严峻了：“背水而战，军事之大忌。不论是日军还是杂牌军，从西面向东一攻，我们危险啊！”

“如果我们坚守大朱旺村的话，村里需要做怎样的工事？”章红立又问。

“那工程量大了，”陈树说，“外面需要建小土墙，土墙上挖上枪眼，四个角上建有炮楼，好控制村外的小土墙。村里把街道全封起来，门和窗户全堵上，从屋里往外通枪眼。屋与屋，院与院全有暗道连接，村的中心，再安排上中心工事，经过暗道通往各个院落……”

和章红立谈完了话，陈树觉得队伍里的军事问题相当严重，心情有些压抑。回到了队部里，贺风驰看到没有别人，对陈树小声说：“陈政委啊，章副队长刚才是不是又向你打小报告了？对他可得小心点呀！他这个人，是敌是友还分不清，他的历史问题一直没有结论。”

陈树心里一惊，一个队长竟然说副队长的坏话，这可如何了得。两人是不是存在着深刻的矛盾啊！一听说是历史问题，陈树的心里隐隐作痛，两人都被捕过，贺风驰的党员问题恢复了，而章红立的党员问题却没有恢复，这就说明，章红立有着可大可小的问题……

陈树问：“你说他是敌是友分不清，有何凭证？”

贺风驰说：“我和章红立过去是老同学，和他一块儿蹲监狱的或者死了，或者叛变，怎么就他活着。再说，像章红立这样家庭的人，怎么能挺过那些酷刑。”

陈树在思索着，如果贺风驰说的是真话，那章红立真有点儿危险，其实贺风驰也蹲过监狱，他怎么活着？如果贺风驰捕风捉影，随意推断，那就有陷害之嫌。是前者还是后者，自己真是无法判断了。

“除了你知道他的过去，还有谁知道他的过去？”陈树问。

“还有老同学武美亭。”

陈树的心里一惊，怕就怕死到证人手里，可是心里又有一种狐疑，问：“听说武美亭不是早就叛变了吗，他的话怎么能信？”

贺风驰又不阴不阳地说：“对这样的人要防着点儿，不能手软。”

陈树默然不语，陷入了沉思，指认叛徒，就足以把章红立陷于死地。章红立真是叛徒吗，还是另有隐情？党外有党，党内有派，古来有之，现在大敌当前，党同伐异，只能是亲者痛仇者快的事情。

陈树只能对贺风驰说：“这个事儿不能对任何人说，我先摸摸底，调查一下再说。”

陈树又找到了章红立，他要真是叛徒的话，问他他也不会承认，所谓直面相问也就是一种心理试探。陈树看着章红立的眼睛问：“章队长啊，你是老党员了，有些事情咱俩得好好谈一谈。蹲监狱的时候，有没有做过对不起组织的事情？”

章红立看着陈树的眼睛说：“没有啊！”

陈树又提醒他：“你的事情，恐怕一些人也有所了解。”

“谁了解？”

陈树又不能说贺风驰了解，只能说：“武美亭就了解。”

章红立轻蔑地一笑：“武美亭就是个叛徒，他的话怎么能信呢？！”

陈树陷入了沉思，是啊，叛徒的话是不能相信的，可是章红立是不是叛徒的事儿，谁给他调查呢，这真是一件大工程。现在只能这样说，如果章红立是清白的，那么贺风驰就是有意陷害，如果章红立的话是假的，那么就说明他真的是叛徒。

回到自己的屋里，陈树觉得自己的心里很乱，好像一堆乱线头缠在一起，理不出个头绪。贺风驰又来到了陈树的跟前，问：“你找章红立谈话，他承认了吗？”

陈树不好回答这个问题，只好说：“你知道太平天国是怎样失败的吗？”

贺风驰弄不清陈树为什么提这个问题，只好说：“不知道。”

陈树说：“其中重要的一个失误是天京之变。洪秀全因和杨秀清政见不和，密诏韦昌辉杀了杨秀清，韦昌辉杀害杨秀清的同时又滥杀无辜，杀死义军骨干20000多人。事后洪秀全后悔莫及，又密谋杀了韦昌辉及其党羽几千人，致使内部损失惨重。洪秀全对天国重臣石达开又心存疑忌，下令杀害石达开，结果把石达开逼走，领着十万军队败走乌江。

这说明洪秀全比那清朝皇帝还要昏庸无道，真是让天国军民寒心啊！从此人心再也难以凝聚，太平天国加快了崩溃步伐，胜利的一方只能是清朝军队。”

贺风驰不再提章红立了，在仔细地琢磨着陈树的这些话。

送走了贺风驰，赵大志又来找陈树，他看了看屋里没人，对陈树说：“陈政委啊，有些事不知道当说不当说。”

“有什么事你就说吧，如果不对的事情，我只当没听到，不给任何人说。”陈树回答。

赵大志这才对陈树说了这么一个情况：“前几天的时候，贺队长找到我，另外还有朱文淑，说章红立早就是叛徒，队伍叫章红立掌握着，极不可靠，要我们待机除掉章红立。我和朱文淑没有同意，说章红立是叛徒没有证据，再说随便杀掉一个领导太过草率，这样的事情需要由上级来决定。”

说完了这个事，陈树觉得事情非常严重，如果一个正队长在没有确凿证据的情况下，随便把一个副队长干掉，这不光是组织原则问题，而且是立场问题了。但是自己初来乍到，对事情的原本还不了解，该怎样处理这件棘手的问题呢？

停了一会儿，陈树轻声问赵大志："大志同志啊，你也是大朱旺村的老同志了，对这个事情有什么看法？"

赵大志想了一会儿说："我和朱文淑是最先在大朱旺村起义的，后来章红立从潍县带着十几个人来参加我们的队伍。虽然待的时间不长，但我认为，章红立同志还是抗日坚决工作认真的，说他是叛徒，我死也不信！"

陈树点了点头："说得好啊！敌人还没打上门来，我们内部先乱了，这还了得！维护军心，积极训练，做好战斗前的一切准备，这才是正事。我们每个党员，每个骨干，且不要自乱阵脚，做出一些亲者痛仇者快的傻事来！"

赵大志又问："陈政委啊，我怎样做才好？"

陈树对他说："对于不利团结的事情，不传话，不扩大，不讨论，做好自己的工作。对于个别领导的问题，请相信组织，自有组织来处理。"

赵大志点了点头："那好，陈政委，我走了。"

赵大志走了没有多长时间，章红立从潍县带来的几个人又找到了陈树，领头的叫金焰，他们是来为章红立鸣冤来了，一个个怒气冲冲的。看来贺凤池欲加害章红立的事情，他们早就知道了。

陈树费了不少唾沫，才把他们劝走。

处理完了这些事，陈树只觉得身心疲惫，心烦意乱，队伍思想确实混乱。如果成天想着不要被自己人从背后开枪干掉，以后的仗还怎么打，这样的队伍还怎样带？

第 20 回　事件持续发酵

再累再烦也得稳定住自己的情绪，陈树把陈明义、任兆宗、曹班生叫到了自己跟前。陈树对他们说："咱们武工队，刚刚加入了这支队伍，有些情况确实搞不清，听到什么情况了吗？”

陈明义说：“怎么没有听到啊，好像贺凤池是一伙，章红立是一伙，贺凤池势大，章红立势小，两派闹得挺顶。背后还有人说，章红立是叛徒，早就该枪毙了。”

任兆宗瓮声瓮气地发牢骚：“他们这么乱，不跟他们玩了，还是我们把队伍拉出去，重开锣鼓另唱戏。没有这个臭鸡蛋，还做不成鸡蛋糕来？”

陈明义又问：“甭管真事也好，假事也好，为什么贺风驰非要告章红立，这到底是为什么？你学问大，能不能给我们解释一下？”

陈树只能这样解释：“不要把个别领导的水平看得多么高，其实说过来倒过去，还是农民思想作祟。唯我独大，占山为王，你想当老大，我还想当老大呢！别说两支队伍合在一起，两群野兽合在一起还咬呢！祸起萧墙，多少失败都是由内乱引起的。我们的主要任务是打鬼子，记住一条，只能使这支队伍黏合，不能使这支队伍分裂。”

听到了这句话，三个人都不说话了。好半天，陈明义点了点头：“我们听陈政委的，只能使这支队伍团结，不能使这支队伍分裂。”

陈树点了点头：“回去要求我们武工队的战士，不利于团结的话不说，不利于团结的事不做，坚决不能搞分裂。”

陈明义、任兆宗、曹班生三人点头答应。

为了尽快地扭转思想混乱的局面，陈树想在最短时间内纠正领导内错误思想，一致对日，也可能一旦打起仗来，就会冲淡了两派的纷争。

开会的时候，主要领导都来了，有贺风驰、章红立、何凤鸣、朱文淑、赵大志等人。会议由陈树主持，贺风驰先讲了一下当前的军事形势，并没有提出什么新的见解。

该到陈树说话了，陈树说：“在讲军事问题之前，我先讲一讲团结的事儿，这几天，不少人找到我，说这说那。如果一个人对别人有章见，可以当面讲出来，灯不拨不亮，理不辩不明，别在背后瞎嘀咕。如果事情不解决，恐怕会影响到整个部队的团结。我再宣布一下组织纪律，在这个屋里随便说，打破天也不要紧，出了这个屋，都把嘴封死，一句话也别说。”

会议一时有些冷场，贺风驰阴沉着脸，一言不发。章红立看了看贺风驰，又看了一眼陈树，欲言又止。

陈树看到他们都不说话，又刺激他们说：“那就是没意见啰，咱可丑话说到前头，以后再在背后嘀嘀咕咕，那就要实行组织纪律。”

章红立终于说话了，对贺风池说：“贺队长啊，你凭什么说我是叛徒？”

贺风驰不阴不阳地应对：“咱俩是老同学，你的所作所为，我怎么会不知道？”

章红立怒不可遏地反驳：“我问你，我何时何地叛变过？”

贺风驰说：“武美亭说的，他们的话还能有假？”

章红立继续反驳：“事实是，武美亭早已叛变，他们的话怎么能信。真正的事实是，我和武美亭同蹲一所监狱，他对我熟一些。”

贺风驰一下子抓住了把柄，大声地指正：“听见了吗，听见了吗，不打自招，武美亭叛变了，你还能比他强多少。”

章红立脸孔通红：“你这是乱扣帽子，随意捏造，而实行打击革命同志之实！”

两个人唇枪舌剑，互不相让。

陈树在慢慢地听着两人辩论，觉得还是贺风驰的错误多一些。政治斗争，残酷无情，这个贺风驰怎么能拿着叛徒这顶大帽子随便往章红立的头上扣呢？一个叛徒，就等于把对方枪毙了。

别的人都一言不发，在听着两人的激烈辩论。

他俩越吵越厉害，从叛徒问题又延伸到博兴暴动的问题，在监狱里蹲了五年一些细节问题，似乎还要触及更敏感更复杂的事情。

陈树对他俩摆了摆手说:“我看你俩也累了，是不是先歇一歇，也让别的同志发发言？”

两人这才不说话了，但是怒目相向，互不服气。

陈树对大家说：“别人再说说吧，有什么看法？”

朱文淑首先说：“我的看法啊，你们说的这些我听不懂，也不愿意听。我看啊，还是少谈一些理论，多谈一些打鬼子吧！”

何凤鸣也说：“现在大敌当前，潍县有鬼子，说不定什么时候鬼子就进入安丘城。虽然我们这里暂时无事，但是说不定什么时候就会打起来。光讨论这些不疼不痒的问题什么用处啊，我看还是打鬼子要紧。”

赵大志补充着：“我觉得团结的事情非常重要，我们都是队伍里的主要负责人，思想也影响了一部分战士。敌人还没有打过来，我们内部先乱了，这可如何得了？要以我说啊，你们先把这些深奥的理论放一放，还是先打鬼子吧！有空的时候，再讨论这些问题行不行？”

陈树看到大家基本上都表明了自己的态度，这才一脸严肃，神情忧郁地对大家说：“目前的军事形势不容乐观呀！先说说敌人的情况……”

陈树指着简易地图说：“潍县是通往胶东的重要交通枢纽，驻有鬼子重兵，而安丘呢，有两条重要公路，一条是通往诸城的，一条是通往五莲、日照的，日军必须占领安丘城。而我们四周呢，县城是国民党的势力范围，主要由栗文礼控制，景芝一带是章步云的地盘，说不定什么时候打我们，可以说我们大朱旺村是三面受敌。”

陈树离开了地图，又对大家说：“再说说我们自己的情况，第一是武器既少又差，欲先利其事，必先利其器，队伍没有武器怎么打仗？第二是训练不精，我们这些部队，说真的，只是一些老百姓经过了初步训练，离一个真正的战士还有不少差距。

“第三就是地形差，要是防守的话，村里还没有改造成堡垒村那样的工事，要是撤退的话，一下子就退到了汶河里，不用敌人打，自己就陷了进去。形势如此危急，请大家拿出破敌之策。”

陈树的话一说完，大家都陷入了沉思。原来大家也感觉到问题严重，没想到叫陈树这么一说，比自己想象的还要严重。

章红立顺着陈树的话说：“都到了火烧眉毛的时候了，哪里还顾得上我的问题啊！关于我的事情，我个人请求组织上暂时先放一放，大家还是集中精力研究一下怎么对付敌人吧！”

贺风驰也表态：“对啊，关系到部队的生死存亡，别的事情都是小事，先往后搁一搁。大家先关心一下当前最要紧的军事问题吧！”

借着他们的话题，陈树顺理成章地说：“目前首先要解决武器的问题，上级解决不了，我们自己又不会造，怎么办呢？只能找鬼子要了……”

会上大家定了一个方案，那就是袭击黄旗堡车站，打劫鬼子的军列，军列上很可能有鬼子的军火。

黄旗堡车站是安丘境内的一个小车站，又叫蛤蟆口。为什么说它是蛤蟆口呢，因为在这里胶济铁路从西北向东南延伸，它的上端是汶河，下端是潍河，两条大河夹着黄旗堡车站，就像是一只蛤蟆张开了大嘴，因此叫作蛤蟆口。

这一段，鬼子共修了5个炮楼，在汶河上，东西端各一个炮楼，在潍河上，东西端各一个炮楼，两河之间大约有6公里远，蛤蟆口车站，鬼子也修了一个大炮楼。看来鬼子的意思，保卫汶河和潍河大桥，比黄旗堡车站还要重要。

在战斗之前，二大队动员了大批的老百姓，只等着战斗结束后搬运物资和破坏铁路。

1938年6月18日是个好日子，一大早，按照预订计划，陈树就带着武工队的两个班，一门迫击炮和二大队的一中队，埋伏到汶河东侧的青纱帐和水沟里。大约上午9点钟的时候，一列军车，晃晃荡荡地开了过来。

陈树命令大家："放过这个军列，谁也不许开枪！"

这列火车轰轰隆隆地开了过去，大概四五十公里的速度，不急也不躁。战士们看到，火车拉的全是闷罐车厢，关着门，也不知道里面装的什么东西。车头上3个机组人员中，2个是鬼子，只有司机像是中国人。紧靠着车头的车厢上面，架着一挺轻机枪，上面有三个鬼子。后边守车上，有四五个鬼子拿着步枪，守护着尾车。

轰隆隆的声音越来越小，过了有五六分钟的时间，突然从潍河方向传来了几声迫击炮响。远远地望去，冒起了几串浓烟，似乎潍河西侧的小炮楼被炸塌了。

陈树一挥手，大声地说了声："冲上去，先把敌人的小炮楼灭了。"

陈明义班一马当先，往后是二大队的一中队，再往后是曹班生班，紧跟着的一个炮手扛着一门拆开的迫击炮筒也随着部队一块儿向前运动。

第21回　蛤蟆口之战

部队一活动，立刻被汶河上的小炮楼发现了，一挺歪把子机枪居高临下地扫了过来，"突突突……""哒哒哒……"地发射着密集的子弹，敌人的十几支三八式步枪也在疯狂地射击着。

小鬼子打得很准，尽管有一百来米，还是有十几个战士中弹倒下。

“趴下，全趴下。”陈树的手一挥，战士们全都趴下了。仗着有迫击炮，陈树不愿意叫战士们做无谓的牺牲。

曹班生指挥着迫击炮发了威，一颗 82 毫米高爆弹，像一个黑老鸹一样，朝着炮楼飞了过去。“轰——”的一声，擦着炮楼的边，在一片玉米地里爆炸了，只炸得青稞子飞得老高，烂叶子撒了满地。

“哎呀，可惜了。”“奶奶的，就差这么一点点，怎么就打不上呢！”“只要炸上，还不把小炮楼炸飞了。”传来了战士们的一阵惋惜声。

迫击炮一响，也把炮楼上的鬼子吓得不轻，真没想到啊，土八路居然还有迫击炮，这还了得。机枪也不扫了，步枪也不打了，都成了哑巴。

第二发炮弹就不客气了，一下子打到炮楼的三层上，三层坍塌下来，把二层压趴了，整个炮楼笼罩在一片烟尘之中。待烟雾散尽，原来又圆又直的炮楼成了一摊破砖烂瓦，就和个烂坟头一样。

陈树一看时机到了，对着战士们大吼一声：“冲上去，消灭敌人！”立刻带头向敌人的炮楼发起了冲锋。

一百多人的队伍跟在后面，“冲呀——”“杀呀——”地向着敌人冲了过去。

从炮楼的废墟里，突然钻出来四五个鬼子，个个灰头土脸，没有不带伤的，不是破了头，就是伤了胳膊。但他们一个个“呀呀呀”地大叫着，就和疯狗一样，朝着陈树的队伍反扑过来。

陈树的队伍一下子把小鬼子围了起来，形成以多打少的局面。

小鬼子别看人少，但是拼刺技术精湛，还是刺倒了几个二大队的战士。陈明义一看有些着急，对着一个鬼子就冲了过去。那鬼子一看来了一个小个子，比自己高不了多少，所以也并没把陈明义放在眼里，对着他“呀——”地就是一个突刺。

要是别人，可能早就完了，但陈明义是115师的，受过严格的军事训练，哪能怕小鬼子啊！用刺刀一别，避过这一刀，然后顺手一捅，对着小鬼子就是一下子。小鬼子挺精的，闪过这一刀，对着陈明义又一刀捅来。

两个人你一刀我一刀，战了四五个回合，陈树一看有些着急，和小鬼子还啰唆什么，该出手时就出手啊，对着他就是一枪。这一枪打在了小鬼子的肚子上，小鬼子晃了一下，借着这个机会，陈明义一刺刀就给他来了个透心凉，把这个小鬼子彻底放挺了。

陈明义还埋怨陈树：“你不来瞎掺和，这个小鬼子就是我的了。”

陈树冷冷一笑，意思是，我要是再晚一会儿，还弄不清谁干掉谁呢？

两人再看其余的鬼子，早被战士们消灭干净，有的战士在废墟里寻找剩下的鬼子，有的战士拾起鬼子的步枪。陈树对一中队长交代：“你们迅速打扫战场，然后守住这条汶河，不叫小鬼子从汶河上过来，明白了吗？”

一中队长大吼一声：“明白，放心吧，有这条汶河挡着，恐怕小鬼子一时半会儿过不来。”

陈树迅速领着武工队的两个班，扛着迫击炮，向东南方向跑去，不一会儿，就到了黄旗堡车站。

这时候，黄旗堡车站打得正热闹，鬼子在车站上有一个班防守，大部分龟缩在车站炮楼里。而火车上也有一个班的日军防守，前面后面被炸断了铁轨，全被压制在火车上，真是欲进不能，欲退不行，只能被动挨打。贺风驰领着二中队的战士，把车站鬼子和火车围住了，但是火力太弱，没法向鬼子进攻。

双方算是打成了平局，谁也占不了多大便宜。

正在这时候，章红立带着任兆宗的一个班，由潍河那边来支援了。按照事先的战斗计划，他们打掉潍河西的炮楼，派一个中队防守潍河，然后迅速前来围攻火车。这样就形成了掐掉两头，而对黄旗堡的火车来个瓮中捉鳖的态势。

这样就形成了我们一个中队，再加上潍安武工队，来对付小鬼子的两个班。要是没有迫击炮，对付敌人的炮楼和火车真是没有太好的办法，但是有了迫击炮，这个仗就是另一种打法了。

陈树对任兆宗说："先把鬼子的炮楼干掉，再把火车上的鬼子机枪干掉！"

任兆宗答应一声："是！"伸出大拇指目测了一下鬼子碉堡，然后对迫击炮喊了一声："方向，11点50，高度44度5分，高爆弹。放——"炮手迅速地用方向机调整好方向和高度，接过副炮手递过来的一颗榴弹，一下子放进了炮筒。

炮弹依靠自身的重量下滑，底火被触发，"通——"的一声，破膛而出，在空中画了一个圆圆的弧线，然后"轰——"的一声，准确地砸在炮楼的顶上，三层的炮楼坍塌了，飞起了一片浓烟和碎砖烂土。

炮楼上别说射击了，连人是否还活着都不知道了。

接着又一发炮弹砸在了火车上的机枪上，飞起一堆烂木头，碎铁皮、小鬼子也被炸飞了，鬼子的机枪也不知道飞到哪里去了。

敌人的机枪一停，二大队的战士们大声地呼喊着："冲啊——""杀啊——"端着枪向着火车和碉堡冲了过去。

尽管火车上还有零星的枪声，但是二大队一百多人一冲，抵抗就显得薄弱多了。很快，小鬼子不是死就是伤，二大队迅速占领了整列火车。陈树带着武工队的人冲到了碉堡跟前，突然从碉堡的废墟里钻出三个半死不活的鬼子，端着枪张牙舞爪地"呀呀呀……"一阵乱叫。

"哒哒哒……"曹班生班的机枪一阵扫射，把几个小鬼子打成了筛子。

陈树领着武工队看看还有没有活命的鬼子，结果一个也没有找到，没被打死的，也被活埋了。

整列火车，摆在了二大队的面前。按照事先的情报，整列火车上装满了粮食和武器，不知道是真是假。

贺风驰大声地吼道：“打开，快打开门，看看里面装得什么好东西！”

车厢门关得死死的，上面还用铁丝拴着。一个战士用刺刀别开铁丝，打开门一看，原来那节车厢装着一车厢的大活人，从二十来岁到五十来岁的都有，个个穿着老百姓的衣服，瞪着惊恐的眼睛，迷茫地看着二大队的战士们。从里面传出来一阵骚臭之气。

“妈的，怎么是一车厢人？”贺风驰骂了一句。

又打开一节车厢，还是满车厢的人。章红立有些沉不住气了。直到最后的两节车厢，有一节车厢是满满的白面，有一节车厢是军火。一听说还有军火，陈树、贺风驰、章红立都扑了上去。

车厢里摆满了一个个的军火箱子，贺风驰叫战士用刺刀别开一个，一排三八式步枪整齐地摆放在箱子里，每个箱子里共装着6支步枪。还有子弹箱，打开一看，箱子里装满了黄乎乎的6.5毫米子弹。

更可喜的是，还有4挺歪把子轻机枪。

贺风驰把一挺轻机枪抱在怀里，摸摸这戳戳那，舍不得放手，兴奋地说：“这下好了，发大财了！加上炮楼上捡的，够小鬼子喝一壶的！”

章红立也高兴了：“这一仗赚大了，不但部队有了枪，还打出了士气，打出了威风！”

赵大志来汇报说：“调查清楚了，火车上的这些老百姓，都是从青岛被抓出海到日本的劳工，怎么处理？”

贺风驰看了一眼陈树：“还是问问陈政委吧。”

陈树看了一眼贺风驰和章红立："还用说嘛，赶紧放了啊！真到了日本，命就没了，这也算救了他们一命。"

赵大志又说："可他们身无分文，只能要饭回家了。"

贺风驰白瞪了一下眼睛："那又有什么办法，能讨得一命就不错了，难道说还要我们发给他们路费。我们自己还没钱呢，哪有闲钱给他们！"

陈树想了想："天这么热，回家没钱又没粮，真说不定饿死在路上。咱们商量一下，能不能每人发给他们十到二十斤白面，也算一路上的饭费。"

章红立一听，笑着响应："我看这个办法行，白面换点粗粮，或者换一点儿干粮，总不至于饿死。"

贺风驰反对了："不当家不知道柴米贵，我们好不容易得了这点儿粮食，正好当作军粮。要是给了他们，我们吃什么，怎么打鬼子？不行！不行！"

陈树寻思了一会儿，说："贺队长啊，救他们一命，这是我们应该的。总不能看着他们没有死在日本，而饿死在中国啊，有这一二十斤白面，就能撑一阵子，如果没有这个，真可能连热带饿就完了。我看还是先接济一下他们吧，我们再想办法。"

第22回　突发的分裂

贺风驰看到既然陈树和章红立都这样说了，只好同意。

下一个节目，就是老百姓上了，所有动员来的老百姓，一块儿拥到铁路上，扒铁路、搬物资，把这一段铁路全扒光，就连枕木也被老百姓用小车拉走不少。车站上的设备，该拆的拆，该砸的砸，弄了个乱七八糟。

拆铁路的时候，西边的鬼子和伪军杀了过来，可是隔着一条汶河，铁路又被破坏了，兵再多也施展不开，只能干着急。东边的鬼子也是一样，隔着一条潍河，被二大队的一个中队利用天险，死死地挡在了潍河东边。

等鬼子好不容易从安丘一带绕过来，二大队早已撤离了黄旗堡车站。

陈树和贺风驰、章红立一商量，大朱旺村一带是待不下去了，这下子惹恼了鬼子，必然前来报复。再说大朱旺村既不能守又没处退，还不如趁早撤走。正在这时候，接到了鲁东工委书记方华的通知，要求部队到昌邑县永安，接受改编。

众人一商量，觉得这是个好事儿，撤出这片是非之地，加入到大部队，正好可以抱团取暖。当晚部队在黄旗堡北边3公里处的东庄村宿营，准备休息一晚，第二天向昌邑北的永安村进发。

睡到半夜，突然章红立被一阵敲门声惊醒了，陈树也被惊动。章红立披衣起床，开了门，看到敲门的正是赵大志，问道："有什么事吗？"

赵大志着急地说："不好了，章队长，贺风驰把队伍拉走了。"

章红立一听急了，问："拉走了多少人？"

赵大志说："总有五六百吧，不但把东西曹庄的队伍拉走了，就连大朱旺村的队伍也拉走了不少。"

急得章红立啊，一个劲地在地上转圈："这个贺风驰啊，怎么会这样？怎么会这样！"

陈树进了屋，对章红立说："章队长，要不这样吧，我去追回贺队长。他不能这样干啊，无组织无纪律，什么事儿大家总得商量一下吧，抛开政委和副大队长，他这是要干什么？"

章红立急忙对陈树说："也只有政委有这个说话的资格，那就辛苦一趟了。"

陈明义，任兆宗他们早就起来了，已经披挂整齐，就等着陈树下达命令。陈树大声地说："武工队全部出动，现在只有6匹马，我和陈明义带着 4 人先骑马追赶，后面任兆宗、曹班生率领着武工队跑步前进。”

陈明义、任兆宗、曹班生大声地回答了一声：“是！”

陈树翻身上马，陈明义带领着 4 个战士也上了马，还带着一挺轻机枪。陈树马鞭一抽，两腿一夹，向着赵大志所说的方向，纵马追去。

纷乱的马蹄声在寂静的夜里骤然响了起来，惊动了树上的鸟儿一片。陈树还嫌马跑得不快，一路上不断地抽打着马屁股。

越过黑黑的杂树林和凸凹不平的田野，没有多长时间，看着前面有一溜黑影，陈树大声地呼喊：“贺队长，请留步！贺队长，请留步！”

陈明义朝后面一挥手，后面都把枪拿在手里，子弹上膛，准备射击，就连轻机枪手也把机枪带挂在脖子上，拉开保险，对着前面的这支队伍。

行走的队伍突然停下，也都纷纷执枪在手，一片拉动枪栓的声音。两支队伍剑拔弩张，只要有人一声令下，看来就要火拼一场。

陈树大声地呼喊着：“我是陈树，请贺队长说话——”

不一会儿，贺风驰在队伍里喊：“我是贺风驰，有什么话请讲！”

陈树在马上大声地对他说：“贺队长，半夜开拔，你奉谁的命令？”

贺风驰大声地说道：“我是大队长，说话难道不算数？”

陈树摇了摇头：“这个队伍是党的，不是你一个人的。昨晚上早已决定，明早一块儿开拔。你却半夜命令队伍私自开拔，这样做是违犯组织纪律的，是党的组织不能容忍的！”

贺风驰大声地吼道：“队伍不能叫章红立掌握着，他是叛徒，是我们的敌人，我们不放心。我们就是要单独去永安，接受党的改编。”

陈树大声地说：“章红立是不是叛徒，那得经过组织调查，那得有证据。不能你说他是叛徒就是叛徒。”

贺风驰又大声地吼道:“一中队掩护,谁要是阻挡我们去永安,谁就是反革命。反革命的话就要开枪！陈树同志，请你不要阻挡我们前进的道路，发生一切后果，你要承担全部责任！”

贺风驰旁边的人也帮着贺风驰说话,大声地呼喊着:“同志们,不要听陈树乱说,他早已和章红立穿一条裤子,我们不能听他的。”

很多战士不明就里，也跟着鼓噪：“章红立是叛徒，我们不要章红立。”“坚决跟着贺队长走,别人的话不听！”“陈树算老几,我们不听你的！”

气得陈树啊，大声地对贺风驰喊道：“你这是分裂革命队伍，这样做要犯大错误的。私自带走队伍，无视党的存在，请你悬崖勒马，现在还来得及！”

陈明义压低声音对陈树说：“打不打？是不是我们到前面用机关枪挡着他们。”

陈树批评他：“哪有共产党打共产党的道理，贺风驰非要走，我们也挡不住。”

眼看着，贺风驰拉着分裂的队伍向北边走去。

不一会儿，任兆宗、曹班生带着武工队的人也赶到了，任兆宗气呼呼地对陈树说：“要不追上他们打？凭着我们的实力，也能打一气。”

陈树摇了摇头:“我们该说的已经说了。如果我们内部打起来,白白被一些人看了笑话。回去吧！”

由于事发突然，章红立剩余的骨干早已集合在村里，就等着陈树回来开会了。陈树把马交给了战士，立刻一头钻进章红立的屋里，参加紧急会议。

屋里除了章红立以外，还有朱文淑、赵大志和两个没有跟随贺风驰一起走的中队长。章红立看了一眼陈树，对大家说：“情况大家都知道了，贺队长一下子拉走了二大队的大部分人马，只剩下我们两个中队。我们这些人大部分是从大朱旺村起义的同志，事情到底应该怎样处理，还是请陈政委发言吧。”

陈树点了点头，说：“昨晚上开会定好的，明天一早全队开拔，到昌邑永安参加整编。没想到贺风驰把队伍私自拉走了，说到永安提前参加改编。我想这里头可能有这样几个原因，一是在组织没有调查落实的情况下，贺风驰脑子里老把章队长说成叛徒，老怕章队长掌握着一部分队伍不放心。二是可能贺风驰拉着这支队伍不去永安，怀着一种宗派思想，另立山头。当然这是一种推断，还没有事实。三是贺风驰真是带着这支部队提前到永安，参加整编，这是最好的结局。甭管怎么说，我个人认为，贺风驰这样做是完全错误的，他分裂了我们七支队二大队。”

陈树说完话，大家一致认为贺风驰有错误，要坚决跟着陈树和章红立干。会上还决定，连夜向昌邑西的永安进发，尽快地参加永安改编，以免夜长梦多。

开完会后，赵大志问：“我怎么办？”

章红立说：“还用问吗，跟着我们一块儿参加永安整编啊！”

陈树却不是这么想的，对章红立和赵大志说：“贺风驰领着队伍上哪里去，我们谁也不知道。他们要是到永安去，那没说的，可他要是自立山头或者投敌呢？我们不能不做最坏的打算。不如，赵大志再回去，还是当联络员，有什么事情，也好给我们送个信。”

章红立想了想：“也好，陈政委想得比我周到。”

赵大志点了点头：“我编个理由回去，贺风驰没和我撕开脸面，也不会怎么着我。”

这个事情就这样定了。

永安村在哪，在昌邑县城的西边，离着黄旗堡将近40公里。从东庄村往西越过汶河，然后一路往北，天亮前又越过了胶济铁路，继续北行，直到第二天下午才到达了永安村。

方华领着诸位领导早已经等待多时了，章红立见了自己的老领导方华自然是十分高兴，紧紧地握着他的手说："终于找到党了，从今以后，就要在您的亲自领导下工作了。"

方华也紧紧地拉着章红立的手说："我们的队伍越来越壮大，就是要把各股小部队联合在一起，只有紧紧地攥成一个拳头，我们的军队才有力量。"

接着又介绍了各位领导，章红立也为方华介绍着陈树、朱文淑等同志。

互相介绍完后，章红立问："方书记啊，贺风驰的队伍来了吗？"

方华皱了一下眉头："没来啊。哎，我说红立呀，你们二大队的队长贺风池呢，干什么去了？"

事到如今，章红立只好把二大队分裂的情况，一五一十地给方华汇报了。方华听了，默然不语，好半天才说："里面的事情复杂啊，等我见了贺风驰，一定好好地和他拉拉。"

第23回　和八支队联合

章红立拉着方华的手说："方书记啊，我的党籍恢复问题，你还得多操心。"

方华点了点头："我早就上心了，不过，你的许多问题组织上还没有调查清楚，希望你耐心等待，组织上还是相信你的。"

等了两天，仍不见贺风驰领着队伍来到，方华等同志只好领导着七支队改编。部队改编为"中国革命军第八路军鲁东游击队第七支队"，章红立任司令员，方华任政委，部队编为三个中队和一个特务中队，陈树只编为七支队的二中队长，陈明义、任兆宗和曹班生成了排长。

改编完后，陈明义、任兆宗、曹班生不服气，纷纷找到陈树发牢骚："陈政委啊，这个事我们怎么就看不懂了。明明你的军事才能比章红立强,职务比他高,怎么改编了一阵子,成了中队长,而章红立却成了司令？"

陈树批评他们说："这样的歪歪意见以后还是少提。改编本来就是个难事，原来的七支队人多枪多，而我们只是七支队的二大队，再说又叫贺风驰拉走了不少人马。能把章红立安排到司令这个位置上就不错了。"

按照方华的要求，马玉成、张文通在寿光地区拉起的八支队这时候也开到了昌北的龙池、瓦城一带，与第七支队会合，成立了联合指挥部，同时保留两个支队的建制。联合指挥部由马玉成任司令，方华任政委，章红立、韩明柱任副司令，张文通任副政委。

以后两个支队决定攻打柳疃的日伪军据点，这一仗主要有章红立指挥七支队主攻，八支队负责助攻和打援。可是柳疃并没有打下，反而让日军反击，打到了我们的指挥部龙池。好不容易，七八支队才突出了敌人重围，撤往了潍北泊子一带。

三日后，七、八支队又回到了瓦城，收拾残部，移驻潍河西岸潮海村。因部队连吃败仗，到处转移，死者未及掩埋，伤者无人关照。方华担心影响部队士气，当天没走，在孙膑开会，成立了七、八支队后方办事处，负责处理善后工作。

赵大志突然到潮海村找到了章红立，对他说："章司令啊，最近贺风驰找到了方华和马玉成，不知道谈了些什么。"

章红立听到这些话有些生气，对赵大志发牢骚："该来的时候不来，不该来的时候他又来了。是不是又说我是叛徒啊，他在安丘没少说我的坏话，永安改编又不参加，这时候又来说三道四，尿壶打掉把儿——光剩一张嘴了。"

陈树知道当前形势不好，劝章红立："半夜听到老鸹叫，不是好事！现在我军刚败，士气不高，本来都憋着一肚子火。他这一挑拨，弄不好就有人上当。我看啊，一切忍为上，还是少发点牢骚吧。”

可是章红立还是一肚子冤屈没处撒，免不了发了一通脾气。

第二天上午，七支队的金焰突然从潮海骑马返回瓦城，听说方华在孙膑庙，便将大白马拴在门外的银杏树上，急火火地闯进院去。金焰见方华一人躺在庙堂上休息，上前说道：“老方，给咱块大洋买鞋穿，你们都两三身衣裳了，就我打赤脚。”

方华见他头发蓬乱，胡子拉碴，脚上包着破布，连鞋也跑丢了，心中既疼得慌又有些生厌。对他说：“你看你，注意军容风貌。买鞋都有津贴，我这里没有多余的钱。”

金焰本来就一肚子牢骚，见没要到钱，指着方华的额头大骂：“你他妈就是屎壳郎坐火车——走一站臭一站。伍子胥出走——到一国穷一国。干不了就让贤，离了你这个臭鸡蛋，还做不出鸡蛋糕来。离了哪一个，地球照样转。”

见金焰开口骂人，方华脸色一沉：“我不跟你吵。”说完，戴上帽子，走出庙门，下了青石台阶。

金焰尾随出门，口中仍然骂骂咧咧，就在这时，庭中突然响起一声枪响，就见方华后背冒血，扑倒在台阶下。不一会儿，一个小个子便衣对金焰大声喊道：“你怎么打死了方政委？还不快跑！”

说罢，身影一晃，不见了踪影。

金焰心中惶恐，急忙解下树下白马，骑上马往北奔去。刚到了太平庄，就被路旁的一伙人不由分说扯下马，打了个鼻青脸肿。

马玉成得悉，分外震惊，立即指派骑兵中队从潮海飞驰瓦城，驮回方华遗体，并将金焰拴在马后拽回。此时的金焰，已被打得有点儿神志不清，一路上只顾胡言乱语。

消息飞速传到潮海的七支队，章红立听后大惊。金焰是潍县一带早期的党员，在家乡杨孟村时，是村里“穷党”的代表人物。

他积极参加章红立领导的抗日武装，是七支队二大队的活跃分子。

他怎么会杀害方华呢？

陈树听到消息，也找到了章红立，看到了章红立由于连续几天的奔波操劳，指挥战事，已是疲惫不堪，对他说：“听说方政委叫金焰杀了。”

章红立点了点头：“听说了。”

陈树继续点拨：“金焰杀方政委，你信吗？”

章红立摇了摇头：“我也不信，可是不信又有什么办法？听说叫人抓住了手脖子。”

“恐怕醉翁之意不在酒，你得小心点了。”陈树心情非常沉重，“我军新败，士气低落，贺风驰看热闹，说风凉话。况且不管是真是假，又说是金焰杀了方政委，总得找替死鬼啊！我们在八支队没人，七支队你又是光杆司令，政委被杀，恐怕哪一个人也不会为你说话，众矢之的啊！”

“你说怎么办？”章红立着急起来。

陈树闭了闭眼睛，说：“当务之急，是迅速找到金焰，问个明白。就怕他们滥使酷刑，屈打成招，要是金焰张口胡说，还不知道多少人中招，那就会在我们七支队中造成大混乱。”

章红立倒吸了口凉气：“事到如今，我不便出面，还是你辛苦一趟，替我跑跑腿吧！”

陈树刚出门，陈明义、任兆宗和曹班生早就在门口等候。陈明义对陈树说：“陈队长，我们是不是跟你去？”

陈树阴沉着脸，对陈明义他们嘱咐：“这又不是打仗，去这么多人干什么？你们回去掌握好部队，叫战士们一定要冷静，千万不要在我们内部中造成内讧。”

陈明义看了任兆宗和曹班生一眼：“我明白。”

陈树到了联合指挥部，找到了马玉成司令。马玉成正在骂娘：“这个金焰，还了得，杀我政委！鬼子还没杀了，政委倒死在自己人手里了。这不是毁我长城吗！他妈的，枪毙也算便宜了他……”

陈树小心翼翼地对马玉成说：“马司令啊，我觉得这事蹊跷，金焰怎么会杀方政委呢？要不，我去看看？”

马玉成看到陈树，气就来了，大骂道：“陈树，你要在七支队站稳立场！我知道你是115师来的，可是正因为你是正规部队来的，更要站稳自己的立场，不要被一些人迷惑了！”

马玉成指的“一些人”，陈树感到相当刺耳，但是有些话又不能直说，只得提醒马玉成：“马司令啊，我们也得提防一些人从中渔利，制造矛盾啊。目前我军新败，士气低落，切不可以造成更大的内部混乱！如果金焰确实是杀害方政委的凶手，那死有余辜。就怕他是被冤枉的，还怕酷刑之下，乱咬一气，造成更大的内部大乱啊！”

一句话了提醒了马玉成，对陈树点了点头说：“那好，你去吧！”

陈树到了联合指挥部的审讯室，看到金焰刚被从梁头上解下来，浑身赤裸，一丝不挂，身上满是鲜血，早已认不出人的模样。看到在一块儿并肩战斗的战友竟被折磨成这样，一股子凉气从脚底升起，一下子窜上了头皮。

陈树给金焰披上了一件破褂子，看到金焰一点儿反应也没有，又给他端过来一碗热水。他闭着眼睛，也不喝，再摸了摸他脖子上的动脉，已经跳动得相当微弱了。

陈树知道他已经到了弥留之际，一股子怒火涌上心头，对旁边几个累得大喘着气，浑身是汗的大汉说：“你们给他用了什么刑，都把人折磨死了？”

一个大汉眼一白楞，对陈树冷冷地说：“他都招了。不打能招吗？”

陈树再也忍不住了，对他们大声地吼叫着：“有句话叫屈打成招。光靠刑罚能解决问题吗？”

陈树不愿意再理他们，轻轻地摇晃着金焰：“金焰，我是陈树。你还有什么话要说吗？”

好半天，金焰才睁开眼睛，迷茫地看了一眼陈树，张开嘴，要说话。陈树看到他舌头早已被咬烂，已经说不出话来了。

金焰呜咽着干叫了两声，指了指心，然后右手食指蘸着身上的鲜血在左手心里艰难地写了一个“小”字，再要往下写，显然没了力气，然后头一歪，失去了知觉。陈树再摸他的脖子动脉，已经没有一点儿生命的迹象，听了听他的心脏，也已停止了跳动。

第 24 回　惊天冤案

陈树只觉得悲愤交加，悲的是，金焰没有死在敌人手里，倒叫自己的同志整死了。愤的是，他是真杀了方政委，还是被冤枉的？第六感觉告诉陈树，十之八九，金焰是被冤枉的。

轻轻地放下了金焰，陈树心情沉重地离开了审讯室。死的已经不可挽救，可活着的还要努力拯救。

陈树回到第七支队，把自己所看到听到的，告诉了章红立和几个前来探听消息的老弟兄们。

到了此时，章红立有些六神无主，半闭着眼睛对陈树说：“事到如今，我们可怎么办？如果金焰屈打成招，乱咬一气，死无对证，真是好人死到证件手里了。”

朱文淑说：“三十六计，走为上，此处不留爷，自有留爷处。不如章司令先躲一躲。”

章红立摇了摇头：“那不行，只要一跑，没事也成有事了。清者自清，浊者自浊，鼻子底下有个嘴，只能用嘴说话了。”

陈树觉得跑也不是个办法，只能被对方认为心中有鬼：“我也不赞成跑。为人不做亏心事，不怕夜半鬼叫门，怕什么，我就不信，这里没有说理的地方。但是大家心里千万要沉住气，抱成一团，不要被坏人吓倒！”

下午的时候，有人来到了七支队司令部，通知章红立到联合指挥部开会，章红立对他说：“你先走吧，我随后就到。”章红立洗了把脸，叫上警卫员出了门。出门的时候，陈树对章红立说：“此时叫你开会，千万要小心！”

章红立点了点头：“知道了，我还是个司令，谅他们也不敢怎么着我！”

章红立走过几条街，拐过墙角的时候，迎面碰到叫开会的几个人正堵在那里。章红立问：“不是开会吗，怎么你们还不走？”

那几个人嘿嘿笑着，突然拔出手枪，顶在章红立的胸口上，抽走他腰间的武器。警卫员也被下了枪，接着将他们二人堵住嘴，蒙上头架走。

章红立被关在联合指挥部旁边一间没有窗户的土屋里，门口站着两名手提盒子炮的士兵。执行枪决的战士来到门口，亮出手令，士兵瞅一眼，哗啦一声打开锁。

章红立正在焦躁不安，一瞧进来几个荷枪实弹的战士，知道不好，倚在墙角，双脚乱踢，大声喊道：“干什么？我是七支队司令员，还没有说开什么会。你们这是干什么？”

一个班长侧过头，朝手下递了个眼色，两个人扑上去，扭住章红立就走。趺趺撞撞走到门口，章红立拼命挣扎，蹬住门槛不走，旁边有人伸过枪筒子，朝着他肋骨狠狠一戳。疼得章红立“嗷”的一声大叫，弓起腰，旁边两人一发力，呼啦啦出了门。

来到街上，章红立又不走了，后边人就不住地捅他。捅一下，走几步，磨磨蹭蹭将近一个小时，才到了潍河西岸的棋盘地。天空更阴沉了，几乎要下雨，黑黑的河水，呜咽着，就连远处的芦苇，也在“唰啦啦……”地响着，好像擦着眼泪。

执行战士沙哑着嗓子说："章司令，得罪了！"

"为什么杀我？"

"联合司令部下了命令，我们奉命行事。"

"问题没搞清楚，就这么胡来？这是对待抗日分子吗？！"

"军令如山，管不了那么多。"执行战士沙哑着嗓子，"上去摁倒他！"

上来三五个人，将章红立反剪双臂摁在地上。章红立拼命挣扎，声嘶力竭地喊着："冤枉啊！中国共产党万岁！"

"啪啪"两声，枪响了，章红立跳了两跳，趴在地上不动了。执行战士过去验身，刚蹲下，章红立突然跪起来，抹了把嘴上的血沫子，惨然道："告诉党，我冤枉……中国共产党万岁……"

"啪啪啪"枪声又响了，孤寂的枪声在黑暗的夜空中回荡。老鸹叫了，惊吓着飞到了远方。

再说章红立到联合司令部开会，七支队的这些人心里哪能放得下，等到了天黑也没有消息。到了睡觉的时候，大家才勉强躺下。就在半夜的时候，突然传来一阵嘈杂的喊声，大家被惊醒了，发觉房顶上早已站满了人，驻地已被围了个水泄不通。

陈明义对陈树说："我们被人陷害了。打是不打？"

陈树严肃地对他说："哪有八路打八路的道理？枪声一响，更说明了我们是叛军。"

门外呼喊道："七支队都到外面站队集合！集合——"

大家都在看着陈树的眼睛，陈树对大家说："走，集合去，心里没鬼，怕什么？！"

大家松松垮垮地走到外面的小场院里，地上早已点起几堆篝火，贺风驰站在正中，远处围着一圈战士，个个执枪在手，不远处，架着几挺轻机枪。

队伍站队完毕，贺风驰对大家宣布说："根据联合指挥部命令，任命第七支队贺风驰为支队长……"

全场反应不大,看来大家早有思想准备。贺风驰接着宣布:“金焰是暗藏在革命队伍中的反革命,杀害了我们的政委方华,已经枪毙。章红立是金焰的幕后指使人,也被正法。大家要认清他们的反革命本质,不要被他们蒙蔽……”

队伍一下子炸了营,议论纷纷:“怎么可能呢?我怎么没有看出来。”“金焰怎么会杀害方政委呢?”“章红立怎么会指使金焰呢,听说他还要方政委帮着他恢复党籍呢。”“杀了方政委,对他什么好呀!”“他不是老革命吗,怎么会这样?”

贺风驰一个眼色,有人朝着队伍一挥手,周围的战士立刻对这些人纷纷拉动着枪栓,轻机枪也拉开了保险。

大家停止了议论。

贺风驰又宣布说:“现在我宣布七支队的第一条命令,逮捕章红立的同党朱文淑。朱文淑呢,站出来!”

贺风驰喊了一阵子,队伍里没人出来。有人进队伍寻找,找了一圈也没有找到,原来朱文淑早躲了起来。

贺风驰又宣布第二条命令:“由于战事频繁,我们的武器好长时间没有检查登记了,现在需要重新检查、登记一下。请大家交出武器!”

陈明义小声对陈树说:“交出武器,只等着挨宰了。不能交——”

任兆宗也对陈树咬着牙骂:“这些枪是从鬼子手里夺过来的,炮是从章步云手里抢的,凭什么交给他们!”

曹班生也不服气:“不劳而获,凭什么给他们。不能交!”

陈树对他们小声喊道:“不交枪,那不是不服从命令吗!只能被灭了。还是交吧!”

战士们被逼得没有办法,只好都交了枪。

贺风驰脸上出现了喜色,对大家说:“好了,大家回去休息吧。也累了,有什么事儿,明天再说!”

说是回去休息，所有的屋外都被拿枪的士兵站上岗。

回到了屋里，战士们哪还能睡着觉？命还不知道有没有呢，一个个唉声叹气，思想颓废到了极点。

陈明义说：“咱们怎么投奔到这里来，简直就是个狼窝啊！明天一早，被枪毙也说不定呢。”

任兆宗发着牢骚：“这些人怎么这样啊？打鬼子没有本事，杀起自己的同志来，心狠手辣。”

曹班生低着头：“我看不如趁早逃吧，也和朱文淑一样。跑晚了，真可能没命了。”

陈树回了他一句：“你能跑得了吗？连杆枪也没有，跑出去正好被他们逮个正着，一枪给崩了。”

曹班生又低下了头，不再说话。

第二天等了一上午也没有什么事，但是也不准出门，和蹲监没什么两样。陈树觉得再等下去如同被判了死刑，和陈明义几个人商量了一下，对看门的士兵大声喊道：“我们要见贺司令，我们要见贺司令！”

看门的枪栓一拉，大声喊道：“就凭你们，还要见贺司令，就等着遣返吧！”

陈树他们继续喊道：“我们是冤枉的，我们是八路军战士，我们要见贺司令。”

看押的战士烦得没法，只能前去通报，不一会儿回来说：“你们选个代表吧，只能去一个。”

他们看了一眼陈树，这样的事情当然只能陈树出面了。陈树大摇大摆地到了贺风驰的司令部，贺风驰满脸是笑，客气地对陈树说：“你好，陈队长，我正要找你呢。”

陈树大大方方地坐在椅子上，心里骂道：“你还找我？我不来找你也不说这个话。看看你放什么屁。”

贺风驰倒了一碗水，亲自端给陈树，看着陈树喝了水，才客气地道："陈队长啊，我知道你是115师过来的，有勇有谋，是一员干将。如今章红立不在了，跟着我干吧！"

陈树心话，跟着你干，说不定什么时候背后给我一枪，怎么死的都不知道。可是表面上陈树仍然客气地问："战士们呢，都有什么出路？"

贺风驰客气地说："我们研究了一下，对待章红立的这支队伍，除留下个别思想好，意志坚定的以外，大部分都要遣返。当然，你们115师的这些人除外。"

陈树考虑了一下，然后对贺风驰说："贺司令呀，在重新参加七支队以前，能不能让我见一下马玉成司令？"

陈树使用了一下语言技巧，似乎表面上同意了贺风驰的安排。

第25回　崔杰千的搭救

贺风驰一听大喜，高兴地点了点头："那好啊！马玉成司令很忙，我看看他有空吗。"

陈树终于被安排见到了马玉成司令。陈树对马玉成说："马司令啊，方政委被杀事出有因，恐怕是有人陷害。金焰怕也是无辜的，临死前指了指心，证明他的心里是坦白的。还在手心里写了一个字，那是个'小'字，不知道什么意思？还有章红立司令，更是被人栽赃，他怎么会指使人杀害方政委呢？于理说不通啊！这么快就被杀了，弄了个死无对证，战士们不服啊？"

马玉成愤愤地说："你说了不算，政治部都定了案的。"

陈树又问马玉成："我们这些人怎么办？"

马玉成对陈树的脸色和缓了一些："贺司令也来找过，说你们115师的这些人特殊，思想稳定，战斗素质高，希望你们留下来，和我们一块儿抗日。"

陈树对马玉成说：“我现在只有一个要求，让我们回安丘去，继续抗日！”

马玉成回答：“人可以回去，但是武器不能带走。”

陈树据理力争：“武器都是战士用生命换来的，没有武器，怎么打鬼子？还是请马司令放我们这些原班人马和武器回去。”

“那不行，”马玉成倔犟地说，“进了七支队的门，武器就是七支队的，这些事由贺司令说了算。”

正在这时，突然有个参谋进来对着马玉成的耳朵说了几句。马玉成一听，高兴地说：“快快有请，来的也不是外人，是你们安丘的崔书记来了。”

来人正是安丘县的崔杰千，崔杰千也是听说了昌邑北发生了大事变，急忙骑着马连夜赶到这里。他的心里真害怕啊，害怕株连到一大批抗日的优秀战士。

他见到了陈树，才松了一口气，急忙对马玉成要人：“这不是潍安武工队的陈树吗，他可是我们安丘的人尖子。我来也正是找马司令要人，我们安丘县急需武装力量，需要陈树回去主持军事，所以请马司令放手，把陈树他们放回去。”

马玉成笑了笑：“人可以回去，但是轻机枪和迫击炮就不能带了。”

陈树坚决地说：“如果没有轻机枪和迫击炮，这个仗还怎么打？干脆，我们都别回去了。”

崔杰千配合得也挺好，着急地说：“陈树啊，你怎么能不回去呢！全县正等着你呢，好多的军事工作正等着你开展呢！”

陈树也坚定地表态：“作为一个军人，武器就是第二生命，没有机枪和迫击炮，这个仗我没法打。还是请崔书记另请高明吧！”

崔杰千也只好软软地对马玉成请求：“马司令啊，我代表全县的党政军，希望你们放陈树一马，叫他们连人带武器都回去！我们全县缺人，更缺的是好武器，正迫切等待着他们回去呢！”

到了此时，马玉成也没了办法，只好说："那好吧！"

再说说章红立事件中，朱文淑的遭遇。

朱文淑逃走后，连夜回到了自己的家乡安丘朱家旺村。不几天，他的弟弟朱兆丰也夜里潜逃回了朱家旺，弟兄俩相见，真是抱头痛哭，能活着见上一面，不幸中的万幸啊！

哭完以后，弟兄俩谈了各自的打算。朱文淑说："我想了想，与其不明不白地荒度一生，还不如直接回去，我对党和军队是忠诚的，不应该跑，一跑，有理也没理了。"

朱兆丰着急地说："千万不能回去，回去就没命了，他们正通缉你呢！"

"可是在这里又算怎么回事呢，要是组织上问起来，我就是个逃兵啊。就是死，也要死得光明磊落。再说，心里没鬼怕什么，我就不信没有说理的地方！"

朱文淑又问朱兆丰："你打算怎么办？"

朱兆丰说："刘光汉不要我，不一定别的队伍不要我。继续寻找八路，还是抗日啊！"

半个月后，朱文淑赶到了七支队的驻地掖县城，刚进政治部门口，便被贺风驰扣押了。提审完后，贺风驰阴鸷地对朱文淑说："你我战友一场，今晚略备薄酒，为你送行！"

朱文淑心头一凉，知道自己的命算是交代了，但到了此时，再争辩已是毫无用处。喝完了断头酒，走出大门便高声唱起了《国际歌》，声调激昂悲愤，引得路人议论纷纷。正在此时，隔壁院子跑出一个人，上前抓住朱文淑的手说："文淑，怎么会是你？光听说是枪毙一个反革命，怎么会是你呢？"

文淑大叫道："革命不革命，你还不了解我？兄弟我先走一步了，我们死了那么多人，再多一个又有何妨！"

来人觉得事情并不简单，大喊道："枪下留人！"并对行刑的贺风驰说，"我去找马玉成，如果我回来之前你们枪毙了朱文淑，我让你贺司令走不出掖县城！”

原来这是一个老革命，过去和朱文淑是上下级，蹲过监，抗日后组建胶东第三支队，在掖县一带颇有影响。正是在他的干扰下，朱文淑捡得一命。

第二年5月19日，朱文淑率部在昌邑潮海村遭日寇袭击，全体壮烈殉国。

陈树的潍安武工队，被崔杰千从第七支队接出来后，避免了一场浩劫。两人带着队伍一路南行，崔杰千介绍着这段时间安丘县的情况：

“现在安丘县可以说有四股政治军事力量，一股是日军，于8月1日再占安丘城。在‘世耕堂’门口挂上了‘大日本北支派遣军驻安司令部’的牌子，有鬼子的一个中队，还建立了鬼子院。还有一部是栗文礼，也算是杂牌国民党，也打鬼子也打我们。再有一股是章步云，虽然投降了鬼子，看来和鬼子也是离心离德，是个有奶便是娘的角色。再就是我们的队伍了，刚刚建立安丘县独立营，不过才三十多个人，仅有四支破步枪，其余全是大刀片。在这四种势力中，我们的队伍最弱，几乎是不堪一击。”

“我们应该如何应对？”陈树问。

崔杰千想了想：“敌人的力量确实强大，恐怕以后的形势会更加险恶，在强敌中生存才是硬道理。这个事我想了不少天，和你商量一下，打进去拉出来，也算是一种谋略，不知你想过没有？”

陈树想了想：“计策是好的，不过实行起来确实很难。没被七支队灭了，再叫他们灭了，冤不冤啊？！”

崔杰千说：“现在正有这样一个机会，借着潍安武工队这段特殊经历，打进去正好是一个借口。白皮红心，再在适当的时候拉出来，正像孙悟空一样，钻进铁扇公主的肚子里。”

陈树试探着问：“要是打进去的话，插入哪支队伍好呢？”

“我正和你商量呢，你看哪支队伍好？”

陈树想了想："章步云的队伍想也别想，他们已经投降了鬼子，我不能助纣为虐。至于栗文礼的队伍，表面上抗日，还打鬼子，蒙蔽了一部分人，要插就插进他的队伍里。"

崔杰千高兴地说："我也这样想！只是目前，缺乏一种机遇，也就是发面的话，缺少一种酵面头。"

陈树叹了一口气："这个事情忒大，我得和弟兄们商量一下。"

崔杰千警告陈树："谋事得密，谋事不密反被敌害的事情还少吗？这是安丘县的最高机密，希望知道的人越少越好。"

陈树点了点头，从此驻扎在川里院村，不断地研究着栗文礼的情况。

栗文礼，1905 年出生，河北省蓟县人，地主出身，后随其父母移居北京。1927 年 4 月 12 日蒋介石发动反革命政变后，他入伍当兵，在国民革命军第二集团第一方面第四军，任马鸿逵部少校秘书，不久又调第一方面军军事教育团任少校书记官。

1930 年 8 月，国民党第三路军总指挥韩复榘主鲁伊始，栗文礼离开军队，被委任为山东省诸城县长兼民团大队长和联庄会总会长。1932 年 6 月，栗文礼由诸城县调任潍县，任县长兼民团大队长、联庄会总会长等职。

潍县有白浪河流经县城，1932 年，洪水冲毁了庙北的一段堤坝，十多户商铺倒塌。县长栗文礼为综合治理城东门外与南坝崖片区，谋划了四项互相关联的建设工程：一是建造城东门与东关庆成门之间跨越白狼河高水位的钢筋水泥大桥；二是拆除东门瓮城，利用拆下的土石改造扩宽南坝崖；三是修建向城里供水的"自来水"；四是开发建设南坝崖商业街的基础设施。

这四项工程所用资金不菲，但栗文礼没有搞摊派和集资，而是巧妙地利用省政府发还原来县里垫借的军费，拍卖南坝崖"期"地所得收入，城厢门市房房东的捐款解决了。

栗文礼发现在大十字口的闹市区竟有数家以经营风筝为生的

老店，这在其他县城是不多见的。当他知道唐延寿的风筝铺开设于明末时，更让他大吃一惊。经过多次走访，他发现风筝这一消遣娱乐品在潍县已经形成了产业，衍生出一种艺术门类，这引起了他的重视。

第26回 栗文礼

栗文礼决定把民间自发的风筝角逐引入到政府行为之中，1933年清明节举行潍县首届风筝比赛。当时潍县只有武衙门一处正式集会的场所，但不能放飞风筝，便因地制宜，采用“两步走”的办法：

上午在县政府（老县衙）门前举行开幕式，宣布每两年召开一次风筝会，将全县参赛的80只风筝在衙门前进行展览。下午到白浪河河滩进行风筝放飞比赛。

是日，适逢潍县大集，观者蜂拥，场面壮观。随着指挥者的一声哨声，80只风筝竞飞蓝天，令人目不暇接。最引人注目的是唐家风筝铺的板子人物风筝“八仙过海”，还有杨家埠的“四季花神”。

首届风筝会后，栗文礼下令另辟风筝放飞场地。他发现城南有一片荒地，满是坟墓与浮厝，就明令限期搬迁或拆除，派人整平碾压，建成了潍县首座体育场，俗称南关操场。

1937年7月7日抗战爆发后，日寇大举进犯中国内地。山东省政府为了适应抗战要求，重划行政区，组织游击队。潍县县长栗文礼被委任为山东省第八区行政专员兼游击队司令。

栗文礼当时组编抗日队伍，筹集枪支，自有他的一套办法。对于不服从指挥和调遣的人，他以“抗命”论处。

抗战开始后，高密的曹梦九县长很快组织了高密县抗日救国大队，自兼大队长。栗文礼以山东省第八区行政专员兼游击队司令的名义，命令高密县出带枪兵300人。曹县长一算，300兵连装备就要10余万大洋，哪来这么多经费？栗专员大怒，行文高密县府，说“抗命就是汉奸，岂有汉奸当县长的？”

曹县长受不了，于是挂印封金，回到天津老家，此后不再活跃于政治舞台。曹梦九走后，张汉接任县长。曹梦九虽然含恨解职，但是高密的抗日游击队也成军了，正好为栗文礼所用。

在日寇即将占领潍县的1938年1月8日，栗文礼命令第二团胡鼎三部暂留潍县城，他和乡绅丁叔言等离开潍县，前往安丘山区，并将潍县平市官钱局全部库存带走，还由潍县地方绅商凑款3.38万元作为活动经费。

1938年1月10日早晨，胡鼎三探知日寇从西边沿烟潍公路已经过了大于河，即将进入潍县城，立即撤离潍县，找栗文礼去了。

同日，在汉奸毛寄臣等迎接下，日寇联队长片野大佐带领日本鬼子进入潍县城。1月11日，潍县维持会进入原县政府办公。4月28日，维持会撤销，以维持会的班底为基础，成立伪潍县县公署，第一任县知事为毛寄臣。

研究完栗文礼的历史后，陈树觉得他还不算一个十恶不赦的坏蛋。投奔栗文礼的真实目的，只和陈明义、任兆宗、曹班生说过，对于别的人，只谈到要随着栗文礼去抗日，这一下，武工队乱了套，战士们议论纷纷，几乎要反水。

曹金首先提意见：“三哥啊，本以为你是念书的人，头脑最清楚，怎么这会儿一锅粥没个豆了。我们是八路军，怎么能投栗文礼这个国民党坏蛋？要是这样，趁早回家种地算了！”

陈树劝他：“五弟呀，八路军不要咱，咱还得抗日，怎么办呢？只能暂时跟着栗文礼干了。”

老六王凌云又反对了：“谁说八路不要咱，那是七支队不要咱，咱还不如回115师。”

陈树又给他解释："115 师离着咱还远着哩，安丘需要抗日武装，咱们还得在安丘抗日。"

老七郑西伦又对陈树撅起嘴："三哥呀，那个栗文礼和咱武工队是两股道上跑的火车，不是一条道呀！我看呀，到时候后悔都晚了。"

陈树只能这样对他解释："只要他抗日，我们就和他共事。他要是不抗日，就和他吹灯。"

曹金对陈明义说："你也算个大哥，好好地劝劝三哥，别叫他犯糊涂。"

陈明义和开了稀泥："好话说了千千遍，劝也不管用。这么着吧，暂且跟着三哥干，他要是做了对不起咱八路军和老百姓的事儿，我们立刻跟他翻脸，大家看行不行啊？"

在陈明义的努力下，大家才勉强同意了陈树的意见。

陈树这才领着武工队去"投"栗文礼。栗文礼现在住哪里呢？就在安丘县的西南山区里。

安丘县是平原、丘陵、山区各占三分之一。安丘县的东部和东北部全是一片平原，西部和西南部全是一片山区，当中夹杂着一些丘陵。栗文礼将大本营安在了霹雳山中的常家岭、崔岜峪一带。

陈树带着潍安武工队沿着山间小路渐渐上行，这里山高林密、植被丰富，军事上是个易守难攻的好地方。常家岭处于霹雳山中，再往北就是大安山、锁头山，往东不远就是石山子、金鸡山、鲁山、崮山、有子山、骡马山，往南是柴草山，往西进入了沂蒙山区。

常家岭村的东北一公里是刘家埠子村，东南两公里是崔岜峪村。陈树对陈明义打趣道："这个栗文礼怎么找了这么个好地方，每个山口安上一个班，附近村里安上一个连，他在常家岭养老了。"

陈明义鼻子一哼："看来这个栗文礼不是不懂军事呀，这个常家岭是山中之山，鬼子要是攻到这里，没有一万两万人是不行的。”

几乎每个路口都有哨兵盘查，陈树对哨兵说：“我是下里戈庄李秀才的女婿，来投栗司令的！”

要问这个李秀才和栗文礼是什么关系？原来李秀才喜好风筝，曾到潍县参加过风筝比赛，还获得过第二名的好名次。李秀才好巴结权贵，而栗文礼又喜好风筝，所以这两人好上了，还结拜了异姓兄弟。

如今陈树正好想起了这层关系，拿着当了进门票。

凭着这层关系，一路上畅通无阻，使陈树顺利地进入到常家岭村。进了村，队伍被挡下，只容陈树一人进栗文礼的办公室。

一个参谋领着，旁边两名栗文礼的警卫“押”着，进屋前，又把陈树的枪搜去了。屋里还站着两名警卫，盒子枪拿在手里，张着机头，横眉竖眼地瞪着陈树。

栗文礼正在案头批阅文件，头也没抬，对陈树哼哼：“你就是李秀才的女婿？”

“是的。”

“听说你参加了八路军，怎么又投到我这里？”栗文礼还是头也没抬。

“八路七支队不要我们，只好来栗司令这里抗日。如果栗司令也不要，只能另找门路。”

栗文礼冷冷地说:“噢,你们的事儿我知道了。”随后又嘲讽道:“还有这样的事儿，想抗日，八路还不要。上我这里来，有什么见面礼啊？”

陈树说：“三十多人枪，一律的中正式，外加两挺捷克式轻机枪，还有三门82式迫击炮。”

听到这些，栗文礼再也坐不住了，抬起了头，问：“就是不知道你们的本事怎样，武器虽好，是不是聋子的耳朵——摆设呀？”

“那就请栗司令检验一下！”陈树铿锵有力地回答。

“那好，我就看看你们的本事！”栗文礼说着，扔下毛笔，大手一挥，“请——”带着一大队副官、参谋、卫兵，和陈树到了村边。

和栗文礼近距离地接触，这才有幸看到他的尊容：中等瘦削的身材，虽然一身戎装，却并不显得威武。苍白的脸上，有几分儒雅之气，留着淡淡的唇髭，一脸的病态，不像三十来岁，倒像四十多岁。

栗文礼一脸阴冷，旁边的卫兵个个对陈树虎视眈眈，手里拎着盒子枪，似乎时刻要开枪。到了村边上，看到一百多人的队伍围紧了潍安武工队，旁边架着四五挺机关枪，真要是动起手来，恐怕是凶多吉少。

战士们正一脸紧张地看着周围的队伍，直到看到陈树平安无事地回来了，众人的脸上才稍微显出平缓的颜色。

陈树对大家说：“栗司令非党欢迎我们的加入，还要看看我们的本事怎么样。陈明义，先给他亮亮枪吧！”

陈明义机警的眼睛扫了扫四周，慢慢地拉动了枪栓，把中正式步枪轻轻地举了起来。四周包围的军队更紧张了，个个端起了枪，对着陈明义，轻机枪也调转枪口，朝着这边瞄准起来。

这时候正好有一群麻雀惊起，离陈明义的头上有三十来米。陈明义聚起精神，朝着一只麻雀“啪”的一枪，群鸟飞过，一鸟晃晃悠悠地从空中坠落下来。

“好啊，打得好啊——”潍安武工队的战士们大声叫好。

就连“看押”潍安武工队的这一连国军也忍不住了，有的放下枪，有的举着枪也跟着喊起来。“好枪法！”“打得准！”“连活物都能打上，更甭说死物了。”

栗文礼的脸上现出一丝尴尬的笑容，随即拍起巴掌：“好！好！”

他的一大帮军官，这才附和地响起了七零八落的掌声。

“曹班生，该你了。”陈树又点了将。

第27回 见面礼

曹班生把抱在怀里的捷克式轻机枪轻轻地放在地上，有了依托，然后寻找目标。他看到四五十米的地方，有一只野兔惊起，随即“啪啪啪”一个点射。野兔在仓皇奔跑中，突然中弹，翻了一个滚，然后躺在地上一动也不动了。

全场士兵响起了热烈的掌声和欢呼声，“打得好啊！”“准啊！”就连栗文礼的那些军官也忍不住鼓起了掌。只有一个年轻的女军官，抱着膀子，不屑地朝陈树撇着嘴，无动于衷。

栗文礼狠狠地拍了两下巴掌，大叫道：“过瘾！过瘾！”

陈树又对任兆宗喊道：“迫击炮该亮相了——”

任兆宗的脑子有些慢，喊着：“找不到目标啊，请队长指示一下打哪里？”

陈树扫视了一下周围的山头，就在山对面，有一块怪石，显得特别突出，颜色还有点儿深，看样子，也就有一平方米大小，离着有800来米。“就是那块石头，看准了吗？”

“报告队长，看准了。”任兆宗打了一个军礼，大喊一声，然后迅速地装炮、调炮，大约8秒钟后，“咣”的一声，一枚黑黑的炮弹飞上天空，然后划着弧线向那块怪石呼啸而去。

“轰——”的一声，只炸得碎石飞溅，一团浓浓的烟雾飞上天空。好半天，碎石头才铺天盖地撒了下来，好像天女散花一般。

浓烟渐渐散去，再看那块石头呢，一点儿也看不到了，好像从地球上消失了一样。

栗文礼最先忍不住了，一下子跳起来，像个孩子一样大喊大叫：“有如此的小炮，打章步云还用愁吗？小鬼子的炮楼还用愁吗？我们终于有炮啦——”

全场响起了热烈的掌声和欢呼声，一些军官大叫起来：“好呀，终于有炮兵啦！”“炮兵威武！”

士兵们更是兴奋，有的巴掌都拍红了。

栗文礼兴奋地拍着陈树的肩膀，高兴地说：“这支队伍我收下了。如此神威的官兵，哪有不收的道理！”

就在此时，只听旁边那个女军官说道：“栗司令，我还是提醒一句，新来的队伍疑点重重，还是慎重一点好。三国里有个黄盖，难道栗司令不怕黄盖毁了我们的队伍？”

陈树听了心里一惊，抬头注视这个女军官，但见她个子不高，却十分精悍，尤其那眉眼，略施粉黛，多了几分妖魅，少了几分人样，一看就是个狐狸精。她的眼睛一闪，似乎在哪里见过，一时又想不起来。

她的话十分恶毒，分明是说陈树使的是苦肉计，把陈树精心策划的计谋一下子点破。这时候就看栗文礼表态了，如果栗文礼精明过人，自己的队伍可就危险了。

但是栗文礼这个人，太爱精兵，太爱武器。他哈哈一笑：“白科长，我不是曹操。再说，就是陈树使苦肉计的话，我也不怕！这么好的兵，这么好的武器到了我手里，替我打仗，我还怕他什么苦肉计？我的部队里缺什么，白科长不是不知道。”

栗文礼这样一说，那个叫白科长的倒不说话了，默默地退到了一边。

过了这一关，陈树的心里暗暗松了一口气，但还想以退为进，提要求说：“不过，我是有条件的。”

“有什么条件，尽管说。”栗文礼也高兴了，和刚见面的时候判若两人。

“第一，我们这支队伍不能分离。”

栗文礼点了点头："是的，别人也指挥不了啊！没问题。"

"第二，我们只打鬼子和汉奸行，要是和共产党、八路军搞摩擦，恕不从命！"

说到了这里，这个白科长心里一阵思忖：露原形了吧，我就知道这些八路个个都是铁杆的，根本不会打自己人，来这里肯定另有目的。

栗文礼稍微犹豫了一下，却点了点头："嗯……这也行。还有第三条吗？"

"没了。"

栗文礼笑了："光你提条件，我也得提条件啊。"

"请讲！"陈树沉住气，从容不迫地答道。

"我要和你结拜为异姓兄弟。"栗文礼笑着，歪着眼睛看着陈树。

陈树一下子紧张了，实在没有想到栗文礼会提这个棘手的问题。志不同，道不合，如何结拜为异姓兄弟？要是不同意，又怕栗文礼心生疑忌，只得说："只要栗司令坚决抗日，不搞摩擦，不投降日寇，我愿意和栗司令结拜为异姓兄弟。"

栗文礼听了哈哈大笑："有人想和我结拜，我还不愿意呢！看着陈树兄弟是个人才，所以才有忘年之交。看兄弟说的这话，我是抗日司令，也算是一方诸侯，岂有投降日寇的道理？！"

陈树也借此激励他几句："但愿栗司令一言九鼎，话掉到地上砸个坑！"

栗文礼点了点头，又笑了笑："陈兄弟说话是西北风刮蒺藜——连风带刺啊！像你这样的人才，不能埋没了，就当我的特务队长，跟在我身边吧！举行完结拜仪式后，下午有个会，你也参加听听。"

陈树只好对他行了一个标准的军礼，喊了一声："是。"

事后陈树打听到，这个阻挠潍安武工队加入栗文礼队伍的女军官叫白玫瑰，是政训处的政训科长。

下午举行军事会议，栗文礼坐在了长桌的首位，再往下分别是他的副司令申集安、岳静山，往下排着一大帮团长。像陈树这样的小芝麻官，只有站着旁听的份了。

栗文礼说：“有件事情，一直没有告诉大家。”栗文礼语调和缓，观察着大家的反应。“前些日子，胡团长从平度到莱阳催给养，县长王海如答应了，却为鲁东行辕主任卢斌所阻。胡团长含愤离去，行至中途，终觉气愤难忍，遂率卫兵返回，将卢斌和行辕副主任刘慕琨乱枪打死。”

“此事为孙秀峰知道，他拐弯抹角地告诉了沈鸿烈，沈鸿烈又电告蒋委员长。委员长大怒，令刚入鲁的鲁苏战区总司令于学忠查办此案。今天一早，战区总部来电，让我即日去高湖参加军事会议。我斟酌再三，不知当去不当去。”

陈树一听大吃一惊，这个胡鼎三，吃了熊心豹子胆了，竟敢踢沈鸿烈的香炉，这不是打狗欺主了，简直就是杀狗害主，而且是一害两个主。还有这个孙秀峰，虽是栗文礼的部下，却不是同心同德，要不不会背后挑拨，使栗文礼落个纵容部下行凶，杀害政府要员的罪名。

申集安阴沉着脸：“我看栗司令千万小心，要是去了高湖，就是林冲进了白虎节堂，甭想回来了。”

“是啊，是啊。”很多军官不赞成栗文礼去。

这时考斌之团长站起来说：“我看啊，要是不去也不是个办法。越不去，越给人授之于柄，说栗司令坏话的人越多。再说，于学忠是鲁苏战区总司令，沈鸿烈是山东省省长，一个军一个政，不去的话，那不是抗命不遵嘛！”

于是，附和考斌之的人也不少，许多人纷纷点头。

栗文礼把脸转向一个下级军官，对他说：“韩营长，你的意见如何？”

考斌之手下的营长韩寿臣沉思片刻，小心说道：“鹤松乃一介草莽，不便插嘴。不过，凡事预则立，不预则废。司令要去，得做好准备，必要时，果断出手，擒几位大员做人质，掀他个底朝天！”

韩寿臣说的话，并没有几个人响应。

陈树觉得该是自己说话的时候了，此时不说，更待何时？他对栗文礼平静地说：“有几句话，我不知道当说不当说？”

众军官一听，站着旁听的小兵还有要发言的，这还了得，要是你能说话，还要我们这些军官干啥，所以一个个瞪起鄙夷的眼睛。

栗文礼也不过多解释，像是对陈树又像对大家说：“这是我新来的特务队长。好吧，你就说吧，但是话不能多。”

陈树只好说：“我和于司令有点儿关系，此去保栗司令无事。”

别看官不大吧，话一出口却是惊倒众人。这些高级军官，没有一个和于学忠有关系的，怎么你一个小兵倒和鲁苏战区司令扯上关系了？真的？假的？

栗文礼不得不问：“说吧，到底怎么回事？”

陈树不能亮出底牌，要是亮出底牌，再神秘的事情也变得相对简单了，自己也成了毫无价值的了。只得半真半假地说：“我以性命担保，保栗司令无事。但是我和于司令什么关系，真的不能说。”

众人不能再问了，栗文礼是什么人啊，人间枭雄。他点了点头：“好吧，这次到高湖，就由陈队长陪同前往！”

散了会，胡鼎三找到栗文礼，小声对他说：“这个陈树是八路军，是埋在我们身边的一颗定时炸弹，怎么把他放在身边了？我看啊，说不定什么时候，就会把我们炸得粉身碎骨，这样的人还是早早除掉为好。”

栗文礼不见胡鼎三还好，见了他，气就不打一处来，骂道：“都是你办的好事？！杀谁不行啊，偏偏杀了卢斌和刘慕琨，有本事你去处理啊！要是按照正理，就该提着你的脑袋去沈鸿烈那里请罪。要不，你就自己把脑袋割下来，也省了我作这么大的难啦！”

第28回　高湖行文武斗

胡鼎三本来还想充那明白人，这下子吓得赶紧缩紧了脑袋，不过不死心，还是继续说着陈树的坏话：“不过像陈树这样的人在我们身边，总觉得不放心。还是请司令早早提防为好！我早和他干过几仗，他有什么想法我还不知道。”

栗文礼又骂他：“陈树有迫击炮，有神炮手，你有吗？陈树认识于学忠，你认识吗？你别的本事没有，只会成天给我惹事，惹了个天大的乱子，叫我无法应付。你的破事以为我不知道，不就是陈树抢了你的老婆吗？我再也不给你擦腚了，再说这些废话，就把你的脑袋割下来，提着去见沈鸿烈赔罪！”

胡鼎三一听，真是戏台上收锣鼓——没戏了，吓得灰溜溜地赶紧走了。

陈树命令一班、二班随自己到高湖，保驾栗文礼，三班留在常家岭。一班、二班全部换枪，长枪换短枪，全是德国二十响的驳壳枪，每人再配一匹骏马。

准备完毕，陈树带着潍安武工队，跟随栗文礼的卫队去高湖。陪同栗文礼一块去的，还有政训科长白玫瑰。

高湖在哪？就在沂蒙山深处沂南县城西北30公里。原来韩复榘被枪毙后，蒋介石委任沈鸿烈为“流亡”省长，他先上来驻在鲁西范筑先的专区内，以后觉得平原上危险多多，随时有被日军机械化部队包围消灭的危险，远不如山区安全，于是又把省政府机关和吴化文部挪到了沂南县高湖一带。

从安丘常家岭往西南行进，还是一片大山，从这里往高湖不过100公里，但一路上全是山叠着山，延绵不绝，路上山高林密，草木丰盛，有时候不得不牵马行进。

白玫瑰显得特别活跃，一边骑着马，一边还有闲心欣赏着山林美景。她吟道："树树皆秋色，山山唯落晖。采菊东篱下，悠然见南山。绿树村边合，青山郭外斜。日暮苍山远，天寒白屋贫。"

跟随栗文礼的这些人，几乎个个都是大老粗，没有几个有文化的。听到这些美诗，只觉得朗朗上口，十分押韵，却也听不懂什么意思，大都没有什么反应。而陈树不行啊，他是个文化人，大叫一声："好！好诗！"

"好在哪里？"白玫瑰听得只有陈树叫好，也倒要考一考陈树。

陈树笑了笑："白科长这是把王绩的《野望》、陶渊明的《饮酒》、孟浩然的《过故人庄》和刘长卿的《风雪夜归人》弄到一起读了。说明白科长满腹诗文，随口拈来，怎么能说不好，简直太好了！"

白玫瑰听了，心里一惊，自己随便卖弄一下，想不到竟被陈树轻松点破，看来陈树的文化也不浅啊！但她毫不客气，对陈树反唇相讥："那么，也请陈队长吟诗一首，我倒要听听。"

白玫瑰的叫板，不但士兵们听到了，就连栗文礼也听到了。他对白玫瑰笑了笑："白科长啊，咱这队伍里，就你文化高。陈队长一个武人，猜到诗的出处，已经不错了，还叫他出诗应对，这不是难为陈队长吗？"

虽然栗文礼在帮着自己说话，但是陈树想到，要是不压下这个小妖精，恐怕以后抬不起头来，微微一笑，对白玫瑰说道："既然白科长提议，我也只好恭敬不如从命了，试着吟吟吧！"

众士兵一阵叫好声。

陈树想了想，轻轻吟道："孤山寺北贾亭西，水面初平云脚低。山回路转不见君，雪上空留马行处。两岸猿声啼不住，轻舟已过万重山。黄河远上白云间，一片孤城万仞山。”

听完了陈树的吟诗，白玫瑰也是连连夸奖：“想不到陈队长也是以我之道，反治我之身。这也是用的古人诗句，把白居易的《钱塘湖春行》、岑参的《白雪歌送武判官归》、李白的《早发白帝城》和王之涣的《凉州词》用到一起了。佩服！佩服！”

听到陈树能如此从容应对，栗文礼点了点头：“过去白科长是一鸟入林，百鸟不语。这下子好了，总算有个对手了！白科长，小心点啊，以后有人和你唱对台戏了。”

陈明义也算听出了名堂，恭维着陈树：“我们陈队长是个儒将，真是被窝里放屁——能文（闻）能武（捂），当初在安丘城念书的时候，就是学校里数一数二的尖子生！”

陈明义这样一说，白玫瑰甚是不服气，守着栗司令，自己历来是军之骄子，文化堪称栗军第一，如今竟然和陈树打了个平手，以后还叫自己如何在部队里混下去？人没有十全十美的，文化高点，武功可能就差点，看我再和你比试一番武功，非叫你出丑不可！

想到这里，白玫瑰看到远处飞来一只画眉鸟，随着队伍自由自在地飞翔。白玫瑰心头一横，恶向胆边生，两腿一夹马肚，战马受了压迫，嘶叫一声，飞快地向前奔驰。马在狂奔中，白玫瑰提了一口气，双脚离开马蹬，上了马背，然后纵身一跃，飞入空中，手如疾电，抓住了那只画眉。

然后身子轻轻落下来，轻如鸿雁，竟然心不跳，气不喘，落地后又紧跑几步，骑在了马背上。她靠近了陈树，晃了晃手中的画眉，讥诮地说：“见笑了，陈队长。不知我把这只画眉放了，陈队长能不能再抓住？”

这又是赤裸裸的武功挑衅。

当白玫瑰纵马飞驰的时候，众人不知道她要干什么，当白玫瑰飞身抓鸟的时候，众人有些看呆了，当白玫瑰抓到鸟，又重新骑在马背上，众人才腾出嘴来，齐声叫好：“好功夫！好功夫！”当白玫瑰再一次向陈树叫板时，众人又有些惊了。

栗文礼对白玫瑰劝道：“白科长呀，不要逞强好胜！人家陈队长是作战的功夫，你这是马上与手上的功夫，风马牛不相及呀！”

陈明义虽然对陈树知根知底，但要空手擒鸟，那也替陈树担着一份心，对陈树直摇头，意思是不要比试这个，免得落个逮不住丢丑。曹班生小声说了句：“骑在马上逮鸟，我看除了白科长，没人能办得了这事。要让俺三哥再逮这个惊弓之鸟，不是难上加难嘛。”

陈树见栗文礼不相信自己，也就算了，就连自己的大哥、兄弟也对自己的本事表示怀疑，这还了得！今天要是败在白玫瑰手里，以后还如何做人？顿时陈树来了豪气，对白玫瑰说道：“白科长，你就放吧，我试试看，到底能不能抓到画眉鸟！”

白玫瑰冷冷一笑，要的就是陈树这句话，看得就是他的笑话！白玫瑰没有立刻放鸟，她在等待着时机。凑巧，一只小鹰从后边飞来，缓缓地在队伍的上空飞行。白玫瑰一看时机到了，用力把画眉鸟向空中一抛。

刚才这只画眉在白玫瑰的手心里提心吊胆，不知道是死是活，这会儿不知什么缘故突然被放飞，心里高兴了许多，张开翅膀来了个天高任鸟飞。突然间，后面一道黑色闪电袭来，余光一瞥，大事不好，原来要成为天敌小鹰的肚中之物。这还了得！它就拼命地飞，想逃开小鹰的尖嘴。

无奈这只小鹰也不是好鸟，到嘴的肉，岂能放过，豁上命地紧追。我那个妈呀！画眉鸟拼命地逃，但还是被流星赶月般的小鹰越追越近，同时追赶的，好像地上还有一匹骏马。眼看小命不保，马上就要成为小鹰嘴中之物，突然“啪”的一声，后面的小鹰不知什么缘故，羽毛纷纷落地，好像一只断了线的风筝，一头栽了下来。

画眉的心脏再也受不了啦，头一晕，也向地上掉了下来！

陈树飞马追鸟，毙了小鹰，吓死了画眉，纵马过去，拾起地上的小鸟，博得了一片掌声和喝彩声。陈树捧着小鸟，到白玫瑰面前报账："白科长，你叫我办的事情做到了，请白科长检验。"

白玫瑰不服气，冷冷一笑："这不算，明明画眉是从天上掉下来的，不是你捉到的！"

陈明义却为陈树打抱不平："甭管黑猫白猫，逮住老鼠就是好猫。光说捉鸟，并没有说死活啊！"

这时候栗文礼也骑马过来，白玫瑰还要栗文礼替她说话，气哼哼地说道："请栗司令评评理，陈队长捉了个死鸟，难道还能算数？"

栗文礼却有自己的想法，到了南湖还得仰仗陈树保护呢，何不笼络他一些，所以对白玫瑰说："我说白科长啊，要依我说呢，你叫陈队长捉这只画眉，陈树也做到了，就和打仗一样，甭管你用什么办法，只要仗打赢了，就是好将军。我看啊，还是陈树赢了！"

气得白玫瑰脸都白了，发牢骚道："就连栗司令都歪歪着嘴说话！"

众人一阵哈哈大笑。

虽然文斗武斗陈树占了上风，但心里也一阵嘀咕：这个白科长，确实不简单，要是能为我用，犹如猛虎添翼，要是不能为我所用，除了胡鼎三以外，又多了一个强悍的对手！要想把她的心拿下，必先知道她的底细。

陈树一阵子哈哈，装作若无其事一样，一路骑着马，慢慢地和白玫瑰拉起家常："白科长啊，别和我一般见识，我也就是一个粗人，没有多少墨水。和你比起来，还差得远呢！白科长哪里人啊？"

陈树软软的话儿一说，白玫瑰心里听得舒服，随便地说了声：“济南人。”

“好啊，海右此亭古，济南名士多，像白科长这么大的本事，应该继续深造才是啊，怎么从军了呢？”

“说起来话长，还不是日本人打进来，弄得家不像家，国不像国，不扛枪不行啊！”

“这些话和陈某颇有同感！”找到了切入的话题，自然就好办多了，“哪个学校毕业的啊？”

白玫瑰似乎对陈树的话十分警觉，一句话就把陈树砸了个透心凉：“是不是调查我啊？实话告诉你吧，我早就认识你了。”

这句话，叫陈树一下蒙了，好半天，他才瞪着迷糊的眼睛问：“你我初次相见，何谈早就认识，不是认错人了吧？”

下一句话，更叫陈树傻了眼：“哼！还想占我便宜，扒了皮也认得你的骨头！”

第29回　陪栗文礼赴“白虎堂”

陈树一下子呆了，好半天没有说出话来，这是哪儿跟哪儿啊，什么时候占过女人的便宜？可是白玫瑰既然话说出来，必然事出有因，还算陈树的脑袋瓜灵，想啊想啊，终于想到了一件事情。就是在章步云的队伍里，自己骗得一车军火，在回前屯的路上，小银子反悔要拉回武器。就在这时候，一位小兄弟相救，帮助陈树成就了天大的功劳。

那个小小的个子，绝妙的武功，蒙着黑纱，扑朔迷离的眼睛，再和现在的眼睛一对，猛一下子对上了。自己还和她有过近距离的接触，两腿盘着她的身体，嘴对着嘴，说亲密接吻也不为过……

想到这里，陈树的脸红了，还想再问，守着这么多人，没好意思问下去。

白玫瑰也对陈树训道："以前的事儿，不想再提，你要是提，我就对你不客气了！"

虽然陈树没有反驳，但是心里想到，这个女人太不简单了，竟敢单身外出执行重大危险任务，还差点儿被乱枪打死。不知道她还有多少鲜为人知的秘密，越不知道她的底细，越觉这种女人充满了神秘感。

陈树后来对白玫瑰进行了秘密调查，得知她的父亲曾是资深外交官，济南五三惨案中被日军杀害。她本人是燕京大学的高材生，有军统背景，毕业后怀着对日军的刻骨仇恨，毅然从军杀敌。

自己只是个高小生，以后将和这个高智商、高学历、高功夫的女人对决，陈树的心里不免敲起了小鼓！

进入高湖一带，山地中出现了一块小平原，一方青水湖横亘在面前，四周绿树环绕，柳绿成荫，时有虫鸟啼鸣，红莺高歌。走近了只觉得凉风习习，甚是清爽。

此湖就是高湖。陈树感叹道："沈鸿烈怎么找了这么个好地方，真是依山傍水，退的话可以隐到大山深处，住的话可以与鱼虾为伴。"

陈树对栗文礼说了一声："容我进村去找到于学忠，先和他拉拉关系再说！"

栗文礼问："不知道贤弟此去，需带多少大洋？"

陈树笑了笑："有些事情不是大洋就能买得来的，钱我是一分钱也不带，只带着我这颗心就行了。"

陈树只带着陈明义、曹班生几个贴身警卫，牵着马进了高湖村。一路上岗哨林立，戒备森严，陈树只说是于学忠的密友，要面见于学忠。

快到于学忠的办公室了，副官来问："你到底是于司令的哪位密友，请报上姓名。"

陈树说："我叫陈树，是鲁西范筑先的兄弟，范筑先派遣过南征军，南征军在武汉大会战中和于司令有过命的交情，我请求面见于司令。"

陈树的话把副官拐迷糊了，他脸上现出疑惑之色，问："范筑先倒是听说过，他是鲁西的专员和游击司令，他派的南征军和我们于司令亲如兄弟，在战场上有过命的交情，就是没听说范筑先有个亲兄弟呀！"

陈树只能这样说："你就说武汉大会战中，大别山保卫战中的陈树就行了，不是兄弟还能冒充吗。欺骗之罪，于司令岂能饶我？"

副官只好将信将疑地汇报了，不一会儿，于学忠亲自来接。他一脸犹疑地在陈树的脸上扫来扫去，问："你就是范筑先的兄弟，我怎么不认识你啊？"

陈树就把自己在大别山保卫战中的经历，虚虚实实地说了一遍。

原来陈树在115师时，有一次和范筑先的南征军相遇，知道了一些情况，当时就记在脑子里。这时候，陈树就把大别山保卫战中的一些趣事演义了一番。

于学忠经历的战事、见过的人太多了，也不会样样记得这么清楚。要不怎么说吃过糠、扛过枪的关系铁呀！要不是南征军，于学忠的51军将败得很惨！有了这层关系，于学忠把南征军视为自己的兄弟，当然陈树是秃子跟着月亮走——沾光了。

于学忠的脸色接着变了，笑眯眯的，拉着陈树进了自己的办公室，关上门，对陈树说："无事不登三宝殿，说吧，找我何事？"

陈树说："我现在是栗文礼的特务队长，有事请求于司令。栗文礼的手下胡鼎三犯了大案，杀死了沈鸿烈手下的鲁东行辕主任卢斌和副主任刘慕琨，请求于司令网开一面，能不能饶了栗文礼？"

于学忠听了陈树的话，脸立刻拉下了，好半天才说：“你是范筑先的兄弟，也是我的兄弟，一家人不说两家话，这是叫我作难啊！为这事，蒋委员长发了脾气，叫我亲自处理这事。再说，凶手不惩办，沈主席那边也不干啊！”

听到这话，陈树停了一会儿，只能拐着弯说：“太平天国为什么会失败？天京事变中，洪秀全因和杨秀清政见不和，派韦昌辉杀了杨秀清。这场屠杀中，韦昌辉滥杀无辜，致使杨秀清的骨干被杀三万多人。洪秀全又恨起了韦昌辉，派人将韦昌辉和他的骨干杀了几千人，致使天京军队的骨干损失大半。以后洪秀全嫉贤妒能，又逼走翼王石达开，翼王走时又带走10万军队。这样致使天国的骨干更渐稀少，思想离心离德，终于造成了太平天国无法弥补的内伤。”

于学忠什么人啊，岂能听不出陈树的弦外之音，点了点头：“你说的事情我知道了，容我再考虑一下。”

陈树不再说话，静静地等待着于学忠的回音。好半天，于学忠才说：“栗文礼的人头可以暂时留下。不过，以后得看他的表现了……”

陈树得了于学忠的“尚方宝剑”，这才敢回去给栗文礼复命。把这个事儿给栗文礼一说，栗文礼问：“这个看以后表现不知道什么意思？贤弟啊，是否能给我解释一下。”

陈树想了想说：“我的分析，于司令所说的，看以后的表现就是要投奔他的门下，再不要跟着沈鸿烈干了。反正沈鸿烈已经得罪了，就是再努力，恐怕也难以搞好关系。”

“据兄弟所看，改换门庭是否可行？”

陈树分析道：“据我所知，于学忠为鲁苏联军司令，而沈鸿烈是山东省省长，却是副司令，两人并不同心同德。对于学忠进入山东，沈鸿烈吃了醋，认为是从他手中夺权，所以心中大为不快。听说，他还保荐于学忠为省府委员，上面竟然也批准了。当宣布这条任命时，于学忠大怒，说道，‘这样做，等于侮辱我’。说完拂袖而去。不仅这样，蒋介石既派于学忠为鲁苏联军司令，还派来一个‘监军’周复，掌控人事，财政大权，这样事情就变得更加复杂了。所以于学忠极需培植自己人，我们就得看准这个窍门……”

栗文礼听完陈树的话，想了想，事到如今，也没有什么好的办法，只好说：“好吧，就依你！”

栗文礼有了陈树这道护身符，才敢进入高湖村开会。

栗文礼一行人进入到司令部，沈鸿烈看到于学忠没有扣押栗文礼，就找到于学忠催促他：“于司令啊，栗文礼这个大逆不道的逆臣来了，怎么还没有办他？”

于学忠笑了笑：“沈省长啊，我第一次召开联席会议，就叫我抓人、杀人，以后他们还敢参加我的会吗？我想了想，这事有点儿不妥，下回栗文礼再有什么错误，抓他不迟。”

沈鸿烈一听十分生气，但表面上却不好流露，只好再劝道：“于司令啊，像栗文礼这样的人，如果不杀一儆百，下面这些地方实力派还能怎么镇服。”

于学忠也是振振有词：“太平天国为什么会失败？就是洪秀全派韦昌辉杀了杨秀清，再派人杀韦昌辉，逼走翼王石达开。杀来杀去的，把自己人都杀光了，如何再去对付日本人？再说栗文礼在这块地方经营多年，颇有人缘，杀了他，他的那些同党岂能服气？要是把他逼到日本人那里，岂不更是麻烦？我看恩威相济，才是上策。”

沈鸿烈虽然气得肚子鼓鼓的，但是没有办法，谁让自己只是个副司令呢！

沈鸿烈虽然借于学忠之手杀不得栗文礼，但他还有别的事情有求于于学忠，于是拿出一幅地图说：“这是省政府和51军、57军的布防图，我想和于司令商量一下。”

于学忠一看就明白了，心里老觉得酸溜溜的不大得劲，你是司令啊还是我是司令，怎么成了你指挥我了？你叫我们51军和57军驻在这个地方，分明是为了保护省政府。于是不慌不忙地说：“至于我们的军队驻在哪里，得从抗日大局出发，你我说了都不算。”

沈鸿烈一听要急眼，摆出老大的资格，对于学忠唠叨：“于司令啊，我们同是东北军出来的，要互相体谅才是啊！我比你大几岁，你要听我的。”

于学忠一听，心里更加不满，比我大几岁就听你的，这不是倚老卖老嘛！河里的老王八年岁大，能听它的吗？

于学忠不阴不阳地表态：“等我和参谋部商量后，再拿出一个合理的意见。”

沈鸿烈想到既然51军和57军不能直接保卫省政府，就拿出一个折中意见对于学忠说：“既然51军和57军拿不出来，新四师总可以吧？”

于学忠考虑了一番：“这个事情可以考虑。”

第30回　夏坡整饬军纪

下午3点准时开会，于学忠、沈鸿烈来到会议室，众人起立鼓掌。二人微微点头，神情各异。沈鸿烈主持开会，先由战区政治部主任周复宣读蒋介石的“防止异党活动令”，于学忠随后宣布战区划分条令，随后宣布新四师的驻地为临朐县蒋峪一带。

在会议室外旁听的陈树不禁感到好笑，这个蒋峪是从益都到鲁南山区的必经要道，也可以说是鲁南山区的北部咽喉。于学忠调吴化文部防守此地，其用意就是一旦日寇‘扫荡’，吴化文部首当其冲。吴化文如能击退敌伪进犯，固然很好，若吴部抵挡不住，于学忠的司令部可以从容转移。

沈鸿烈听到这个命令时，肺都几乎气炸了，指望51军和57军落了空，指望新四师又鸡飞蛋打。新四师的远离，不仅削弱了省政府的防卫力量，同时也使他对吴化文部不能直接指挥。

开完了会，栗文礼和陈树带着卫兵迅速离开了高湖这个是非之地。

回去的路上，栗文礼想着到高湖的危难终于化解，这才轻轻地松了一口气，对旁边的陈树笑着说："陈队长，谢谢你啊！"

"你我都结拜兄弟了，还提这些干什么。"陈树淡淡地回道。

陈树的这句话，却也带来了白玫瑰的不服气："我早知道，陈队长和于司令什么关系，原来是八竿子拨拉不着的关系。只是陈队长巧舌如簧，连死人也说活了，连于司令也上了陈队长的当。"

陈树一听大吃一惊，这个女人，怎么什么事也知道啊！如此秘密的事情，在她那里却是一清二楚。真是这样的话，自己就和扒了衣服一样，在她面前暴露无遗。这还了得！但事到如今，也不能太和她计较了，以后和她斗争的日子还长着哩。

栗文礼却有自己的见解："话不能这样说，此危难之秋，谁能帮助我解决大难，谁就是我的好兄弟！至于使用什么办法，我就不管了。"

陈树一边和栗文礼说着话，一边想着自己的前景。待在栗文礼的身边，肯定不是个长法，言多有失，说不定什么时候就会陷进去，落入危险之中。于是试探着说："于司令啊，我想到下面的部队去锻炼一下，不知道栗司令给不给我这个机会？"

栗文礼一想，高湖危难已解，暂时陈树已经用不着了。再说陈树的身份值得怀疑，也怕胡鼎三说的，陈树是个定时炸弹，说不定什么时候就会炸死自己。于是笑了笑说："本来留着陈队长还有重用，没想到陈队长愿意到下面受苦。也好，人不磨难，难于成才，不知贤弟想要到哪个团？"

陈树想了想，胡鼎三部肯定不行。这个胡鼎三是个反共分子，自己压不住他，说不定什么时候，就会被胡鼎三杀了。考斌之部纪律严明，做工作的话，肯定也会受到许多限制。韩寿臣最近才从营长升为团长，听说这个人颇有些义气，留有农民的一些淳朴思想，弄不好在那里会有所发展。

于是陈树请求："要不，我到十团去吧！"

栗文礼点了点头："也好，暂且先当个副团长，帮着寿臣好好地整理一下军队。寿臣刚当上团长，嫩了点儿，有些地方我不放心。"

回到安丘后，陈树立刻带着队伍赶到夏坡，去十团驻地。

夏坡村就在现在辉渠镇北边九公里，紧靠着汶河的一条支流凌河。这是山区的边缘，它的东边是东南山、西南又是一座大山，越过凌河是牛角山，真可以说是依山傍水，安营扎寨的好地方。

鬼子要想进入霹雳山扫荡，夏坡也是最先的一道屏障。

电话早就打来了，韩寿臣带着几个主要军官早已到村口迎接。陈树见韩寿臣身材魁梧，面貌粗大，大头大眼，粗眉毛大嘴，从说话和办事上都感觉到此人胸怀坦荡，没有藏掖，这是陈树最需要的。

韩寿臣老远就看着陈树的这支队伍，人虽然不是很多，但是个个雄赳赳、气昂昂，真是胖得威武，瘦得精神，个个精神饱满，气质不凡。要说武器，更是不得了，崭新的中正式步枪，黄乎乎黑油油的，还有两挺轻机枪，戴着枪套。更有3门迫击炮，那才是扎眼，涂着黄漆的炮筒子，叫整个韩团的人看了都傻了眼。

自己的一个团，还没有一门小炮，陈树的队伍竟然一下子就有3门炮。有了这3门炮，战斗力肯定会增加不少。

老远韩寿臣就对陈树拱起手说道："功臣来了，帮着栗司令度过此难，全凭着陈队长机智过人啊！再看你的队伍，也是敲着锣鼓坐火车——走一路响一路啊！"

陈树也拱着手说道："哪里哪里，韩团长过奖了，雕虫小技，哪能摆到桌面上啊！"

韩寿臣又介绍着他的副手："这位是张建生副团长兼特务一营营长，黄浦毕业的高才生，要论打仗和军事理论，这是我们十团的人尖子啊！"

陈树仔细看了看这个张建生，生得小鼻子小眼小嘴，一脸的狡诈之相。心想，恐怕这个人是三条腿的蛤蟆——难缠。

两人手拉手进入了夏坡村的十团团部，酒席早都摆上了，韩寿臣又介绍了一位年轻军官："这位是政训处主任张竹坡，和你一样，也是个酸秀才。你俩正好拉得来，叫他来陪陪酒。"

陈树一听分外高兴，早就听说张竹坡是国民党的左派人士，正好利用这层关系发展党的力量，建立党的组织，但越是这样，表面上却不能太亲近，只是用眼神交流了一下。

有些话必须要问，真要喝起酒来，一晕乎，恐怕有些话就不算数了。陈树问："我带来的这些人，不知道如何安排？"

韩寿臣笑了，说："我看暂时就为特务二营吧，营长的话，还是委屈你担任。人员嘛，可以随便发展，只要不超过一个营就行了。"

有了韩寿臣的这句话，陈树的心里有底了，他点了点头："好吧，那我就在韩团长的领导下，一块儿打鬼子。"

张建生借着这个机会，明着对张竹坡，实际上韩寿臣也听到了，挑拨说："张主任啊，你也得管管二营八连了，有些事闹得太不像话了。"

"怎么不像话了？"张竹坡问。

"我看也太明目张胆了，有人竟然唱起了《国际歌》《大刀进行曲》《我们战斗在太行山上》，竟然还有人在教，这是国民党的军队，不是共产党的军队，上面早就下发了'防止异党活动令'，这样下去如何了得。"

张竹坡闭了一下眼睛：“是该管管了。”

韩寿臣听了没言语，只是夹了一口菜，说了声：“吃菜！”

说者无心，听者有意，陈树把二营八连的事记在心上了。

刚刚喝了一杯酒，说了几句话，就听夏坡街上有人喊道：“冤枉啊，不叫老百姓活了，这是军队吗？就是糟蹋人啊——”

韩寿臣骂道：“喝酒也不让人素净，不知道哪个王八犊子又惹事了，净给我添乱。来人啊，去看看怎么回事，把人领进来。”

副官出去，不一会儿，就把村长和一个老汉领了进来。领来的老汉姓李，左边耳朵包着一块白布，向外洇着鲜血，像是耳朵没了。

村长进来就骂：“韩团长啊，你这是带的什么兵？说是不扰民，不扰民，你看看，你那个特务连副连长把李老汉的耳朵都打没了，差一点儿，脑袋就开花啦。这都是一些什么兵啊，见了鬼子就跑，见了老百姓就祸害。这让老百姓怎么信服……”

韩寿臣一听，觉得情况严重，就问村长说：“怎么回事，说清楚。”

村长就把这事说了一遍。原来特务连副连长外号叫野豹子，匪气十足，吃火烧时，好把火烧扔到空中，抬手一枪，把火烧打穿再吃。这天，野豹子叫护兵赊了李老栓家的十多个鸡蛋，用李家的大锅煮了，吃了个风卷残云。

李老栓在旁边既馋得慌，又疼得慌，难免发了几句牢骚：“兔子头上插鸡毛，这算什么鸟啊！糟践人不吐核，养条狗还知道看家护院呢，要是养了这样的儿，早叫我掐死啦！”

护兵上来就扇了李老栓两个耳光。李老栓气不过，跑到院子里大喊：“老妈妈吃柿子——专挑软的捏，见了鬼子就跑，治老百姓倒有本事。屌本事啊！”

野豹子一听大怒，骂道：“竟敢太岁头上动土，还没有人敢骂我哩！”和护兵两人，一块把李老栓吊上门框，扒下裤子，露出白屁股，一顿牛皮带，抽得李老汉身子扭成麻花。野豹子一边打一边叫：“你这张臭嘴，还敢骂老子！”

李老栓也是个倔犟牛脾气的人，骂道：“不做人事，还不想让人骂。天底下都是怂包了！”

野豹子余气未消，骂道：“你他娘长了对王八眼，你道十团真是死面捏的。”随手一枪，把李老栓的左耳朵打穿。

听完村长的诉苦，韩寿臣想了一下说：“知道了，什么大不了的，给你两块大洋。回去吧——”

村长一听，又骂了一句：“真是官向官，民向民，告也是白告啊！”

陈树一听，觉得不对味儿，喊了一声：“慢着。”遂对韩寿臣说：“韩团长啊，要是这样的话，这个十团我真没法待了。”

“这事和你什么关系？”韩寿臣不解地问。

陈树说：“军队和老百姓是鱼和水的关系，这样欺负百姓，和鬼子汉奸队伍有什么两样？要是没有老百姓的支持，打仗、给养、抬个担架啥的，都是麻烦事。”

张建生一听，有点儿嘲讽地对陈树说：“陈团长啊，我怎么听这话，和共产党一个腔调啊！”

陈树心里警觉了，听张建生话里的意思，好像对共产党不是一般的反感。有心想顶他两句，但是想了想，没有说话，自己干什么来了，还是要把身份隐藏好。

张竹坡不失时机地说道：“咱们北踞日本人，南驻51军，西南还有共产党，夹缝里生存，全靠地方支持啊！”

韩寿臣一愣：“那咱们学回八路，优待老百姓，给他五十块大洋。”

陈树继续摇头：“不是野豹子个人的事情，而是整个十团的军纪问题，如果都这样，那如何了得。必须杀一儆百，严肃处理。”

韩寿臣睁圆了眼睛：“五十块大洋能买头大牛！”

张竹坡继续配合说：“人心可不是钱能买来的。”

韩寿臣的面皮渐渐僵硬：“难道为了只小耳朵，叫我斩将不成？”

陈树坚决地说：“如果他杀了人，必须以命抵命。但是他随便开枪，打伤李老栓的一只耳朵，也不能轻饶了他！”

张竹坡继续敲边鼓：“论冲锋陷阵，韩团长比我们都高明，但是军纪问题我可得说两句了。历来统兵，都得赏罚严明，恩威并重，对部下过分放纵，就像脱缰野马，势必养成骄兵悍将，散兵游勇。出了问题不处理，寒了全县父老的心，我们也失去了根基。种下苦瓢子，没有甜菜吃。”

韩寿臣冷静下来，问陈树：“你说咋办？”

陈树说：“咱们先不需要斩将。解铃还得系铃人，哪里惹的事，在哪里挽回来。既收买了民心，还得让士兵收敛恶行。”

韩寿臣摸着下巴想了想，猛地拍了一下八仙桌，喊道：“好吧，陈团长和张主任带着执法队狠狠打野豹子一顿，在哪里闹事就在哪里打。再给人家二十块大洋，让老百姓都去看，越多越好。还有，陈团长初来乍到，到下面看一看，也好整顿一下军纪。”

陈树和张竹坡接着站起来，对韩寿臣打了一个军礼说：“是！”

村长当即召集了夏坡村的男女老少都去观看。韩寿臣也把驻夏坡的军队列队观刑。

就在李老栓的大门框上，野豹子被吊了起来。执法队手下无情，水浸柳木棍一下一下，发出噗噗闷响。黑豹子裤子被打破，露出片片血渍。他牙齿咬得格格响，脖颈子翘着，不但不求饶，还瞪着血红的眼珠子，朝李老栓笑着。

李老栓吓得心惊肉跳，扑通跪下，对着韩寿臣求情说：“韩团长啊，饶了这位长官吧！”

韩寿臣扭过了头，装看不见。

一百军棍一下不少，都结结实实打在了野豹子的腚锤子上。

老百姓害怕，远远地站着看，胆小的找机会溜走了。

打完军棍，张竹坡站到碾盘上，打着手势说道：“韩团长一向治军有方，爱护百姓，今天发生这件事，他极为震怒，让我替他向各位父老乡亲道歉并重申军令。今后再有骚扰百姓者，无论职位高低，一律枪毙，绝不手软……”

陈树接着讲话：“乡亲们，抗日军队就要有抗日军队的样子。军民只有一条心，才能打败鬼子。从今天开始，十团就要有长官不断下去视察，如果有此类事件发生，绝不宽恕！”

第31回　二营八连

陈树和陈明义、任兆宗、曹班生分了工，特务二营的工作由他三人去做，自己专心串联起整团的进步力量。

陈树利用副团长的身份，到下面部队去视察，转着转着，就来到了二营八连。八连连长张秀亭是张竹坡的弟弟，见陈树来到八连有点儿紧张，赶忙一个敬礼，说：“报告陈团长，二营八连连长张秀亭前来报告。请指示！”

陈树赶紧一个回礼，笑着说：“我哪有什么指示啊，一方面查一查军纪。另一方面，有人告状告到团长那里，说你这里有异党活动，不知道是真是假？”

张秀亭眼珠子转了一下，有点儿尴尬，然后回答：“没有的事，我们八连一贯坚决服从上级的命令，没有做违法的事情。”

陈树心想，能不能首先在八连建立支部，连长是个重要人物。他如果反动，党的组织早晚会暴露，他如果进步，或者睁一只眼闭一只眼，这个事就好办多了。从张建生的嘴里知道，八连进步组织活跃，张秀亭的思想也就可想而知了。

陈树想到班里转悠，而张秀亭却还要陪伴左右，在旁边监视着。陈树对他说:“张连长,该干什么就干什么去吧！我自己能行。”

张秀亭还是一脸的不放心：“长官来了，怕你不熟悉情况。再说下面的士兵也不一定认识你，还是我陪着去吧！”

陈树坚决地摇了摇头：“不用了。”

可是张秀亭还是“不放心”，远远地跟在后面。

陈树分别到了几个排里、班里，士兵由于许多人不认识陈树，自然是一个个瞪着犹疑的目光。陈树问他们话，他们也是答非所问，你问东他说西，你说打狗他骂鸡。

陈树转着转着就到了伙房里，突然一个熟悉的面孔一闪，这不是七支队二大队的二连长张俊千嘛！章红立被杀后，部队被遣散，这个人不知道了去向，原来在这里。

张俊千见了陈树，也是突然一愣，但是没有说话，一头拐进伙房里。陈树紧跟着进了伙房，见屋里没有别人，问：“张连长，你在这干啥？”

张俊千冷冷一笑：“小小司务长，混口饭吃呗！”

陈树嘲讽他：“在那边是个连长，到这里成了司务长，不觉得亏吗？”

张俊千嘿嘿一笑：“能混口饭吃就不错啦！人家那边不要咱，又有什么办法？不像你，人走时运马走膘，在那边是政委，在这边是副团长，罐头食品——两头吃得开。”

陈树叹了一口气：“如今我也是没办法呀，那边不要咱，只能到这里混！”

张俊千摇了摇头：“你和我可不一样，你的爹是章步云的救命恩人，你又和栗文礼拜了把子，能和我一样吗？”

卖了一阵子嘴，对他的政治倾向已了解得差不多了，陈树又问：“你们连好吃烧饼，能不能卖给你一些烧饼，要不要？”

张俊千眼睛一亮，说：“烧饼谁不愿意吃，就是不知道能不能便宜一点。”

“那好，”陈树说，“卖给别人是2分钱一个，卖给你们是3分钱一个。”

张俊千一听，笑了，然后紧紧地握着陈树的手：“奸商奸商，这不是坑人吗。崔杰千早就说过，将有人和我接头，没想到，原来是陈政委啊！这下子还用介绍吗，你早就是我的领导了。”

陈树也笑了：“真是被窝里踢腚胍——没外人。这段时间你是怎么回事，也给我拉拉？”

张俊千这才讲道，章红立被杀后，自己被遣返，以后又找到八支队，受八支队的派遣在泊庄一带组织抗日队伍，成立了独立第四团，自己任政委。

以后八支队奉命撤离安丘，张俊千等组建的独立第四团也随八支队撤走。这时栗文礼部韩寿臣团正在扩充队伍，张俊千受八支队之命，便带着一部分人打入了韩十团，利用张竹坡的合法身份作掩护，秘密进行地下工作。

陈树半开玩笑地嘲讽他：“放着八路的大政委不当，来这里当个小卒，不觉得冤吗？”

张俊千知道陈树是和他闹着玩，也笑着说：“别醋熘我了，好歹栽下棵樱桃树，叫人家摘了果子，心里忒不是滋味。八路干不得，实在干不得，两相比较，还是韩团长义气！”

按照地下工作的原则，张俊千的八连党组织，陈树不便插手过细，知道得太多。有什么事情只需要和张俊千联系就行了，一切由他全权处置。

不久，张建生派来了一个副连长，专门来监视八连，防备八连变红。这个副连长姓苟，叫苟行，就像一条狗一样，这里闻闻，那里嗅嗅，看看有没有异常情况。他看到三班长张守仁好领着一些人开会，就慢慢上心了。

有一次，他明明听到了张守仁的三班在唱着《国际歌》，可闯到屋里一看，张守仁正在跟全班战士讲着孙中山的三民主义，这更让他怀疑了，就认为张守仁大有来头。

但是张守仁长得人高马大，恨不得比自己高半头，想找张守仁的事，自己的心里又有些害怕。

有一次，他故意从张守仁身边走过，见张守仁对他理也不理，急了，狠了狠心，上去照着张守仁抽了一个耳光。张守仁可不吃这一套，上去推了一下苟行，大吼着："你打谁？"

这一推，把苟行几乎推了个跟头。苟行大骂道："见了长官不敬礼，这还了得，这是典型的目无长官。"

张守仁反驳道："不知者不为罪，我这是没有看到你！你身为长官，凭什么动手打人？"

苟行大喊道："长官教训士兵，这是应该的。目无长官，就该打！"

张守仁也大吼："你这是封建旧军阀作风，我们都是国民革命军了，是新型军队，不能有旧军队的这一套！"

两人的争吵，引来了不少士兵观望，但士兵们都向着张守仁，一个个虽然嘴上不说，但那目光早就愤怒了。不一会儿，连长张秀亭来了，大声喊着："到底怎么回事儿，聚众斗殴，我们连还没有发生过这样的事情！"

听完了两人的申诉，张秀亭心里早已有数，只好看了苟行一眼，批评他："苟连长啊，士兵见了长官不敬礼，也不是什么大不了的事情。可是随手一巴掌，就把长官的颜面丢尽了。给张班长认个错算了！"

可是这个苟行是茅房的石头，又臭又硬，哪能随便认错。他挺着脖梗子喊："哪有长官向士兵认错的道理。不行，我没有错，你当连长的，是包庇部下的错误行为！"

好家伙，见谁咬谁，又向着张秀亭来了。张秀亭早就对苟行不满，只是找不到机会，这会儿对苟行也是毫不客气："苟连长啊，我八连一向官兵关系融洽，你这样一搞，就把八连搞乱了。你确实做得不对，还拒不认错，既然八连容不下你，还是另攀高枝吧！”

苟行一听，本来还指望官官相护，张秀亭向着自己说话，没想到，根本不是这么回事。他对张秀亭也恨上了，吼道：“张连长啊，目前八连红成这样，你当连长的也不是没有责任。既然这里没有说话的地方，走，找营长去！”

本来他是和三班长张守仁闹，这下子好，连张秀亭也牵扯到了。他拉着张秀亭要到二营长那里讨个清白，还没找二营长，二营长早听到这里吵闹，阴沉着脸来了。

这个二营长韩剑舞什么来头？他是韩寿臣的堂弟。仗着这层关系，他在十团也是个说一不二的人物。

听完两个人的陈述，他对苟行说：“既然你说八连有异党活动，有没有抓着把柄？”

苟行说：“明明听着三班唱着《国际歌》，可是我进了屋，又听着张守仁讲三民主义。韩营长评评理，这不是欲盖弥彰，异党活动是什么？”

韩剑舞又问：“除了你以外，有没有别的证人？”

苟行指着三班的人说：“你，你，还有你，明明都在唱，有种的，站出来作证！”

可是这些人都在说：“是张班长给我们讲三民主义，哪里唱什么歌。”“明明是苟副连长胡说，诬陷我们。”“苟连长明明是仗势欺人，旧军阀那一套，随便欺压士兵。”

韩剑舞一听，他也不愿意队伍出乱子啊！本来八连好好的，来了一个苟行，不但没起到好作用，反而弄得士兵牢骚满腹，官兵矛盾加深，这样的军官，要之何用？于是韩剑舞一脸讥诮的神情，对苟行说：“我看二营确实装不下你这个大神，还是另请高明吧！”

到了这时候，按说苟行该惊醒了吧，可他醉死不认半壶酒，还老认自己的死理，对韩剑舞也气愤地说道：“我就不信天下没有说理的地方，走，咱找韩团长评理去！”

这下子，为了这点儿鸡毛蒜皮小事，官司竟然打到韩寿臣那里。

本来张建生派苟行到八连去，韩寿臣就有意见，但是为了平衡一下两派的关系，也就只好答应。这下子听说为着这点芝麻小事，他和八连连长闹到这里，而且把二营长也牵扯进来，气就不打一处来。韩寿臣冷冷地对张建生说：“张团长啊，你看看这事怎么处理？”

第32回 清剿“黑瞎子”

张建生也是有些生气，这个苟行也太不会办事了，让你到八连干什么的？让你听听消息，汇报一下也就算了，谁让你没有本事，偏去戳那个马蜂窝。张秀亭是张竹坡的弟弟，是能随便扳倒的吗？而这个二营长又是韩团长的堂弟，更是老虎屁股摸不得。

到了这时，张建生也认为苟行不可救药了，只好说道：“我看苟副连长啊，既然八连待不下去，团里更没有合适的位置。干脆，伙房里缺个烧火的，你去那里当差吧。”

苟行一听，我那个妈呀，本来还指望张建生为自己说句话，谁想到，没有一个人向着自己！只能叫冤道：“张团长啊，我没有错，我是真心实意效忠党国呀！谁想到，怎么都歪歪着嘴说话，没有一个人向着我呢——”

为什么苟行有恃无恐，原来他还有个后台白玫瑰，一个电话打到政训科，没有多长时间，白玫瑰骑着快马来了。她找到了韩寿臣，阴沉着脸说：“韩团长啊，你的团里红遍天了，也该管管了！”

白玫瑰虽然官不大，只是个政训科长，但也是韩寿臣的上司啊。韩寿臣只好赔着笑脸，恭维着：“哟，怎么白科长亲自来了，有什么事，打个电话不就行了嘛！”

白玫瑰严肃地说：“别打岔，就说这事怎么办吧。”

“我听你的。”老于世故的韩寿臣，迫于政训处的压力，只好这样说。

“咱就来个以退为进，把苟行撤出来，叫八连闹腾去吧！闹腾得越欢，死得越快！”

韩寿臣只好点了点头：“一切听白科长的。”

白玫瑰走后，陈树前来问韩寿臣：“韩团长啊，刚才白玫瑰来了，不知有没有指示？”

韩寿臣叹了一口气，模棱两可地发牢骚：“十团这是走钢丝呀，弄不好就掉到深渊里。”

听着韩寿臣的话，陈树皱着眉头，好半天没有说话。

没了苟行的监视，八连的工作好做多了，陆续发展了20多名进步青年加入党的组织。为了便于活动，又在十团内部，分成了若干党的小组。

十团党支部开展工作的方式，一是利用一切时机，宣传党的抗战主张和统一战线政策，启发士兵的爱国热情和正义感。二是利用进步的社会关系，采用“打进去拉出来”的策略，逐步掌握各营、连的指挥权。把一些党员和进步士兵，只要有条件，就派到各主要部门去。同时，还利用社会关系联络进步青年，作为党支部的外围力量。

但是，在十团党组织活跃的同时，白玫瑰敏锐的眼睛，早已盯上了八连。

一波未平，一波又起，有一天早晨，韩寿臣、陈树、张建生正在商量军情，突然屋外人声嘈杂，副官领着一帮士绅和老百姓进来，原来他们是结伴前来状告悍匪黑狗熊的。

这些人进来，纷纷下跪，被韩寿臣和陈树挨个扶起，来人或坐或站，悲悲戚戚说了一通黑狗熊的种种恶行。张建生听了不动声色，陈树非常气愤，而韩寿臣却坐不住了，怒火从脚底下直蹿头顶，烧得脸膛酱赤。

黑狗熊本名张韵善，五区官庄村人，因为家穷，十二岁就在南逯一带给地主放猪，浪迹野外，与土匪混得厮熟，少不了通风报信，跑腿牵线，后来干脆扔下鞭子入了伙。闹鬼子后，黑狗熊摇身一变，树帜抗日，先上来跟着别人干，最后干脆自扯大旗。

他率喽啰在潍日公路上劫持了辆日商汽车，杀人越货，轰动一时。他又降服了上马疃村的头面人物，作为匪巢，随后大兴土木，利用原来地势较高，圩墙坚固，易守难攻的地理优势，把上马疃村好好地“修缮”了一番。

张韵善因肤色黝黑，自称“黑司令”，外人称之为“黑狗熊”。

黑狗熊传令四村八疃财主出钱出枪，百姓定期拿给养，稍有违抗即绑人票讹钱财，弄得人心惶惶，怨声载道。

送走了告状的士绅百姓后，栗文礼又来了命令，叫十团择机清剿黑狗熊这股土匪，保一方平安。

韩寿臣、陈树、张建生、张竹坡关上门来，秘密商议军情。

韩寿臣对大家说：“百姓士绅来报，栗司令也来了命令，看来黑狗熊这帮土匪不灭不行。大家说说吧，怎么灭？”

张建生提建议：“抗日不怕人多。如果把这股土匪收为我用，岂不是十团又壮大了力量！”

张竹坡摇了摇头：“不行，不行，我看这些土匪刁顽成性，就是收了也降不服。特别是这个黑狗熊，身上背了不少人命债，对老百姓不好交代呀！”

韩寿臣牙一咬：“我看就得打，凭我们十团的力量，不信打不下上马疃。”

陈树摇了摇头：“不能打，不能打。上马疃虽然离着我们夏坡不远，也就在西北21公里处。但是西北面紧靠着留山、龟山，黑狗熊在原来的工事上，又修了多日，可谓易守难攻。我们去打，正是以我之短，击敌之长，白白增加了伤亡，还不一定能打下来。”

韩寿臣对陈树说：“收又不能收，打又不能打，那咋办？”

“先礼后兵，官府下文，叫他们先来接受招安。如果不来接受招安，就是和官府作对，再想别的办法对付他们不迟。”陈树说。

韩寿臣想了想：“好吧，先依陈团长的意见办。”

几日后，黑狗熊收到了韩寿臣的一封招安信，要他十日之内去夏坡接受改编。信中说，国难当头，正是用人之际，不论以前行为如何欠缺，只要能与政府通力合作，奋起杀敌，则皆可既往不咎。信末特别注明：此次改编的中人是独立第十团团长韩寿臣。

黑狗熊怦然心动，召集几个心腹开会说：“弟兄们落草为寇，是叫穷逼的，今日吃喝不愁，得考虑后路了。招安后，当的是官兵，打的是国仗，堂堂正正，青史留名，不能老趴在墒沟里，快活一天算一天。那韩寿臣我认识，绿林出身，为人极讲信义，总不会掘个火坑让咱跳。”

二当家的二邪子说：“知人知面不知心，画虎画皮难画骨，到时候队伍入了他的圈里，他说怎样就怎样了。他要是灭了咱，也就是眨眼之间的事，我看还是多长两个心眼，不能轻易上他的当。”

部下七嘴八舌说不到一块儿。但黑狗熊还想着招安的好事儿，遂对大家说：“我意已决，咱们投官府吧，这样能过上好日子，弟兄们也能有个好前程！”

二邪子着急地说：“就是招安的话，也得讲究个策略。不妨把那个韩寿臣叫到咱这儿来，当面谈一下，谈得成就招安，谈不成还是当咱的山大王。”

黑狗熊点了点头，同意了二邪子的意见，给韩寿臣回复一信，约定三日后在留山顶刘裕庙里会面，具体商谈招安事宜。

三日后，韩寿臣亲自带着特务二营来留山谈判。

韩寿臣骑马在前，陈树随后紧跟，后面是特务二营的队伍。

虽是一个营的番号，如今只发展到一百多人，暂为一个连。陈明义是副营长兼着一连连长，一排长曹金、二排长曹班生、三排长任兆宗。

韩寿臣看到上马疃村，暗暗吃了一惊，一口气好长时间才吐出来。

上马疃村东边紧靠着下马疃村，西边一公里处就是白石岭村，但这个上马疃村北面就是留山，紧靠着留山利用山的地形，再经过改造，修建了一座坚固的堡垒。光在村墙外边，又绕村架设了一圈铁丝网，上面挂上许多罐头盒、土炸弹，一旦碰上，立刻炸响。

村里有大寨门，通过稀疏的栅木往里观看，家家门窗封上，只留一个半人高的小洞进入，墙上留枪孔。恐怕户户、街道早已联通，只是外人很难知道内情罢了。

如果硬攻，肯定占不了便宜。

未雨绸缪，陈树对韩寿臣说："韩团长啊，我们夏坡也得按照上马疃村的样子，修一个堡垒村，好防备鬼子的进攻。"

韩寿臣点了点头："对啊，这个上马疃村修得不错，你就按照上马疃村的样子，先谋划一下。"

陈树点了一下头，把上马疃村的圩墙、村里的街道、中心的制高点，一一记在了心里。

绕过上马疃村，旁边就是留山，草木之中，一条小径直通山上，山的最高处有一座小庙。陈明义领着一排在前面开道，韩寿臣和陈树牵着马慢慢跟行，二排散到左右侦察情况，三排任兆宗紧紧地跟在后面。

留山的刘裕庙里，黑狗熊早已等待多时了。有人在山上喊："是韩团长的队伍吧？"

陈明义喊道："是啊，你们是不是张司令的队伍？"

山上喊道："是呀，是呀！"

黑狗熊迎下来，韩寿臣走上去，旁边各是一圈护兵，个个手提盒子枪，虎视眈眈。陈树见这个黑瞎子长得确实黑，车轴汉子、倭瓜脸，和非洲人也差不了多少。好在韩寿臣也不白，两个人倒是挺般配，见了面，都会心地一笑。

韩寿臣对他拱了拱手说：“韵善兄别来无恙？”

黑狗熊抱拳道：“您就是韩团长？”

韩寿臣说：“不错，我就是。”

两人手拉着手往山上庙里走去，进了小庙，看到这座庙早已破败不堪，只是临时打扫了一下，放上一张桌子，几把椅子。两人分宾主坐定，旁边小兵早递上茶水，上了香烟。黑狗熊对韩寿臣客气地点上烟，说：“不管这事成与不成，我都愿意交韩团长这位朋友！”

韩寿臣爽快一笑：“韵善兄说得对，朋友多了好走路嘛！”

黑狗熊目光闪烁：“这件事您觉得怎么样啊，这几天我眼皮老跳！”

韩寿臣收敛笑容，严肃地说：“人走时气马走膘，兔子低了招老雕。韵善兄好好想一想，该回头时就回头啊！”

黑狗熊嗫嚅道：“您知道，我名声不大好。”

第33回　留山谈判

韩寿臣一拍桌子：“韵善兄多虑了，现在是全民抗战，政府只有一个敌人，就是小日本。韵善兄昔日所为是有些过分，不过那是自个家里的事情，既有从善义举，谁也不会揪住不放。我兄何不趁此千载难逢的机会，执戈为国，建功扬名？”

黑狗熊说：“韩团长所言极是，过去有正规军过来，我想去投，可人家说我们是土匪，硬把我撵了出来。这次弟兄们也有顾虑，怕卸磨杀驴。”

“我也干过土匪，怎么着？不也当了团长。安丘县政府虽小，却十分器重你这支人马，更赏识韵善兄之勇武，你是来得早不如来得巧啊！”韩寿臣欠身递给黑狗熊一支香烟，慢悠悠说道，“韵善兄有多少人枪？”

“百人百枪，八马四车。”黑狗熊神情甚是得意。

韩寿臣掐指一算，沉吟道：“按你部兵力，只能编为一连，看在骁勇善战份上，编为一营也未尝不可，我尽量说话吧。不过，县府暂无多余枪械可拨，还请韵善兄跟弟兄们多多包涵！”

正在这时，二邪子突然闯了出来，对韩寿臣说道：“我上马疃村城池坚固，兵马精良，才能编为一个连。如果我坚守上马疃村，不知道贵军能不能攻破？”

黑狗熊急忙对韩寿臣解释：“这是我二当家的二邪子，说话心直口快，请韩团长不要见怪。”

韩寿臣笑了笑：“以后都是同事。无妨！无妨！”

陈树一听，这是赤裸裸的挑衅啊，不紧不慢地说道：“上马疃村城池坚固是不错，可我们有炮兵。正是一物降一物，卤水点豆腐。”

二邪子还不服气，问：“不知道炮兵如何厉害？”

陈树一听，不给他亮亮本事，不知道马王爷三只眼，于是说道：“请二当家的出个题目，我们亮亮炮？”

就在留山北面的龟山，有一个小炮楼，隔着将近有1000米远，算是留山后方的一层戒备。二邪子开玩笑地指了指那炮楼说：“不知道你们炮兵能不能把那座炮楼掀掉。”

陈树笑了笑：“这有何难，请把炮楼的弟兄请出来，以免误伤。”

二邪子只得派一个小卒到那边炮楼上传话。不一会儿，守炮楼的土匪纷纷外出，躲在了远处。陈树对任兆宗大喊一声：“任排长，目标，龟山上的炮楼，一炮命中！”

任兆宗大吼一声：“是！”吊了吊线，加上附加药包，然后亲自操炮。不一会儿，一颗黑黑的带翅炮弹飞上天空，在天空中画了一道优美的弧线，然后向着龟山的炮楼砸了过去。

“轰——”的一声，3.8 公斤的炮弹准确地砸在炮楼上，只炸得砖石乱飞，浓烟升起，不一会儿，浓烟散尽，炮弹打在了二层上，三层坍塌下来，把一层也盖住了。

吓得黑狗熊、二邪子大惊失色，众小匪更是面面相觑，只觉得捡了条命。小炮这样厉害，上马疃村的工事再坚固，也经不住这样的炮轰呀！如果不投降，只有等死的份了。

黑狗熊又赶紧给韩寿臣递烟，巴结着：“贵军神武，炮兵更是厉害。投诚的事情，就全指望韩团长了。”

韩寿臣也笑了笑：“既已修成正果，就应为国效力。改编一事就这样定了，还需县长签字盖印，栗司令已在夏坡备好了酒宴，就等着各位弟兄了。”

众土匪一直把韩寿臣这些人客气地送下了山。

黑狗熊只留少数几个人在上马疃村留守，然后亲率大队人马，前往夏坡村，接受招安。他带着大队人马，直赴夏坡小学。栗文礼、韩寿臣早已在此等候多时了，韩寿臣叫马弁牵马喂料，又请众人马去西院入席，只让黑狗熊去正院赴宴。

黑狗熊贴身的两名护卫，紧紧跟随黑狗熊，就像护佑刘备的关、张二将，其他四名护卫也没去西院，右手搭在胯骨上，摸着盒子炮，门前屋后乱走。

酒过三巡，韩剑舞进门，说两名士兵打架，几乎出了人命，请韩团长回去处理。韩寿臣横鼻子竖眼，熊了他一顿，回头向黑狗熊道声歉，便和韩剑舞匆匆返回团部。

栗文礼目送韩寿臣出门，朝着黑狗熊摇了摇头：“莫非这就是擅长治军？”

黑狗熊有些沾酒，使劲拍一下胸膛：“要说治军，咱老张倒可以吹吹牛。”

栗文礼微微点头，意味深长地说："实话说吧，我看中的就是韵善兄这桩本事，下一步还有重用，你可千万不要推辞哟！"

黑狗熊眼睛放光，硬着舌头根子道："好说，好说，土皇帝咱都干过！"

栗文礼轻轻拊掌："韵善兄真是爽快人！"又回头对侍立身后的胡鼎三说："拿委任状来。"

胡鼎三快步出去，取回张印刷精美的委任状递给栗文礼。栗文礼接过看了看，双手郑重地递给了黑狗熊。黑狗熊虽然不识字，还是煞有介事地看了一遍，然后和栗文礼频频推杯换盏。

酒宴结束，栗文礼请黑狗熊同去十团团部，找韩寿臣签字画押。黑狗熊两腿打软，勉强站起来，在两名心腹的搀扶下，晃晃悠悠去了。进了十团团部，拐过影壁墙，就见韩寿臣在那里熊两名士兵。

黑狗熊咧开大嘴，伸出蒲扇似的大爪子，嘴里喷着酒气说："韩团长，你这个中人当得好，还没签字画押，却先逃席了！"

"砰！"的一声，从窗口射出一颗子弹，正中黑狗熊左胸，鲜血立马涌了出来，染红了黑布大褂。黑狗熊脚步踉跄，右手拔出撸子，抢前一步，照着韩寿臣面门搂了一下。韩寿臣眼明手快，朝旁边一闪，子弹落空。

"砰！砰！砰！"又是几枪，枪枪打在黑狗熊身上，几乎把黑狗熊打成了血窟窿。黑狗熊站立不稳，扑倒在地上，腿蹬跶几下，起不来了。

那两名心腹一看形势突变，呆若木鸡，未及拔枪，后背早被打成了马蜂窝。

韩寿臣扒拉了一下黑狗熊，黑狗熊看着韩寿臣惨然一笑，嘴上冒着血沫子说："韩团长，我听过《水浒》，这就是……招安的下场！"言毕气绝。

这边枪声一响，小学校的西院早打成了一团，枪声就和炒料豆一般。韩寿臣这才感觉到，事情早已超出了自己的掌控范围，愤怒地大吼一声：“谁开的枪！”

这时候，副团长张建生提着冒着烟的驳壳枪从偏屋里钻出来，对韩寿臣说：“报告团长，我这是奉了栗司令的命令，对黑狗熊执行枪决。”

听了这话，韩寿臣的心里酸溜溜的，不是滋味，执行这样的密杀令，栗文礼竟然没有给自己打个招呼。从另一个方面说明，自己也在栗文礼的监视之下。

陈树跑过来，对张建生大声地吼道：“做人应该言之有信！黑狗熊虽是土匪，但是这样对待他，以后谁还敢来投降？再说，事闹急了，把黑狗熊的那些人逼到鬼子那里也说不定呢！好事办不好，就可能办成坏事。”

再说黑狗熊的那四名心腹护兵，见黑狗熊和栗文礼拉拉扯扯去了十团团部，这才放下心来，跑到西院里敞开肚皮猛吃。二邪子朝他们使了个眼色，问了问情况，心里才稍安，但是叫他们还是不能喝酒。

猛古丁地听到李家祠堂那边传来激烈的枪声，二邪子知道情况有变，把碗一推，拔出盒子枪大声吼道：“我们上当了，弟兄们随我往外冲！”

再说也晚了，四周房上早已上去了胡鼎三的兵，几挺机枪扫过来，喝酒的土匪已是倒了一大片。二邪子仗着功夫好，黑狗熊的四名护兵也是个个身手不凡，前面的匪兵倒下去，后面的继续往外冲。

好不容易冲出了大门，被对面屋顶上的一挺轻机枪又扫倒了一大片。众土匪也是豁上了，硬着头皮上，终于有几十个人大命地逃了出去。

在二邪子的带领下，这些人投了安丘的鬼子，成了日本人的帮凶，终于成了安丘人的祸害。

战斗结束后，栗文礼觉得这个事情没有事先告诉韩寿臣，总是有点儿心亏，亲自到韩寿臣那里“赔罪”。

他笑着对韩寿臣说：“鹤松呀，也怨哥，没把刺杀黑狗熊的真实计划告诉你。实在是为你着想啊，也怕你演戏演不了，到时候穿帮。还不如按照你的套路来得实在，也好往下走。”

既然栗文礼说了软话，韩寿臣不好再往下追究，只是说：“这事把黑狗熊的那帮土匪得罪透了，死的也就死了，不知道活着的会做出什么破格的事情来。”

陈树趁机说道：“栗司令啊，夏坡这个地方军事位置重要，我算着，早晚有一场恶战。现在是个空，我想把夏坡村好好地改造一下？”

栗文礼的眼睛一亮：“怎么个改造法？”

陈树看了一眼韩寿臣，韩寿臣点了一下头。陈树从身上拿出了一张草图，递给了栗文礼。栗文礼在潍县城区搞过建设，图纸还是懂的，仔细地看了几遍，然后大腿一拍：“好！我看行，就这样定了。以后需要点小经费，我给你们拨，如果夏坡工事建得好，还可以推广一下。”

第34回 进攻夏坡

在栗文礼的支持下，夏坡村的防御工事轰轰烈烈地搞了起来。本来夏坡和上马疃村的地形地貌差不多，都是依山而建，这会儿夏坡村就比着上马疃村依葫芦画瓢，建起了半圆形的一道圩墙，圩墙上有射击孔。圩墙前面和上马疃村一样，拉起了一道铁丝网，上面挂满了罐头盒、土炸弹之类。

进村有寨门，街道上靠街的门窗几乎全封起来，只留一个半人高的小洞进入。里面家与家，街道与街道有暗道连接，外人不知道的，根本不知道出入在哪里。每家的屋或墙，都对外有射击孔。

每条街道都有制高点控制，村的四周有小炮楼，控制着圩墙和主要街道，村中心有个大炮楼，控制住整个的小炮楼。

工事刚建完，就迎来第一次考验，二邪子带领着安丘的鬼子到夏坡村来报复了。二邪子咬牙切齿地发恨道："夏坡村没个好东西，一定要叫夏坡村里血流成河。"

再说入侵安丘的鬼子势力日渐做大，他们来时带来了"宣抚班"，以后又建了"安丘县公署""警察局"等政警机构和"新民会""调办所""治安维持会"等伪组织，从军事、政治、经济、文化等各方面对安丘人民进行了残酷镇压和血腥统治。

日军在县城西北角建成一个壁厚墙高，工事坚固的统治中心，杀人屠场，人称"鬼子院"。在鬼子院里，日军把抓到的人绑到树上练习刺杀和射击，或放狼狗撕咬。日军还把杀害的中国人填进院内的地洞里，任其腐烂，使整个院里弥漫着一种死人的恶臭气味，熏得周围的居民叫苦不迭。

日军把县城当作统治安丘的大本营，同时向四面发展，在黄旗堡、丰台、牟山、景芝、担山、白石岭、庵上、马朗沟等交通要道和重要集镇建立了据点，修筑了炮楼，每个据点驻扎日伪军20余人。

驻安丘的日军头子高岛和国军头目栗文礼都在争夺着安丘县的有限土地，彼长一寸，我消一寸，平原地区为日军所占，山区为国军所有，争夺的是山区边缘。高岛的目光首先瞄向夏坡，一旦夏坡建立据点，就可以一步步攻下去，一直占领到山区腹地，那样就可以把栗文礼彻底赶出安丘。

驻安丘的日军也就有一个中队，自觉兵力远远不够，所以又调动了章步云的一个团。条件是，一旦攻下夏坡，由章步云据守。章步云觉得是个好事儿，有了地盘也就有了钱粮和人口，哪有见肉不吃的道理，当然也就欣然答应。

夏天的一个早晨，安丘日军的一个中队坐着汽车倾巢出动，汽车上还有二邪子的几十个爪牙，他们是秃子跟着月亮走——沾光，后面是章步云的一个团步行。他们沿着潍日公路南进，下了公路，又沿着陈家埠、川里院一路西行，然后顺着凌河东岸朝南前进，一路将近30公里奔波，终于到了夏坡村北。

一路行军，疲惫不堪，再加上天气炎热，到了夏坡村前，伪军们累得有些撑不住了，一个个扒下褂子，赤裸着上身，找地方乘凉。有的干脆就用凌河水泼到身上，用水降温。鬼子由于坐着汽车，体力还算充沛，下了汽车后，成建制地坐在地上休息。

高岛和章步云拿着望远镜观察着夏坡村的地形。

高岛看到，夏坡村依山而建，村外有一道铁丝网，村边有圩墙，进村有寨门，里面好像还有几座炮楼。章步云看到夏坡村的工事坚固，心里先泄了气，小声道："真是小便宜占不得，看着是块肉，没想到肉里有倒丝钩。"

高岛见章步云的队伍军纪这样涣散，有些不爽，到了章步云的跟前，对他喊着："章的，你的军纪不行！要想提高部队战斗素质，就要不断战斗。你的，速速带着你的部队，先把圩墙占领，然后再休息不迟！"

章步云心想，这是鬼子拿着我当枪头子使啊！但是到了这个地方，后悔也晚了，只好对副司令王吉祥说："带着一个营先攻一下。"随后又对他眨巴了一下眼睛。

王吉祥多精啊，这是章步云给他的暗示，也就是装装样子，给日本人看一下。损失大了，谁也不给自己买单。

王吉祥带着一团来到了村前。他对一团长说："要攻下夏坡，第一步需要干什么？"

一团长说："先把这些铁丝网破坏了，要不，太碍事了。"

"那好吧。"王吉祥命令他说，"先把铁丝网统统铰烂。"

一团长一挥手，叫一营长派一个排速速办这事。一个排的伪军，还没有接近铁丝网，突然遇到几个土地雷爆炸，几个士兵被炸上了天。

吓得这些伪军啊，再也不敢冒险，想了个孬办法，先用竹竿探路，然后才摸到了铁丝网跟前。又被土地雷炸死了几个士兵，才勉强破坏了一小片铁丝网。

一团长对一营长说：“派一个连攻一下试试，看看栗小鬼的火力怎么样？”

一连长带着全连，先做试探性进攻，队伍沿着敞开的铁丝网，慢慢前进，就在离圩墙三四十米的时候，突然枪声大作，成片的手榴弹也从圩墙内飞出来，浓烟四起，弹片乱飞，尘土四溅，一片混乱。

一连的士兵倒下了三四十个，余下的扭头就跑，死了的就算了，重伤的也不管了，真是爹死娘嫁人，各人管各人。几个重伤的士兵算倒了霉，太阳下暴晒，当时死不了，流血也流死了。瘆人的哀号声，慢慢地弱了下去。

章步云看到表面文章已经做完，对高岛说：“高岛太君，栗小鬼的这道圩墙太厉害了，皇军大大的威武，用小炮的轰一下。”

章步云这是将高岛的军，明明知道高岛没有小炮，才这样说。高岛的眼珠子转了转，也是没了底气。日军的装备，只有大队才配备炮兵，中队，还没有小炮，对于章步云的嘲讽，高岛是癞蛤蟆生气——干鼓肚。

高岛知道章步云的队伍装备有迫击炮，就对章步云说：“我的没有。你的，迫击炮轰击一下。只要轰塌一段圩墙，这个夏坡村就好办了！”

章步云其实在跟高岛讨价还价，借着高岛的这句话，他说：“那么，我们负责轰塌一段圩墙。冲锋的话，还是皇军威武，就由皇军代劳了。”

高岛一听，这是什么话，本来指望这些伪军打头阵，自己只是坐享其成。没有想到，这个章步云狡猾狡猾的，还想让皇军冲在前头，先去挨栗小鬼的子弹。他大骂道："八嘎！你的死了死了的，应该是皇协军打头阵。"

章步云也是个奸雄，不急也不躁，对高岛说："高岛太君，那就请你们轰击圩墙。轰塌圩墙后，我们进攻！"

这下子高岛没了办法，这不明明是嘲讽自己吗？但没有小炮只能受这窝囊气，只好长长地叹了一口气："好吧，就由你们轰塌圩墙，我们皇军进攻。"

这下子章步云得意了，狡诈地一笑，对着王吉祥说："迫击炮轰击——"

不一会儿，章步云的几门82毫米迫击炮朝着圩墙轰击起来，只炸得圩墙砖石乱飞，浓烟弥漫，圩墙后面的几个战士被炸得飞了起来。有几处圩墙被炸塌了，露出了几个大窟窿。只高岛嘿嘿笑着，伸着大拇指夸奖章步云："章司令，你的大大的厉害！炮兵大大的威武！"

章步云表面上笑，心里却在骂：有什么厉害的，中国人打中国人，我他妈丧了德啦，死了甭想进祖坟啦！

正在小岛高兴的时候，突然从圩墙里飞出了几颗炮弹，朝着章步云的迫击炮砸了过去。只听得"轰轰轰——"几声巨响，腾起一团团烟雾，飞起一片片泥土，迫击炮的零件和士兵的肢体统统飞上了天空，好一会儿，才慢慢地落了下来。

不一会儿，王吉祥来报告："报告章司令，不好了，我们的迫击炮全被炸毁了，炮手阵亡，炮兵完了。"

听到这些话，章步云的心里凉了半截：自己的重武器就指望迫击炮哩，这下子迫击炮没了，以后还指望个啥？真是打断了牙往肚子里咽，谁叫自己做了缺德事哩！

章步云故意对着高岛嚷："我的迫击炮呀，迫击炮！为了打这场仗，迫击炮全没了！"

高岛听到了章步云嚷嚷，心想："也别指望章步云了，该我们皇军上了。"于是，他把指挥刀抽出来，朝着夏坡村用力一指，大声地吼叫着："一小队的冲锋，目标夏坡村的圩墙。二小队、三小队的掩护。鸭子给给——"

一小队长麻田接到命令，那真是眉头一拧，狗眼一瞪，对小队的全体士兵吼道："天皇陛下考验我们的时候到了，鸭子给给——"他的那些狗兵就像疯了一样，拉开队形，朝着圩墙冲了过去。

要说日军的火力真是不弱，一个班就趁一挺歪把子，一个小队就有三个掷弹筒。全中队的9挺轻机枪一块儿发射，打得圩墙上尘土飞扬，弹孔密布，八连的不少战士被打死在圩墙内。

第35回　夏坡防御战（一）

9个掷弹筒也朝着圩墙疯狂地轰炸起来，掷弹筒又叫手炮，也称为小迫击炮。发射50毫米榴弹，既可以在地上发射，也可以手拿着发射，射速最高可达一分钟30发，最远距离可达250米，杀伤半径为5米。

圩墙后面的战士又被炸死炸伤了不少。

两军交战就看谁的火力猛，不是东风压倒西风，就是西风压倒东风。就在日军的火力大发淫威的时候，突然"嗵嗵嗵——"几声炮响，从圩墙内飞出几颗82毫米迫击炮弹。

每颗炮弹20米到30米的杀伤半径，"轰轰轰"地在鬼子队伍中爆炸，平地无遮挡，人又是站着，真是一炸一大片，血花飞溅。没死的也被炸得晕头转向，整个鬼子队伍立刻被浓浓的烟雾吞没了。

小鬼子好不容易冲到离圩墙40来米的地方，又从圩墙内飞出数不清的手榴弹，“轰轰轰轰”一阵弹片乱飞，硝烟弥漫，步枪、轻机枪也从圩墙内射出密集的子弹，没死的鬼子又被打死打伤不少，就和撂秫秸一样。

麻田命大地从硝烟中钻出来，真是没了人模样，满脸被烟熏得黢黑，帽子也掉了，身上被弹片擦伤好几处，往外洇着鲜血。但是他把三八大盖死死地握在手里，作为一个军人就是战死，也不能丢下手中的武器。

他从圩墙的缺口钻了进去，立刻遭到了几名战士的围攻，麻田久经战阵，死在他手下的中国士兵已经有两位数了。虽然眼前人影晃动，但他却能眼观六路，耳听八方，面对着3名中国士兵，他往后稍微退了一步，引得一个中国士兵往前进了一步。

借着这个机会，麻田大吼一声，一个突刺，把这个中国士兵刺倒在地。

对于日军的凶残和精湛的拼刺技术，八连三班长张守仁算亲眼见识到了，他大声地喊道：“拼不过用枪打。”

身后响起了“啪啪”的枪声，这是战士用步枪射杀冲进圩墙的日军。而日军呢，为了显示自己的勇武善战，一般在拼刺时是不会开枪的。跟在麻田后边的几个日军士兵陆续被打倒，再往后的日军，又被八连用机枪给封锁住了。

麻田凶狠地看了一眼张守仁，和张守仁杠上了，灵活地避过旁边的几个战士，靠近了张守仁，瞅准机会，对着他就是一刺刀。张守仁早有准备，用刺刀一别，拨在了外侧，然后手脖子一拧，对着小鬼子就是一刀。

麻田一看，刺刀都抽不回来了，身子一扭，避开这一刀，借机一个后退，又把刺刀端在胸前。张守仁的身边又靠过来几个战士，而麻田的身边已经没有人了，他本来还想继续进攻，但觉得势单力薄，一时有些犹豫。

这时，更多的八连战士向着麻田这边压过来。

麻田一看，形势不妙，前有众兵阻挡，后续却是无人，要是再打下去，恐怕连个报信的都没了。他大叫一声："撤退！全体撤退！"急忙退后几步，撤到了圩墙外。只有到了圩墙外，才能得到后面轻机枪的掩护，麻田一个后滚，滚了二十来米，然后爬起来就跑。

逃到了安全地方，麻田才开始点兵，他数了数，进攻的时候是 54 人，而退回来的时候，只有 12 个人，也就是一个班，并且大部分挂了花。

麻田回到了高岛身边，头一低，腰一躬，立正大声地报告："我的无能，没有攻下圩墙。"

"八嘎！"高岛在下级面前，总要摆一下威风，他照着麻田的脸蛋子左右开弓，连扇了四个耳光，骂道，"你的大大的无能，一个小队，竟然攻不下一个小小的圩墙。哼！太让我失望了。"

章步云心里好笑，这有什么奇怪的，叫你去，弄不好还不如他呢！

高岛原指望伪军为自己卖命，没想到这个章步云是个滑头，四面冒油，八面圆通，怎么也抓不着。他看了章步云一眼，只好说道："那就只能由我亲自出马啦！"

说这句话，他希望章步云能主动请缨，替他出战，没想到章步云是耳朵里塞了驴毛啦，全当听不着。

倒是麻田听不下去了，再次请战说："高岛队长，还是我来吧，这次务必要全力以赴，如果攻不下这道圩墙，我就和全队共存亡！"

"哟西！哟西！"高岛夸奖了麻田一番，关键时刻，还是天皇士兵忠勇可嘉。高岛不是不想全力以赴，只是安丘就一个日军中队，要是全拼光了，自己就成光杆司令了。

"麻田太君，你的前面，我的后面，整个中队，全部出动，我就不信，攻不下这道小小的圩墙。"高岛这次不过了，要孤注一掷，把日军的全部力量都拿出来，就像输光了本钱的赌徒一样，根本不考虑后果。

9挺轻机枪再次猛烈地扫射起来，掷弹筒呢，只剩下6个了，也朝着圩墙猛烈地轰击。麻田这回眼睛血红，就和吃了死孩子肉一样，带领着一小队剩下的十来个士兵，大吼一声："鸭子给给——"

紧接着是二小队，三小队，再后面就是高岛中队长。他挥舞着指挥刀在后面督阵，谁要是畏缩不前，就会吃他一刀。

奇怪，圩墙后面的中国阵地静悄悄的没有一点儿动静，麻田还在考虑着，这一定是中国军队放近再打的战术，万万不可粗心大意，所以离圩墙越近，心越是提到嗓子眼上，弄不好这一会儿没事，下一刻就会枪声大作，自己的小命立马玩完。

麻田第一个从缺口里钻进圩墙，后面的官兵也一拥而入，奇怪得很，圩墙阵地上竟然没有一个中国官兵，连伤兵也没有，只有十几具日军尸体。

日军的官兵发出了一阵狂傲的欢呼声，好像他们天下无敌似的。章步云的队伍也跟了进来，高岛在章步云面前又恢复了主人的样子，一脸骄横地说："章的，我们日本皇军天下无敌，大大的勇武，这个小小的圩墙，已经叫我们占领了。下一步，你们进攻村里！"

章步云也一脸奸笑，伸着大拇指向他祝贺："皇军大大的厉害！这道圩墙终于被你们攻下了。"

就在高岛扬扬得意的时候，突然从村里小炮楼射来了密集的子弹，小炮楼的火力相互交织，使圩墙内的敌人无处可躲，纷纷倒地。这下子，高岛刚刚放下的心又缩紧了，赶紧喊着："隐蔽！隐蔽！"

圩墙内哪里还有地方隐蔽呀，只能隐藏到圩墙的外侧。这会儿，高岛的脸上又死灰死灰的，进攻，子弹挡道，后退，又有些不甘。

关键时候，还是二邪子的土匪发挥了作用，特别是黑瞎子的四名护卫，个个都是神枪手，弹无虚发，暂时压制了炮楼上的火力，双方打成了平局。

可是老待在圩墙外侧也不是回事啊！

高岛看了看周围的地形，说道："小炮楼的，没有炮不好攻下。只有打开寨门，从那里进攻。章的，你的进攻寨门！"

章步云心想，既然日军已经攻下圩墙，自己也不好再说什么了，只好对王吉祥说："王司令啊，派一团进攻寨门。"说着，又对他眨了一下眼睛。

王吉祥明白，这眨一下眼睛就是要保存实力，切不可以山上滚石头——实（石）打实（石）。

这个大寨门宽有四米，高有两米，四周有框架，竖着的全是碗口粗的小圆木。只有打开寨门，大部队才能冲进村里。

一团一连刚冲到寨门口，还没有挪动寨门，不知从村里哪些地方，飞出来一排子弹，打倒了十多个伪军。吓得一连立刻缩回头撤回来，不敢再进攻了。

王吉祥一看，这个表面文章做得也太假了，只好重新命令道："再冲一下，冲锋就要有个冲锋的样子。"

一连硬着头皮再次冲锋，这次被打倒了二十多个，又向后面退去，然后趴在地上不敢动弹了。章步云要开了死狗，对高岛说："高岛太君，粟小鬼的火力实在太厉害。我们军队的不行，还是皇军的威武。"

本来高岛在章步云面前算是"主人"，可是主人由于实力不行，脾气也就软了许多。他又看起了麻田，对麻田说："还是有烦麻田君，把寨门给我打开。"

麻田不是不想逞能，可是现在自己的一个小队只剩下10个人，要是再往前冲，有几个人能回来，那就说不定了。麻田一时有些犹豫，低着头不说话。

这个时候，二邪子又成了亡命之徒，主动请缨说：“高岛队长，还是我们进攻寨门吧！这个寨门也没有什么了不起的，要是用炸药炸，一准儿能炸开。”

“哟西！哟西！”高岛夸奖二邪子说，“还是你对皇军忠心大大的。攻下寨门，皇军一定大大有赏！”

二邪子接到命令，毫不含糊，他大声地吼道：“弟兄们，给我们张司令报仇的时候到了。杀进村子，片甲不留，把栗小鬼的人统统杀掉。冲啊——”在日军中队的火力掩护下，伤亡了七八个人，硬是用炸药炸开了寨门，进村的道路暂时打通了。

小小的胜利，使高岛又有些得意忘形，对章步云吹嘘道：“你叫我们打寨门，我们又打下来了。这回就看你的了，你的军队一定要建立新功，不要叫我失望！”

第36回　夏坡防御战（二）

章步云一想，自己的队伍也该卖点力了，要不，最后分果实的时候也不好说话。于是对王吉祥大喊一声：“王司令，这回要狠狠地打！冲进村里，东西随便抢，女人随便要，谁要是有功，皇军金票大大的给！”

王吉祥明白了，这回章步云是下了狠心，既然寨门已经打开，自己的队伍人多势众，又有鬼子撑腰，这回一定要大大地捞一把。

于是章步云的一团全力进攻，他们沿着街道奋力前行，端着步枪不时地射击着，有人没人地打着乱枪壮着胆子。街道旁边的院子，大门和窗户全封着，不时地出现一个个半人高的小洞，由于地理不熟，他们也不敢贸然钻进。

有的士兵大着胆子钻进院子，不是“轰”地响起一颗手榴弹，就是被冷枪打死。真是活着的少，死了的多。大部分士兵还是沿着街道搜索前进，刚攻了百十来米，突然枪声大作，这些子弹也不知道从哪里钻出来的，光听见枪响不见对手，士兵不是死就是亡，纷纷倒地。

章步云多精啊，一看这样的仗没法打，只得对王吉祥下了命令："还不赶快撤，撤晚了就全完了。"

王吉祥赶紧叫队伍后撤，撤着撤着，还是倒下了百十来人。

章步云对躲在圩墙外面的高岛说："高岛太君，栗小鬼太厉害了，他们都躲在暗处，我们都在明处，这样打下去，吃亏大大的！"

"八嘎！"高岛气得破口大骂，"这个栗小鬼狡猾狡猾的，把夏坡村搞成这个样子。难道说我们伤亡了这么些人，就攻不下这个小小的夏坡村？！"

二邪子原来在上马疃村就搞过这样的堡垒工事，算是内行啊！他乘机凑到高岛面前，说："这个村子，我看和上马疃差不多，就是村外设铁丝网，村边有圩墙，村口有寨门。村里呢，门窗堵上，家家户户有暗道相连，墙和屋开射击孔，街道上有制高点和小炮楼，简直就是上马疃的翻版。"

二邪子指着村中心的一个大炮楼说："弄不好，那就是夏坡的指挥中心。咱们的一举一动，他们都看着呢！"

听了这么多的废话，高岛有些烦，又问："怎么攻破呢？"

二邪子摇了摇头："不知道底细的人，根本进不了村里。没有大炮，没有充足的炸药，根本没法破。"

高岛一听生气了，大声地骂道："八嘎！难道叫我们皇军无功而返？你的人，速速地进攻一下，一定有办法的！"

二邪子一听，叫我进攻也是个死呀！只好狠了狠心说道："办法是有一个，只是……只是……做得有点儿绝啦，我们占领了村子也是废墟一个。"

"快快地说，什么的办法？"高岛就和抓住了一根救命稻草一样，狠狠地抓着二邪子的脖领子晃着，逼着二邪子说。

二邪子只好怯怯地嘟囔：“火攻呀！只要一把大火烧了村子，栗小鬼的人烧死了，我们占领也是废村一个了。”

高岛一听，想了想，然后咬牙切齿地说：“哟西！舍不得孩子套不住狼，就用火攻，就算他们藏得再严实，我就不信烧不出他们来！”

命令一下，章步云的队伍就在村外的场院里搬运柴草，准备火攻夏坡村。但是火攻也得有条件，现在正是南风，那得在南边放火，而夏坡村南边为山，只能是先占领山头，再在村南火烧夏坡村。

再说夏坡村的中心炮楼里，韩寿臣和陈树、张建生几个人，正在观察着敌人的动静。如果按照原来的作战计划，放敌人进村，正是用我之长，攻敌之短。这会儿敌人突然不再进攻了，引起了几个人的怀疑。

陈树用望远镜观察到一些伪军到村外场院里抱柴草，心里不禁大骇，急忙对韩寿臣说：“韩团长啊，敌人是不是要用火攻啊？真要是火攻，我夏坡村危险哪！”

韩寿臣骂道：“这些小鬼子没有人性，真要是火攻，我们修的这些暗道工事全没用啦！”

张建生微微一笑：“要是用火攻，那也得大北风才行。现在正是南风，他们一放火，不就烧了他们自己吗！”

陈树想了想：“敌变我变，我们得改一下战术了。原来我们守，鬼子攻。这下鬼子用火攻，势必到南山放火，我们派一支部队截住他们。村里的话，我们也得想办法主动进攻，把小鬼子赶出圩墙去，别叫他们诡计得逞。”

韩寿臣想了想，点了点头：“只能这样了。”于是调兵遣将，分兵对之。

陈树接到的命令是带领着特务二营，对付从夏坡村南绕过来的敌军。

夏坡的南面山岭，又叫东南山，为了应付这场战斗，夏坡的群众全都疏散到山里。这时候正值盛夏，山上各种松柏、杂树长得正旺，各种杂草也盖满了地皮。不知名的野花儿，开得漫山遍野，各种小鸟儿飞来飞去，追逐嬉戏，地上的各种小虫忙着生计。

这么好的大山村落，上天受之于我，必当爱护有加，如果一把大火烧了，老天也不能答应。

陈树带着特务二营，在夏坡村南百十来米的地方埋伏好，就见二邪子领着一帮二鬼子排成一溜悄悄来到。来就来呗，还一人抱着一大抱柴火，这些柴火有麦秸，也有烂秫秸，也不怕把他们的衣裳弄脏了。

射人先射马，擒贼先擒王，陈树对陈明义说："瞄准这个二邪子，先给他一枪，叫他知道锅是铁打的！"

陈明义瞄准了二邪子，屏住呼吸，轻轻地搂动了扳机。"啪"的一声，一颗尖头 7.92 毫米毛瑟步枪弹，刺破了空气，旋转着朝二邪子飞去。

二邪子左顾右盼，正在看哪里适合放火，突然感觉不对，他急忙缩回了头，黑礼帽掉了下来。这才听到一声枪响，看了看周围又没动静了，摸了摸头，还好，没烂！拾起帽子一看，礼帽上钻了一个小洞。

二邪子这才倒吸一口凉气，就差这么两指，自己的脑袋就开瓢了。他拔出盒子枪，趴在地上吼叫着："是哪一路的朋友，咱井水不犯河水，为什么打黑枪？"

陈树只好说道："我是陈树啊，奉韩团长的命令，在此等候多时了，防备你们搞破坏。"

"原来是陈副团长啊，"二邪子骂道，"你们办的好事？留山谈判，说得多好啊，嘴里就和抹了蜜似的，怎么到了夏坡就翻脸啦，鸿门宴害死了我们张司令。我看现在你还有什么好说的？"

陈树回道："夏坡张司令遇难，也是事出有因，并非韩团长的事儿，真是冤枉他了。但是你投降了日本人，那就是我们的敌人，在这里我没有二话，咱们就刀枪相见吧！"

"投降日本人，也是你们逼的，不投日本人投谁？！"二邪子又愤愤地骂了一句。

陈树教育他："张司令和栗司令之争，那只是兄弟间的矛盾，你分不清国仇还是家恨，那就大错特错了。今天你要是投过来，就是栗司令不要你，我们韩团也要你，就看你识相不识相了！"

二邪子骂道："上当受骗只能一次，再也不会有第二次。没说的，开打吧！"

双方乒乒乓乓地打了起来，二邪子仗着枪打得准，不怕死，勉强撑了一阵子。而特务二营仗着武器精，地形好，很快占了上风，把二邪子那些人打得屁滚尿流，丢下了七八具尸体，从哪里来的，又滚回哪里去了。

带来的那些麦秸、秫秸，早已撒得满坡都是，被风刮得到处乱飞。

夏坡村里也响起激烈的枪声，韩寿臣团主动进攻，把小鬼子和章步云部赶出了村子，撵到圩墙外。小鬼子想用火攻，到了圩墙外已是放火无用，只能恨恨地撤了兵，带着残兵败将退回了安丘城。

这一仗大获全胜，消灭了鬼子四五十人，灭了章步云、二邪子的队伍一百多人，缴获长短枪几十支。栗文礼来电嘉奖，并送来了法币和整猪犒赏三军。老百姓又回来了，更是家家杀鸡，户户蒸馍，前来慰问韩团官兵。

韩寿臣的庆功宴上，陈树对韩寿臣说："韩团长啊，在这里我想起了一个问题，鬼子和伪军变着法地蚕食进攻我们栗部，我们也不能干等着呀。我看呀，我们也向他们的地盘渗透，你打你的，我打我的，谁的地盘大，谁就有了主动权！"

韩寿臣点了点头："陈团长说得对，不过到敌后去，有许多困难，住宿得防着点儿，粮草还得现筹，弄不好天天打仗。谁都不愿意冒这个险！"

陈树主动请缨："我代表特务二营，愿意主动出击，到敌后去，开辟一块新的天地。不知韩团长当家吧？"

韩寿臣听了大喜，大腿一拍："这个事不用请求栗司令，我就当家了。栗司令早就说过这事，不过实行起来有诸多不便。这下好了，有陈团长这样有勇有谋的军官领导，必然能闯出一番天地！"

陈树早就想借着栗文礼的这张皮，出去做白皮红心的工作，这下有了"保护伞"，心里充实了放多，第二天下午就带着特务二营，首先来到下里戈庄看看情况。

第 37 回　下里戈村的误会

从夏坡到下里戈庄没有多远，穿过潍日公路就到了。可是下里戈庄离着安丘城只有十二三公里，坐着汽车眨眼就到，所以还是相当危险的。

晚上，部队刚到下里戈庄老鼠岭，就引起庄里的土狗一阵乱叫。陈树在庄的四周布下岗哨，人是只能进不能出（当然兵荒马乱的，晚上也没有人走亲戚）。陈树领着人马直接到了村子中心，观察了一番，没有一点灯光，竖起耳朵听了听，除了狗叫以外，似乎没有一点儿动静。

陈树心里明白，这只是表面现象，恐怕村里的无数双眼睛，都在观察着这支队伍。

贴近了陈传吉的烧饼铺，陈树轻轻地敲了敲门，压低声音喊了声："爹，是我哩，回来了。"

好半天，屋里才有了动静，陈传吉小声问道："是陈树吗？"

这个时候，陈树的心里有一些小小的激动，压低声音说："爹哩，是我。"

不一会儿，屋里点亮了油灯，陈传吉来开了门，后面紧跟着大哥陈文昌，二哥陈平，再后面是抱着孩子的小青。陈树这才知道，自己的儿子已经9个月了，正是好玩的时候。儿子正趴在妈妈怀里在吃奶，嘴里叼着一个，手里还抓着一个，小腿蹬跶着，显得无限快活。

小青把儿子从乳头上拽下来，往陈树的眼前一递："快看看你儿，还认得这个爹吧！"

儿子到了生人手里，吓得哇哇大哭。陈树则心生无限感慨，又是一辈人啊，自己觉得还是个孩子呢，怎么转眼之间就当爸爸了。这是自己的儿子吗？看看那眼，看看那大鼻子大嘴，虽然自己不认得自己，但觉得和自己差不了多少，陈树紧紧地搂了搂儿子，乐了！

按照风俗，结了婚，小青就是陈家的人，陈传吉早就给她腾出了一间西屋，算是陈树的小家。爷俩还没有说话，陈树的娘颠着一双小脚跑过来，越过几个人，一下子搂住了陈树，哽咽着说："老三呀，你可回来了！"

叫亲娘这么一抱，陈树也有些控制不住，喉头发紧，舌头发硬，变了声地说："娘啊，我回来了……"

陈传吉对儿子的感情却是相当含蓄，骂了一句："老娘们，啰啰个啥……"他看到后面还跟着一支队伍，又埋怨一句："也不怕人家笑话，老三可是有身份的人。"

自小在下里戈庄长大，旮旮旯旯无不熟悉，到家了不能不让他们回家。陈树对陈明义安排道："街上安排岗哨。正好，你们也回家看看，就叫队伍分别住到你们几个家里，也不用麻烦别的乡亲了。"

陈明义接到命令，赶紧安排，队伍分成几小股，分别向几户人家走去。没有多长时间，下里戈庄的不少人家有了光亮。

陈树进了院子，警卫班也跟着进来，陈传吉把全家人都集中到北屋，腾出两间偏屋让战士住下。陈树进了北屋，一家人坐在一起，娘的话不少，倒是老爹一声不吭，闷吃着脸光抽烟，昏暗的灯光下，显得更加苍老了。

大哥、二哥好像也没了原来的亲热劲，扭着头不说话。只是小青忙着倒水，拾掇锅头，要给战士烧水。

陈传吉看不下去了，埋怨老大文昌：“光叫陈树家（媳妇的简称）忙活，你就不会帮一把！”

陈文昌没好气地发牢骚：“他们都是国军，有胳膊有腿的，伺候不着。”尽管这样说，还是帮着小青往锅里倒上凉水，抱来柴火，烧起了开水。

听着陈树的娘说起话来没完没了，陈传吉不耐烦了，熊她说：“你唠叨个啥呀，烦不烦呀！跑了一天了，洗洗脚，该歇着了，上小青屋里去吧，有什么话你们好说说。”

陈树的娘这才想起来，三儿如今已是有媳妇的人了，总该给他俩留点时间吧！赶紧推了陈树一把：“有什么事儿，你俩儿口谈，娘的话长着哩，三天两天说不完。”

正说着话，李秀才不知道怎么听到信跑来了。他笑眯眯地看着陈树，一改过去的样子，夸奖道：“我就知道俺女婿准有出息，三岁看大，七岁看老，从小就与众不同嘛！这不，都混成营长啦！队伍怎么安排？要不，住在我家一些，我那院宽敞。”

陈树也只好笑着应付：“都安排好了，就不麻烦爹了。”

陈文昌却是西北风刮蒺藜——连风带刺：“我说李村长，八路来了你可不是这样？怎么国军一来，就和换了一个人似的。”

“那是噢——”李秀才有些吹嘘地说，“好歹也是政府的村长兼保长不是，吃吃喝喝朝着我说，总不能身在其位不谋其政不是。”

陈传吉说是客套，其实是撵他：“时间也不早了，要不，你上小青屋里拉去？”

李秀才眨巴一下眼睛，听着话音不对，对陈传吉软软地骂道：“你这个老东西，又不是来看你，是来看俺外孙和女婿，撵我是不是？哼，你就是请我，我还不愿意上你这里来呢！”说着，撅起屁股，颠颠地走了。

把李秀才打发走，陈树进了自己的小家。小青把门顶上，一下子搂住了陈树，捶打着他说：“你这个该死的，还回来啊！”

陈树却是小心翼翼，轻轻地搂着孩子说：“别挤坏了我的儿子。”

“哼！”小青扭动着身子，“你在外面享福，早忘了我们娘俩啦！是不是看上别的女人啦，给我老实坦白。”

陈树轻轻地推了她一把：“你胡啰啰个啥呀，破嘴！”

“好呀，几天没见，嫌弃我们娘俩啦，嫌我破嘴，真是的。这才当了个小官就这样啦，真要当了大官，还不知道怎么样哩！”

小青又撒了一阵子娇。陈树安慰她说：“好啦，好啦，咱那儿子叫啥，快给我说说吧？”

“家里就你文化高，还得亲爹起名呀！”

陈树想了想：“好吧，就叫小健吧，我只想咱儿健健康康地成长，再不要摊上战争。现在就谈谈村里的工作吧，我心里闷得慌。”

小青这才说起村里的情况：“如今庄里啊，是三分伪军家属，三分国军家属，还有一部分你们这样白皮红心的国军家属。几个村的工作也开展了一些，建立了党的秘密组织，响应县委的号召，决定成立灰色村自卫队，只是武器少一些，只有大刀、红缨枪。”

陈树点点头：“武器没问题，我们把淘汰下来的武器，送给你们一些。”

“太好了，”小青高兴地说，“正愁没有武器呢！村里自卫队呢，决定叫陈文昌当队长，你的这个事呢，恐怕大哥还不知道。”

“我说呢，”陈树撇了撇嘴，“对我鼻子不是鼻子，脸不是脸的。”

“是不是把实底告诉他？”小青商量着。

陈树摇了摇头：“不能告诉他，知道的人越少越好。这样对他对我们都有好处。”

久别似新婚，当晚小两口如鱼似水，如胶似漆，守着儿子，度过了一个美好的夜晚。

第二天上午，特务二营把淘汰下来的8支汉阳造送给了下里戈庄的自卫队。陈文昌拿到枪分外高兴，到兄弟陈树这里来做工作。他对陈树喜滋滋地说：“兄弟呀，我看你别跟着国军干了，回家吧，回家参加自卫队，一块儿打鬼子。”

陈树嘲讽他：“就凭着你这几支破枪还打鬼子，做梦吧！就是这几支枪，还是我们送给你们的，要是没有我们，你们连这几支枪也没有。”

文昌自有他的一套理论，不紧不慢地说：“这叫周瑜打黄盖，一个愿打，一个愿挨！我说兄弟呀，跟着栗文礼总不是个长法，栗文礼是国民党的部队，这些国民党和咱们不是一路人。你原来跟着八路干，不是挺好吗，怎么不干了？”

陈树故意气哼哼地说：“不是我不干，是人家不让我干。总得抗日吧，只能跟着栗文礼干了。”

文昌果断地说：“这么着吧兄弟，回家吧，八路不要你，我要你，参加我们村自卫队。”

陈树又问他：“参加村自卫队，给我派个什么官？”

“队长我不干了，让你当。你领着我们打鬼子！”

陈树听了一阵好笑，讥诮他：“大哥呀，打鬼子不能光凭着村自卫队。一是得人多，二是得武器好，三是得兵精。我看这三条，你们哪一条也不具备。就是我来当队长，又能怎么样？鬼子就是来一个班，我们能抗住吗？我看抗不住。”

陈树迎头给文昌泼了一盆凉水，文昌有些生气，埋怨道：“咱陈家就你喝的墨水多，现在来说，又是你官大、本事大，叫你回家抗日，你这也不行，那也不是，完全不把我这个大哥放在眼里。好吧，你走你的阳关道，我走我的独木桥，再也不求你了！”

说完话，气鼓鼓地走了。

文昌刚走，陈传吉又来了，闷吃吃地坐在小板凳上，低着头光是抽旱烟。陈树问：“爹，有事啊？”

“嗯，没大事。”陈传吉说没大事，肯定是有事。

“有什么事你就说吧？”

陈传吉这才说：“陈树啊，一家人不说两家话，我看你家里像是共产党的人。噢，你是国民党，你家里是共产党，城里还有日本人。你说说，我给你们担多大的心啊？！还让我活不活了！”

第38回　暗杀团

陈树这才感觉到，作为亲生父亲，怨不得见了自己心事重重，原来是承受了巨大的心理压力。可是老些事怎么说呢？真是没法说，说了反而会害了他。

陈树只得给他做工作：“爹呀，老些事不好给你说，我原来参加了八路军，可人家不要我呀，只能跟着栗文礼抗日。小鬼子来了总不能不打吧，要是不打的话，我们都成亡国奴了。”

“我并不是说打鬼子不应该，”陈传吉在脚底下磕打了一个烟灰，又抽上一袋，“我说的是你家里是共产党。最近，暗杀队常来村里转悠，到李秀才家里问这问那。这个李秀才你又不是不知道，国民党的人。亏着他不知道亲闺女是共产党，要是知道了，卖不卖他亲闺女，也说不定呢。”

陈树听了这些话，感觉事情严重了，暗杀团在村里转悠，危及了党的组织，特别是也危及小青的安全。万一走漏了风声，小青危险哪！

正在这时，门口一个人喊小青，陈树探头一瞧，这不是崔杰千吗，他怎么来了？陈传吉一看，这个人认得，找过小青几趟，一定是共产党的人，所以不再说话，悄悄地溜回自己的屋里。

不一会儿，小青领着崔杰千进了自己的屋，陈树叫陈明义站上岗，任何人不许进，然后关上了门。

陈树和崔杰千好长时间没见了，紧紧地握了握手。陈树问：“近来情况怎样？”

崔杰千摇了摇头说：“不好啊，情况非常严重。特别是县里暴露的几个同志，已叫栗文礼的暗杀队盯上了，生命危在旦夕。从各方面情况分析，栗文礼要对我们县委赶尽杀绝。”

崔杰千慢慢说起了暗杀队的情况。

暗杀队昼伏夜出，成天在崔杰千家周围转悠，杰千有时候睡到半夜就得起来转移。他本来血压就高，没几日身子就垮了，只好扮作商人，不断地化装，来躲避敌人的暗杀。暗杀队找不到崔杰千，又盯上了崔杰千的老家，常有人在老家门口监视着。

崔杰千的老娘李氏担心出事，将崔杰千的女儿送到同族兄弟家里。日子稍长，李氏也顶不住了，身体和精神都不行了。同族兄弟一看，人是不能在家里待了，这天一早，趁着暗杀团特务还在睡觉，将李氏母女送到牟山以北三岔河，辗转去了四区川凌院。

听到了这里，陈树气愤地说：“我们躲到哪里，他们追到哪里，这样也不是长法啊！原来就算了，我们没有武装，可是现在我们有武装了，就要以牙还牙，以血还血，绝不能让他们这么猖狂！”

崔杰千点了点头：“这样也太被动了，我看应该变被动为主动。”

这个时候曹班生进来悄悄地说："有几个生人进村，腰里鼓鼓囊囊的，像是武器，他们好像进了李秀才家。"

陈树咬着牙，气哼哼地发狠："真是说曹操，曹操就到，我去会会他们。崔书记，你在这里等着，哪里也别去，一切等我回来再说。"

崔杰千点了点头："好的，注意策略，千万别在村里做，免得留下祸患。"

陈树点了点头，叫曹班生掌握着部队，自己领着陈明义、任兆宗几个直奔李秀才家。大门开着，门口有一个便衣站岗，见着三四个人过来，喊了一声："哪部分的？"

陈树骂了一声："瞎眼吗，厉部十团的！"

那个便衣不言语了，陈树一歪头，叫一个战士在门口站岗。说是站岗，其实是监视着那个便衣。

陈树进了堂屋，见李秀才正在和两个便衣说着话，两个便衣三十来岁，穿着打扮像是农民，但腰里鼓囊，不用说，肯定是撸子。陈树根本就不搭理他们，直接对李秀才拱了拱手，客气地说道："岳父大人，近来可好！小婿好长时间未来了。失礼！失礼！"

任兆宗接着放到桌子上两瓶好酒，一包卤肉，还有一大罗烧饼。虽然李秀才原来对陈树不咋地，但既然已经成了自己的女婿，再加上又是国军的"大官"，如今对陈树的看法已经完全变了，所以也赶紧站起来笑脸相迎："陈树来了。来就来呗，还带东西干啥！"

这个便衣见来的是个官，挎着盒子枪，还带着部下，自己先矮了三分。赶紧上去满脸赔笑，对陈树拱了拱手："在下吴义，暗杀团的，向长官问好。"

"噢，一家人，十团的，奉命执行公务。"陈树不卑不亢地说。

陈明义借机向吴义吹嘘道："这是我们的陈副团长。"

一看这位长官比自己的军衔高着不是一级半级，这个吴义一个劲地向陈树鞠躬，连声叫着："陈长官好！陈团长好！如果有机会，还得指望陈团长提携一下！"

李秀才本来就不愿意接待这样的"蹭饭客"，不到饭时他不来，到了饭时来了就不走，似乎要把板凳坐穿。李秀才借着女婿的势力撵他说："这位长官还有事吗？"

这就是撵人的话，下一句就是，没事的话赶快滚蛋。

这个便衣也是个厚脸皮，不说吃饭，偏说公事："我看到共产党的大头目崔杰千跑到你庄来了，甭管死的活的，逮住可是大价钱啊！你当村长的脸上也有光。"

李秀才虽说是国民党的人，但是知道要在村里惹了大案，共产党也饶不了他。只得说："就是崔杰千的话，穿村而过也说不定呢，哪会藏在村里。村里一根草棒我都知道，哪一家也不会留他。"

陈树一看这人，就知道是个话痨，正想留住他探一探暗杀团的消息，赶紧掏出一块银圆对一个战士说："再置办点儿酒菜，都是栗司令的队伍，这顿饭我请了。"

李秀才本来是出了名的吝啬，但女婿来到了自己家，还装着大方的，推辞说："一家人，随便做几个菜就行了，哪还用你破费。"

但办事的这个战士嘴也挺馋的，早知道这是客气话，拿着银圆一溜小跑，又置办了些酒菜，摆上了桌。三个便衣可是毫不客气，酒席一开，敞开肚皮，大口喝酒，大块吃肉，吃相毕露。

李秀才看到这个就烦，就和吃他的一样，不满意地看了这三个便衣一眼，吹嘘道："别说共产党不敢到下里戈庄来，就是来了，我女婿是堂堂的国军长官，女儿是长官家属，再加上那么多的国军家属，来了也饶不了他！"

陈树和吴义喝了一杯酒，装着糊涂："有些事我就不明白了，共产党头上又没有贴着帖子，你们怎么知道？"

吴义一时高兴，吃了一大块肉，喝了一大口酒，看了看没有外人，小声对陈树说：“陈长官啊，你是不知道，我们是照着名单拿人。谁是共产党，县党部的于兰洲早就递给了栗司令花名册，还附上照片，只要是看着和照片差不多的人，格杀勿论。”

陈树连声说：“好啊！好啊！这是个苦差事啊，成天这里跑那里颠的，够辛苦的。”

“不辛苦，”吴义卖功地说，“我们直接听从暗杀团魏久贵的命令，魏久贵呢，直接听从政训处的命令，一条线下来的。”

“这我就不明白了，政训处就凭着丁叔言那糟老头子，还管抓共产党？”

“丁叔言虽然是个棺材瓤子，政训科长白玫瑰可是大有来头啊！这个魏团长也不亏待我们，逮住一个活的20块银圆，打死一个，10块银圆。”

“魏久贵，怎么没有听说过啊？”

吴义说：“魏久贵是新任的军法处长，原来的军法处长当团长去了。魏团长对我们说，非常时期，犯人不用服刑，该杀就杀，锄荒地免不了带累几棵好庄稼。另外还说了，谁也不能求情，抓了你家亲兄弟，也不能来求情，说了也不听。”

听了这些话，陈树心里骂道：这个魏久贵真是心狠手辣啊，借着清理异党，多少个党员和无辜的人被他们杀害，必须除掉这些刽子手！但是为了获得更多的情报，只能耐住性子引诱着吴义多说话。

吴义借着酒劲说：“安丘本是一口大铁锅，盖得严严实实的，日本人一来，戳成个马蜂窝，共产党趁机冒出来。我看共产党真会挑时候啊！”

李秀才也发牢骚：“日本人只算个小疮，共产党早晚成心腹大患。我看，是日本人帮了共产党的大忙，要是没有日本人，共产党也没法钻出来……”

吃完了饭，陈树在桌底下暗暗地踢了陈明义一脚，然后说：

"那个崔杰千到底来没来咱庄里，你去探听一下。"

陈明义心领神会，出去转了一圈，不一会儿来报告说："我去打听了，确实有个那个相貌的人，从村里穿过，往南去了。"

吴义酒足饭饱，一听还有财可发，哪能错过这个机会，对陈树说："谢谢长官了，不能让他跑了，等抓着了崔杰千，我请客！"

陈树关心地说："老大哥如果没喝酒，绝对没问题，但是喝了酒，怕眼色不管事，放跑了崔杰千。这样吧，帮人帮到底，送佛送到西，帮你一把！"

吴义一听，这是好事呀，有这些国军帮着，崔杰千怕是插翅难逃。于是金牙一龇，眯缝着眼睛："那就谢谢了，抓着崔杰千，直接回去请赏。我再摆桌酒席答谢各位！"

陈明义在前面领道，后面吴义三人紧紧跟着，再后面是陈树几个人"陪"着。尽管吴义沾了酒，脚步不稳，但是为了银圆，就和抢死一样，豁上命地追。出了村有三四里地，已处在青纱帐四面包裹之中，周围绿茫茫一片，这些人就和绿水中的几叶浮萍一般。

陈树看到这是个好地方，前不着村，后不着店，连个人毛也没有，就对任兆宗几人使了个眼色，指了指身上的刀子。任兆宗会意，和其他几人掏出了身上的刺刀，扑上去一阵乱刺，吴义三人半醉着就倒下了。

陈树亲自验身，一旦留有活口，那可是贻害无穷啊！吴义嘴里冒着血沫子爬起来，含混不清地问："你到底是什么人？"

陈树瞪着眼睛说："你不是找共产党吗？我就是共产党！"

吴义这才明白过来，嘟囔："早知道有这一天，没想到这么……"话还没有说完，腿又蹬跶了几下，气绝身亡。

对于暗杀团死后的尸体处理，陈明义请求道："要不写个条子贴在身上，也好震慑一下其他的暗杀团，叫他们收敛一下。"

陈树想了想："先不要惊动敌人，还是挖个坑悄悄把他们埋了，叫敌人摸不着头绪。”

陈明义他们迅速地挖了个坑，把吴义他们埋了，叫吴义的失踪永远成了一个谜。

陈树他们悄悄地回到了下里戈庄自己的家，崔杰千正在焦急地等待着他们，一看几人安全地回来了，才松了一口气。

屋里只有陈树、小青和崔杰千三人，陈树把处死吴义的事情汇报一遍。崔杰千听了点了点头，思考了一会儿：“原来我还想白色恐怖太厉害，县委的几个人暂时撤到沂蒙山去。这一会儿，我又改主意了！”

陈树问：“崔书记怎么想的？”

第39回　暗杀团的下场

崔杰千说：“躲避不是办法，只有利用一切条件巧妙斗争才是上策。栗文礼组织了暗杀团，我们也应该用反暗杀对待他们。他们不来明的，我们也不明着打，以其人之道还治其人之身。所以我想，原来县委这些人，暂时不到沂蒙避难，和大家一块儿在本地坚持斗争。”

陈树反对说：“原来我可没想到这一点，为了你们的安全，还是暂时避一避好。”

崔杰千坚持自己的想法：“哪里不危险？你们在敌人心脏里斗争我看更危险。你们都不怕，我们还怕什么？”

陈树还是有些担心：“县委这些人，恐怕都已经暴露了，上了栗文礼的黑名单。为了避免被敌人一锅端，还是避一避好。”

崔杰千提议：“这个问题咱先不讨论了，目前最主要的是商量一下怎样对待暗杀团，暗杀团不除，我们的组织就难以安全。”

会上，三个人研究了一个方案。

开完会后，陈树和陈明义、任兆宗、曹班生又开了一个小会。会上决定，叫曹班生秘密组织几个暗杀小组，选派最优秀的战士，挑选最好的短武器，专门对付敌人的暗杀团。陈树问曹班生："任务清楚吧？"

曹班生果断地说："清楚了，那就是下手要狠，绝不可以留下活口。处理尸体尽量地做到不留任何痕迹，不叫敌人抓着一点儿把柄，神不知鬼不觉，让这些坏蛋从地球上消失。"

陈树点了点头："对，就是这样。"

开完了小会，送走了崔杰千，陈树的老爹又来了，他坐在陈树的跟前光抽旱烟，也不说话。陈树见他老不走，只好问道："爹，有事吧？"

陈传吉闷吃着："没大事。"说完，又是抽烟。

老爹肯定有事儿。陈树在慢慢地等着老爹说话，好半天，陈传吉才说："老三呀，你到底是国民党还是共产党？"

原来是这事儿，陈树只好说："爹呀，你又不是不知道，原先是八路军，八路军不要我了，又投了栗文礼的国民党。"

陈传吉摇了摇头："不对，我看你还是共产党的人。要不，刚才那个人来找你干啥？"

真是活人死到证件手里，这下子堵住了陈树的嘴。陈树想了想，来了个醉死不认半壶酒，慢慢地说："刚才那个是小青的朋友，我不能不说两句话，这又有啥！"

"哼！"陈传吉熊陈树说，"我看你两口子心里和明镜似的，就是糊弄我这糟老头子。其实你老爹也不傻，什么事情还看不出来！"

说完，陈传吉白瞪了陈树一眼，撅着屁股回他屋去了。

暗杀小组成立以后，按照吴义泄露的情况，分别对暗杀团进行了坚决镇压，使暗杀团的活动受到了一定遏制。向栗文礼提供黑名单的于兰洲罪不可赦，陈树亲自带领着几员干将，身着便装，要向他讨还血债。

安丘县城，可谓城中之城，潍安武工队就是要瓮中捉鳖，黑虎掏心。

从下里戈庄进入老县城，必须先从迎薰门，也就是外城的南门进入。城门口有几个鬼子和伪军站岗，一个个仔细地检查着进城的证件和是否带有可疑物品。

陈树先目测了一下这个围三缺一的外城。安丘外城有高大的城墙，只有西北一段空着，借助汶河为天然屏障。城墙虽没有潍县高大，但也足有二三丈，不管是冷兵器时代，还是热兵器的军事较量，要想攻下这座城墙，没有大炮和大量的炸药，想也甭想。

由于鬼子早已建立了警察机构，在他们所控制的附近区域发了良民证，没有此证一律不得进入县城。陈树他们早已通过内线办了良民证，所以第一道关口顺利通过。

为了不惹麻烦，他们都没有带武器，一个个赤手空拳。

外城中，东南为景安门、启文门，东门为海晏门、清阳阁，西南为永靖门，西门为河清门，整个外城绵延十多里地。

陈树他们沿着一条中心大道慢慢往北走，不远，路西就是安丘商会，西北是关帝庙。再往北走，东边是南关小学、麸皮米糠市、糠巷子，西边就是硝市街，崔杰千原来就住在这里。再往北就是一条东西大街，东边为东小关街，西边为西关街。

从这里，他们就要进入内城的南正门——太平门了。陈树又看了看城墙，内城似乎比外城还要高大，鬼子和伪军检查得更为仔细。东门为威武门，北门为镇武门，西门没有另起名字。东南西门城墙各有二里多地。

从太平门进入到内城，东南隅一带是几家大户，分别为张宅和相府刘，再就是张家巷，县前街。西南隅一带为贫民区，有岳池胡同。西北隅一带为鬼子院，早已建成了第三座内城，可谓炮楼林立，工事坚固。东北隅一带过去为县大堂和监狱，如今成了伪政权机构，夹杂着两条小街，监西街和钱粮街。

就在过去县大堂的东侧，紧靠着内城东门威武门的城下，有一座小学，于兰洲就在这座小学里当校长。在这个地方执行任务，就是在敌人的鼻子底下，眼皮子上玩杂技，又没有武器，一不小心，就可能被敌人包了饺子，插翅难飞。

小学校门口，陈树又看了陈明义、任兆宗一眼，两人回了一下眼神，那就是做好了一切准备。

看门的老头拦住去路，问："哪里的，找谁？"

陈树客气地说："我们是岳池胡同的，联系一下孩子上学的事情，找于校长问问情况。"

老头倒也热情："于校长啊，来得早不如来得巧，刚刚回来，就在校长室，去吧！"

几个人快速地向校长室走去，旁边的学生正在上课，传来了读书声。进了校长的门，于兰洲正在批改作业，一看进来了几个人，露出犹豫的神色，问："你们找谁？"

后面被陈明义关上了门。陈树笑了笑说："于校长，是这样的，我们联系一下孩子上学的事情。"

于兰洲可是老油条啊，一看这几个人忒年轻，不像孩子家长，手就向抽屉里伸，看样子是想摸枪。可是陈明义和任兆宗是干什么的，老行伍了，岂能容他掏出枪来，抢先一步，捂住他的手，然后从里面摸出了一把花牌撸子。

陈树冷冷一笑，对他说："于校长，你不好好教书育人，成天琢磨共产党干什么？如今国共早已联合，共产党又是坚决抗日的，你是真糊涂还是装糊涂啊，却叫栗文礼杀共产党，做亲者痛仇者快的事情。我看你是活到头了！"

于兰洲惊惧地问："你们到底是什么人？"

陈树面目严峻："看在你是有文化的分上，也不叫你当糊涂鬼，实话告诉你吧，我们是潍安武工队，共产党的队伍！"

于兰洲一阵挣扎，早被陈明义和任兆宗扭住胳膊，反剪在身后。于兰洲恨恨地说："安丘城本来好好的，鬼子来了以后，你们共产党就跳了出来。我看啊，安丘早晚是共产党的天下，与其将来坐大，还不如现在就把共产党灭了！"

陈树骂他道："执迷不悟，弟兄两人打架，是一家人的事情，也不怕日本人钻了空子！"

于兰洲又骂道："日本人早晚要滚蛋，你们共产党才是心腹大患。我就是要将共产党斩尽杀绝，为安丘人扫除祸患！"

气得陈树也狠狠地骂道："白念了孔孟之书，纯粹就是个糊涂蛋！这样的人留之何用，执行！"

陈明义和任兆宗接到命令，一个抱住他两条胳膊，一个掐脖子。不一会儿，于兰洲已被掐得白瞪眼，乱蹬跶了一阵子，终于没了气息。陈树又上去检查了一下，接过花牌撸子又朝着他头上敲了两下，见实在没动静了，才算完事。

陈树看了看屋里，没地方可藏，就把于兰洲塞到屋里的一个大木头箱子里，然后挂上铁鼻，一声招呼："撤！"领着二人走出校长室，若无其事地出了校门。

看门的老头看了三人一眼，也没有阻拦。学校里传来孩子稚嫩的唱歌声，"燕双飞，画栏人静晚风微。记得去年门巷，风景依稀。绿芜庭院，细雨湿苍苔，雕梁尘冷春入梦；且衔得芹泥，重筑新巢傍翠帏……"

陈树三人加快脚步，出了内城威武门，跨过护城河上的小桥，又进入了东关大街，外城东门清阳阁有几个鬼子和伪军站岗。陈明义和任兆宗看了陈树一眼，陈树对他们摇了一下头，意思是，不到万不得已，不得动武。

就是动武的话，三个人一把撸子，这仗怎么打？

好在鬼子光检查进城的人，对出城的人不管不问，三人混在出城的人群里，总算是跳出了狼窝虎穴。

出了外城，仍不算保险，夏秋之交，正是高粱上油的时候，高岛不管老百姓的死活，以防匪为名，令各村出人，将城边高粱割得干干净净。老百姓盼了半年，只收得一些秸秆。高岛还不放心，又将环城一周，能藏人的灌木丛、树棵子砍伐殆尽。

第40回　对陈树的怀疑

三人一溜小跑，直到进入了远处的青纱帐，才坐在地上大口地喘着粗气。

刚刚撤到了下里戈庄，曹班生拿来一封信，信是韩寿臣送来的，叫陈树速速随着他到栗部的大本营崔邑峪开会。

拿到信后，陈树叫几个人看了看，问道："最近，我们正在对付暗杀团，韩寿臣叫我们开会，是不是和暗杀团有关系呀？百密未免一疏，是不是哪里出了问题，叫他们嗅到了一点儿消息？"

曹班生摇了摇头："我想不会，问了问送信的通信兵，他说，开会不光是韩寿臣的十团，还有其余的部队。要是这样的话，就和我们没有关系。"

陈树想，就是和暗杀团有关系，也不会反应这么快："我也只是说说，叫开会就得去，不去的话更说明我们心里有事儿。"陈树又嘱咐任兆宗和曹班生："我和陈明义去开会，队伍就指望你们二位和弟兄们了。下里戈庄住的时间也不短了，不能老呆这里，换个地方。"

安排完了，陈树和陈明义带着几个卫兵，骑着快马，到了夏坡，第二天和韩寿臣一块儿骑着马向崔邑峪奔去。

夏坡往南全是山路，从夏坡到辉渠有4.5公里，而从辉渠到崔邑峪又有12公里，沿着绪泉村、洞西村、上涝坡村，然后南行，从小桃园大桃园村，就进入了崔邑峪。

崔岜峪村隐藏在山窝之中，作为栗文礼的大本营再保险不过了。

村口岗哨验过，通过几道关卡，就进了栗文礼的会议室。进了会议室，就见一屋人个个面色凝重。副司令申集安宣布开会，栗文礼环视一周，举起一封电报说：

“省政府的临时落脚点高湖失陷后，沈主席逃到了临朐八区东藜子村，数次召见，我都以军务繁忙拒绝。昨晚又接省府电报，免去我第八区督察专职，保安司令兼职。栗某本非贪官之人，对个人去留毫不萦怀，只是弟兄们跟着我转战南北，不能没个交代。”

陈树一听，原来这是栗文礼被免了官啦！众军官一阵嘈杂，有大骂的，也有喊冤的，乱成一团。待声音略微平静了一些，栗文礼又道：“这里还有封电报，系于总司令亲自签发。令我部改编为鲁苏战区游击第二纵队，由兄弟我为司令。各位议议，咱是改换门庭，投奔于总司令，还是继续为沈主席效命？”

陈树心想，一个是撤职，一个是收编，这是闹得哪出戏啊！光凭这个事，沈鸿烈非气得胡子乱翘，得心脏病不可，可见于学忠和沈鸿烈的矛盾是多么尖锐。众人七嘴八舌地说道：“姓沈的把我们扫地出门了，还议论个屌！”“怎么看，也是于总司令面子大！”“秃子头上的虱子，这不明摆着。”“家有千口，主事一人，主意还得司令拿。”

见火候差不多了，栗文礼站起身，噌噌几下，将沈鸿烈的电报撕得粉碎，往空中一抛，说：“就这么定了，和姓沈的分道扬镳！”

栗文礼改换门庭后，潍县队伍、高密队伍，韩十团仍唯其马首是瞻。其余各团（厉部所辖各保安团此时已改称独立团），多数脱离关系，奉令改编。

开完会后，有个副官来对陈树说：“请陈副团长慢走，魏处长有点儿小事，请你去一趟。”

韩行听了心中一惊，问：“哪个魏处长？”

副官笑着对陈树说：“就是新来的军法处长魏久贵。”

陈树心中敲起了小鼓，真是怕什么来什么，黄鼠狼子给鸡拜年，哪有什么好事呀！但是事儿已经来了，就不能怕事，只好对韩寿臣说：“韩团长稍微等一会儿，我去去就来。”

韩寿臣点了点头：“好吧，陈团长快去快回，我等着。”

陈树慢慢地跟在副官后面，往军法处走去。军法处占据着一所民宅，还没有进院，就听到院子里传来一阵瘆人的惨叫声，叫人听了汗毛倒竖，毛骨悚然，根根神经都绷了起来。

院子里的大树下，正吊着一个大个子，被鞭子抽打得浑身是血，早就没了人的模样。陈树看着此人在些面熟，仔细一看，这不是县委委员李锡三吗，他怎么被捕了?

陈树的心情异常沉重，觉得自己如同进了鬼门关，能不能出来，就得另说了。

进了魏久贵的屋子，看到魏久贵正在等着自己呢。他四十出头，个矮驼背黑面皮，一脸大麻子，目光阴鸷，肯定是个心黑手辣的角色。屋里还有一个女人背着身，上身白衬衫，下身黄军裤，从背影看，像是白玫瑰。

魏久贵乜斜着眼睛问陈树：“姓名?”

陈树不理他。

魏久贵继续以威吓的口气问：“听到了吗?凡进了这个屋，甭管是什么官，站着进来，躺着出去，不死也得扒层皮。”

陈树还是不理他。

魏久贵继续吓唬陈树：“我知道你叫陈树，原来是七支队二大队的人，干了八路又投到我们这里，演的是苦肉计，混进我们队伍刺探情报，搞各种破坏活动。你们干的好事儿，专门对付我们暗杀团。昨天又犯了大案，把县党部的于兰洲杀了。”

陈树鼻子哼了一声！心想，既然什么都知道了，还审什么，直接拉出去枪毙算了。

“怎么不说话啊，问你呢！”魏久贵拍着桌子吼。

陈树开始反击了：“既然你说得有鼻子有眼的，请拿出证据来？”

“哼！没有证据敢随便抓你？”魏久贵又用力地拍了一下桌子，大声地叫喊，“这是给你个机会，看你老实不老实了。如果实话实说，检举别人，可以放你一马，如果继续顽抗，那就是死路一条。想死也没有这么容易，在这里叫你想死不成，想活活不了！”

陈树心想，还是没有证据，既来之则安之，他生气我不气，气出病来没人治，干脆闭上眼睛，不再说话。

魏久贵敲打着桌子叫唤：“你以为于兰洲死了。其实他没死，救过来后什么事都说了。”

陈树心里一惊，难道于兰洲又活了？打狼不死，反被狼咬，可铸成大错啊！不但自己三个人暴露了，还把整个潍安武工队也牵扯进去。这可如何是好？不过是不是唬自己呢，还得沉住气。

这时白玫瑰转过脸来说话了，她对陈树嘿嘿笑着，倒是显得十分和气：“我说陈营长啊，你这个人真是绝顶聪明，从章步云那里骗了一车军火，装备自己，八路内讧，又跑到我们这里来。来就来呗，我们也不是不欢迎，可是你红心不改，怎么又对暗杀团下手了？其实说了也没什么，就凭你给我们栗司令立下的大功，我们不会计较的。就看你诚实不诚实了。”

陈树心里暗暗骂道：这个贼娘们，比那魏久贵还要恶毒，话里全是软刀子。要是上了她的贼船，潍安武工队就全毁了。陈树说道：“听白科长说得就和真事一样。要是没有的事硬说有，那不是对栗司令不忠吗？也害了我的弟兄们！”

白玫瑰又嘿嘿一笑：“说到陈营长心坎里了吧！别紧张，越紧张越说明心里有事。编，编，继续编，看往下还怎么编。”

魏久贵又冷冷地吼：“我看你不说是吧，那好，先请你看一看外面。你的同党，怎么对待他的，就怎么对待你，可能比他还要厉害！来人，继续打！”

上来几个身强力壮的执法匪兵，对着外面的李锡三又是一顿毒打。

李锡三身上本来就有伤，这下子把老伤揭开，再创新伤，疼得大声地叫着，身子像秋千一样被荡过来荡去，不一会儿，便没了气息。

几个匪兵把陈树推到了院子里。

一个匪兵给李锡三泼上一盆凉水。不一会儿，李锡三醒了过来，一个匪兵抓着他的头发，把脸对准了陈树。魏久贵阴险地问：“李锡三啊，你的同志来救你了。认不认得他？”

李锡三睁着迷茫的眼睛，看了看陈树，摇了摇头：“不认识。”

“真是煮熟的鸭子——嘴硬！”魏久贵骂了一声，又继续吼道，“继续打！”

又是一顿鞭子抽到了李锡三身上，不一会儿，李锡三又昏了过去。

看到自己的同志被打得死去活来，陈树的心里无比沉重。残酷的斗争，有多少好同志牺牲在战场上，他们是幸运的！目前这种欲活不能，欲死不成的折磨比死在战场上更叫人痛苦！

有些人忍受不住，供出了党的机密。有些人忍受住了，使党免受损失。他们是伟大的英雄，是党的硬骨头，我要向他们学习！

魏久贵看了一眼陈树，恶狠狠地说：“别看他了，该你了。早晚是个死，死了免受皮肉之苦，也算一种解脱。与其把皮肉打烂了，落不下全尸，还不如早招了！”

白玫瑰又用另一种语气，诱导陈树：“像你这么有才华的人，只要说了，我们能亏待你吗？该怎么重用还是怎么重用。这么聪明的人，这些事不会看不出来。”

陈树心里狠狠地骂道，听白玫瑰的话，就是叫自己当叛徒，气节没了，活着还不如死了，是死随便。闭上眉下眼，咬碎口中牙，就向李锡三学习了。

魏久贵见陈树仍然不招，大吼一声：“来人呀，把他吊起来！”

上来三四个匪兵，七手八脚地把陈树吊在了另一棵树上。

陈树只觉得手脖子就和断了一样，身子很重，恨不能要把手脖子勒下来。几乎就要忍不住了，身子在慢慢地下坠。

一个匪兵空甩着鞭子，那鞭声尖锐刺耳，如一条恶魔张开了残忍的大嘴。“啪！啪！啪！”三鞭子抽来，鞭鞭撕破军衣，带着鲜血！

陈树只觉得一阵钻心的疼痛，微微闭上眼睛，极力坚持着……

鞭子抽了一阵，栗文礼突然闯进来，大声地喝道：“这是干什么，这是我的贤弟呀！放开——放开——”

第41回　官庄山会

陈树被放了下来，由于手脖子勒得太紧，一下子没站稳，瘫在地上。栗文礼赶紧上来扶起，说着好话：“贤弟受惊了！我一时没在，他们怎么做出这样的事情？魏久贵，你这个混蛋！你知道这是谁吗，这是我兄弟。你怎么能这样？！”

魏久贵见了栗文礼就和老鼠见了猫一样，立正站好，一个劲地摇着尾巴检讨着自己的错误：“啊！误会了，误会了，我不知道啊，请栗司令责罚。陈团长，请你打我几下，也好发泄一下，实在是有眼不识金镶玉，你宰相肚里能撑船……”

越说这个，陈树的心里越生气，魏久贵和白玫瑰，一个唱红脸，一个唱白脸，还有这个栗文礼，纯粹就是幕后指使，连这点儿小事都看不出来，我还叫陈树吗？

受了这阵子窝囊气，也不能白受，魏久贵这个王八蛋，还有白玫瑰这个狐狸精，根本和他们说不上话。陈树只得向栗文礼发难了："栗司令啊，你是不是怀疑我？八路不要我，仗着栗司令礼贤下士，才投奔到这儿来。既然栗司令拿我当外人，从此以后，你走你的阳关道，我走我的独木桥，咱们天各一方，谁也不认识谁！"

栗文礼离不开陈树这样一支精兵，手下还有韩寿臣等各县独立团，他还要演给别人看，笼络住各路人马。栗文礼只得抓着陈树的手，一个劲地道歉："贤弟呀，大哥错了，没有及时地保护你。手下的事太多，这几天又遇到一些糟心事，沈鸿烈踢我，暗杀团接二连三被杀，县党部书记又被害，忙不过来啊！这个魏处长，有些事也不和我商量，才酿成大错！他妈的——"

这个魏久贵也真不要脸，见陈树不打他，自己狠狠地扇了自己两个耳光，骂道："你这个不长眼的混蛋！陈团长，你不好意思动手，我先教训一下自己，替你出出气！"

白玫瑰也变了脸，一副妖魅的神态："陈团长啊，不就是一顿鞭子吗？要是几鞭子都受不了，还配做军人吗？你要是恶气不出，给我几下，我绝不哼一声！"

对于如此不要脸不要腚的恶人，陈树不愿意再搭理他们，恨恨地吼了一句："不愿意再见到你们！"然后咬着牙走出军法处。后面栗文礼喊着："贤弟呀，我还有事要找你商量呢。"

陈树装听不着，走得更快了。

见到了韩寿臣、陈明义几个，韩寿臣一见陈树的衣服，被打得开了花，身上洇着血渍，就知道没有好事。他脸一惊，问："怎么回事，军法处给你气受了？"

陈明义见了，心里更是明白，掏出枪来就要进去理论："三弟，这个气咱不能受！"

陈树一把拉住他："军法处还算人啊！给他们计较咱们就掉下身份了。"于是把这事，添油加醋地说了一番。

打马骡子惊，韩寿臣听陈树说了这事，眉头一皱，小声说道："这个栗司令，怀疑你，是不是也怀疑我？世事难料啊，我们都得小心了！"

陈树点了点头："韩团长是个聪明人，有些事比我看得清楚。"

陈树在下里戈庄东边 3.5 公里的谷家村找到了自己的部队，又把崔杰千请了来，和知道内情的陈明义、任兆宗、曹班生三个人与崔杰千一块儿研究敌情。

陈树介绍完情况后，又问崔杰千："李锡三被捕，我们救是不救？"

崔杰千沉痛地说："内线捎来李锡三的意见，李锡三坚决不同意救。说敌人已经布置好了一张大网，就等着我们钻呢！再说经常变换关押地方，救他是件很难的事情，反而暴露了我们的力量。李锡三同志啊，表现得很好，了不起！"

几个人都沉默不语，心里表示着对李锡三同志的沉痛哀悼。

停了一会儿，曹班生问："是不是栗文礼闻到什么味了？要是那样的话，我们趁早把队伍拉出来，免得被他们包了饺子。"

陈树想了想："我何尝不想把队伍拉出来，可是你看看，我们的力量太薄弱了，受到了栗文礼和小鬼子的双重压迫。甭管遇到哪一方，我们这支小部队，不堪一击啊！"

陈明义琢磨了一会儿："我看还不至于暴露，要是暴露的话，这回我们就回不来了。目前还是打着栗文礼的旗号为好，这样我们的压力会轻一些。"

崔杰千总结了这一段的工作，表扬了一番："对于暗杀团的反暗杀和刺杀于兰洲的任务，你们完成得很好，使敌人的暗杀活动不得不有所顾忌。同志坚持啊，越是在困难的时候，越要坚持，坚持就是胜利！"

真是道高一尺，魔高一丈，日军为了加强县城周边的守备力量，又成立了县警备大队。徐观晟、徐继善为正副大队长。下设三个中队，分驻牟山、担山、甘泉、偕户、景芝、黄旗堡，另设一个特务队。

警备队员大都是县城及四乡贫民，以西关人居多，多数为了混饭，也有少数无赖。

农历九月二十九日，正是官庄山会的第一天，街筒子挤满了人，做买卖的，卖唱的、叫街的，砸牛骨头要饭的，纷纷登场。有拄着拐杖的白首老太，也有钻在大人怀里的黄口小儿，熙熙攘攘，一派祥和景象。

上午10点左右，鬼子麻田和徐观晸带着一部分鬼子和警备队，从大山据点下来，过南营，越羊埠岭到了官庄北岭，在北冢子停下。麻田手拿望远镜，观察着山会盛景，看了一阵子，放下望远镜，回头大叫："土匪大大的，开炮的有！"

徐观晸笑着上前阻止："麻田太君，这不是土匪，是山会，山会你懂吗？就是中国的集市，大集市，吃喝拉撒，都要在集市上买卖。"

"八嘎！"麻田骂道，"不是土匪又是什么？小小的集市我见过，没有这么多人，这分明是土匪集合，搞大的暴动。开炮的有！"

徐观晸又大声叫道："开不得！开不得！这都是些平民老百姓。"

可是鬼子不听他的呀！几个鬼子架起了九四式90毫米迫击炮，一个戴眼镜的老鬼子吹着口哨，单眼一吊瞄准镜，"嗵嗵"两声，连发两炮。

一颗炮弹像长了眼睛似的，一头扎在官庄西村的面汤锅里，轰隆一声，弹片、锅片、碗片、砖石混着汤水血肉四处飞溅，正在洗碗的13岁店主的儿子被炸出两米远，脑浆迸裂，鼻口出血，立时死亡。

正忙着擀面片的16岁店主的女儿被撕成好几块。店主因趴在地上捣鼓炉灶，当时没死，但已奄奄一息，抬回家后无钱医治，更心疼一双儿女，不几日含恨死去。

距面汤锅不远，有一个卖烧肉的东乡汉子，让飞来的弹片穿破肚子，一头扑倒在烧肉箱子上，不多时，血水、肠子淌满了烧肉箱子。

一个姓翟的，从肉杆上割了块五花肉，哼着小调往家走，听见爆炸声，回头看个究竟，一块弹片正中脑门。他抹了把脸上的脑浆，扑地而死，手里还紧紧抓着那块沾满鲜血脑浆的五花肉。

官庄小河边有个粮食市，人群密集，摩肩接踵。有个商人正大模大样地用斗量谷子，一颗炮弹从天而降，落进身旁的笸箩里，轰隆一声，他血肉横飞，尸骨无存。

东西大街上尸体东倒西歪，集市上哭声一片，妻子找丈夫，母亲哭孩子，悲痛欲绝的家属抬着惨死或重伤的亲人哭爹喊儿，呼天叫地。那些义愤填膺，惊恐万状的穷苦百姓在收拾着破烂摊子，拾捡着沾满血迹泥土的粮食、蔬菜，寻找着惊跑的猪、羊、牛、马等牲畜。

麻田制造的官庄惨案，共炸死我同胞 24 人，炸伤 112 人，其中重伤 64 人，有 4 户人家惨遭灭门。

麻田拿着望远镜始终在观察着炮击的效果，到了这时候，他也看出了门道，皱着眉头说："纳尼！不像是土匪，真像是老百姓的，他们手里都没有枪。"

徐观聂皱着眉头："我早说过，这是山会，不是土匪，可你就是不听。这个烂摊子，可怎么收拾啊？"

麻田自作聪明地说："我们的，快快地走，不要叫他们看见。只要他们看不到我们，就不知道哪支队伍打的炮。"

麻田领着队伍快速地向甘泉据点撤去。

甘泉就在安丘县的东南 14 公里，景芝镇的西北 7 公里，甘泉还有一座山叫甘泉岭，正好适合修炮楼，又是安丘通往景芝、诸城县的重要公路，因此日军早在此修了据点。这股日军要想从官庄到甘泉就得从东挑河村、东南戈庄村、后王庄村、曹家营村一带穿过，然后到甘泉据点。当时潍安武工队在哪里？就在红家村，离着后王庄村也就是2公里。

当时官庄山会炮声一响，陈树就听到了，急忙派出几个骑兵侦察员迅速去侦察情况。不一会儿，骑兵来报告说："鬼子和警备队把官庄山会炸了，死了不少人。队伍又朝着这边开来了！"

陈树一边叫侦察员再探再报，一边和陈明义，任兆宗几个商量敌情。陈树说："鬼子朝着我们这边开来了，大家说，打不打？"

陈明义警惕地说："就是不知道鬼子是来打我们的，还是路过此地。如果鬼子真是对着我们来的，这场仗肯定不好打，如果鬼子路过此过，我们正好可以打他一个伏击，捡个便宜。"

曹班生想了想说："要说鬼子对着我们来的，不大可能。在官庄山会放炮，不是自己暴露了吗？"

不一会儿，侦察员又来报告："鬼子有一个小队，警备队有一个中队，已经到了东南戈庄，正在往前面的后王村行进。"

第42回　后王庄村伏击战

任兆宗瓮声瓮气地嘟囔着："反正到嘴的肉不能不吃！"

陈树想了一会儿，分析着："我估计着，这是敌人从官庄到甘泉据点去。敌人比我们多不少，但是有青纱帐的掩护，这场仗可以打一下！另外，叫几个村的自卫队掩护一下，他们虚张声势，吓唬一下小鬼子，也能帮着我们。"

一套完整的作战方案被陈树部署下去。

鬼子麻田在官庄山会作了孽，就想快点儿到甘泉据点一走了之。夏坡一战中，麻田小队几乎全队覆灭，从国内补充了一些新兵，才算重新满员编制。可是新兵比老兵毕竟差一些，这些新兵不但战术素质差，而且还胆小，枪法也不精。可麻田觉得新兵就是再差，也比伪军强些。

烦人的是，旁边的徐观聂还一个劲地发牢骚："麻田太君，你的不知道，轰炸平民百姓如何也说不通！你们不了解中国人，他们看起来胆小怕事，逆来顺受，一旦超出限度，会跟你拼命的！不要以为我们强大，沂蒙山有于学忠，西南山有栗文礼，附近藏着共产党，还有那个章步云，说不定什么时候就尥蹶子。我们实际上是处在四面强敌之中啊！"

麻田这时候有点冷静了，问："事情已经发生，你说，怎么办？"

徐观聂说："元世祖忽必烈说过'应天唯以至诚，拯民莫如实惠'，皇军嘛，尽量在城里待着，多做善事收买人心，有事尽量让警备队去办……"

要不怎么说坏都坏在汉奸身上，这个徐观聂是中国人啊，了解中国的风土人情，所以舔着腚地给麻田出着骚主意。

天空有点昏黄，阳光也不刺眼，风也不大，时而吹来，青纱帐里沙沙作响。为了应对战争，多一点儿隐藏的地方，有的村自卫队说服了村里农民，掰了玉米和割了高粱穗子后，尽量地晚割玉米秆、高粱秆。

这时的青纱帐，早已失去青春的模样，有了苍黄的颜色，枯萎且显得精细，毫无生气，但一片片细杆杆也形成了相当的规模，站满了黄色的土地。

棉田里，碧绿的棉花叶子早已变成了紫红色，一株株塔形的棉花上，开满一朵朵洁白的花，迎着秋阳张开笑脸，远远望去，一片雪白。棉花的季节晚，到了初冬，还能拾上花。也有的麦种早已播下，还没有出苗，一块块光秃秃的麦地夹杂在青纱帐里，秃地里根本藏不住人。

做了坏事心里有鬼，麻田尽量地领着队伍走麦地，避开那些神鬼莫测的青纱帐。

麻田正在队伍里走着，突然“啪啪啪、哒哒哒”枪声大作，从衰败的青纱帐里飞出无数的子弹，走在前面的鬼子倒下一片，其余的吓得纷纷趴在地上。

麻田并不慌张，手里有一个小队日军，还有一个中队的警备队，怕什么？最给他提神的是，手里有2门九四式90毫米迫击炮。90毫米迫击炮的威力他早就见识到了，官庄山会只发射两颗炮弹，就炸死炸伤一大片老百姓。也可以说，朝着这片不大的青纱帐里轰上几颗炮弹，就能叫这些中国军队统统完蛋。

麻田的嘴角，撇着嘲笑，对戴眼镜的老鬼子说：“这是真正的土匪，开炮的有！”又对徐观聂发布命令：“炮声一停，你的警备队冲上去，消灭他们！”

徐观聂仗着日军有迫击炮，也是牛气哄哄，立刻对警备中队长吼叫：“炮声一停，立刻冲锋，把没有炸死的统统杀掉！”

警备中队长也狗仗人势，鹦鹉学舌地对伪军吼道：“炮声一停，立即进攻，把没有炸死的中国军队，统统杀掉（他早忘了，自己也是个中国人）。”

老鬼子立刻指挥着装炮，九四式迫击炮不轻快，足足有159.9公斤。迫击炮迅速装好了，老鬼子哼着小曲，扶了扶眼镜，吊了一眼瞄准镜，把副手递过来的一颗5.26公斤的榴弹接在手里，然后悠闲地放进了炮筒。

只听得“轰轰轰”三声巨响，又听得“轰”的一声，巨大的火光吞没了这些鬼子。弹片飞舞、泥土飞溅，血肉横飞，迫击炮筒子也夹杂着鬼子的尸体飞上了天空。浓浓的烟雾升腾起来，把好大一片天空都染黑了。

当中还夹杂着一响，怎么回事呢？鬼子的迫击炮炸膛了，多了一响。

不一会儿，又有三颗榴弹飞了过来，“轰轰轰”，又是一片血肉飞上半空，夹杂着破枪烂炮和满天的泥土。

6颗炮弹过后，鬼子阵地上鸦雀无声，倒是青纱帐里继续响着激烈的机枪声、步枪声，犹如炒料豆一般。

麻田只觉得眼前就和下了一场泥雨一般，眼睛被糊住了，嘴里也进了不少黄土，呛得光咳嗽。等泥雨停下来一看，一门迫击炮早已炸毁，散了架，而另一门呢，炮筒早被炸断，要是装上炮弹准得漏弹，炮兵一个活的也没了。

再看其余日军，一个小队士兵，伤亡过半，没伤的也吓得魂不守舍，不知道往哪里钻。

麻田还不死心，又在骂徐观聂："八嘎！你的队伍呢！冲锋啊！"

徐观聂低着头爬过来，帽子也丢了，满脸的灰土，懊恼地对麻田说："麻田太君啊，没法冲锋，士兵都炸死了。"

麻田回头一看，警备队比日军也强不了多少，炸死炸伤四五十人，没死的到处乱跑，结果被青纱帐里的乱枪打倒不少。

就在这时候，只听到四面都有枪响，像是敌人的大部队，从四面八方围了上来。

徐观聂赶紧对麻田说："麻田太君啊，赶紧撤吧，再不撤就全完了。对方有迫击炮，肯定是大部队。"

到了这时候，麻田还算明白，恨恨地说："只有撤退了，徐的，你的掩护。"

替鬼子挡子弹也没有办法，谁让自己是伪军呢，后娘养的，徐观聂只能指挥着伪军抵挡一阵。麻田领着日军撤退，活着的好说，重伤员抬着，轻伤员自己走，死了的怎么办？麻田叫士兵把他们的手剁下带走，回去当全尸处理。

徐观聂带着剩余的警备队，拼命地掩护着日军撤退。陈明义早就看准了这个当官的，给了他一枪，子弹偏了点，没打着徐观聂的脑袋，把他的脖子打伤了。吓得徐观聂心惊胆战，再打下去，命都没了，打什么打，急忙领着伪军跑了。

看着日军和伪军都跑了，陈树这才领着武工队从青纱帐里钻出来，陈明义要领着队伍追。陈树对他摆了摆手：“暂且留他们一命吧！穷寇莫追，别暴露了我们的力量。”

不一会儿，各村自卫队也冲了过来，帮着迅速地打扫战场。

这一仗以极小的损失，打死了日军三十多人，警备队四五十人，缴获了步枪三十多支和一挺歪把子轻机枪。任兆宗领着三排，还在被炸死的戴眼镜老鬼子身边，捡到了一门九四式 90 毫米迫击炮，外带几十发炮弹。另一门炮呢，炮筒子早被炸断，成了废铁。

任兆宗上前请示：“陈队长啊，这门九四式迫击炮还能修，就交给我们排使吧？”

陈树点了点头：“也只能你们修，修好了就是你的了。你们的迫击炮打得很及时，也很准，要是叫鬼子先发制人，恐怕我们这些人全完了。”

陈明义看着鬼子的那门迫击炮被炸得稀烂还是有些不理解，问：“我们的迫击炮怎么这么厉害，把敌人的迫击炮都炸成这样了？”

陈树想了想：“不对，一准是敌人的迫击炮炸膛了。也就是说，它的榴弹刚放上，我们的炮弹就来了，鬼子放进迫击炮里的炮弹想往外飞，可是炮口被堵上了一团泥巴，钻不出来，一着急就在炮筒里炸了。”

陈明义摸着自己的脑袋：“可能晚上这么一秒钟，敌人的炮弹就炸到我们头上，战斗的结果可能又是另外一种样子。”

曹班生也感叹道：“战斗的胜负可能就在早一秒或者晚一秒之间，我们的胜利，有点悬啊！”

几个人为之感慨唏嘘，这场胜利，确实有点儿侥幸！

麻田从甘泉据点回到安丘县城，被高岛臭骂一顿，连扇好几个耳光。徐观聂在此次战斗中幸运地逃得一命，又负了伤，借机躲进县城贡院，养伤不出。高岛一看这样不行啊，警备队瘫了，皇军就塌了半个天，只好带着副队长徐继善前去探望。

高岛给徐观聂毕恭毕敬地献上礼物，安慰他说："你的，为我们大东亚圣战立下大功，我们皇军一定大大的嘉奖你们。不过，目前我们防御任务仍然很重，希望你早早养好伤，再为圣战立下新的功勋！"

徐观聂躺在病床上，还在为日本鬼子操心，他说："栗文礼不但有正规军，还有村自卫队，这些自卫队都是老百姓，老百姓拿起枪来也是非常可怕的。我有一计，征调城区 18 岁以上 45 岁以下男子，组成自卫团，协助皇军防守县城外围。这也叫以其人之道还治其人之身！"

第 43 回　凌小凡营坚守楚家洼子

高岛听了哈哈大笑，竖起大拇指夸奖徐观聂："哟西！哟西！你的大大的聪明，又为我们皇军献上妙计。好的，自卫团的事情，就由你们警备队监督执行。"

几日后，自卫团成立。此时，河清、永靖、迎薰、景安、启文、海晏、拱极七门上已筑起小炮楼（青阳门上原有阁楼三间，名青阳阁，无需再建），各驻一班警备队，作为城郭防守之核心。

自卫团火力微弱，仅作协防，每夜出动两拨，一拨墙上，一拨墙外，墙上的传话，墙外的传牌，一人管一段。传话的这样喊：那边的岗，往下传呐，平安无事啊。传牌的弄块木牌来回倒腾，好比击鼓传花。

再说投靠"北平临时政府"的章步云，原本就是有奶便是娘，降日只是权宜之计。日本人也是心知肚明，双方表面一团和气，私下却各念各的经。章步云虽然早就向王林肯承诺扔掉这块招牌，但是处境不利，瞻前顾后，迟迟不肯决断。

恰巧机会来了，张宗援手下刘云生部不打招呼，擅闯章部防区。章步云匪性难移，心生疑忌，大怒道："全军出动，解除刘云生部武装，若有反抗，格杀勿论！"

得悉刘云生部被缴械，张宗援气得暴跳如雷，率部大举"扫荡"。章部抵挡不住，匆忙退出班岗，向东疾走 12 公里，来到了大王庙。

张宗援穷追不舍，将大王庙烧成瓦砾场。章步云收拾残部，撤往西南 16 公里处的石桥子、都吉台一带，宣布脱离"北平临时政府"，又派人抄小道去东藜子，向沈鸿烈求援。沈鸿烈借机收编了这支队伍，正式番号为"山东保安暂编第二师"，怕章步云朝三暮四，又派来一个副官长，叫庄德圃，监管着章步云。

章步云即以抗日为名，大肆招兵买马，先后吞并了几股土匪武装，将山东保安暂编第二师扩编为两个旅（四个团），另有一个特务团、一个独立团、一个先遣队、一个骑兵营，约万人之多。师部下设参谋处、秘书处、副官处、军需处、军械处、军法处、军医处、政治处八大处。

都吉台位于渠河、荆河汇流处，三面环水，系平昌故城遗址所在地，周围有二十多座高大汉墓。清朝咸丰、同治年间捻军骚扰，村中一位进士曾牵头加固圩墙，倘若有警，附近村庄百姓纷至避难，结果逢凶化吉，所以人称"都吉"。

不过章步云认为该村地处平原，无险可守，且三面是水，无处可退，不久便将司令部南移至五莲县城东南 25 公里处五莲山下叩官村。他认为叩官能"把官叩住"，风水优胜一筹。他还让部下效法吴广，夜黑风高时在村子里模仿狐狸叫，天明说看见一大群狐狸进了叩官竹园。

村民惊惶不已，章步云出面安定人心道："有狐仙在此，可免遭兵灾，看来叩官人有福啊！"

驻防叩官期间，章步云豪情万丈，意气扬扬，数次登临五莲山，效法古人雕刻立志。所遗摩崖石刻至今尚存两处，一为“民族精神”，一为“抗战建国保国安民”。

再说栗文礼的队伍也不素净，38年腊月底，申集安、岳静山合谋，突然向副司令高华清发难。栗文礼无奈，只好劝高华清出走青岛，由申集安接任副司令，仍兼一旅旅长。为防申部尾大不掉，栗文礼令一旅撤出三区，所遗防区由胡鼎三团接手。

正月初七，胡鼎三团凌小帆营进驻潍河东岸张家大院，王丕周营的两个连驻扎在附近村子。张家大院在哪，就在现在的潍坊市太保庄街道办事处峡山水库内。原来，这是潍河的一片河滩地，地势低洼，只要是夏季，河水泛滥成灾，把这一片淹成了泽国一般。

现在正是冬季，洪水早已退去，又露出了一个个村庄和广袤的原野。

晚饭后，凌小帆正召集连排长开会，侦探来报，说日军一个中队在岞山车站集结，准备南下“扫荡”潍河东岸。满屋人闻言色变，一齐看着凌小帆。

凌小帆看了一眼地图，算计了一下：“鬼子离着我们这里有12公里，说到就到。往东往北是胶济铁路，没有地方可去，往西越过潍河18公里，又是安丘城的小鬼子。栗司令叫我们防守此地，虽然我们只有一个营，但是旁边有两个连的援兵，对付一个中队的鬼子我们不怕，必须一战。有怕死的吗？谁想走，我放你条生路！”

副营长站起身，拍着胸膛说：“营长，弟兄们都是大老粗，就你是个大学生，你的命比我们值钱。你都不怕死，弟兄们还有啥说的？！”

“打吧，营长，弟兄们都憋得冒火了！”“原来都是中国人打中国人，打过几回鬼子？这回见上面了，就不能让他们跑了。”“我们团也纠正一下名声，谁说胡团不打鬼子。”部下七嘴八舌地议论着。

“倭寇杀我父兄，淫我姐妹，血海深仇，不共戴天，我凌小帆不亲手击毙几个禽兽，枉为中华男儿！”说罢，他攥紧拳头，往八仙桌上重重一击，那支盒子枪应声蹦起老高。

在张家大院部署完毕，凌小帆又纵马去王丕周营所辖的两个连走了趟，通知他们准备战斗。又叫通信兵骑着快马，通知栗部附近队伍前来增援。返回时，河滩上骤起沙尘暴，人畜睁不开眼。凌小帆跳下马，用毛巾捂住马眼，牵着缰绳返回张家大院。

长夜飞逝，转瞬黎明。凌小帆正准备吃早饭，哨兵突然冲进门，说发现敌情。凌小帆踩着梯子攀上青砖高房顶，手举望远镜向四周瞭望，隐约可见北面辛庄、东面七戈庄、高戈庄都有日军。

凌小帆大吃一惊，日军哪是一个中队啊，最起码有一个大队，凭着自己的一个营，根本就抵抗不住。正在危急时刻，突见一支中国军队跑步前来，有一百来人，很快就到了跟前。

凌小帆一见大喜，甭管多少人，能前来拉自己一把就是好弟兄。不论从士气、装备、人数哪方面来说，都是大大地增加了自己这个营的底气。带头的军官十八九岁，高大的个子异常结实。他对凌小帆行了一个军礼道：“报告凌营长，韩团特务二营营长陈树前来报到。”

陈树这支部队从哪里来的？原来他们正在附近游击，听说凌小帆营形势严峻，立刻不计前嫌，前来增援。

凌小帆紧紧地拉着陈树的手：“什么也别说了，原来我们两支部队没少打仗，那都是我瞎了眼。今天兄弟前来增援，把原来的不痛快抛到一边，是陈团长气量大，雪中送炭啊！”

陈树来不及和他再叙以前的是是非非，急忙问道：“我们还能集中多少部队？”

“除了我们这个营外，附近还有两个连。”

陈树略一思索：“集中兵力才有力量，趁敌人的包围圈还没有合拢，我们合兵一处，迅速往外冲！”

凌小帆问：“不知陈营长想把突围地点选在哪里？”

陈树说：“冲过潍河，就选在潍河西岸的董家套集合吧！”

“那好，就依你的办。”两人达成一致意见，集合王丕周营所辖的两个连后，迅速带着队伍向潍河冲去。刚出村不久，就见南边、西边也冒出些亮澄澄的钢盔，看那队伍足有一个中队。陈树对凌小帆说：“冲不过去的，再从北边绕过。”

两人又领着队伍向北冲，刚过了楚家洼子，到了村北一看，北面又有一百多日军挡住了去路。陈树搭眼一看，楚家洼子有高高的圩墙，正好可以坚守。两人一商量，先在楚家洼子坚守一下，看看情况再说。

于是队伍进入了楚家洼子，凭借土圩墙固守待援。各连火速进入阵地，抬出老百姓的箱柜桌凳，沿墙根摆开，战士站在上面，可从圩墙上对外射击，有的在圩墙上挖了许多射击孔，从下面对外射击。几个胆大的老百姓拎着鸟枪、药葫芦，跑前跑后帮忙。

不久，各路日军陆续到达，将楚家洼子团团围困。圩墙外东北、西北、东南、西南四角都发射了信号弹，信号兵不停地打旗语。因为风沙已将村西、村北圩墙湮没一半，日军便用几挺歪把子机枪开道，三三两两，从北边试探性进攻。

陈树看到日军也就有一个小队，对凌小帆说：“放近了再打，也让他们尝一下中正式步枪的厉害。”

凌小帆点了点头，对士兵们吼道：“放近了再打，没有我的命令不许开枪！”

日军的进攻是老一套，歪把子机枪、掷弹筒掩护，步兵成班地进攻。冲锋的日军刚到了圩墙外四五十米处，圩墙内枪声骤起，子弹密如飞蝗，日军横七竖八地倒下二十来个。剩下的日军赶紧趴下，不再进攻，后面往前来拖死尸，又被打倒几个。

“打得好！打得好！”凌小帆异常兴奋，对周围部下大声喊道，“小鬼子也有长处，宁可打死也不丢下战友尸首，值得我们学习。”

半个小时后，日军又发动了第二次进攻。藏在沙丘后面的 12 挺“鸡脖子”重机枪开始发威，弹雨交织成一道火网，圩墙上土石飞溅，就和下雨一般。躲藏在圩墙后面的我军战士，有的被子弹打中，倒了下去。

鸡脖子重机枪又称三年式重机枪，使用 6.5 毫米步枪弹，最快发射速度为每分钟 500 发，最远射程为 4000 米。

第 44 回　血战（一）

陈明义上来请示陈树：“这是鬼子的机枪中队，是不是用迫击炮轰一下。”

陈树摇了摇头：“先别慌，炮一轰就把我们的实底暴露了。再等一下，看看鬼子的火炮在哪里？”

圩墙内的守军由于忙着躲避子弹，火力大减，日军还以为拾了什么贱柴火，迅速地冲向圩墙。就在离着圩墙有几十米的时候，突然从圩墙内飞出几十颗手榴弹，轰隆隆一阵响，鬼子死伤一片，又败了下去。

两次进攻失利，日军指挥官恼羞成怒，终于使用火炮了。2 门九二式步兵炮、几门迫击炮开始轰击，炸得村内火光四起，黑烟滚滚，圩墙一片片倒下，房屋一座座坍塌。不少士兵死在敌人的炮火下，血肉模糊，尸首不全，这里一段那里一块。

九二式 70 毫米步兵炮，日军又称为神炮，加上防护盾，它的高度只有 0.62 米高，全重只有 0.212 吨重，所以隐蔽性非常好。而它的威力却十分强悍，最大射程为 2788 米，最小射程 100 米，能发射 3.8 公斤的高爆弹，杀伤半径三十多米。

如果叫敌人的炮火继续轰击下去，楚家洼子很可能就成为一片瓦砾，再也没有什么防守优势可言。

陈树把任兆宗叫上屋顶，对他说：“看到小鬼子的步兵炮了吗？”

任兆宗拿着望远镜观察了一番，除了陈树，就是任兆宗配有望远镜了。他说：“看到了，距离530米，相隔20米，藏得再严实，通过冒烟，还是看到了。”

“为什么不叫你的迫击炮露头，就是为了这一刷子。把敌人的步兵炮干掉，再把敌人的迫击炮干掉。”

任兆宗答应了一声：“是！”立刻执行命令去了。

不一会儿，三颗黑黑的弹丸小老鸹似的飞上天空，在空中画了一道优美的弧线，然后准确地砸到九二式步兵炮的头上。“轰轰轰——”飞起了三团火光，腾起的三团烟雾，立刻把这一片地方吞噬了。

紧接着又是三颗炮弹，要是那三颗砸不上，这三颗补着。

烟雾散尽，鬼子的炮兵阵地上死一般寂静，不但2门步兵炮炸毁了，55人的炮排也损失过半。有的鬼子缺着一条腿在地上爬着，有的鬼子抱着炸没的一条胳膊，还在寻觅着：“我的胳膊呢，我的胳膊哪里去了？”

横七竖八的一堆尸体中，囫囵的很少，不是缺了这个零件，就是少了那个部件。

鬼子的步兵炮没了，这个仗就好打多了，小鬼子的迫击炮吼了几声，又被任兆宗的迫击炮追着打，很快也没了脾气。

凌小帆高兴得啊，手舞足蹈，他率领着手枪排来回巡视，大声地呼叫着：“弟兄们，鬼子的火炮完了，我们还怕什么！我看鬼子的炮兵就是怂蛋，这么不经打。有种的再来啊！来啊！”

士兵亲眼看到日军火炮的暴戾与灭亡，一阵嗷嗷大叫：“打得好！打得好！”“坚决把小鬼子杀干净！”“誓与阵地共存亡！”

鬼子失去了火炮和迫击炮的支援，重机枪中队就显得尤为重要，12 挺重机枪还在“咯咯咯……”地叫着，掩护着鬼子冲锋。九二式步兵炮都完了，任兆宗根本没拿它们当个菜，一顿炮击，又把重机枪砸哑巴不少。

午后，北风骤起，风沙肆虐，可见度极低，一小股日军借着风沙从湮没半截的圩墙爬了进来。守军毫不畏惧，和日军拼起了刺刀，刺刀的撞击声，突刺的大叫声，临死前的哀号声响成一片。日军擅长拼刺，凌小帆营算是见识到了，三四个战士才能勉强对付一个日本兵。

一个小战士因为个头矮，被日军刺中了眼睛，满脸是血，他硬是扑上去，死死抱住鬼子，拉响了手榴弹。一个外号叫“愣头青”的士兵勇猛异常，刺刀弯了，便抡起枪托子猛砸，硬是砸得一个鬼子脑浆迸裂。

日军的后续部队正在向这里增援，如果两股鬼子合兵一处，后果不堪设想。可是眼前的鬼子又是异常凶猛，硬是不退。

关键时刻，陈树领着特务二营预备队，前来增援。陈明义大声地喊着：“用枪打，别客气！”“啪啪啪”一阵枪响，小鬼子纷纷倒地。

陈明义挺着一把刺刀，朝着鬼子就扑了过去。鬼子的刺刀比中正式长着十多厘米，再加上技术精湛，确实难以对付。但是陈明义不怕，早和鬼子搏击多次了，哪一次都是险中取胜。

这个小鬼子“呀——”的一声大叫，刺刀朝着陈明义的胸口刺来。陈明义不慌不忙，往外一拨，把鬼子的刺刀拨于外侧，手脖子一拧，朝着鬼子的胸口就是一刀。小鬼子慌忙后退，躲过这一刀，又把枪端在了胸前。

陈明义不怕，小鬼子却害怕了，因为看到越来越多的人朝他拥了过来，身边的人已经没有几个了。他大叫一声，朝着陈明义一个突刺，陈明义把他的刺刀拨开，又是一个反刺。

正在这时，凌小帆率领手枪排冲了过来。手枪排用的全是德国二十响，就和小机关枪似的，近战威力特别大，打得鬼子纷纷倒地。陈明义借着小鬼子犹疑四顾，精神不集中的这个机会，一个突刺，把这个鬼子刺于胯下。

陈树看了看，爬上圩墙的鬼子已经全部被歼，凌营也伤亡极大，急忙喊着："清理战场，重新占领圩墙防守。"凌小帆也大声地呼喊着："打得好！小鬼子胆敢上来，一个不留！就是死，也得拖上几个垫背的。"

这时，副营长从西边跑来，大声喊道："营长，弟兄们，孔营已渡过潍河，天一黑，就接应我们突围。"

一时部队士气大振，战士重新守卫在圩墙边，养精蓄锐，就等着天一黑，在援兵的支援下，突出重围。

晚霞在天边凝成血色，大朵灰云好似冻结，阵地上静得令人心悸。突然，圩墙外几声闷响，一团团浓重的黄烟贴着地皮滚过来，随风飘进圩墙。陈树顿时感到喉头辛辣，眼睛酸涩，头脑发晕，不好，这是敌人的毒气弹。

陈树大声地喊道："鬼子放毒瓦斯了！快趴在沙子里，用毛巾尿上尿堵上口鼻。"

战士有的反应慢，已被熏昏了过去，有的反应快，把头埋在了沙子堆里，有的干脆用刺刀割下一段袖子，尿上尿，捂住口鼻。

幸亏风大，不一会儿毒瓦斯散尽了，战士才敞开肚子喘气。日军见毒气无效，也不敢贸然进攻，仍旧围成个铁桶阵，四面点上篝火，断断续续地向村中放枪。

陈树凑近凌小帆的身边说："凌营长，不是说天一黑孔营来接应我们吗，怎么还不来？"

凌小帆观察了一番四周："可能鬼子太多，孔营不敢过来。"

陈树提议："战士坚持了一天，子弹也不多了，到了天亮，形势怕更加危险，今晚必须突出去！"

凌小帆点了点头："我也是这么想的。有山靠山，没山独立。"于是凌小帆下了命令，叫各连带好伤员，由没负伤的组织突击队，准备突围。陈树也下了命令，带好伤员，跟着凌营一块儿往前冲。

正在这时候，一股日军从西南方摸进村，正在悄悄往村中前进。凌小帆接到哨兵的报告后，立刻把仅有的几颗子弹压进枪膛，低声地下达命令："弟兄们，上刺刀！"

黑暗中，战士们悄悄地上好刺刀，就连重伤员，也握紧了最后的一颗手榴弹，必要的时候和敌人同归于尽。

就在敌人冲到跟前的时候，凌小帆大吼一声："冲啊！弟兄们——"

上百把明晃晃的刺刀迎上去，双方厮杀在一起，前面的倒下了，后面的继续往前冲，双方均死伤大半。借着这种后浪推前浪的气势，凌营队伍滚滚向前，就在杀光了眼前的敌人，快要冲出村口的时候，鬼子的一挺重机枪挡住了去路。

三年式重机枪"咯咯咯……"地吼叫着，就像母鸡下蛋一样，吐着一串串火舌，射出一串串杀人的子弹。前面的战士纷纷倒下……

凌营只能被压制在地上。要是在平常，这不算什么，很快被战士开枪击毙。可是现在不一样，战士几乎没了子弹，有的也只剩下几颗子弹。

曹班生排的曹金班长，像一个皮球似的滚过去，半道上，中了几弹，但他还是忍着剧痛，继续前进，滚到了敌人跟前，抛出了一颗手榴弹。

"轰——"的一声，敌人的重机枪哑巴了。

借着这个机会，凌营和特务二营的官兵一跃而起，冲了过去。敌人的后面又枪声大作，凌小帆大喜，大吼道："弟兄们，孔营来了，集中火力，向西南方向突围！"

战士继续血拼，不顾弹雨横飞，杀开条血路突了出去。在敌人的不断射击中，不少战士倒下再也没有起来。

冲着冲着，凌小帆只觉得胸口一麻，鲜血洇出了军衣。陈树一见凌小帆受伤了，和陈明义拖着他就往外走，一边拖着，一边给他往伤口里塞急救包。可是不管怎么塞，血还是止不住地往外流，人已经昏迷过去。

第45回 血战（二）

陈明义背起凌小帆，陈树扶着，继续带领着队伍往外冲杀。黎明的时候，终于冲出了敌人的包围圈。陈树看了看队伍，两股队伍合起来，也就是百十来人，特务二营也就只剩下四五十人，可谓损失惨重。

冬季的大平原一览无余，早就失去了青纱帐的掩护，一百多人的队伍很难保住密。甘泉、景芝是潍坊通往日照公路的大据点，根本过不去，只能从甘泉旁边绕。就在离甘泉不远的地方，又有一支鬼子队伍挡住了去路。

这回带队的是高岛中队长，亲自带着一个中队的日军，一个中队的伪军拾“洋捞”来了。虽然夏坡一战，高岛吃过陈树的亏，可此一时彼一时。这时候的陈树，枪里无弹，伤兵满员，肚里无食，疲惫不堪，更何况是重兵挡道。

高岛趴在地上，操着半生不熟的中国话：“陈树君，我的，等待你多时了！我们大日本皇军，大大的尊重像你这样的战将。跟着我们皇军干吧，皇协军一团团长将是你的位置，让我们一起，共创大东亚共荣圈。”

“放你娘的狗臭屁！”陈树骂道，“你们日本人是侵略者，杀人放火，无恶不作，我岂能做你们的走狗。你们要是识相，放下武器，来投降我们中国军队，我们还可以考虑一下，放你们一马。

否则的话，以后只能是死路一条！”

高岛气得胡子乱翘，骂道：“陈树君，中国有句话叫识时务者为俊杰，你现在还有打仗的本钱吗？我知道，你们的子弹早就没了，趁我现在没有后悔，心情还好，请你们放下武器，全部投降，我们皇军将保证你们的生命安全。否则，统统死了死的，一个不留！”

“哼！”陈树骂道，“你要是能打过我们，不就早打了，正因为打不过，才放这狗臭屁。是骡子是马拉出来遛遛，谁胜谁负还是凭实力说话！”

高岛还想凭着他那两片臭嘴，说服陈树和凌营的队伍放下武器，一看没咒念了，只好发脾气道：“全体皇军和皇协军听令，目标，陈树的队伍，上刺刀。鸭子给给——”

日军也疯了，在机关枪和掷弹筒的掩护下，像一群疯狗似的冲了过来。

陈树也大声地对自己的官兵吼道：“凌营和特务二营的全体官兵听着，全体上刺刀——”

战士们鼓起最后的力气，在步枪上安上刺刀。除了重伤的，七八十只刺刀在冬日的阳光下闪着寒光。陈树看了一眼任兆宗问：“还有多少炮弹？”

“还有 3 发九四式 90 毫米迫击炮弹。”

“全部打出去！”陈树果断地说。

高岛的队伍排成密集的队形向前冲锋，他们是记吃不记打，早把陈树有迫击炮的事情忘在脑后。

“轰轰轰”，只听到三声巨响，威力强大的 90 毫米高爆榴弹在队伍密集的日军中炸开，几十个日军倒下再也没有爬起来。还有几十个日军，虽说还在冲锋，腿脚却出了问题，跑了没几步，有的“咣啷”一声歪倒，有的精神头差多了，显然是负了伤。

没有负伤的几十个日军，士气大受影响，个个蓬头垢面，衣衫褴褛，那是被灼热的火焰、浓浓的烟雾烘烤的，被横飞的弹片撕扯的。

两支队伍很快地搅和在一起，刺刀的撞击声，抱在一起的翻滚声，刺刀捅入皮肉的“噗哧”声响声一片。陈树面前也冲过来一个鬼子，“啪啪”两枪，陈树把枪中仅剩的两颗子弹送给鬼子，弯腰拾起他的三八大盖，继续向别的鬼子冲击。

又来了一个鬼子，一刺刀向陈树捅来，陈树把他的刺刀拨在外侧，然后一个突刺。鬼子后退半步，手腕子一拧格过这一刀，然后又一刺刀向陈树刺来。陈树后退半步，别住他这一刀，再一次向他刺去。

交战了几个回合，陈树发现了他的弱点，自己从小练武，功夫在下盘，而小鬼子行伍出身，讲究脑、手、腿一致，显然没练过什么功夫。机会来了，趁着别住鬼子刺刀的时候，陈树暗暗地把全身的重量蓄在左腿上，腾出了右腿，照着小鬼子的裆部就是一脚。

这一下踢准了，怕是给小鬼子绝了育，只疼得他跳起来，哇哇大叫。借着他疼痛难忍精力不济的时候，陈树给了他一刺刀，捅在小鬼子的肚子上。小鬼子一下子倒在地上，陈树又给了他一刀，小鬼子蹬跶了一阵子腿，不动弹了。

陈明义这时候也干倒了一个鬼子。而任兆宗呢，反正迫击炮没炮弹了，驳壳枪的子弹也没了，他干脆摸起地上的一个迫击炮底板，当作武器乱挥。一个鬼子给了他一刺刀，任兆宗用底板挡了一下，格了过去，然后一个近身，用底板别住鬼子的刺刀，就和鬼子靠在一起。

鬼子的刺刀虽长，但是两个人靠在一起，就没有什么优势了。任兆宗大屁股一撅，朝着鬼子的腰上撞了过去。小鬼子比任兆宗矮一头，那身子也窄出这么一圈，两个人根本就不是一个级别，叫任兆宗这么一撞，顿时腰就和折了一样，不管事了。

任兆宗看到小鬼子光龇牙，怎么不动弹了，好呀，叫你装孙！举起底板就朝着他头上砸了一下。身大力不亏，凭着任兆宗这力气，再加上几十斤重的底板，一下子砸了小鬼子个脑浆迸裂，立刻玩完，腿都没有蹬一下。

现成的武器他不捡，任兆宗还是挥舞着钢铁的底板乱抡。按照他的话讲，干么指望么，卖么吆喝么，只要不死，就不能丢下炮兵的武器。

曹班生抱着没了子弹的捷克式轻机枪舍不得丢掉，一个鬼子看着是个便宜，挺着刺刀扑过来想要这挺机枪。曹班生急红了眼，一下子拉开了一颗手榴弹的弦，吓得小鬼子连连后退，正巧被任兆宗撞到，顺手给了他一铁板。

“轰”的一声，曹班生扔出了这颗手榴弹，炸死了几个鬼子。

也有不少的战士倒在敌人的刺刀下，鲜血染红了这片战场。

陈树的队伍虽然奋力作战，但还是落在下风，要想撤出去，根本不可能，只有全部战死在这片土地上了。正在危急的时候，突然一支队伍杀到，只见领头的个子不高，但枪法特别精准，几乎一枪一个。

陈树仔细一看，这个领头的人不是别人，正是政训处的白玫瑰。

至于别的人就不怎么样了，枪法也不精，拼刺也不强，腿脚也不如士兵利索，年龄还偏大。使用的武器也是五花八门，有盒子炮，也有撸子，还有中正式步枪和汉阳造。这是怎么回事呢？原来白玫瑰领着她的政训处军官到附近执行任务，看到此处正在激战，也急忙赶来参战。

甭管怎么样，援军突然前来，陈树的队伍瞬间士气大增，战斗力也强大了不少。

高岛原来还想旱地里拾个鱼，打败这支残兵，没想到三颗炮弹竟然让他损失过半，再加上陈树队伍的顽强抵抗和援军的到来，真的扛不住了。他心想：安丘就这点儿日军，要是全光了，怎么守城？只好喊了一声："皇协军的掩护，我们撤退。"率先向后面逃去。

日军都跑了，伪军哪还有心抵抗，也紧跟在日军后面向后退去。

陈树看了看血腥的战场，真是欲哭无泪，虽然鬼子伪军死了不少，可是凌营和特务二营又倒下了三四十人。再大的痛苦，也只能打掉牙咽到肚子里，来不及打扫战场，也来不及掩埋战士的遗体，只能叫队伍抬着重伤员，迅速越过潍日公路，向西北退去。

凌小帆躺在担架上，气若游丝。陈树趴在他的耳朵边，听到他说："陈营长啊，一定要把我……抬到崔芭峪，我要面见栗司令。"

陈树安慰他："一定要坚持啊，我们一定把你抬到崔岜峪，见到栗司令。"

听到此话，凌小帆闭上眼睛，又已昏迷。

队伍刚到了后王庄村边上，又有一支队伍拦住去路，足有二百多人。这支队伍穿着黄军装，戴大盖帽，一看就不是什么好人。他们在前面排了一个阵势，约一个连挡住去路，后面成散兵形，三三两两地占据了好大一片地方，几乎把所有要去的道路都堵死了。

陈树急忙叫队伍趴下，隐蔽在一条壕沟里，厉声喝问："前面是哪支队伍？"

一个戴大盖帽的军官龇着大板牙叫唤："我们是安丘警备大队的，我叫徐观聂，早就知道你是陈树，在甘泉和高岛太君打了一仗。所以嘛，高岛太君叫我们在此等候，量你也跑不出如来佛的手心，让我来劝劝你。"

一听说是警备大队的二鬼子，陈树并没和他叫板，而是客气地说："既然都是中国人，有些话就好说了。你守你的安丘城，我走我的独木桥，和你们什么关系呀？！没有开仗之前，趁早放开一条道，让我们过去，这样以后见了面，也好说话！”

徐观聂却是吊死鬼抹胭脂——死不要脸，厚颜无耻地汪汪：“话不能这样说，等了你好长时间，干什么来了？也不能一枪不放就走啊！”

“有话就说，有屁就放，咱们是枣核子解板——没拉头。”陈树继续训斥他。

“是这样的，”徐观聂倒是客气，不慌不忙地说，“我们早就知道你的过去，参加八路军，被人家赶了出来。加入了栗小鬼的队伍，受尽苦难，还不被重用，差点儿被怀疑是共产党，成了冤死鬼。我说陈树呀，还是跟着我们干吧，我们皇军礼贤下士，绝对重用你这样的人才。要不，我这个警备大队长不干了，让给你干？让我们二中队长跟你说说，在我们这里都有哪些好处。”

二中队长脸皮更是比城墙还厚，说着当伪军的种种好处。陈树一听，这不是二邪子吗，怎么又干上警备队了？

第46回　血战（三）

原来二邪子领着一帮土匪没有合适的地方可去，恰巧警备队成立，所以也就入了警备队，成了警备队的铁杆汉奸。他滔滔不绝地说道：“人活一世，草木一秋，一辈子能有几个好时候啊！原来跟着张司令干，大口吃肉，大碗喝酒，大秤分金，多痛快啊！本想着到栗小鬼那里混个一官半职，光宗耀祖。没想到，却中了栗小鬼的鸿门宴，张司令和不少弟兄遭到你们的陷害。

“现在我跟着高岛太君干，日子也不错，赏钱花不了，还管着一百来人，比在张司令手下官还大。真是好馆子随便吃，贵东西随便买，俏娘们随便日，过起神仙般日子。怎么样啊，过来享福吧！”

听着二邪子的混账话，陈树真想一枪崩了他，可是枪里早已没有一颗子弹。再看自己的这些兵，真是伤兵满员，疲惫不堪，别说开战了，能走道就不错了。男子汉大丈夫，该服软就得服软啊！陈树只得说："徐队长啊，还有二中队长，你们说得这些倒是好事，好日子谁不想啊！这么着吧，容我回去好好想想，尽早给你回个信。"

没想到徐观聂口气却硬了起来，不上陈树的当，咬牙切齿地骂道："哼！想叫我做华容道上的关云长啊，门也没有。今天你只有两条道，要不放下武器跟着我们干！要不，只能是被我们灭了！"

二邪子也嘿嘿一笑，一语道破了陈树的计谋："我说陈树呀，你也真够精的，这不明明是缓兵之计吗？恐怕过了这一关，就不是你了，这不是骗三岁小孩子吗？！"

陈树骂了一句："费了半天唾沫，还得靠实力说话。"对部下大吼一声："全体注意，上刺刀——"

没有负伤的十几个战士尽管疲惫不堪，还是抖擞精神，费力地上了刺刀。轻伤员整理了一下伤口，握紧了手中的枪，重伤员费力地从担架上爬起来，有的攥紧手中的刺刀，有的拉出了最后一颗手榴弹的弦，套在手指头上。

陈树的心里有些悲哀，心话："弟兄们对不住了，恕我带兵无能，使你们陷入绝境。"

白玫瑰也大声吼道："政训处的全体人员注意，我们也不是软蛋，一定要和这些汉奸血战到底！"

在白玫瑰的号召下，来援的人员紧紧地靠拢在白玫瑰身边，做好了拼死一战的准备。

陈明义早就看透了眼前的形势，紧紧地靠在了陈树的身边，小声说道："三弟，跟着你我不后悔。到了阴间，你还是我的三弟。"

任兆宗拿着他那块迫击炮底板，对陈树扬了扬："不能同年同月同日生，但愿同年同月同日死！”

曹班生、王凌云、郑西伦也紧紧地靠在陈树的旁边。曹班生拉着陈树的衣角：“三哥，我代表曹金班长，咱们弟兄七人今天是最后的日子，也是开始的日子。到了那边，成天快快乐乐，还是好弟兄！”

陈树看到该说的已经说了，已没有了挂心事，对全体官兵吼道：“弟兄们，我们特务二营和凌营没有一个孬种。为了我们的信仰，为了我们的国家和人民，一定要战斗到最后一个人！”

那边徐观聂也在做着决战前的最后动员：“弟兄们，逮住一个活的，20 块银圆，一个死的 10 块银圆，战死的，我好好安葬。为了大东亚共荣——我们也要战斗到最后一刻！”

徐观聂孬，二邪子更孬，他凑到了徐观聂身边，出着骚主意：“他们没子弹了，盼着我们和他们拼刺刀。我们偏不上这个当！”

“你说咋办？”

“我们一拨拨地冲到他们跟前，子弹打不着他们，就用手榴弹炸，炸也把他们全炸死！”

徐观聂一听，这是个好办法，奸诈地一笑，对二邪子称赞道：“就依你的办，领着二中队灭了他们！”

二邪子得到命令，对中队里的汉奸吼道：“弟兄们，今天我们给张司令报仇的机会来了，就叫陈树他们阴间里给张司令陪灵去吧！”说着，指挥着伪军二中队对陈树他们实施起罪恶的攻击。

汉奸以班为单位，一班班地冲到陈树他们的壕沟跟前，并不急于冲锋陷阵，而是往里扔手榴弹。“轰轰轰轰”一片片的手榴弹，在壕沟里炸响。一个班投完手榴弹后闪开，另一个班继续往里投。

这下子陈树和凌营的队伍毁了，要还手没有子弹和手榴弹，只能任其轰炸。有几个战士想往旁边转移，可是二邪子那帮土匪枪法特别准，手枪一响，早有几个战士倒了下去。

陈树大声地吼叫着：“避开敌人！避开手榴弹！”可是在轰

轰乱响的爆炸声中，又有几人能听到他的声音？

一种逃生的本能，使陈树在壕沟中翻滚、挣扎，慌乱中，一个小战士被他压在身子底下。旁边弹片乱飞，陈树只觉得背上一麻，不用说，肯定是受伤了，感觉到一种液体流了下来，淌在下面那个小战士身上。

底下的那个小战士拼命挣扎，陈树心想，我死了，总算还能护住一个，也算尽到我的责任！拼命地压住他的身体，不叫他乱动弹。底下的小战士还是拼命挣扎，乱动了一阵，没劲了，只好作罢。

陈树的队伍全军覆没已是必然之事，只是时间长短的问题了。

正在这时候，突然从南面传来一阵激烈的枪声，警备队的汉奸被打得纷纷倒地。接着一彪人马冲杀过来，为首的正是韩寿臣团长，他亲自率领着韩剑舞的二营救援来了。张秀亭带领着二营八连，冲在了最前面。

要说徐观晸的警备队，欺压个百姓，维持个秩序，倒还可以，欺负一下陈树的队伍，也是在特殊地点特殊情况之下。要是和国民党的杂牌军作战，就太高看他们了，一看来了比他们还要强硬的军队，早脚底下抹油，跑得比谁都快。

陈树一看韩寿臣的队伍来了，嘟囔一句："老天有眼，真是天不灭陈啊！"慢慢地爬了起来，底下的那个小战士也坐了起来。陈树吓了一跳，看到此人不是别人，正是白玫瑰。白玫瑰骂了一句："你又占老娘的便宜啊！"

陈树一声苦笑："真是得了便宜卖乖，我也并不知道底下是你啊！要不是你，我……"下句话，陈树没好意思说。

陈明义和任兆宗跑过来，一看陈树身上满是鲜血，大吃一惊："陈团长，受伤了！"赶紧找到陈树的伤口，止住血，并给陈树缠上绷带。

陈树活动了一下身体，觉得并无大碍："皮外伤，小意思，命还在。”

白玫瑰这才知道，陈树为了自己负了伤，心里有一丝歉疚之意，但骄横惯了，没好意思道歉。

陈树一屁股墩在地上，觉得浑身再也没有一丝力气，白玫瑰赶紧扶住了陈树。韩寿臣跑过来，看着陈树的伤口问：“陈团长，伤得怎样？”

陈树稍微缓了缓，才恢复了一些体力，紧紧抓着韩寿臣的手说：“小伤，没什么。韩团长，要不是你们，特务二营全完了。”

“一家人不说两家话。”韩寿臣安慰陈树，“把队伍带出来，能连过敌人的三道封锁线，也就是你吧。”

韩寿臣急忙招呼着韩剑舞的二营：“赶快照顾好伤员，抬担架，补给养，让陈树这些人歇歇。”

八连的司务长张俊千一颤一颤地挑来了一担包子，对陈树递过一个亲热的眼神，然后说：“什么也别说了，先吃饭要紧，我知道你们，几天苦战，恐怕早饿透气了！”

何止是饿透气，简直整个身子都空了，再不补充，就得瘫到地上。陈树一手抓起三个包子，狼吞虎咽，战士也各不相让，先把肚子弄圆再说。至于伤员呢，早有二营的官兵前来照顾，喂汤喂饭。

吃饱喝足了，才觉得一股子底气慢慢升起，又成了活人一个。

再补充上弹药，心里更加豪气，遵照凌小帆的意见，陈树要亲自护送他到崔芭峪。

和陈树同行的，还有白玫瑰和政训科人员。她一路上并没有多说话，陈树也懒得和她说话，一种悲伤的情绪笼罩着全身。她看了看陈树，终于憋不住了：“谢谢你啊，陈团长！替我挡了弹片。”

“我也谢谢你，白科长，”陈树心里的悲伤早就压过了情殇，“感谢你们这些文人前来救我们，你们的伤亡也不小。要不是你们，恐怕我们也支撑不了这么久。”

“这都是应该的。人的命只有一条，我还是谢谢你救了我的命。”

“战场上没有谁感谢谁的！但愿我们背后，不要互相踢互相咬了。”

在陈树一行人的护送下，凌小帆一口气顶着，终于到了崔芭峪。栗文礼闻讯，亲自跑到军医处来看凌小帆。凌小帆身体渐凉，双目紧闭，气若游丝。

栗文礼贴近他的嘴边，问：“凌营长，还有什么话说？我听着呢。”

凌小帆半睁开眼睛，喃喃地说：“抗战……到底……绝不……投……降……”心里的话撂下了，才慢慢地闭上眼睛，心脏停止了跳动。

凌营剩余的士兵，一阵哭声。

凌小帆阵亡后，栗文礼伤心过度，开始失眠。他本来血压就高，又兼诸事不顺，一时急火攻心，竟引起轻微中风。

第47回 栗文礼戒烟

因为是结拜兄弟，陈树不能不来看看，所以从夏坡赶到崔芭峪。背上的伤没有什么大碍，很快见好。陈树先去丁叔言处了解栗文礼的病情，丁叔言是栗文礼的政训处副处长，曾带着万贯家产来投栗文礼，为栗文礼在财务、后勤方面解决过大难题。

丁叔言看到陈树来了，起身说：“兄弟来得正好，听说你和栗司令早已为结拜兄弟，我陪着你去劝劝栗司令。”

“怎么了，不是病情很轻吗？”陈树问道。

“中风是很轻，腿脚不方便而已。你知道吧，他染上了大烟瘾！”

陈树一听大吃一惊：“这病比中风还要可怕，染上这病，听说会意志消沉，如何能领导我们打日本！”

“这一阵子，他犯了高血压，头痛日渐加重，老申劝他抽几口大烟缓解病情。没想到，他竟上了瘾不能自拔。”

“时局维艰，三军主帅岂可沉溺于鸦片之中。”

“贤弟说话委婉些，他又不糊涂。”

俩人进了栗文礼的深宅大院，从窗户隐约可见栗文礼正歪在炕上吞云吐雾。丁叔言朝陈树递了个眼色，陈树抢先一步轻轻推开门。栗文礼一见二人进来，搁下烟枪，坐正身子：“贤弟什么时候来的，正打算让丁先生叫你。”

陈树双脚立正，打个军礼：“听说栗司令病了，即刻赶来，先找丁先生问了问情况。”

栗文礼轻轻拍下脑袋:“哦哦,没啥大毛病,就是头疼得厉害。”

陈树拿起烟枪看了看：“怎么抽起这个！它可不是治病良药，铁打的身子骨也架不住青烟熏燎。”

栗文礼脸一红：“贤弟说得极是，不过，医生说抽口烟可以缓解压力。”

陈树正色道：“弟兄们跟着你背井离乡，艰苦转战，哪个压力小？当初在潍县，你杀了多少烟贩子和大烟鬼。带头树风，又怎么能带头破坏规矩呢？！”

见栗文礼低头不语，丁叔言趁机道：“陈团长所言不无道理，想戒的话就戒了吧，免得日后受累。”

栗文礼淡淡一笑：“我就知道，劝我戒烟的只能是你俩，这份情谊我不能不领。坐下吧，有件事正好跟你俩商量一下。”

栗文礼严肃地说：“几天前，于学忠司令，险些被人刺杀。”

丁叔言和陈树听了大惊，都急着问：“于司令处戒备森严，怎么还会遭到刺杀？”“于司令领导着山东抗战，真要被刺，损失可就大啦。”

“这事也挺怪的，”栗文礼说，“于学忠自许家庄去圈里，途中遇袭受伤，特务连从现场捡到数块手榴弹皮，上面铸着‘还我旧山河’字样。于学忠知道这是‘考团’自制手榴弹，下令取缔四支队番号，限我十日之内将考斌之绑交战区总部。”

听了此话，丁叔言和陈树默然不语。

好半天，陈树问：“栗司令，你认为考团长会派人刺杀于司令吗？”

栗文礼想了一会儿说：“我想不会，考团长如果这样做，没价值啊。陷我于不忠不义不说，对他什么好处？一点好处也没有。”

“据我所知，”陈树说道，“考斌之正在潍北前线，而且干得还不错。这样借刀杀人之计，连小孩子也看得出来。栗司令，可要三思啊！”

栗文礼点了点头：“我想也是。可是好人死到证件手里，我不好出面说话。贤弟和于学忠有点关系，辛苦点，帮我一个忙，既为考斌之解了此难，也算为我解了一道难题。”

丁叔言笑着看了一眼陈树：“陈团长出面最好。考斌之是栗司令的左膀右臂，岂能随便失去，陈贤弟有勇有谋，此去必有办法。”

陈树只好说：“恭敬不如从命，我再替栗司令跑一趟吧！”

栗文礼急召考斌之从潍北前线返回，然后和陈树带着几名卫兵一块儿到战区总部去。

战区总部在沂蒙山的许家庄，路上陈树问考斌之：“考团长，我问你一句心里话。这个刺杀案是不是和你有关系？”

考斌之冷冷一笑：“如此奇谈怪论，像陈团长这么聪明的人，也会相信？”

陈树叫了一声：“我不信，栗司令也不信！”

“那就好，我们同去战区司令部，弄个水落石出。”

“栗司令跟考团长肝胆相照，情同手足，肯定是没什么问题。

我担心你们内部有人心怀叵测，勾结日寇或者图谋不轨。如果这样，我劝考团长远走高飞，栗司令甘愿担这个责任，绝不怪罪！”

“既然弹片上有四支队标志，就由我去说清，岂能让栗司令坐蜡！”

“我听说于学忠火气正盛，贸然前去，恐怕凶多吉少。”

“清者自清，浊者自浊，兄弟放心好了。”

考斌之一路上悲愤难抑，心乱如麻，离许家庄老远，就被哨兵拦住，直接带到了战区特务团。特务团米团长，眯着眼睛，看着考斌之问：“考支队长是来负荆请罪的吧？”

考斌之火辣辣地说：“四支队成军以来，大小数十战，伤亡近五百，不曾出过一个叛徒，我想问问于总司令，凭什么把我部定为叛军？！”

米团长眨巴了一下眼睛：“可能有误会，见了总司令再说吧。”

到了司令部门口，米团长让考斌之和陈树稍等，自己进去通报。过了片刻，米团长出来说：“总司令有请，你俩把枪交出来，我暂为保管。”

两人只好把枪交出来。进了大门，影壁墙后过来俩长官，拦住陈树说：“请这位长官南屋喝茶。”陈树说：“老长时间没见于总司令了，想一块儿进去说上两句。”

这两人有些生气，还没有人敢在这里讨价还价，一个长官眼一瞪，眉毛一皱吼道：“不叫你进就不能进，这是命令！”

陈树再要说什么，就听屋里说：“叫陈树也进来吧，自家人。”

考斌之和陈树跟随米团长进了幢青砖高房，就见于学忠端坐在八仙桌旁，左臂缠绷带，吊在脖子上，旁边站着个身材魁梧的护兵。考斌之和陈树两腿并拢，“刷”的一个立正，抬起右臂行了一个军礼。

考斌之大声道：“报告总司令，挺进第二纵队四支队支队长考斌之奉命前来投案。”

于学忠板着面孔："考支队长，想必你都知道了。"

考斌之昂首挺胸，不动声色："听说总司令下令捉拿卑职，卑职不胜惶惑，因此前来问个明白。若有违反军令处，卑职不敢避斧钺之诛，听凭总司令制裁！"

"很好，那我就不兜圈子了。考支队长，你看看这是什么东西？"于学忠随手打开桌上一个木盒子。

考斌之扫了一眼："报告总司令，是手榴弹壳。"

"认识就好，"于学忠拿起块弹壳朝考斌之一亮，"上面这几个字考支队长一定不陌生。"

考斌之上前一步，接过弹壳仔细看了看，抬头说："上面铸有'还我旧山河'，是我四支队造的手榴弹。"

"哦，它把我左臂炸伤了。"于学忠目光阴冷，盯住考斌之，"我怀疑是你派人干的！"

考斌之仰起头，轻松一笑："总司令你想想，你不避艰险，深入敌后，力挽狂澜，对我们这些杂牌军竭力庇护。斌之是正直军人，有什么道理害你！如果真要害你的话，何不用鬼子的'小甜瓜'？那个威力多大。"

"你的部属呢？难道就没人贪图富贵，和鬼子一个鼻孔出气？"

"我的部属是我一个个亲手挑选，敢用脑袋担保！他们要是敢行刺总司令，我还不活剥了他的皮？"见于学忠抬起眼睛，考斌之低声说道，"这个事我想了很久，我部驻防安丘时，五十七军六六八团韩营长来访，曾带走10颗手榴弹，说回去仿造。"

"你说的是韩子嘉？"

"正是此人。把他找来，问问那10颗手榴弹现在何处就明白了。"

正在此时，桌上电话铃响了。于学忠听了一阵，放下话筒，对米团长说："坦埠八路军那边来电话，说拿获一名逃入彼军防区的我部军官，名字叫韩子嘉，还从他身上搜出封密信。”

“果真是他！”

“你率骑兵连去一趟，务必活着带回。”于学忠嘱咐米团长说。

安排完这些事，于学忠这才对陈树说：“兄弟呀，这次来了，又给我带些什么好消息呀？”

陈树笑了笑说：“在送好消息之前，我先祝贺于总司令和考团长，这就是个小儿科，借刀杀人之计，像于总司令这么英明的人怎么会看不出来。这种叫亲者痛仇者快的事情，傻瓜才会上当呢！”

于学忠笑了笑：“是啊，就是韩子嘉不借手榴弹，内部的人捣腾出几颗手榴弹也说不定呢！我也就是把考团长叫过来问问情况。”

“鲁西的部队叫我捎信说，如果需要他们出兵帮助的话，他们一定前来帮忙……”其实陈树说的这些话，也就是卖个人情罢了。话里的意思是，虽然范筑先殉国了，但是陈树和范筑先剩下的部队，关系还是很铁的。

于学忠哈哈地笑着，当然也是心知肚明，由于以前和范筑先的南征军关系很好，对陈树当然也得客套一番，这就叫不看僧面看佛面。

为了弥补自己的“问罪”之嫌，于学忠嘴角含笑，歉疚地对考斌之说：“考支队长，留下来好吗？我这里正缺个师长。”

第48回　黄旗堡搞给养

考斌之一个立正说：“感谢于总司令栽培，栗司令沉疴缠身，那边正需要人。”

“猛将起于卒伍啊，”于学忠拍拍考斌之的肩头，“告诉栗司令，安心养病，战局坏不到哪里去。”

陈树心里想道，什么给个师长旅长的，那都是客气话！于学忠能坐到今天这个位置，没有一点儿驭人之术是不行的。

下午的时候，米团长从坦埠来了电话，说那边已经弄清，正是韩子嘉使的借刀杀人之计。既然考斌之洗脱了嫌疑，于学忠不留，考斌之也不愿意多待，赶紧回崔芭峪大本营。

当日黄昏，考斌之、陈树回到了崔芭峪。栗文礼早备好了酒席，既是接风，庆贺考斌之解除了不白之冤，也算饯行，送考斌之重回潍北前线。酒席上，栗文礼对陈树悄悄地说：“戒烟的事，贤弟看好吧，我把它戒了。悄悄地来，也就让它悄悄地走吧！”

陈树知道，这是栗文礼不愿意声张，怕传出去影响不好。于是点了点头说：“我知道的，就当我什么也没有看见，什么也没有听见。”

从那以后，栗文礼果然戒掉了大烟。

按照栗部新的布防计划，韩寿臣团又被安排到留山一带驻防，团部设在前崮山沟，三个营部各个连，分别驻留山周围各个村。这个前崮山沟村在夏坡的西南15公里，算是在大山深处，植被丰富，山叠着山，它的西南13公里，就是栗文礼的大本营崔芭峪。

山区窝里不比夏坡这个山区边上，给养渐渐困难，吃的穿的都成了问题。进入十月，西北风越吹越紧，因冬衣尚无着落，韩寿臣心事重重。一日晚上，他和陈树出了前崮山沟，向北一路上坡。

留山羊肠小道上散落着不少软枣树，一阵寒风吹来，黑软枣啪啦啪啦往下落，好像掉下羊屎蛋似的。远处有几棵柿子树，枯黑枯黑的枝干上吊着几个火红的柿子，好像挂着盏盏小灯笼。

快到崮山顶，见一哨兵蜷缩在草窝里避风，韩寿臣心中不快，骂道：“跟兔子争窝，小心叫它蹬了蛋子。”

哨兵站起来，赶紧给韩寿臣打了个敬礼，说：“团长，兔子都穿上棉衣裳了，不会跟咱争。”

韩寿臣张了张嘴，没有说话。一阵风吹来，陈树缩了缩身子：“晚上还真有点冷。”

“棉衣嘛，早有了，就看咱敢不敢去取。”韩寿臣阴沉着脸说。

“在哪里？”

“黄旗堡有个日本人叫立石，专门收黄烟、棉花、梧桐木，他老婆管钱帐，两口子有个宝贝闺女，难道还换不来一千二百套棉衣裳！”

“团长如果看得起我，陈树愿去趟黄旗堡，替你把棉衣裳取来！”

“行啊，你带几名精干弟兄，把那日本妮子弄来。一定要保证她的安全，不能坏了咱的棉衣裳。”

“那个日本娘们还要不要？”

“半老婆子，不值钱。”

黄旗堡是胶济铁路的一个小站，陈树跟着章红立干的时候，曾经奇袭过黄旗堡车站，搞过武器和物资，扒过铁路，所以对这个地方并不陌生。

几天后的一个上午，陈树带着陈明义、任兆宗，曹班生几人，扮作烟叶贩子，推着两车烟叶到了黄旗堡，找到了“立石张所”已近黄昏。几个人磨磨蹭蹭卖了烟叶，便在附近找了个客店住下。

子夜刚过，陈树一行人出了客店，扑向“立石张所”。几个人执枪在手，散开警戒，陈明义攀上墙头，将一块沾过毒药的熟牛肉扔进院中。一条日本土狗扑过来，嗅了嗅，又走了。陈明义正在着急，土狗又转回来，摇了摇尾巴，三口两口吞下牛肉，趴在门口抬起爪子搔耳朵。

约莫一袋烟工夫，土狗打个滚，躺下不动了。

陈明义蹿上墙头，看了看院子，朝后招了招手，曹班生也攀了上去。两个人双臂一展，轻飘飘落在院中。先附在窗外边听了一阵，又从怀中取出两支迷魂香，轻轻划根火柴点燃，从门缝伸进去。

过了半个时辰，陈明义拨开门闩进去，划根火柴一看，见立石夫妇口角流涎水，沉睡不醒。他急忙折回院中，学了几声猫叫，顷刻，陈树、任兆宗几个也跳了进去。

几个人分作两帮，一帮将立石夫妇嘴里塞上毛巾，横七竖八捆作两个肉粽子。另一帮来到隔壁，把那小妮子堵住嘴，塞进条大麻袋，扎紧口拖出去。早有几匹马在等候，把“货物”放在马上，悄悄绑好。

陈树走在最后，将一封信丢在门口。

当日早饭后，一个汉奸来找立石，商议到安丘城收购烟叶的事，一进大门，见地上有封信，捡起来一看，惊得眼珠子乱转。慌忙进屋，就见立石夫妇扭着身子在榻榻米上挣扎。汉奸丢下信，给立石夫妇解开绳子，掏出嘴中毛巾。

立石吼了一声，半裸着身子冲进女儿房间，立马晕倒在地。汉奸连掐带揉，将他弄醒。

立石顾不上说话，拿起信，仔细读了几遍，汗珠子吧嗒吧嗒往下滴。

当日下午，立石去黄旗堡日军据点借了匹东洋马，按照陈树留下的路线图，鬼鬼祟祟去了留山。到了风魔掌，放下一皮包大洋外带 10 根金条，顺原路退回山脚，就见女儿一个人从西边山道走过来。立石扑上去，将女儿抱上马，牵着缰绳，头也不回，惶惶而去。

手头有了钱，韩寿臣心花怒放，派人购来棉布、棉花，送到战区被服厂。不等第一场雪飘落，官兵都穿上了棉衣、棉鞋，戴上了棉帽，全团上下暖洋洋。

立冬后一天，韩寿臣起了个大早，去后崮山沟看望母亲。后崮山沟就在前崮山沟的北边，离着也就有 1 公里远。一敞门，迎面扑来股凉气，他打了个寒战，不由得精神振奋。出门四望，但见遍山雪白，落了场小雪。

韩寿臣看似行事鲁莽，对母亲却是极为孝顺，一旦队伍安营扎寨，就把母亲安顿在附近村子，时时上门嘘寒问暖。

还没到后崮山沟，就见乱哄哄地跑过来一群人，说鬼子过了任家旺。韩寿臣一听大吃一惊，任家旺在城顶山附近，也就是栗部防区的南部，可以说是大后方。肯定不是安丘的鬼子，也不是潍县的鬼子，这股鬼子哪里来的呢？弄不好是沂蒙山扫荡的鬼子。

要想保住崔芭峪大本营，那就得占领峰山、药山一带，而那一带因为是山沟沟窝里，正好没有栗部驻兵。

事不宜迟，母亲也不能看望了，韩寿臣当即决定，亲自带着二营和特务二营，火速赶往那一带，控制住鬼子进山的道路。

等韩寿臣赶到的时候，鬼子沿着山路，已经过了西柿子园，正在向董家宅村前进。韩寿臣当即命令队伍占领药山，凭险据守。药山上山高林密，怪石嶙峋，极利藏兵。二营有三百多人，陈树的特务二营也恢复到以前的编制，有一百来人。

韩寿臣、韩剑舞、陈树都拿着望远镜，观察着山下的敌人。

这股日军不到二百人，另外还有二百多伪军。陈树小声对韩寿臣说：“鬼子一个中队，汉奸两个中队，和我们人数差不多。但是地形对我们有利，可以一战。”

韩寿臣看了陈树一眼，问：“这场仗你准备怎么打？”

陈树想了想，对韩寿臣说：“主阵地就设在山上，引诱鬼子前来进攻。而放一支部队，就附在鬼子旁边骚扰他，必要的时候还可以当作疑兵，叫鬼子弄不清虚实。”

韩寿臣点了点头：“就依你说的办，我和二营就在山上坚守，你的特务营把鬼子引上山来。然后闪开上山的道，从旁边骚扰敌人。”

陈树答应一声：“是！”立刻领着特务二营去执行任务。

陈树和陈明义、任兆宗、曹班生商量道：“打伏击远了打不着，近了的话也不行，要是叫小鬼子缠住就麻烦了。这样吧，咱们离着鬼子百十来米的地方设伏，任兆宗的炮排离远一点儿，担任火力支援。”

三个人点了点头。

陈树领着特务二营，背靠药山，悄悄向山下运动。离山下小路有一百来米的地方，陈树把手一挥，一排、二排就在此埋伏了，三排离的远一点儿，再往后二百来米。

不一会儿，敌人的尖刀排过来了，是一排伪军，给鬼子充当着挡箭牌，一边搜索一边前进。陈树小声地说：“放过汉奸，专门打鬼子。”

伪军一边搜索着，一边随便地放着枪，有几颗子弹就在陈树的身边扑扑作响。战士隐蔽在一块块石头和杂树后面，竖起耳朵，等候着命令。伪军后面一百来米才是鬼子，他们端着刺刀步枪，耀武扬威地走着，就和逛自由市场似的。

鬼子已经到了最佳的挨揍位置，他们在战士的枪口下全部散开，就像一个个活靶子似的。陈树突然大叫一声：“打！”

第49回　药山之战（一）

顿时，三挺捷克式轻机枪，六十来支中正式步枪，朝着鬼子打了过去，枪声就和炒料豆一般，响成一片。鬼子立刻蒙了头，倒下二十多个，经过短暂的慌乱之后，剩下的鬼子不愧训练有素，立刻就近抵抗，利用小路上的各种石头和树木，乒乒乓乓地射击起来。

小鬼子的9挺歪把子机枪和9个掷弹筒也不是吃素的，朝着陈树的队伍发出密集的火力，只打得一、二排土石乱飞，一团团火光不断爆炸。要是陈树的队伍再继续抵抗下去，肯定是火力压制不过鬼子，一场伏击战马上就要被鬼子反包围，然后被吃掉。

就在此时，只见三颗黑黑的弹丸从不远处飞来，一下子砸进了鬼子的队伍里。“轰轰轰”三声巨响，腾起三团浓浓的烟雾，瞬间就把鬼子的队伍吞没了，接着又是三颗榴弹飞来，又是三团火光，腾起三团烟雾。

陈树一看，此时不撤，更待何时，右手一挥，大叫一声：“往山上撤！”一排、二排架着重伤员，和三排合兵一处，迅速往山上撤退。

82 毫米迫击炮弹威力强大，这 6 颗炮弹可叫小鬼子吃尽了苦头，死伤三四十人。没死的吓了一跳，这支国军厉害呀，还有迫击炮，我们的中队还没有迫击炮，只有掷弹筒。掷弹筒和迫击炮比起来，是小巫见大巫，差着一截子呢！

鬼子中队长小武如果聪明，一看对方有迫击炮，干脆就别打了，撤吧！可是这个小武偏偏不信这个邪，他看到陈树的队伍只有百十来人，而自己的队伍足有三百来人。一个皇军中队，外加两个皇协军中队，竟然啃不下中国军队的百十来人，岂不叫人笑掉大牙。

他像输急了眼的赌徒一样，脸一红，脑子一涨，抽出指挥刀，朝着山上的陈树吼道：“坚决把上山的这支中国军队吃掉，不吃掉的，我的不是皇军的干活。全体注意，鸭子给给——”

半个多中队的日军，两个中队的伪军，朝着陈树的队伍豁上命地追赶起来。

陈树一边撤退着，一边朝队伍喊着：“给山上留出通道——”

留出通道是什么意思呀？就是给山上留出射击空间，别挡住不会拐弯的子弹。于是特务二营一边往山上退着，一边尽量往一边靠。

小武一边率领着鬼子和伪军追击着，一边嘴角撇出一丝嘲弄：“我看你们这些中国军队往哪里跑，就是跑到天边，也要捉到你们。然后统统把你们当作活靶子，叫我们的皇军士兵练习射击！”

陈树带领的队伍已经快到了山头，而小鬼子跑在前面的，离着山头也就有一百来米。突然，小武只见山头上闪起了一片白色的光点，枪声如暴雨一般地响成一片。前面的鬼子和汉奸躲避不及，一下子被打倒了三十多个。

山上的火力猛烈，一下子就把小鬼子的火力压制住了。鬼子的十多挺歪把子轻机枪虽然放在地上就打，竭力想压制住山头火力，可是地形不利，施展不开，机枪手纷纷中弹身亡。

小武抬头一望，这才发现，原来中国军队的主力在山头上啊，弄了半天，前面的这支小部队是在引诱自己往山上爬，然后由山上的中国军队进行有效射杀。这……这……上了大当！

如果再打下去，自己这支部队在这样极端不利的地形下，很有可能全部打光。小武急忙把指挥刀朝后一摆，大喊一声："撤，先撤下去——"

鬼子和伪军连滚带爬地往下撤，撤退比进攻的速度快多了，山坡上横七竖八地留下一地伪军的死尸，而鬼子的尸体全被抢了下去。

小武撤到了山下面，两个伪军中队长愁眉苦脸地凑了过来。小武对他们说："这次我们是没有准备，下一次进攻，一定要做好充分准备，把这支中国军队统统消灭。"

伪军的王中队长对小武说："小武太君呀，你没看到吗！敌人比我们火力强，而且人数也比我们多，地形还比我们有利。如果再打下去，我们吃亏大大的。"

伪军的李中队长也对小武说："小武太君呀，这不秃子头上的虱子——明摆着吗！先上来这股小部队引诱我们上钩，让我们往敌人的火力圈里钻。好不容易逃出来，再钻进去，凶多吉少啊！"

可是小武中队长醉死不认半壶酒，老把错误推到别人身上："我看这次进攻失利，都是你们皇协军进攻不力造成的。如果我们把那支小部队全部消灭，也不会再爬到山上，遭到山上敌人的打击。我们三个中队，要是打不败这支中国军队，岂不丢人大大的！所以，我们要以一当十，全力进攻，坚决打败这支中国军队。”

王队长听不下去了，顶着小武说：“小武太君，以一当十的话，那得有空军、炮兵、装甲部队重武器的支援。可是你看看现在，我们有吗？连个迫击炮也没有，完全被对方的火力压制。再打下去，弄不好会全军覆没的。”

“八嘎！”小武一见说不过王队长，恼羞成怒，一下子抽了王队长两个大耳光子，骂道，“你的，死了死了的，完全长他人威风，灭自己志气。我们皇军是世界第二的军队，一定要把眼前的中国军队统统打败！”

王队长心里气得呜呜的，敢情这个小武就是个傻瓜，什么也不懂呀！跟着他打仗，早晚得死到他手里。这两个耳光子不能白挨，真想扇他四个耳光子，但是谁叫自己是二鬼子呢，二鬼子就是小鬼子的儿，比他们小一辈儿。

打马骡子惊，伪军李队长也是怪生气，这个小武军事上不懂，还听不进别人意见。看来今天啊，是跌在茅坑边上——离死（屎）不远了。

小武中队长重新调度，让两个汉奸中队冲在前头，自己和剩下的日军在后面督战，下定决心要打败眼前的中国军队。

陈树领着特务二营撤到山上后，把伤员和任兆宗的三排留下，然后亲自带着一排和二排没有负伤的官兵，从山后向敌人的左侧迂回过去，去抄敌人的后路。

小武领着这些残兵败将继续向山上进攻，离山头有五六十米的时候，山上突然枪声大作，机枪、步枪、手榴弹像冰雹一样砸了下来。伪军死伤了五六十，王队长正想领着队伍往下撤，小武把指挥刀一舞，大声地吼道：“八嘎，撤退的不行，继续往上冲——”

他挥舞着指挥刀，连劈二个退下来的伪军。

伪军见退下去也是死，就又硬着头皮继续往上攻。可是仰头进攻，没有好地形可以利用，又不好打，反而被山头上的国军又是一顿胖揍，又倒下去四五十人。这些伪军又往下退，结果又被日军用刺刀顶上了，小武指挥刀一挥，又劈了一人。

逼得王队长啊，没办法了，大吼道：“弟兄们啊，没我们的活路了。小鬼子太不拿我们当人了，与其这样窝囊死了，还不如投降国军，就是死了也好进祖坟。弟兄们，反了——”

一个好汉三个帮，一个篱笆三个桩，哪个军官没有三个好弟兄啊！一听这话，有几个死党就跟着吼：“反了，反了，跟着王队长反了。”

余下的士兵也跟着喊：“反了，反了——”手中的步枪朝后一摆，就对准了后面的鬼子。

李队长见王队长反了，就是不反也得受牵连，反正没有自己的活路了，还不如跟着王队长一块儿干。于是大叫道：“小鬼子拿着我们不当人，我们也不跟他干了。弟兄们，也跟着王队长反了吧！”

当时李中队的士兵也看到了，仰头进攻根本攻不上去，想逃个活命，又被鬼子杀了几个，真是老鼠钻到风箱里——两头受气。这样的日子还怎么过？于是纷纷跟着喊：“反了，反了，跟着李队长反了！”“反正活不下去了，还不如反了。”

李队长的士兵也是把枪口一转，对准了后面的鬼子兵。

小鬼子人少啊，形势非常不利。小武一看，好啊，你们这些皇协军，平时老实得和老鼠见了猫一样，这会儿想干什么？还敢拿枪对准皇军，是不是想造反啊！于是大叫一声：“机关枪的，打——”

小鬼子的一挺歪把子机枪吐出一阵火舌，“突突突……哒哒哒……”伪军倒下了五六个。

王队长大吼一声：“射击！”伪军的步枪一阵子响，小鬼子倒下了七八个。双方乒乒乓乓干了起来。

由于小武的一意孤行，激起兵变，这样的结局，不仅小武和伪军队长没有想到，山上的韩寿臣也没有想到，急令山上停止射击。他命令道："八连张秀亭，带着队伍下去看看怎么回事。其余的部队，慢慢跟进——"

八连长张秀亭接到命令，大吼一声："八连，跟我下去。没有命令，不许开枪，先看看怎么回事。"

第50回 药山之战（二）

小武的皇军中队还剩下七八十人，且大部分有伤。张秀亭带着八连下来一看，哇，怎么伪军和小鬼子干了起来？肯定是内讧。于是大叫一声："伪军弟兄们，中国人不打中国人，我们的敌人是小鬼子，杀呀——"

八连的官兵和伪军一起，向小鬼子展开更加激烈的进攻。小鬼子哪里受得了啊，不是死就是伤，余下的只能后退，在后退中，不少的日军被乱枪打倒。小武带领着残兵败将刚刚退到山下，突然一支队伍拦住去路，明晃晃的刺刀顶了上来。

拦路的正是陈树的特务二营一、二排，陈树早在迂回中看清了怎么回事，带着这支小部队及时地堵住小鬼子去路。小鬼子，你往哪里跑？！

小武一看，后有伪军和国军追击，前有这支小部队拦截，真成了瓮中之鳖，困兽犹斗了。但小武就是这么一个人，长期受武士道的法西斯教育，死也要死出个样来，骨灰好进靖国神社。他大吼一声："退子弹，上刺刀，天皇考验我们的时候到了，一定要杀败中国人，不能给我们大和民族丢脸！"

于是，日本兵纷纷退子弹，黄黄的6.5毫米子弹纷纷落地。

陈树也来了脾气，大吼道："我们都不是孬种，退子弹拼刺刀谁不会呀！我们也学学日本人，来个退子弹，拼刺刀，看看中国人厉害，还是日本人厉害！”

陈树的部队，虽然经过半天鏖战，但是肚里有食，枪里有弹，又有友邻部队的支持，怕什么呀！楚家洼子的窘战再也不会有了，于是纷纷退子弹，7.92毫米黄黄的子弹滚滚坠地。

我们就是要刺刀见红，就是要从精神上战败日本人！

双方的刺刀乒乒乓乓地干了起来，三四个人围着一个日本人拼杀。越拼日本人越少，越拼中国人的士气越足。陈树看准了小武是个日本头，摸起一杆中正式步枪迎了上去。

小武一看来了一个中国军官，挥舞着指挥刀就劈了下来，陈树用枪一招，身子一闪，躲过了这一刀，然后前腿弓，后腿蹬就是一个突刺。小武只好用刀格着，后退一步，避过了这一枪。

陈树可以心无杂念，用心地一刀一刀拼杀，战场上的形势完全不用他操心，因为还有别人拾着呢！而小武却不一样，他是日方最高指挥官，全中队日军的生死全在他手心里攥着呢。尽管他的刀术精湛，但是免不了左顾右盼，时时观察着日军的战场形势。

一不留神，就被陈树干了一刀，胳膊受伤了，滴滴答答地往外淌血。又过了一会儿，肩上又挂了，向外洇着鲜血，弄得他身上血淋淋的，就和受了多重的伤似的。一个日军小队长忍不住了，对他叫道：“中队长，撤吧！我们掩护。再不撤，统统的完蛋！”

陈树听不懂那个鬼子什么意思，大概就是这么个意思。

小武到了这个时候，也不犟了，只好用日本话说：“小木君，你带领着一、二小队掩护，我们三小队和中队部撤退。放心吧，你的家属，我一定会照料的，你的家人就是我的家人！”

小木君一边抵抗着三四个人的拼杀，一边回过头报恩：“哈意！小武长官保重。我的，先走一步了，有可能的话，请把我放进靖国神社。”

于是，日军分为了两帮，一帮人拼死地拦截着中国军队和伪军的攻击，而另一帮想撒开丫子逃跑。小武虚晃一刀，然后撤几步就跑，陈树上来要追，立刻被一个鬼子挡住了去路。

除了抢财抢房抢女人还有抢死的，陈树骂了一句，把一肚子仇恨撒到他身上。几个回合下来，看到了机会，一刺刀把他刺于胯下。再看小武呢，借着这个机会已跑出三四十步了。

他要是不跑，陈树不会开枪，一看他们要逃，好小子鬼子，往哪里跑？陈树喊了一声："开枪！打逃跑的鬼子。"

当时中国军队一些人正在拼刺，还有一些人凑不到跟前，正在旁边看"热闹"呢！看见鬼子跑了一些，想开枪又没接到命令，一个个急得抓耳挠腮浑身冒汗，正在蹦高呢！一看来了命令，急忙举枪就打，"啪啪啪啪"一阵枪声，把逃跑的鬼子干死不少。

但小武和四五个鬼子命大，撒丫子一阵狂奔，只恨爹娘少生两条腿。后面十几个战士提着枪，豁上命地追，可还是越追越远。陈树不得不佩服小武逃跑的功夫，打了这么半天，竟然还这么有劲，两条腿就和兔子似的。

陈树冷笑一声，抬起右手，在空中挥舞了一下子。

没超过三秒钟，就见一颗黑黑的弹丸，越过众人的头顶，朝着小鬼子飞了过去。"轰"的一声，闪起一团火光，腾起一团烟雾，立刻把这几个小鬼子吞噬掉了。等陈树这些人奔了过去，再找小武的尸首，哪里还有啊，一个个残缺不全的，不是没了头，就是没了胳膊、腿，都分不清哪个是哪个了。

当然，那些拦截的鬼子早也一个不剩，全被消灭掉了。

韩寿臣领着二营的剩余官兵下来，伪军王、李二位中队长领着没有战死的这些伪军，到了韩寿臣跟前。王队长对韩寿臣说："这位中国长官，我们不跟着鬼子干了，想加入中国军队，不知你们要不要？"

韩寿臣哈哈一笑，安慰他们说："我早看到了，你们这属于战场起义，还不属于投降。同是中国人，怎么能帮着小鬼子助纣为虐呢！你们这是选择了一条光明道路。好，打鬼子，我全收了。”

伪军传来一阵热烈的欢呼声。有的伪军把帽子狠狠地摔在地上。

接着是打扫战场，这一场胜利是巨大的，全歼了日军一个中队，接收了他们的全部武器装备。光歪把子轻机枪就是9挺，掷弹筒炸坏了2个，还有7个，三八式步枪一大片，外加数不清的子弹。

陈树出于人道主义，看着满地的日军尸体，对韩寿臣说：“虽然日军可恶，但是对他们的遗体还是要善待的，把他们埋了吧！”

韩寿臣正值高兴，下了命令：“对待战死的日军，埋了吧，省得狗吃猫叼的，坟上插上他们的牌子。”

最大的胜利就是接收了2个中队的伪军，韩寿臣把他们交给栗文礼，接受新的改编。

栗文礼大喜，接受2个中队的伪军投降，并设宴招待韩寿臣团。

栗文礼和韩寿臣喝着酒，酒过三巡，栗文礼说：“去东洋寇易，去共产党难。委员长正为此大伤脑筋，寿臣兄那里恐怕也不得安宁？”

韩寿臣吃了一惊，但故意不接栗文礼的话茬儿，好半天才说：“司令放心，我十团是安丘子弟兵，冲锋陷阵，赴汤蹈火，断无孬种！”

“寿臣兄忠义两全，我绝对信得过。不过，你手下有几个人就像苍蝇，有机会就下蛆，张竹坡就是一个。”

“他读书读多了，有些神神道道，司令不必多虑。”

“妖魔鬼怪我倒不怕，就怕他装神弄鬼。”栗文礼蜻蜓点水，一点一点地敲打着韩寿臣。

“依司令之见，我该怎么办呢？”韩寿臣问。

“我相信兄长会有办法的。”栗文礼意味深长地说。

栗文礼又对旁边陪酒的陈树说：“兄弟啊，我这么做，你不会反对吧？”

陈树又把太平天国天京之变中的危害给他说一说，栗文礼摇了一下头：“这些陈词滥调，我耳朵都起茧子了。心腹之患必须除，不除我睡不安稳觉啊！”

白玫瑰端着酒杯过来，嘲讽陈树：“我就知道陈团长必然给他们说好话，要不是栗司令一个劲地为你打保票，恐怕陈团长也要牵连进去。”

陈树心里一惊，但脸上仍然处变不惊：“我倒愿意栗司令把我也算进去，省得操这么大心！到时候两眼一闭，还不是落个清静。”

韩寿臣听了白玫瑰的话，忙为陈树开脱：“陈团长在我们十团，是被窝里放屁——能文（闻）能武（捂），半个台柱子。要是把陈团长撤了，我这个团长也别干了。”

栗文礼也不愿意丢了这员大将，忙安抚陈树：“你我早已是兄弟，兄弟不会坑哥哥吧！再说你立的这些功劳，哪个也比不上，我还指望着兄弟替我打江山呢！”

话已说到这份上，陈树再也无话可说，免得话多有失，影响到更多的人。

离开崔芭峪，天空雪花飘舞，湿气加大，路上泥泞难走。旁边山峦重重，沟沟相连，里面似乎隐藏着难以琢磨的玄机。韩寿臣一路上心事重重，默默无语，韩剑舞问他：“哥呀，打仗父子兵，上阵亲兄弟。你虽然不是我的亲哥，但我一直把你当亲哥对待。有什么难处，兄弟能不能替你分担一点？”

韩寿臣叹了一口气：“你虽然不是我的亲兄弟，但我一直把你看作我的亲兄弟。我们在栗司令眼里，终究是个外人呀，和胡鼎三，考斌之团不一样！所以你我一定要小心谨慎，切莫叫栗司令抓住什么把柄。”

韩剑舞忍不住说道：“栗司令所言耐人寻味，我都听到了。

张建生对我说，张俊千、张守仁形迹可疑，恐怕是这个！”他伸出右手拇指、食指，朝韩寿臣晃晃。

韩寿臣看了一眼韩剑舞：“张俊千干过八路，张守仁来路不明，我岂会不知？不过他俩不但是张竹坡的学生，还是其本家子侄，有些话我不便说。”

“你别出面，这个恶人我来当。”

“打马骡子惊，这样也好，叫他心里有个数。”

过了些时日，韩剑舞叫护兵把张俊千带到营部。待护兵退出后，韩剑舞对他说：“有人向司令告状，说你跟张守仁都是八路探子，搞秘密活动。团长火了，让我把你俩活埋，坑都挖好了，有什么话要说，赶紧说，再不说就没机会了。”

第51回　针锋相对救人

张俊千一惊，随即恢复镇定：“虽说当兵半条命，可我不想当屈死鬼。我来投奔五叔，难道他也是八路？”

“他是不是八路，自然会有分晓，别把水搅浑。”

“韩营长，我干过几天八路是不错。可我就是想干，人家也不要我啊！”

“不要更好，有人盯着，你几个躲一躲吧。”韩剑舞换副面孔：“我委任你为十团副官，回二区催粮。不然，连累了张先生，大家面上都不好看！”

这样，张俊千被逐出八连。同时调离的还有张守仁、张连五、张永熙等几个骨干，使八连党的工作暂时处于停顿状态。

一天傍晚，陈树对陈明义瞥了一眼，带他到二营八连去了一趟。八连士兵刚刚吃完饭，正在三三两两地搞体育活动，有的散步，有的打扑克，有的在简易篮球架下打篮球。三转两转，两人转到了八连二班，陈树叫陈明义在门口看着人，自己到了班长张泽民的跟前。

张泽民一见陈树到了，赶紧打了个军礼：“报告陈团长，八连一排二班长张泽民向长官问好！”

陈树回了一个军礼，笑着小声说：“张班长，工作搞得怎么样了？”

张泽民一愣，问：“陈团长啊，不知道你说的啥工作？”

“还有啥工作，党的工作啊！”陈树唬他说。

张泽民一听，吃了一惊，继续装傻：“啥叫党的工作呀，我还不是国民党员，党还没有派给我工作。”

陈树板着脸：“别装傻，就是我们党的工作呀。”

张泽民更是一脸冤屈：“陈团长呀，别开这样的玩笑好不好。军人以服从命令为天职，我一贯不问政治。国民党也好，共产党也好，统统与我无关，我只是一个普通军人。”

陈树见到张泽民的表演，还算满意，悄悄对他说：“你们连好吃的烧饼要不要，能不能卖给你一些烧饼？”

张泽民眼睛一亮，说：“我又不是司务长，烧饼不烧饼的和我无关。不过，烧饼谁不愿意吃？就是不知道能不能便宜一点。”

“那好，”陈树说，“卖给别人是 2 分钱一个，卖给你们是 3 分钱一个。”

张泽民笑了，然后警觉地看了看左右，热情地对陈树说：“奸商奸商，这不是坑人吗。想不到我要联络的人，竟是陈长官！张俊千临走交代过，一定有上级前来联系，想不到就是你呀！”

陈树交代他：“经县委研究，八连的工作，由你担任支部书记。不过，形势变了，我们也得变，送你给八个字，就是‘隐蔽行动，等待时机’，生存下去才是当务之急。”

张泽民点了点头：“谢谢领导及时给我们提出了工作方针。”

陈树又对他说：“没有重大事情，就别给我汇报了，一切由你们八连党支部自己决定，留下的同志继续开展秘密工作。”

再说张俊千、张守仁离开军营后，沿汶河辗转回到家乡西韩吉村，昼伏夜出，躲躲藏藏。

西韩吉村就在二区汶河东边，过了汶河向北就是大朱旺村。想当年的时候，大朱旺村曾发生过赵大志、朱文淑、章红立的起义，那也是轰轰烈烈，震动全县。可如今，朱文淑早已战死，章红立被冤死，赵大志去向不明。

想到了这些，张俊千、张守仁难免心事重重，情绪低落。

转眼冬去春来，土坯房的矮房檐下，冰锥开始融化，瓦蓝蓝的天空中，渐渐看见了天鹅和大雁北归的影子。寒食后的一天，从西边村道上来了三个人，急忙忙直奔张俊千家。

听见敲门声，张俊千掏出手枪，翻上墙头一瞅，原来是潘希贤。

这一段时间，白色恐怖日益严重，国民党政权按照蒋介石的反共密令分别成立反共组织，在军队中成立特务队、防卫队、侦察队。在政权机构中组织所谓的“经济调查组”“农村工作队”“户口调查组”。在教育界派了“督察员”“中心教员”，这些机构和人员直接为国民党的反共政策服务。

栗文礼亲自下令缉捕安丘县委书记崔杰千。不得已，崔杰千、徐欣三等同志撤离了安丘城，由潘墨卿代理县委书记，潘希贤此时为县委秘书。

张俊千掖起枪，轻轻开了门，将三人让进，随手又将门闩插紧。

潘希贤将张俊千拉到一旁，焦急地问：“墨卿在不在？”

“年前来过几次，准备在二区成立自卫团，因遭到敌人破坏，队伍没拉起来。最后一次，说接到你的信，让他回川凌院。打那后，就没见到他。”

“那次潘家老庄的潘中辉找他，墨卿总是神神秘秘，大概又去了铁路北找组织。”

“从留山回来后，我一直躲着，没敢出门。”

“去年六月，地委仓促南移，县委交通员未撵上，从此失去联系。你说咋办？”

“形势日益恶化，应尽快找到上级。向南不好走，能不能去潍县走一趟？”

“也只好如此了。”

说走就走，几个人随便吃点东西，悄悄出村。行至南流镇的葫芦埠，撞上日军巡逻队，好不容易躲过去，在北坡子村又被土匪拦住，只好仓皇返回。过刘家洼时，碰上栗文礼的便衣队。

便衣队长许玉问：“干什么的？到哪里去？”

潘希贤说：“干买卖的，到黄旗堡去一趟。”

许玉又问：“干什么买卖？”

“看看烟叶行情。”

许玉嘿嘿一笑：“还看看烟叶行情。日本人就在那里收烟叶，中国人只有卖烟叶的份儿，看什么行情？就是收烟叶的话，你那钱呢，我看看。”

说着，几个便衣拿枪顶着，来搜索钱财。潘希贤穷得两个蛋子叮当响，哪里还有几个钱。

这下子，许玉更确定了自己的判断：“还用说吗，准是到潍北找你们的上级。哼，撞到我手里，算你们倒霉！”

许玉看到了张俊千，又嘲讽道：“张司务长跟着掺和个啥？”

“韩营长派我回二区催粮。”

“催粮的话，你跟着他们干啥？”

“路上认识的，不太平，不就是做个伴吗！”

“不见得吧！”

“不信就别问了，都是二纵队的人，你看着办吧！”

“吔，好大的口气。”他对几个手下道，“刨个大坑，一块儿埋了，叫他装尿。什么干买卖，我看分明就是共产党。”

当时就在刘家洼村东，便衣队的人找来了几个老乡挖坑，就要把几个人活埋。

正巧有个地下党员刘兰香来送饭，见几个人背靠大树捆着，不由得停脚细看。猛然发现有个人好似张俊千，不禁心头一紧，立刻跑到大朱旺村告诉党员赵大宗。赵大宗左思右想，决定到西韩吉村找保人，进村后，听说张竹坡在家，连忙敲开了张家大门。

进了张家后，发现还有几个军人在屋里，原来陈树、陈明义和几个卫兵也在这里。

原来张俊千、张守仁走后，八连又被韩剑舞并入四连。这个四连由鞠贯三当连长，他一手遮天，反动气焰十分嚣张，容不得半点儿进步思想。原八连连长张秀亭靠边站，无职无权。他的哥哥张竹坡也被撤职，回到家中。陈树带了几个人，正是来安慰他的。

赵大宗看到陈树几个生人，欲言又止。张竹坡对他说："有什么事你就说吧，没外人。"

赵大宗说："张俊千几个被便衣队的许队长抓了，说是共产党，正要挖坑活埋哩！"

张竹坡一听大吃一惊，张俊千是什么人，他怎么能不知道！可是如今自己已是无职无权，怎么解救？自己不去还好，一去恐怕更增加了许玉的怀疑。

陈树一听就骂开了："这个许玉，真是狗咬耗子多管闲事，张俊千现在是十团副官，打狗还得看主人，这不是光着腚串门——没事找事吗。要不，我替张先生跑一趟？！"

张竹坡一听，陈树是栗文礼的结拜兄弟，后台硬，只是政治上弄不清他到底姓国还是姓共。甭管怎么说，他去肯定比自己管事，就点了点头说："陈团长去一趟更好。这个张俊千是我的侄儿，他遭了难，当叔的不能不管吧！"

陈树得到了张竹坡的同意，和陈明义几个骑着快马，迅速地跨过汶河，北上8公里到了刘家洼村东。

村东头，早就挖好一个大坑，张俊千，潘希贤几个人被绑到树上。许玉张牙舞爪地骂娘："我是二十里地看蚊子——都能分出公母来。就凭你们几个，还想在关公面前耍大刀，孔子面前卖三字经，门也没有。明年今天就是你们的祭日，最后还有什么话说，快说！再不说就到阎王爷那里说去。"

潘希贤想到事已至此，这个许玉根本就不是人，给他说话等于对牛弹琴，干脆高昂着头，不再说话，只等着到另一个世界和牺牲的战友见面。张俊千还在做着最后的努力："我是十团副官，你又不是不知道，平白无故抓人、杀人，看十团能饶了你……"

许玉大骂道："煮熟的鸭子——嘴硬。把他们推下去，让他们尝尝土坷垃的味道。"

几个穷凶极恶的便衣上来解开这几个人的绳索，推推搡搡地把他们往坑里推。正在这时，陈树、陈明义带着几个卫兵，骑着快马来到。陈树飞身下马，把缰绳交给了陈明义，对许玉说道："许队长啊，这是干啥？"

第52回　捞出潘墨卿

许玉一见陈树，先矮了三分。他知道陈树和栗文礼的关系，也不愿意捅这个马蜂窝，只好嘻嘻笑着，对陈树恭维道："陈团长啊，来得正好，抓了几个共产党。他们神神秘秘的，一看就不是什么好人。"

陈树鼻子一哼："张俊千是韩剑舞的人，就是抓，也得韩剑舞抓，你犯不着得罪这个人。"

"陈团长要是这么说，我许玉不能不给这个面子。不过，你得当这个保人，如果栗司令日后追究，我怕说不清。"

"没问题。"陈树大包大揽。

许玉又指了指潘希贤几人："这几个肯定是共产党。栗司令早交代过，锄草肯定捎带着几棵庄稼，不能怕捎带着庄稼，就不锄草了。”

陈树心里骂道：这个许玉好恶毒啊！有朝一日落到我手里，绝不能轻饶了他。陈树想了想，对张俊千说：“张副官啊，这几个人你了解吗？”

张俊千一看机会来了，要努力为潘希贤几个开脱：“陈团长啊，他们也就是老实巴交的老百姓，想到黄旗堡那里看看烟叶行情，贩点儿烟叶。没想到，叫许队长逮着了，硬说是共产党，哪来的这么些共产党，这不是冤枉人吗！”

听到了这些话，陈树心里已经有数，明着对张俊千，暗着敲打许玉：“张副官呀，这一阵子冤死鬼已经不少了，你催你的给养算了，犯不着再拉几个垫背的。听说共产党那边也成立了暗杀队，以暗杀对暗杀。县党部于兰洲就是在自己的办公室里被暗杀队神不知鬼不觉杀死的。”

张俊千附和着：“听说那边暗杀队的人还说，别看今天闹得欢，就怕将来拉清单。”

陈树又对许玉说：“许队长啊，公事不办不行，命可是自己的。犯不着为着几个嫌疑犯上共产党的黑名单，办事还是灵活点好！”

可是许玉是茅房的石头——又臭又硬，倔强地说：“我看这几个像共产党，今天我就结果了他们！”

陈树摇了摇头，坚决反对：“我陈树也算个正规军人，看不着也算一壶，自凡看到了，只能说声‘不行吧！’就是杀人的话，也得弄到总部去审，审明了，由他们处决。在这里不明不白挖个坑埋了，不行的！”

许玉看到陈树反对自己这样做，还想着到栗文礼那里讨个赏钱，于是点点头说：“既然陈团长不同意这样做。也好，我就押着他们到崔芭峪，叫军法处长魏久贵审明再说。”

陈树想，这个魏久贵是个杀人不眨眼的魔王，杀起共产党来毫不手软。这个许玉也算活到头了，油盐不进，真是天堂有路你不走，地狱无门你偏进来，这就怨不得我了。看了看天，已近昏黑，早就没了外人，挖坑的老百姓早都被撵回了家。

于是，陈树对陈明义几个使了个眼色，众人拔出了盒子枪，对着许玉几个一阵射击，“啪啪啪啪”一阵乱枪，把他们打死，然后推入坑内。

张俊千知道陈树的身份，处变不惊，而潘希贤不知道里面的缘由，一下子傻了：这到底是怎么回事啊？原以为自己到了阴间，没想到自己没事，逮捕自己的几个便衣队员，倒去见了阎王。

张俊千只能对潘希贤说：“一切听从陈团长安排！”

潘希贤点了点头。几个人只能摸起铁锨，一阵尘土飞扬往坑里填土。

许玉挖的坑，正好把自己埋了。

处理完许玉便衣队的尸体后，这些人迅速转移。在一处隐蔽地，张俊千才给潘希贤说出了潍安武工队的秘密。潘希贤要求知道内情的人，一定要永远地把这一秘密烂在自己的肚子里。

潘希贤、张俊千死里逃生后，还在继续寻找着党组织和潘墨卿。潘墨卿到底去了哪里呢？

原来潘墨卿化名李遇，在独立开展工作，不料事泄，被栗文礼拿获，关在51军的宗山后第一看守所里。

陈树听说了这件事，辗转反侧，一夜难眠，潘墨卿是一县之首脑。人无头不走，鸟无头不飞，如果遇害，将是安丘县的重大损失。第二天一早，陈树骑着马带着陈明义、任兆宗和几个护兵，迅速向沂蒙山的鲁苏战区司令部驻地许家庄飞驰而去。

由于陈树来过几次，和特务团的米团长很熟，所以被顺利接见。

见了于学忠，看到他的胳膊早就好了，已经去掉了绷带。陈树先给他打了个标准的军礼，然后说：“总司令好，栗部韩团特务二营营长陈树前来拜见总司令。”

于学忠一见陈树笑了：“是南征军的朋友陈树来了，这回又给我带来什么好消息？”

陈树说：“是这样的，鲁西那边打了胜仗，给了我5门90毫米迫击炮，我想献给于司令。只是路途遥远，不好运输，过两天我派人送来。”

送礼的事儿，陈树想了很久，军人最喜欢什么，最喜欢的就是武器，可以说来者不拒。其实这阵子陈树哪里见过南征军的面啊，只是守着骆驼不吹牛，先送个大礼让于学忠高兴高兴。

于学忠嘿嘿一笑：“人情我领了，但是作为军人来说，更应该自己建功立业，嗟来之食，非我所为！这5门90毫米迫击炮还是你自己留着用吧。”

于学忠说了这些句，陈树心里挺高兴。真要是于学忠较起真来，非要那5门迫击炮，可叫自己坐了蜡啦！

见陈树不言语，于学忠问道：“陈团长这么远来找我，不是光为了这5门迫击炮的事吧？”

陈树只好将李遇的事情说了一遍，最后说道：“有个朋友来托我，请总司令网开一面，放了李遇。”

于学忠思忖了一阵子，对陈树说：“这个李遇，是不是……”伸出右手拇指和食指，做了一个八的手势。

陈树这个时候，虽然听说于学忠倾向于联合抗日，和八路军搞得火热，但也不敢把这层窗户纸戳破，只得说：“是不是八路我不知道，只知道李遇这个人挺好，是被冤枉的。”

于学忠点了点头，心里有数，也猜到陈树是哪一路的人，又说道：“这个事儿牵扯到很多方面，有人来告状，我还把栗文礼熊了一顿，再放了李遇，有点儿说不过去。”

陈树据理力争：“李遇一直帮着51军拉队伍，当地人无人不晓，怎么突然成了共产党？贸然杀了他，外界会说51军内部出了共产党，对51军有什么好处。”

于学忠想了想说：“好吧，我给牟军长说说，你在他村里找上保人，至少5个，把他保出来。”

这样，陈树这些人扬鞭策马，一气跑回川凌院，敲开潘墨卿左邻右舍的门，好不容易找了5个保人，才把潘墨卿从宗山后第一看守所保出来。

潘墨卿出来后，立刻在下里戈庄陈树的家里，召开了县委扩大会议。参加的有潘墨卿、潘希贤和县委几个主要负责人，加上潍安武工队的陈树。外面呢，由陈文昌领着村自卫队站岗。陈文昌虽然弄不清这些人到底是干什么的，可心里明白，肯定是和共产党沾边的人。

小青呢，关上门在屋外做着针线活，担任着最后一道警戒。

开会由潘墨卿主持，潘希贤担任记录。潘墨卿说：“现在的斗争环境相当恶劣，安丘城有日本人，城边上有栗文礼，他们组织了暗杀队，想尽办法遏制我们的活动。章步云的队伍也挺难缠，他们投降了日本人，又投靠了沈鸿烈，这会儿正在五莲的叩庄养精蓄锐，说不定什么时候又窜回来。

“再加上安丘县国民党县长李桂登捣乱，真是横竖没有我们过的日子了。前一阵子，潘希贤和几个同志到潍北去找党组织，结果组织没找到，在刘家洼子差一点儿被栗文礼便衣队的许玉活埋。还有我，本想借着在51军搞铁道游击队发展一下，没想到跌了个大跟头，差点儿挂了。

“县委两次大劫难，如果没有陈树，这个会恐怕也开不成了。在如此的环境之下，大家说说怎么办吧？”

大家一时沉默不语，也提不出什么好办法。

陈树想了一会儿说：“我和鲁西的党组织接触过，他们常常谈起鲁西的情况。虽然鲁西和我们这里的环境不一样，可是有些策略可以借鉴。我们安丘没有根据地不行，没有根据地就等于没了家，只能被动挨打，说不定什么时候叫敌人抄了老窝。

可是现在建根据地又没有条件，旗帜一打，必然遭到小鬼子、栗文礼、章步云的猖狂进攻。到底应该怎么办呢？我想了很久，只能一方面利用灰色伪装继续进行斗争，另一方面呢，抓紧进行白皮红心的基层组织争夺，特别是武装力量的争夺。

就像下里戈庄吧，村自卫队我们掌握了。下一步，还要掌握村政权，在合法的外衣下，把李秀才的权利拿过来，派上我们信得过的同志……”

陈树的发言，有的同志在思考着，有的同志默默地点着头。

最后潘墨卿做总结性发言，他说：“我认为陈树同志的意见很好。现在我们全县已经有党支部 30 个，党员 300 多人。我提出三点，供支部讨论，一是在有党支部的村子里争取掌握村政权，以合法身份进行斗争。二是在无党支部的村子里通过内线做通乡、保长的工作，让他们支持我们的抗战。三是利用党组织已掌握的村政权来扣交公粮，把扣交的部分粮食来救济生活特别困难的党员家庭和基本群众。大家都要向下里戈庄学习，发展村自卫队，有条件的逐步建立村村联防……”

潘墨卿的提议得到了大家的一致赞同，会议结束后，各个党支部展开了积极的活动。

第 53 回　章步云卷土重来

但是道高一尺，魔高一丈，原被捕的安丘县委宣传部长李锡三于 1942 年 1 月在大盛村被害，安丘一区党组织负责人被暗杀，井戈庄村党员孙竹全被敌人杀害，汶家庄、井戈庄、川凌院三个党支部被破坏。

再说章步云部在五莲山下叩官一住近两年，韬光养晦，渐成气候，兵员多了，吃穿却成了问题。章步云思无良策，问计于王林肯。王林肯说：“叩官一带民贫物乏，养不了咱这一万多兵。从大局着想，还不如重回旧地。”

章步云听了一拍大腿：“王大哥算说到我心里了。原来的老家景芝可是个大粮囤，又是个聚宝盆。小时候听大人说，咸丰年间捻军打景芝，抄了南河西村王举人家，光金银珠宝就弄了几笸箩，小窟窿里抠了只大螃蟹，简直就是个银库呀！”

王林肯也来了情绪，兴奋地说道：“出酒十万篓，财帛接北斗嘛，那淌下来的哪是酒啊，就是白花花的银子啊！别说咱这一万来兵，再养上一万，那也有饭吃。”

说干就干，几天后，章部主力北上，进驻都吉台、石桥子一带。百姓一看，章步云又回来了，惶恐不安，但又不得不排着队出来迎接。章部和那个时候兵败都吉台可不一样了，队伍整齐，装备一新，章步云这时候也是神清气爽，格外振奋，下马来问候百姓，安定人心。

过了些日子，他又集中起军中能工巧匠，前去家乡大王庙，为村民垒屋盖房，修缮圩墙。家乡人虽对章步云意见颇大，恨铁不成钢，但看到章步云已成气候，又盼望着树大自直，能为家乡办点儿好事，多少扭转了以前对章步云的看法。

都吉台离着东北的景芝 16 公里，大王庙离着西北的景芝 8 公里，都不算远。

章步云先上来还算顺利，他们夜袭景芝镇，在景芝西的三合林设伏，打了从甘泉据点来援鬼子的一个伏击，占了个小便宜。

三合林战斗结束当晚，章步云率部南去大王庙，大摆宴席，论功行赏。大王庙在景芝东南 8 公里，前有浯河，后有潍水，章步云觉得此地还算保险。此后几日，因风声不紧，便一直在大王庙休整。一个阴沉沉的夜晚，潍县的鬼子头儿上村出动汽车 30 辆，载精兵 600，把大王庙围了个水泄不通。

子时刚过，几声闷响把沉睡的村子惊醒。章步云翻身下炕，来到门口，侧耳细听。这时，王吉祥闯进来，惊呼：“师长，大事不好！鬼子围上来了，有九二步兵炮，少说有一个大队。”

“来得好快！上圩子墙，准备打！”

“咱没有重武器，圩子墙没完工，守不住的。我率弟兄们开道，司令率人马从后面紧跟！”

“也好。冲出去后，侯家岭集合。”

王吉祥犹豫了一下，双手擎着盒子炮，打开北门向外猛冲，部下紧跟，似一窝马蜂。鬼子已在大王庙周围点上了一堆堆篝火，照得村外就和白昼似的，刚冲出村口不远，鬼子的三挺鸡脖子重机枪吼了起来，士兵谷个子似的往下倒，一连倒下五六十个。

王吉祥一看冲不出去，只好又退回来。

章步云提着盒子枪，带着司令部的人正在后面等待着。

“敌人的火力太猛，北门冲不出去。”

“冲不出去也得冲，南门恐怕鬼子更多。”章步云挥舞着盒子炮吼道。

王吉祥一看没有办法，只得挥舞着盒子炮吼道：“弟兄们，是死是活鸟朝上。谁要是后退，到了阴间也得毙了他。冲啊——”他盒子炮一举，指挥着队伍向敌人冲去。

鬼子的三挺鸡脖子又叫了起来，冲锋的士兵倒下一片又一片，但是王吉祥还是硬着头皮，指挥着队伍向外冲。

章步云心里越来越焦急，要是这样打下去，自己的人马早晚得给鬼子全突突了，这可如何是好?

正在这时候，突然听得“轰轰轰”几声炮响，鬼子的重机枪阵地火光闪闪，炮声隆隆，一团团浓浓的烟雾腾空而起。接着又是三声炮响，炸得小鬼子人仰马翻，鬼子的机关枪也不响了。恣得章步云仰天大叫：“天助我也！天助我也！小鬼子想灭我，老天也看不下去了。”

借着这个空隙，王吉祥领着队伍一下子冲了出去，章步云司令部的人紧紧跟随。

刚到了东双庙村口，又一帮鬼子挡住了去路，歪把子轻机枪，鸡脖子重机枪响成一片。王吉祥的队伍再次受挫，士兵纷纷倒地。这个时候，日军的后面突然响起激烈的枪声，一彪人马杀到，正是陈树领着的特务二营。

王吉祥一看是陈树，本来有一肚子怨气要发，可是什么话也顾不得说了，两支队伍夹击鬼子，把鬼子打败，向侯家岭杀去。从东双庙到侯家岭有 4 公里远，再说，侯家岭有章步云的一个营驻扎，所以村内很快将这些队伍接了进去。

王吉祥这才腾出嘴问陈树："这些日子你到哪里去了，听说跟着栗文礼干了，气得章司令牙根痒痒。趁着章司令没来，赶紧逃命吧，真要是叫章司令见了，恐怕性命不保！"

"卸磨杀驴啊！"陈树说道："刚刚在大王庙救了你们，翻脸不认人是不是？"

"我是挺感谢你们的，可是章司令怎么想的就不知道了。章司令一发脾气，杀了你们也说不定呢，我劝你们还是赶紧走吧！"

陈树却不这么认为："大老远来救你们，为什么，就是想和章司令商量抗日大计。下了这么大力，就这么一声不吭走了，冤不冤呀，我还是要见见章司令！"

"那你就等着吧！"王吉祥阴沉着脸说。

要说陈树为什么这么及时地救了章步云，也是颇费了一番周折。

原来章步云部从叩官一进入都吉台、石桥子一带，栗部就知道了，由于两部仇恨颇深，所以严加防范，防章步云比防鬼子还厉害。陈树却不这么认为，他认为今非昔比，既然章步云已经易帜，何不算作友军，一块儿抗日。

他找到了韩寿臣，把这个事儿一说，韩寿臣黑着脸推脱："这个事儿我不当家，出兵支援的事儿，得栗司令说了才算。"

又过了几天，章步云袭击景芝鬼子、三合林战斗的事情，传到了陈树的耳朵里，他立刻去崔邑峪找到了栗文礼，对栗文礼说："栗司令，虽然目前章步云是占了一些便宜，我估计过不了多久，小鬼子必然前来报复。我想对栗司令说几句话。"

栗文礼虽然烟瘾戒了，但身体仍然比较虚弱，躺在床上有气无力地问："章步云打景芝，和我们什么关系？"

陈树不紧不慢地解释："是这样的，栗司令，章步云原来是汉奸，我们该打。可他现在成了沈鸿烈的人，已成了我们的友军。大王庙这个地方，前有浯河，后有潍水，实在是一处死地。如果日军进攻，独木难支，恐怕凶多吉少啊！"

"那就叫他自生自灭吧，省了安丘的粮食。"

陈树摇了摇头："话可以这样说，理却不是这样的理。鬼子是我们目前最主要的敌人，凡打鬼子者，就是我们的友军。如果章部和鬼子纠缠，鬼子无力对付我们，如果章部不再和鬼子捣乱，小鬼子腾出手来，就会找我们的碴。"

栗文礼想了想："照你这么说，是不是还得出兵支援这个祸害呀？"

"从我们的处境着想，从民族大义着想，这个章步云，应该拉他一把！"

"那你准备带多少兵呢？"

"兵不在多，主要是出兵的时机。如果栗司令实在为难，有我特务二营就足够了。"

栗文礼笑了："叫特务二营，其实也就是一个连的人数。告诉韩团长，叫他派给你一个营。"

这样，陈树除了自己的特务二营外，又带着一个营在大王庙附近秘密驻扎，就为着在关键时候拉章步云一把，这才有了如今的解围。

王吉祥和陈树都在等待着章步云的到来，然而等了许久，始终不见章步云归来。众人有些焦躁起来，打着火把找了半宿，一无所获。陈树觉得要是小银子在旁边，肯定好找多了，就问王吉祥：“小银子呢，怎么没见他啊？”

“他嘛，”王吉祥小声说，“早被章司令枪毙了。”

陈树一听大吃一惊，急忙问：“为啥？他不是章步云的侄子吗，心腹爱将，枪毙谁也不能枪毙他啊！”

王吉祥深深地叹了一口气，小声说：“还不是因为知道得太多，找个引子就崩了。”

听了这句话，陈树陷入深深的犹豫，欺师灭祖，杀侄子，这就是章步云啊！和这样的人搞联合，那真是与老虎谋皮，一不小心，就会被他吃了。同时也为小银子感到深深的遗憾，没有找到好主人啊，尽管对叔忠心耿耿，最终还是落个被枪毙下场。

天麻麻亮，在侯家岭村南，一个哨兵听见脚步声，站起来一看，从小道上走来个身体健壮的鬼子，嘴角叼着支烟卷。哨兵忙去报告，王吉祥和陈树出来一看，竟然是章步云。王吉祥率人跑上来迎接：“师长，我们找了你半宿，你这是……又投了……”

“哈哈哈……你们走后，我换上包袱里鬼子的衣服，大摇大摆地转了一圈。就是裤裆太瘦，勒得蛋子疼。”

第54回　潍北前线

王吉祥搓着手说：“平安回来就好！不过大王庙又叫鬼子烧了，百姓流离失所，又得骂我们。”

“房子烧了再盖，地上有的是土。谁再嚼舌头根子，剜下当下酒菜！”

陈树心想，土匪就是土匪，常常做些匪夷所思的事情，只身冒险，如若被鬼子抓住，那就成了弄巧成拙。可是从另一个角度想，章步云也是怕突不出来，成了鬼子的枪下之鬼，可谓心思诡秘，狡诈多疑啊！

章步云一眼看到了陈树，大叫一声：“给我把这小子绑起来，找了他好几年找不到，踏破铁鞋无觅处，得来全不费工夫，正好这会儿送上门来。杀了他，祭祭旗，去一下晦气！”

王吉祥的人上来就要抓陈树，而陈明义、任兆宗，曹班生那些人也执枪在手，紧紧在靠在陈树身边。两支部队各自拉动着枪栓，枪口对着枪口。眨眼之间，本来一块儿突围出来的两支兄弟部队，就要枪对枪，刀对刀地血拼一场。

陈树转身对陈明义他们哈哈一笑：“章司令这是和我开玩笑呢，怕什么！我想章司令也不是忘恩负义的人。”

章步云瞥了一眼陈树，仍然愤愤不平，嘴角一撇：“想不到我章步云一辈子玩鹰，老了老了，竟叫鹰叼瞎了眼睛。好你个陈树，想当年，说得天花乱坠，恨不能把死人都说活了。先是借着酒醉，坑了我的三门迫击炮，两挺捷克式轻机枪，七支中正式步枪，还搭上两箱子弹。

接着又怎么样？说到栗文礼后方打游击，给栗文礼捣乱去。怎么着啊，打着打着，投降了栗文礼，跟着栗文礼干了。我看这会儿你还有什么话说？！”

陈树却是不慌不忙，有理有据地争辩：“话不能这样说，此一时彼一时呀，当初说到栗文礼后方打游击，是因为你章司令是条汉子，我佩服！可是后来你投降了日本人张宗援，那就是汉奸了，民族大义高于一切！所以我没办法，只能投了栗文礼抗日。”

“怎么今天你又回来了？”章步云斜愣着眼睛问。

“如今你章司令领着队伍打日本，还是条汉子！同舟遇难，吴越相济，我不能不救！”

听到这句话，章步云一愣：“救？救我什么来？”

王吉祥见自己说话的时候到了，凑到章步云耳边：“是这样的，章司令，大王庙北门口，要不是陈树的一顿炮弹炸得小鬼子没了脾气，我们也冲不出来。在东双庙村口，要不是陈树领着队伍在鬼子后面一打，我们也过不了那道坎。我们的队伍所以能突出来，都是陈树领着队伍拉我们一把呀！”

听到了这里，章步云点了点头：“虽然陈树过去有错，但今天救了我两场，和你老爹一样，也算是个义士。这样的人，我佩服！弟兄们收起枪，枪口是对日本人的，不是对着我们中国人的。”

章步云的脸就和六月的天、小孩的脸一样，说变就变，刚才还是刀枪相对的敌人，这会儿又成朋友了。

陈树看到章步云的脸色和缓了，说道：“有空的时候，我想和章司令谈一谈联合抗日的事情！”

章步云对陈树拱了拱手：“要说抗日的事儿，那好啊！要说和栗小鬼谈联合抗日，那是枣核子锯板——没几锯（句）。别人的事咱甭管，先说说你吧，你是来投靠我的呢，还是来当说客的呢？”

陈树只好说：“一臣不侍二主，既然跟着栗文礼干了，我也不想换，免得别人说我朝三暮四。章司令不愿意和栗司令联合，那也没办法。只是不知道，大王庙被烧，侯家岭也并非长久之计，下一步，章司令打算怎么走？”

章步云想了想说：“走哪山砍哪柴，过哪河脱哪鞋。既然给鬼子盯上了，三十六计走为上。全军速去都吉台、石桥子，然后全军南移叩官。”

陈树还指望章步云长驻此地，和栗部来个掎角之势，好共同对付鬼子。没想到章步云是属泥鳅的，滑得狠，只好再劝道：“章司令能不能听我劝一句？”

“你说吧？”章步云想听陈树说个究竟。

陈树道：“目前安丘，是栗部、贵部和日本人三分天下，如果栗部和贵部联起手来，小鬼子人少，必然不难对付！如果栗部和贵部各干各的，怕被小鬼子各个击破，还请章司令看清形势，留在安丘一块儿抗日。”

章步云想了想，眼转子一转，冷冷一笑：“这哪是什么联起手来，分明就是给栗小鬼挡子弹。栗小鬼驻扎在山区，那里易守难攻，而我章步云却是鬼子头上的虱子，驻扎在平原，小鬼子必然先向我进攻。鬼子一攻我，栗小鬼那里就轻松多了，我说陈树啊，差点儿又上了你的当！”

甭管陈树怎样劝，章步云还是坚持要走。自此，章步云领着队伍又回到了老窝叩官。

再说山东国民政府也有变化，此前不久，沈鸿烈已从蒙阴县唐家沙沟移驻临朐县吕匣店子，并稳定下来。此间，韩子嘉行刺于学忠一案东窗事发，传闻属沈鸿烈阴谋，二人相互猜忌，形同水火。恰在这时，沈鸿烈手下干将吴化文又暗中发难，因为吴化文争取军长一职未遂，所以对沈鸿烈心存不满，离心离德。

内外交困之际，沈鸿烈萌生去意，将省政府交与秘书长雷法章代理，黯然离鲁。沈鸿烈去后，栗文礼少了个政治对手，心里感到既轻松又寂寞，遂打算再去潍北，慰问、检阅抗日诸部，特别想见一下分别多日的考斌之。

临行之前，他把陈树叫到自己跟前说：“兄弟跟了我这些日子，确实有军事才华和政治头脑，跟着韩寿臣埋没了人才，就在我身边吧，还是干你的特务营长。不过，人数别光是个空架子，给你凑足一个营。”

陈树一听此话，既吃惊又高兴，手里没有枪杆子，什么都是白说。真给自己凑足一个营，人也多了，枪也多了，更有力量打鬼子了。可是事是这个事，话却不能这样说，陈树只得说：“栗司令啊，我太年轻，指挥着百十来人，已感到力不从心，人再多了，恐怕指挥不动呀！”

陈树越是谦虚，栗文礼听了越是高兴，夸奖陈树：“别看兄弟年轻，第一次陪我去于学忠那里开会，解救考斌之，足见兄弟有政治头脑。夏坡之战、官庄之战，帮助凌小凡的楚家洼子之战、药山之战，足见兄弟有军事头脑。处理章步云的关系，足见有外交手段。好了，你要是再谦虚就是看不起愚兄了。权力我是给你了，搞好搞不好就是你的事了！”

看来这事已是板上钉钉，陈树又进言说：“炮兵是战争之神，我的迫击炮虽然只有一个排，但发挥了巨大的威力，我想扩成一个连，请求栗司令支持！”

栗文礼挥挥手：“我说了嘛，权力给你了，怎么搞是你的事情。你就看着办吧！”

借着这个机会，陈树首先从人事上调整了一下特务营，陈明义升为特务营副营长兼一连连长，王凌云、郑西伦分别从班长升为一排排长、二排排长。曹班生为二连连长，变化最大的是三连，也是特务营的炮兵连，任兆宗为三连连长。已有 4 门迫击炮，再加上从各部队凑集的 8 门迫击炮，共有迫击炮 12 门，其中既有 82 毫米迫击炮，也有鬼子的 90 毫米迫击炮。

为了解决快速机动问题，配置了马匹驮运。

特务营的人数也凑足了一个营的编制，人也多了，炮也多了，整个部队面貌焕然一新，这也成了栗文礼最强硬的部队之一。只要部队一有空暇时间，陈树和陈明义就抓紧时间训练部队，力争适应恶劣的战争环境。

有了这支部队，栗文礼也颇为得意，过了一阵子，他亲率一支骑兵和陈树的特务营，绕道昌乐，秘密来到了潍北的安固。安固在潍县北 18 公里，周围是一大片贫瘠的盐碱地，再往北 38 公里，就是渤海湾了，一早一晚，能嗅到浓浓的臭咸鱼味儿和咸海水味儿。

当时，考斌之正率部在村外空地操练，深秋的天空下，刀光闪闪，杀声震天。栗文礼由于身体不好，好几年没有参加战斗了，心中不免升起了许多感慨，咳嗽了几声，对考斌之和陈树说：“我这身体呀，真是一年不如一年了，看到士兵如此的生龙活虎，馋得慌呀！如果没了这身病，如果再年轻几岁，我一定和战士一样，亲手杀死几个鬼子。”

考斌之劝他：“栗司令呀，弟兄们之所以英勇杀敌，全在司令领导有方呀！您年纪大点了，身体又不好，运筹帷幄，同样能使军队决胜千里之外，哪还用您亲自上阵杀敌啊！”

陈树也劝道：“栗司令千万不要自责，安丘、潍北之所以能有今天的大好局面，不全在于您的英明领导吗！”

考斌之陪栗文礼巡视一圈，令士兵解散休息。战士得悉司令前来检阅，鹄立村口，齐声高唱：“三国战将勇，当属赵子龙；长坂坡前抖威风，抖呀抖威风……”

午后，潍北各部主官陆续来到安固村考斌之指挥部。栗文礼依次送上慰问金和慰问品，勉励他们精诚团结，共同对敌，在潍北打出新的局面。会议结束，时已黄昏，众人相继告辞。特务二大队大队长秦冠三转了一圈又返回，向栗文礼献上纯金制作的马牌撸子一支。

出门时他跟考斌之打了个照面，彼此让过，但未发一言。

陈树心里生出许多感慨，送礼也会送，送枪还是金的，不收不行，收了还不能战斗。这个秦冠三和考斌之准有矛盾，对着自己的上司，竟然连个招呼都不打。

第55回　柳科之战

果然，待秦冠三走远，栗文礼关上房门，对考斌之说：“我知道双英兄跟冠三有些矛盾，这怨不得三英兄，只怪冠三野性不改。冠三虽然当过土匪，但数处征战，未曾动摇投敌，这一点值得肯定。强敌环伺，不可内部摩擦，消损战力。双英兄既然节制其部，不妨放低姿态，缓和一下双方的关系。”

考斌之叹了一口气：“冠三为匪时，我率部多次清剿，几乎将其生擒。他归顺后，本想冰释前嫌，共同对敌，无奈他对我误会太多。我尽力吧，不能影响了抗日大局。”

栗文礼又询问了军事部署，考斌之汇报：“我们来潍北开辟新的防区，遇到不少困难，首先这个地方太穷，筹措给养粮草特别困难。但是我激励各部，建立好自己的营盘，慢慢地发展。目前的部署，”考斌之打开地图，指着说：“我们以安固为中心，组成了环形的防御阵地，大部分村里都驻有我们的部队……”

待考斌之介绍完了，陈树插嘴道：“考支队长的环形阵地，我也粗略看了一下，部队不少，村子也占了相当一部分，可是这里有一个问题。”

考斌之问：“什么问题？”

陈树说：“一是圩墙修得不够高，不够坚固，街道也没有进行改造。这就是说，容易被敌人集中兵力各个击破，一旦个别村子被敌人攻破，外援又不能及时赶到，就容易被敌人一个村子一个村子地吃掉。”

考斌之摇了摇头：“我们离得都不是太远，会及时救援的！”

“如果敌人围点打援，救援的人不但救不了别人，恐怕连自己也要陷进去。”

考斌之不言语了。栗文礼问陈树：“陈营长，你说如何才能破解此局？”

陈树略微点了一下头：“这就要求有一支相当能打的救援部队，能及时地对各个据点进行增援。如果没有这样的部队，各个据点只是死棋。”

栗文礼看了一眼考斌之：“双英兄，这样的部队你准备好了吗？”

考斌之考虑了一番，说："要说虚话的话，部队是不少，驻兵的村子都可以出兵。要说实话的话，凭着我们的这些部队，真要能冲出鬼子的重重堵截去救援的，确实没有。再说，除了四支队之处，一些友邻部队根本调动不了。他们要是讲友情，有义气，可能出兵相救，要是他们不动，我也没办法。"

听到此话，栗文礼不说话了，知道自己又遇到了难题。

陈树请缨说："栗司令，我特务营愿意充当救火队员，万一出现了这种情况，友邻部队不救，我们去救！"

栗文礼拍了拍陈树的膀子："知我者，贤弟也！为什么把特务营装备得如此强硬，就是要求你们能打一些硬仗。好了，有陈树在，我也就放心了。"

栗文礼走后，考斌之由于操劳过度，变得精神衰弱，睡不着觉。失眠也了不得，再强的汉子也撑不住，别说考斌之这样的身体了。一闭上眼，阵亡官兵就成群结队地出现，他们满身鲜血，肢体残缺不全，跪伏于地，哭声一片。

考斌之大惊，额头冷汗涔涔，醒来后问计于陈树。陈树好不为难，这是一种心病，按中医说法，是正气压不住邪气，潍北这地方缺医少药，没有这样的医生和药物能治这样的病。心病还须心药医，陈树和考斌之乔装打扮，去潍县北关玉清宫，向住持道士求助。

住持认识考斌之，说所遇见的鬼魂是阵亡后未及安葬的部属，他们阴魂不散，索要屋宇、钱粮，答应做法事超度亡灵。考斌之返回安固后，心中依然不安，又连夜写好碑文，请人送回金堆庄，请工匠勒石以铭，立于庄西大道旁，以便岁岁祭奠。

忙活完了这事儿，考斌之觉得了却心中一件大事，精神大为好转，又率特务连和机枪连巡视潍北。11 月 19 日下午，考斌之进驻柳科村。这个柳科村在安固北偏西 7 公里，是安固北边的重要防区之一。

当时，友军山东保安第15旅旅长张景月部下徐向午团就驻防在西北2公里处的东北孙村，马成龙团驻防在东南方1.5公里的大柳疃村，四支队的徐光经部驻防在东北1公里的荆科村，秦冠三的特务二大队驻防在西南方9公里的高里村。

周围都是自己的队伍，考斌之心里十分踏实，借着这个机会，还要和他们商讨防御中的具体细节。

此时地上已有霜冻，百姓开始拔萝卜、搬白菜了。郎枢尉营长正率三营在此处活动，听说此事，赶紧前来会合。

柳科村有个伪保长叫朱继明，看到来了这么些队伍，立刻慌了神。就在安固西北6公里，有个鬼子的大据点叫一孔桥。日军给朱继明下了密令，随时报告抗日军的动态，如若不报，将要屠村。朱继明权衡一番，偷偷出村，去一孔桥通风报信，走得匆忙，连番号也没有搞清楚。

日军头目小村听说此事，夸奖了朱继明一番，叫他再潜回柳科，查明情况，然后速速返回。朱继明就像一条狗一样，这里闻，那里嗅，得知进驻柳科的是考斌之的四支队，立刻把这个消息报告了小村。

一孔桥据点听说来了栗文礼的四支队司令，立刻炸了营，忙给坊子的日军头目上村大佐打电话。太阳平西，大队日军沿着白浪河从坊子直插柳科村。

傍晚，柳科村南的几个游动哨看见了黄乎乎的日军，一来一大片，数都数不过来，顾不上报信，连滚带爬，竟逃之夭夭。考斌之正在和郎枢尉商量敌情，听到村边传来一阵阵的狗吠，一群麻雀也鸣叫着从天空飞过。

郎枢尉顿时警觉起来："家狗乱叫，禽鸟飞鸣，必有人惊动。支队长，好像有情况！"

考斌之两眼一瞪，蹿出门外，和郎枢尉一道，顺着木梯翻上屋脊，站在高处四下瞭望。野外空旷，黑气迷蒙，寂静无声，在肉眼看不见处，隐隐有一丝若有若无的异动，似乎那里面隐藏着凶险的刀兵。

不一会儿，就听到“咚”的一声，一个哨兵撞开门闯进来，急火火地喊道：“不好了，鬼子把村北占了！”

考斌之和郎枢尉刚从房顶上下来，又一个哨兵跑进来，上气不接下气地说道：“我在东门站岗，听到草垛后面有鬼子叽里呱啦说话！”这时，南门、西门的哨兵也纷纷前来告急，均发现敌情。

“信号弹！”郎枢尉指着南面天空说。

院中诸人一齐抬头，就见夜空中升起一颗贼亮贼亮的火球，在空中停留片刻，拖着长长的尾巴消失了。接着，迫击炮弹就像一群黑老鸹似的纷纷在村中落下，到处火光闪闪，震耳欲聋。炮击结束后，圩墙的东西南北都升起了信号弹。

考斌之对郎枢尉说：“看来鬼子是有备而来，把村子包围了。部队马上上圩墙防守，坚决把鬼子杀退。四周村子都是我们的人，他们再从外面一打，小鬼子支撑不了多久。”

四支队按照预定部署，迅速进入阵地防御。南门是日军攻击重点，考斌之率机枪连负责坚守。机枪连是四支队装备最好的连队，每个班有一挺捷克式轻机枪，其余的都是中正式步枪。考斌之大声地给战士鼓劲：“弟兄们，我们就要和一块磁铁一样，把敌人牢牢地吸在这里，只要坚持几个小时，我们的友军和四支队的人，一定会来支援我们的。”

一阵令人心悸的沉默后，就见圩墙外面人影憧憧，鬼子三三两两地靠近了圩墙。眼前的一名机枪手身子发抖，不停地看考斌之。考斌之推开他，抱起捷克式轻机枪，咬着牙根说：“来吧，小鬼子，尝尝柳科花生米的味道！”说罢，一扣扳机，一串子弹密如飞蝗，迎面撂倒几个，其他日军就地卧倒，一动也不动了。

考斌之正在换弹夹，对面几挺三年式重机枪啄木鸟似的叫了起来。身后的警卫员杨洪斌觉得不妙，一个侧扑，将考斌之压在身下。几乎同时，子弹骤雨般射来，将杨洪斌的棉衣穿了几个洞。考斌之滚到一边，对杨洪斌说：“鬼子有重机枪，来者不善，快去叫郎营长！”

不多会，郎枢尉随杨洪斌沿圩墙猫腰跑来。考斌之大喊：“目标太大，不要从圩墙上跑！”两人脚步不停，飞也似的来到考斌之身边。考斌之焦急地问：“西门情况如何？”

郎枢尉喘着粗气：“西门外有两挺歪把子，火力狠猛。”

考斌之点了点头：“南面有几挺鸡脖子，看来，上村动了血本！”

郎枢尉沉吟道：“这个村子不地道，肯定有内奸。要不，鬼子不会放着别的村子不打，专门打柳科。我军弹药不足，难以打持久战，支队长还是早作打算。”

考斌之豪气地说：“四面都是我们的人，怕什么，他们一定会来救援的。南门是敌人攻击重点，我在此坚守，你去其他三座圩门看看。”

第56回　冲过白浪河

这仗从黄昏一直打到了天明时分，日军已连败四阵，于是收缩兵力，围而不攻，似乎在等待着天明。考斌之部队的弹药也几近耗尽，战士都上好了刺刀，准备最后的决战。在这漫长的一夜，除了白浪河传来一阵紧一阵松的枪声外，其余附近的几个村一点儿动静也没有，好像睡着了一样。

考斌之站在圩墙下，凝望着东方天空，神情沉重。郎枢尉大骂道：“要说徐向午团、马成龙团不来相救也就算了，他们毕竟是张景月的人，坐山观虎斗，我们完了正好给他们腾地方。怎么徐光经也没有动静，离着我们这么近，抬腿就来。还有这个秦冠三，人多势众，武器又好，只要从日军背后一打，我们就能趁机突出去。”

考斌之黑着脸没吱声。杨洪斌恨恨地骂道：“指望这些怕死鬼，黄瓜菜早凉了。”

沉默良久，考斌之说：“特务二大队就驻防高里，离着这里只有18里地，跑跑步也就到了。我原以为秦冠三能顾及民族大义，前来救援……不说这些了，准备突围，出东门，去荆科村！”

郎枢尉挑选20名精壮士兵，每人配备两支压满子弹的盒子炮，组成一支敢死队，杨洪斌怀抱捷克式轻机枪冲在最前面。其他人从四面突击，分散敌人兵力，然后在荆科村集结。杨洪斌准备完毕，拾起了考斌之的呢子黄大衣，穿在身上，一个个系上扣。

考斌之看见了，踢他一脚：“洪斌，不能逞强！”

杨洪斌吼叫着：“我一个小兵，死了不要紧！你一定要冲出去，带领弟兄们继续打鬼子！”

郎枢尉对考斌之说：“我率敢死队在前，压制鬼子火力，你紧随我们身后！”

考斌之抓住郎枢尉的胳膊说：“郎营长，你跟我一起走！”

郎枢尉慷慨吼道：“我死不足惜，你万万不能！”

考斌之眼圈红了，大吼道：“谁说好男不当兵，我四支队的弟兄个个都是长阪坡上的赵子龙！人死留名豹留皮。弟兄们，誓死一搏，叫小鬼子瞧瞧，中国人没有孬种！”

一阵短暂纷乱后，东门突然打开，杨洪斌一马当先，抱着机枪，边打边往外冲，身后十几支盒子炮一齐扫射，硬是将日军的火力网撕开了一道口子……

再说安固大本营，黄昏时分，忽然听到柳科村传来激烈的枪声。陈树感到大事不好，考斌之就在柳科，那里进行激烈的战斗，说明他已经和敌人开战。陈树先叫通信兵联系附近的部队，准备进攻柳科之敌，同时命令特务二营全营准备，开往柳科。

不一会儿，通信兵来报告说，到了东北孙村和大柳疃村，根本就敲不开寨门，里面的守兵不但不让进，还说闲话，说栗司令的四支队和我们什么关系呀！自己的经自己念，还是四支队自己想办法吧。

到了荆科村，荆科村的徐光经说："我们只有一个连，能保住村子就不错啦，哪能出兵再去救援。有什么事情，还是由考支队长发命令吧！"

通信兵到了高里村，秦冠三说："知道了，日军早在路上埋伏好了，是围点打援。如果我们贸然出兵，就中了敌人的诡计，还是请考支队长撤退到高里来吧！"

陈树听到这些话十分生气，对陈明义和任兆宗说："看来考斌之的四支队，人心不齐，畏敌如虎，各人打各人的小算盘。又加上主官不在，我们难以调动，只能指望着我们上了。"

陈明义提醒道："看来鬼子是有备而来，是不是早就在路上布置好了伏兵，就等着我们上钩呀！"

陈树点了点头说："说得对，再去侦察。"

不一会儿，侦察兵来报告，去柳科的路上，牟家院村、东家寨村、前王家庄子附近均发现敌人。陈树点了点头："围点打援，是我们对付敌人的一种战术，没想到，小鬼子也用来对付我们了。没有办法，绕过敌人，迅速支援柳科。"

陈树看了看地图，和陈明义、任兆宗研究了一条行军路线，迅速插往柳科村。

鬼子大部队是沿着安固边上行军，越过安固，一直插向北边。鬼子的大部队过后，有一些鬼子的辎重部队，陆续从这里往北运送弹药给养。为了不惊动敌人，鬼子的这条近道不能走了，只能是向东，沿着南寨里村、北寨里村、大桥头、北安村往北插。

在北王家码头，队伍改变了方向西行，只要西进，就一直能插到柳科。在路过白浪河的时候，看到白浪河上点起了一堆堆篝火，照着大坝上如同白昼。有些日军坐在篝火旁边烧着开水，嘴里吃着米饭，啃着从村里抢来的“野味”，有的日军站在大坝上来回溜达着巡逻。

陈树的手往下一按，整个部队都趴在地上。观察了一番，大约有一个中队的日军在此防守，三百多人的一个营，对付180人的日军中队，兵力并没有多大优势。要是在平常，两个连的中国步兵进攻日军的一个步队中队，绝对不可能。

但是现在，陈树有迫击炮连的支持，又是突袭，所以决定冒险一搏，要一举攻上堤坝，救出考斌之。

陈明义看着陈树提醒着：“看来偷袭是不行了，鬼子老远就看到我们了。”

陈树点了点头：“过了白浪河不远，就是柳科村了，看来此仗非打不行。部队准备一下，三连的迫击炮一响，部队就往上运动，炮声一停，队伍就冲上去。”

部队在悄悄地准备着，有的战士检查着子弹，有的战士打开了手榴弹的保险盖，更多的战士大老远地跑步前来，需要喘息一下。任兆宗的三连早就支好了迫击炮，各炮手在计算着方向和角度，调整好炮口，就等着一声令下了。

陈树看到战士准备得差不多了，对全营的战士低声吼叫了一声：“一连、二连上刺刀，三连准备。开炮！”

任兆宗大吼一声：“放——”12门迫击炮一块儿发出了炮弹出膛的声音，“嗵嗵嗵嗵……”12发炮弹在深黑的天空中，排成密集的队形向白浪河堤坝上飞去，不一会儿，传来“轰轰轰轰……”的剧烈爆炸声。

堤坝上的小鬼子立刻被炸得人仰马翻，篝火不断熄灭，在剧烈的爆炸声中，小鬼子的断胳膊断腿，破枪烂装备纷纷飞上天空。小鬼子惊呆了，炸傻了，一个个惊慌失措地四处乱窜，到处找地方躲避着追身的炮弹。

陈树大吼一声："前进——"带领着一、二连迅速向前跃进。眼看着，炮弹一颗颗飞向敌人的阵地，继续杀伤着敌人，摧毁着敌人的意志。炮身一停，陈树的队伍离着敌人阵地只有百十来米了，陈树大吼一声："杀呀——"率领着战士向堤坝上冲去。

陈树心里明白，自己就这一个营，步兵只有两个连，绝不能玩添油战术，必须一鼓作气全部压上。如果第一轮冲不上去，第二轮就更困难了，时间一长，敌人纷至沓来，不但救不了考斌之，恐怕自己这一个营也要搭进去。

在离敌人阵地五六十米的时候，鬼子的三四挺歪把子轻机枪突然响了，三八式步枪也纷纷向这边射击。不得不承认，鬼子的歪把子机枪、步枪打得很准，在剩余篝火的照耀下，子弹就像长了眼睛一样，进攻的队伍瞬间倒下了三四十人。

这真是一个最危险的距离，退下来，这一次进攻就失败了，攻上去，又要蒙受重大的牺牲。战士稍微犹豫了一下，在敌人激烈的枪林弹雨中，还是继续往前冲，在冲锋中，不断地有人倒下，再也没有机会爬起来。

轻机枪手连趴下射击的机会都没有，只能抱着轻机枪，一边冲击着一边猛烈地扫射。手持步枪的战士，也是使尽自己的能力，在倒下后，把枪里最后的一颗子弹打光。也可能是刚才一阵炮弹把鬼子炸蒙了，还没有完全恢复过来，有的战士竟然冲上了堤坝，和鬼子拼起了刺刀。

后面的部队也拥了上去，双方的士兵搅在一起。鬼子中队长大勇嘶哑地吼叫着："退子弹，拼刺刀——"于是，刺刀的撞击声，你死我活的嘶叫声，捅入皮肉的噗哧声，抱在一起的翻滚声响成一片。

刚才一阵激烈的炮击，使鬼子损失过半，一个中队的鬼子，能站起来战斗的也就有七八十人。而陈树的两个步兵连，冲锋的时候，损失过半，现在能拼刺刀的也就有百十来人，比鬼子并没有多大的优势。再加上鬼子拼刺技术精湛，所以现在能不能战胜敌人谁也说不准。

在鬼子退子弹的时候，陈树大喊着：“拼不过就用枪打。”在拼刺过程中，不断地传来“啪啪啪”的枪声，不用说，那是中正式步枪射出的子弹。

第57回　考斌之血洒疆场

陈树连着击毙了两个鬼子，看到一个鬼子军官举着指挥刀向自己扑来，急忙拿着驳壳枪朝他射击，“啪啪”两声，连打两枪没有击中。再打，没有子弹了，他把枪朝那个鬼子砸去，顺手抄起一支死鬼子的三八步枪。

鬼子中队长大勇也看准了陈树是个指挥官，所以劈头就是一刀，恨不能将陈树劈为两半。但陈树早有准备，在鬼子劈向自己的时候，利用三八步枪长的特点，用刺刀别住鬼子的指挥刀，往里一拨。

两刀相格，顺着鬼子的劲，陈树把他的指挥刀压了下去，但陈树的刺刀也不敢抬起来，怕抬起刺刀鬼子的指挥刀也起来了。大勇非常狡猾，不抬刀，却把刀往后一抽，又控制在自己手里，退后一步，避开陈树的进攻，然后往前一步，对着陈树又是一刀。

陈树又把步枪一举，用刺刀支住鬼子的指挥刀，往外一拨，控制住鬼子的刀路，身子顺势进了半步，离着鬼子更近了。小鬼子使刀，讲究全神贯注，精神和四肢都集中在刀刃上，而陈树有武术的功底，虽然使用着刺刀，而身上仍有闲力。

借着这个机会，陈树把身子重量往左腿上一移，腾出右腿，照着大勇的左腿就是一脚。这一脚正好踢在大勇的小腿上，大勇只觉得一阵疼痛，两眼发花，有点儿支撑不住。陈树看到他刀慢了下来，把枪托子稍微一摆，朝着大勇就是一托子。

这一托子正砸在大勇的肋条上，只疼得大勇牙一龇，整个身子几乎要出溜下去，他用武士道的精神强力支撑着，才没有瘫下去。还等什么？陈树又把全身的重量控制在左腿上，用右腿膝盖，朝着大勇用力一磕。实际上是连磕带砸，因为光磕的话，够不上，只能是再砸一下。

大勇早就控制不住自己的身体了，一下子朝后倒去，在倒地的一瞬间，他觉得整个肋条骨坍塌了下去，挤得五脏六腑恨不能一下子全喷出去。本来大勇还要喘气，可是哪里还有喘气的地方呀！气全出去了，就是回不来。

原来陈树还在他身上砸着呢，特别是右腿膝盖，正深深地顶住了大勇的肋部，把大勇的肋条骨全砸断了。大勇的眼睛白瞪了两下子，朝上翻了翻，一命呜呼！

陈树爬起来，再找活着的鬼子，喘气的已经不多了。还剩下十几个老弱残疾，他们一看主官已死，知道支撑不住了，纷纷向后面退去。

这一仗几乎全歼了这个中队的鬼子，但两个步兵连损失惨重，能战斗的只有四五十人了，一百多名优秀的战士永远地倒在了这片土地上，完成了他们神圣的使命。其中包括王凌云排长，也可以说，七名结拜弟兄，已有二人血洒疆场。

任兆宗的炮兵连也上了堤坝，几乎没有损失。陈明义浑身血点子，那是敌人的鲜血溅的，就和受了多大伤似的。陈明义问陈树："一、二连就剩下这几个弟兄，还往前打不打？"

陈树牙一咬："救人救到底，送佛送到西。不往前打，考斌之怎么办？"

陈明义不再言语，要是再打下去，可能这四五十个人也会全部牺牲。可是不往前打，考斌之就会阵亡，真是不能两全啊！

几个人正在商量着，见前面又黑压压地来了一群黄鬼子，足有一个中队。陈树只好临时改变了命令："慢着，先把眼前这股敌人灭了再说。灭不了他们，我们根本没法向前。"

陈树心里还算有底，如果没有炮兵连，自己这几十个人可就惨了，但是现在有炮兵，还勉强可以和鬼子一战。

"全体听令，"陈树果断地对战士们吼道，"占领有利地形，把眼前的鬼子打下去。注意搜索一下鬼子的好装备，我们全用上。"

后一句其实是废话，鬼子的这个中队，除了让迫击炮炸毁的武器，我们幸运地捡到了鬼子的四五挺歪把子轻机枪，还有四五个掷弹筒，再加上我们的12门迫击炮，够小鬼子喝一壶的。

战士各就各位，在连排长的带领下，纷纷占领堤坝上的各种有利地形。原来特务营的装备就不错，再加上拾的这些洋捞，仗就得换一个打法了。陈树对任兆宗说："你们的迫击炮先开始，在二百米到三百米的距离，狠狠地揍他们。"

任兆宗大喊一声："是！"迅速地领着迫击炮连支炮，调整炮口，准备射击。待鬼子到了三百米到二百米的时候，12门迫击炮一齐发威，朝着鬼子的这一个中队砸了下去。82毫米迫击炮，杀伤半径怎么着也得三四十米，90毫米迫击炮威力更大，一炸一大片。

鬼子在运动中，一点儿也没有想到一向缺炮少弹的中国军队会发射如此密集的迫击炮弹，哭爹叫娘吱呀一片，整个队伍，立刻被团团火光和一团团浓浓的烟雾吞噬了。

等鬼子醒悟过来，要躲避轰炸时，为时已晚，大批的士兵不是死就是伤。

他们趴在地上好半天，听到没动静了，才在一个日军中队长的指挥下，慢慢地爬起来，向前进攻。陈树透过火光看到，这顿炮弹，使日军损失了将近一半，活着的，也是灰头土脸，蓬头垢面，不少人带着伤。

他们站起来就好办了，任兆宗朝着他们又是一顿炮弹，又炸死炸伤了不少鬼子。

鬼子兵有强大的武士道精神支撑着，就是死，也要完成战斗任务，他们顶着炮弹向前进攻。本来迫击炮的最小射程为100米，但是任兆宗不敢再打了，特务营就这么点人，真要误炸了，还怎么完成任务。

迫击炮不打了，但十七八挺捷克式轻机枪和歪把子又响了。这捷克式轻机枪，使用的是7.92毫米子弹，和中正式步枪通用，比那歪把子机枪还要凶猛。我们的机枪手牺牲，副机枪手接着上，只要还有喘气的就不能丢下机枪。

刚刚缴获的四五个掷弹筒也用上了，掷弹筒能发射50毫米榴弹，杀伤半径将近5米左右，射程能达到200米，比手榴弹厉害多了。

所以这个中队的鬼子，在我强大的火力杀伤下，冲到五六十米的时候，也就剩下六七十人。鬼子还是继续朝前冲，陈树大喊一声："手榴弹——"几十颗手榴弹抛了出去，活下来的鬼子还有三十来人。

这股伤痕累累的鬼子兵终于挺着刺刀冲了上来。陈树大吼一声："全体上——"率先抄起一支三八步枪冲了上去。任兆宗早就做好了肉搏准备，大叫一声："炮兵连，放下迫击炮，全连上——"

炮连的战士，有的拿起了烈士的枪支，有的抄起死鬼子的步枪，跟着任兆宗一块儿和鬼子拼命。任兆宗身大力不亏，拿着一支3.95公斤重的步枪，就和儿童玩具一样，有些不过瘾。利用胳膊长的特点，刺死一个鬼子后，就抡了起来，一扫一大片，又抡死了一个鬼子。

再找第三个鬼子拼命时，找不到了，早被堤坝上的特务营斩杀殆尽。

消灭完了这股鬼子，陈树的心里才稍微松了一口气，总结一下，全是因为火力强大和地形优越，要不，早被鬼子灭了。经过十多公里的急行军和两番苦战，已接近黎明。

喘息片刻，陈树又重新下达了命令：“轻重伤员留下，慢慢地往下撤，其余的，跟着我去救考斌之。”

陈树率领着队伍刚刚下了堤坝，柳科村又传来一阵激烈的枪声。不用说，这是柳科村的考斌之在率领着队伍突围。陈树大喊一声：“迅速前进，把考斌之接出来。”枪声越来越近，柳科村的枪声已转向了荆科村，陈树略一思索，领着队伍向荆科村冲去……

再说杨洪斌、郎枢尉带领着突击部队冲在了最前面，就在荆科村的南老林，一座大墓后面突然出现了几挺鸡脖子重机枪，子弹像飞蝗般迎面而来。杨洪斌猝不及防，身中数弹，捷克式轻机枪被甩出老远。

郎枢尉爬过去，抱起抖成一团的杨洪斌，见他张着嘴，目光迷离，胸口鲜血喷涌，把呢子大衣都染透了。杨洪斌指了指后面，虽然嘴里说不出来，但意思是，一定要保护好考斌之。

郎枢尉心如刀绞，放下杨洪斌，抓起被鲜血染红的捷克式，偏偏头看了看战场上的形势，头顶上的子弹飞蝗般射来，压制着队伍根本抬不起头。有几名战士刚抬起身子，立刻被敌人的子弹射倒，看来，此地已成为了一块绝地。

郎枢尉悲愤交加，大吼道：“弟兄们，死也要死出个样来，和小鬼子拼了——”

几个战士站起来，又被敌人的子弹射倒。郎枢尉叹了一口气，摇了摇头：“难道说，我们这些人就要全部扔在这里？”

就在这危急的时刻，突然几发迫击炮弹飞来，落在了坟头后面的鬼子重机枪阵地上，一下子把鬼子的重机枪炸哑巴了。旁边传来特务营的喊杀声，陈树大喊道：“考司令，我们来救你了。”

第58回 出使章步云

郎枢尉又喜又悲，大吼一声：“弟兄们，友邻部队来救我们了。冲啊——”一边扫射着一边猛冲，和特务营的官兵合兵一处，把大坟后面的鬼子消灭干净。

郎枢尉和陈树的特务营冲到安全地带，荆科村的徐光经也带着队伍前来迎接。陈树问郎枢尉：“考司令呢？”郎枢尉回头一望，大吃一惊，敢死队除了自己以处，没有别人了，连考斌之也不见了踪影，急忙和徐光经，还有陈树的特务营回去寻找。

这时天已透亮，就在坟地上，横七竖八地躺着我军战士和鬼子的尸体，考斌之就躺在一座小坟上，腹部一片暗红，肠子淌了一地，摸了摸，早已没了气息。队伍顿时泄了气，四支队的人一个个呼天抢地。

郎枢尉急了，大声下令：“不许哭！掩护！”

众人一起，把考斌之的尸体抢回荆科村。

当晚，将考斌之遗体入殓，埋在白浪河边。待风声稍松，又挖出棺材运回老家。日军邀功心切，对大考家村日夜监视。考斌之家人将棺材放在马车上，推进庄北头一个车棚里，里面堆满秫秸，总算躲过日军魔掌。

考斌之妻儿此时住在金堆庄，大儿子宗润已经5岁，能记事了。一次，宗润在一处磨坊里玩耍，不小心被东西戳伤了右眼。老家早就是个空壳子，没钱看病，宗润娘就给丈夫捎信，斌之带话回来，等打完这一仗，抽空带宗润到乐道院洋楼看眼。

宗润听了，恣得像只小麻雀，天天跑到村口，等父亲回来，一直等到日本投降，也没有见到父亲身影。以后，他眼睛留了个疤，看东西总眯缝着眼，一见风就流泪。

考斌之死后，栗文礼速召特务营回崔芭峪，说日军已开始了大扫荡，让特务营随时保卫总部。陈树回到崔芭峪后，栗文礼正在召集诸主官开会，听说陈树到了，栗文礼立刻叫丁叔言邀陈树参加会议。

看到陈树来了，栗文礼对大家说："在潍北这次苦战中，陈树率领着一个特务营，全歼了日军的两个中队，中国战争史上，一般的战损比是十比一，八比一，而这一回是一比三，何时有这样的奇迹啊！这不光是我挺进二纵队的巨大胜利，也是我们全国抗日军民的伟大胜利。大家欢迎我们的功臣啦！"

会场上响起热烈的掌声。当然也有真佩服的，也有看不起的，还有黄河里尿泡——随大流的。

陈树阴沉着脸，赶紧对大家摆了摆手："大家不要鼓掌，羞刹我了。我特务营损失惨重，但是还是没有救出考支队长。实在有愧于大家的期望啊！"

栗文礼摆摆手："陈营长就不要谦虚了，你们特务营已经尽力了，打仗哪有不死人的。就是报到蒋委员长那里，我们也得受嘉奖。让我们痛心的是，考支队长战死疆场。我们失去了一位能征善战的干将，实在是我挺进二纵队的重大损失。请大家站起来，为考支队长默哀三分钟。"

全体参加会议的人员起立，脱帽，为英勇战死沙场的考斌之及四支队官兵，沉痛地默哀。

三分钟后，栗文礼重新戴上帽子，众人坐定，会议继续召开。

栗文礼说："这次，畑俊六从驻地胶济线、津浦线、陇海线及台潍公路的 17、20、21、32 师团，独立第 5、第 6、第 10 混成旅团，共集中五万余众，再加上伪军，不下十万，对我鲁中山区发动铁壁合围大扫荡。我们安丘也是鲁中山区的一部分，自古为兵家必争之地，我们正规军加上地方军队不过几万人，要说战力，那差得更远。大家说说，怎么办？"

大家纷纷发言，也有说这的，也有说那的。

丁叔言说：“我们只是一个挺进纵队，大方略自有于总司令和省主席牟中珩安排，用不着我们操心太多。人无远虑，必有近忧，最近，章步云可不安定呀，弄不好要第二次投日。一旦他们投降了日寇，在我们东边又成了心腹之患，还请栗司令早做打算。”

栗文礼一听有点儿着急，一激动，血压又上来了，几乎要晕倒。几个护兵赶紧上来扶住他，他推开护兵，问：“此话当真？”

丁叔言说：“如此严肃的场合，我岂能开玩笑。”

众人一齐大骂：“这个章步云，就是个吕布，朝秦暮楚，已经投了一次日本人张宗援了，这一次又要干啥？”“土匪本性，有奶便是娘。”“我看像他这样的人，早晚是个汉奸。”

栗文礼感到情况严重，一旦章步云降了日寇，他的几万人马将大大地改变鲁中地区的军事力量对比，也将改变此地的政治格局。栗文礼小声地说：“想不到这个章步云啊……在他没有投日之前，如果谁能说服章步云，不去投日，他就是我们第二纵队和鲁中军队的功臣。”

虽然栗文礼底气不足，但这句话都也听到了，要说服这个欺师灭祖、六亲不认、有奶便是娘的章步云，等于摸老虎屁股，谁敢啊？到了他那里，弄不好就是送上门的肉，连骨头都剩不下。

陈树想了一会儿，平静地对栗文礼说：“栗司令，还是我去一趟吧！”

栗文礼听了一惊，问道：“这个事非同小可，就怕说服不了章步云，连你也回不来了。此去冒险太大，不知道你用什么办法，能说服章步云不投日？”

陈树只好说：“什么办法，我现在还没有想好，只能尽力而为吧！要是我们不做努力，任其和日本人同流合污就是我们的不对了。”

“你要带多少队伍？”

“我想，带着特务营，就算是栗司令的特使。”

“我可不想把我的迫击炮连白白送给章步云。”

“这个事我早就想好了，只带着2个步兵连，迫击炮连不去。”

栗文礼权衡再三，就算失去了这个特务营，总比章步云带着几万人来打自己好，于是点头答应。

陈树得到了栗文礼的批准，于是带着缺少炮兵连的特务营，到叩官去见章步云。

再说这次侵华日军畑俊六兴兵10万，对鲁中山区发动“铁壁合围”大扫荡。鲁苏战区总部及时得到消息，令各部占据各要塞关隘，节节抵抗。给敌人以重大杀伤后，总部东撤莒县、日照山区，51军军部率直属部队及113师暂移沂水青州公路以西。

日军虽然攻城略地，却未赚得太多便宜，半月后，日军主力撤去，留下竹林大佐率领着一个炮兵联队沿沂青公路来回扫荡，准备在马站和圈里建立据点。

113师师长韩子乾令337旅674团与鬼子缠斗，团长刘国桢率部行踪不定，昼伏夜出，竹林部队屡战屡败，恼羞成怒，到处杀人放火。

转眼到了1942年的2月底，在叩官蛰伏多日的山东保安暂编第二师师长章步云认为时机已到，派使者到马站跟竹林大佐洽谈，欲借日军力量消灭鲁苏战区各部，梦想成为山东的土皇帝。

令人意想不到的是，他热脸却碰到了竹林大佐的冷屁股，竹林大佐除表示热烈欢迎以外，没有一丁点儿实质性举措。连竹林大佐都对这个朝三暮四的章步云不放心，更甭说普通中国人。

正在这时候，陈树带着特务营来到了叩官。

要说这个叩官真是个休闲的好地方，盛产苹果、樱桃、甜柿、花生等十几种农特产品。背靠五莲山，山上飞瀑、奇峰、异石、幽洞景色壮观，引人入胜。穷是穷了点儿，不过避开了日军锋芒，也算是别有一番和平景象。

听说陈树又来访，章步云心里高兴，亲自出马迎接，老远就拱着手说："贤弟呀！你陈家对我有恩呀，你爹在下里戈庄救我一命，你又多次帮助我，特别是大王庙一战救我于水深火热之中。滴水之恩，应当涌泉以报，欢迎！欢迎！热烈欢迎！！"

陈树一听，也只好揣着明白装糊涂，拱着手说："能认识章师长是我的福分，章师长能征惯战，打鬼子有名，安丘一带谁人不知，哪个不晓，实在是我山东军民的楷模呀！"

章步云心里一惊，表面上却不动声色，嘿嘿笑着对陈树说："哪里有你抗日有名啊，潍北一战，以一个营的兵力，灭了日军2个中队。再加上蛤蟆屯、夏坡、官庄、楚家洼子、药山之战，你快成了抗日名将了。这个栗小鬼，只给你一个营长当，到我这里，最起码是一个团长。要不，我这个师长也让给你算了……"

陈树知道这都是一些客套话，只好说："当个营长还当不好呢，还当团长，别拿我穷开心了。"

两个人手拉着手进了叩庄，司令部里酒席已经备好，特务营的官兵早已在另一个大院里酒宴伺候。章步云在专门的一间屋里，亲自陪着陈树、陈明义、曹班生设一头席，陪酒的有王吉祥、王林肯、庄德圃等。

第59回　劝说章步云

陈树早就知道，王林肯和八路军有些关系，是坚定的抗日派，而庄德圃呢，是沈鸿烈派来监视章步云的，也算是一个正统军人，绝不能投降日寇。而王吉祥呢，虽是二把手，章步云的死党，不过对投降日本人的事情，也不一定感冒。

酒过三巡，陈树发难："听有人说闲话，说章师长又要和日本人联合，叫我狠狠地熊了他一顿。我们的章师长，是抗日的英雄，既然选择了一条光明大道，怎么会投降日本人呢？”

陈树说的这些话，王林肯看了看庄林圃没有言语。而王吉祥就和没听见一样，还在喝着他的酒，品着他的菜。

章步云看了一眼王林肯和庄德圃：“贤弟这次来，就是为了这个事吧！”

陈树道：“哪能为了这个事啊，我相信章师长绝不会做那些违背民族大义的事情。这回来，是栗司令派我来看看您，条件一旦成熟，我们两军可以联合行动。”

章步云对卫兵使了一下眼色，卫兵关上了门。陈明义和曹班生警觉了，不由自主地用手蹭了一下盒子枪。

陈树在桌下一人踢了他们一脚，叫他们不要轻举妄动。

章步云装看不着，对陈树小声说：“咱这是关起门来说话。贤弟呀，山东局势大家都清楚，国共正暗中较劲，日本人一滚蛋，双方必有一搏。别看鲁苏战区名头不小，但主力是东北军，于学忠不是老蒋心腹，老蒋令其入鲁，不过是借机‘削藩’，这点事儿谁还看不出来啊！

依我之见，于学忠在山东待不了多久，也许日本人没滚蛋他就先滚蛋了。看看我们，虽不是老蒋嫡系，却也没有过节，只要我们兵强马壮，能生存下去，政治上坚决反共，老蒋自然高看我们一眼。山东须得山东人经营，到时候，我还得指望贤弟给我撑腰啊！”

陈树装糊涂地问：“倒也是！我们抗我们的日，他们掐他们的架，就是觉得实力不行的话，离着日军远远的，也能保存我们的实力。”

章步云把嘴一撇：“贤弟呀，就算我们躲得远远的，日本人也不会放过我们。再说，和日本人联合也是权宜之计，他们利用我们，我们何尝不是利用他们！”

陈树一听，狐狸尾巴终于露了出来，章步云说了实话。

陈树假装生气地说："降不降日，这是一条红线，只要越过了这条红线，就是投敌了。"

章步云对陈树嘿嘿一笑："希望贤弟能理解我的苦衷，不当家不知道柴米贵。弟兄们要吃要喝要发展，没有大树没法乘凉啊！"

王林肯欠了欠身子，对章步云劝道："要生存，要发展固然重要，但也犯不着向于学忠叫板，毕竟他是正宗香主。"

对于王林肯的话，章步云就不客气了，骂道："于学忠虽是山东人，却胳膊肘子朝外拐，竭力扶植栗小鬼，一味打压我部。有他在，我断无出头之日。"

庄德圃说："虽然沈省长走了，但是这样做牟省长肯定得罪了。"

"得罪他，得罪他活该！"章步云骂道，"沈省长在，我们的日子还好过点，自从牟中珩当了省长兼保安司令，我们就王小二过年，一年不如一年了。连给养、弹药都不发，我们还怎么跟他干？所以说，这都是他们逼的……"

话不投机半句多，酒席是不欢而散。

既然竹林大佐对章步云并不感冒，一个劲地敷衍。章步云只好悄悄招来了心腹王吉祥、章天和商量："看来，小日本不会轻易上钩，除非和于学忠撕破脸皮。"

章天和阴险地说道："救人救活，杀人杀死，只好如此了。"

王吉祥也说："师座常说，舍不得金弹子，打不得俏鸳鸯。不把于学忠打疼了，日本人不会相信。"

章步云腾地一下站起来："二位敢在太岁头上动土，事情就好办多了。"

这时候于学忠的鲁苏战区司令部正在日照山区的坪头村，从卯官向西，离着那里也就有 30 公里。

陈树看到章步云正在悄悄调动部队，知道没有好事儿，想了一圈，不知道这个章步云究竟要干什么。直接投日，好像不到火候。猛然想起，鲁苏联军的司令部离此不远，是不是章步云打于学忠的主意啊？

陈树立刻写信一封，叫一个战士化装后立刻骑马送到坪头村，交给保护于学忠的米如云团长。

米如云接到密信，不敢怠慢，立刻把信交给了于学忠。于学忠看完信后，哈哈一笑："这个陈树啊，也太小心了吧！量章步云也没有这个胆子。他要是投了日寇，我逮住他还不活剥了他？米团长，别把这事放在心上，就当是给我们一个提醒算了。"

米如云也没把这事放在心里。数日后，章步云尽遣精锐，分两路夹击坪头村，要一举活捉于学忠。幸亏米如云率特务团拼死抵抗，牺牲了不少战士，于学忠及总部人员才撤到了西南60公里的甲子山。

于学忠恼恨不已，待局势稍有好转，命令原57军所辖111师，112师猛攻叩官。章步云哪里打得过这两支劲旅呀，一败涂地，连连向竹林大佐求救。

竹林大佐早就盼着章步云自生自灭，更乐见中国军队互相残杀，不顾章步云再三求救，一直按兵不动。两军血战数日，章步云弹尽粮绝，只好命令后勤机关和各作战部队化整为零，潜入五莲山、九仙山，自己率师部及特务团、骑兵营退往诸城、安丘边界石桥子、都吉台休整。

陈树看着这是个机会，又带着王林肯和庄德圃去面见章步云。

陈树对章步云说："章师长啊，看了吗，小日本是万万指望不上的。我部遭到进攻，你几次派人求救，他们放个屁了吗？还不是坐山观虎斗，恨不能我们被消灭他们才高兴呢。"

王林肯劝章步云："亏着我们还没有和日本人真正联合，要是联合，还不知道怎样欺压我们呢！人非圣贤，孰能无过，只要我们不再打于学忠，各人过各人的日子，时间一长，再去和于学忠谈谈，兴许还有救！”

庄德圃也劝道：“虽然沈鸿烈走了，但是牟中珩并不是不通事理。待一些日子，双方的气消了，我去说说，我想牟省长也不会为难我们的。”

章步云也是有些生气，本来想投日本人，可日本人偏偏不买账。想生米做成熟饭，把于学忠打下，算给日本人一个见面礼。没想到偷鸡不成蚀把米，日本人没巴结好，反而把于学忠彻底得罪了。

章步云叹了一口气：“时局艰难啊，我是为弟兄们着想，可是老天偏偏不领我的情，处处让我难堪！真是的，如今怎么办个事这么难啊……”

陈树再劝：“如今干什么事都得顺应历史潮流，这个潮流是什么，就是联合一切可以联合的力量，把日本人赶出中国去。日本才几个人啊，汉奸也是少数，如今国民党势力大，再联合八路军，不愁赶不走日本人。”

章步云对陈树一斜愣，嘲讽道：“我怎么听着，贤弟说话和共产党一个腔调啊！再说这些话，愚兄可要生气了。”

陈树继续说：“忠言逆耳，良药苦口，这是秃子头上的虱子——明摆着。为了全军这几万弟兄，为了章师长的政治前途，切不可以一步错，步步错啊！”

王林肯和庄德圃也从各自的角度，劝说章步云，不要再和日本人联合了。

可章步云一意孤行，钻了死牛尖，就想着投降日本人，自己吃上大馍馍。他和族弟章天和与副司令王吉祥商量，怎么能舔好日本人的腚眼。

章天和献上一计，说此前曾和驻防高密火车站的伊黑中队长有过良好合作，不妨再续前缘。章步云有些犹豫，竹林大佐都那个熊样，伊黑能好到哪里去。章天和笑着说：“什么事都要试一试，都说臭豆腐臭，没法吃，不也有许多人吃着臭豆腐香喷喷的吗！”

章步云点了点头，派人到高密火车站去探探风声。

这个事当然陈树也知道了，和陈明义、曹班生几个商量情况。陈树说：“看来，这个章步云贼心不死，要和高密火车站的鬼子勾结。”

陈明义想了想：“三弟呀，不能叫他们的阴谋得逞。你心眼子多，不能想个办法，给他捣捣乱。大不了，我们打着章步云的旗号，到高密车站去乱腾一番，叫他们结下仇，甭想再穿一条裤子的事了。”

“先甭慌，”陈树说，“你说的这个事可不是小事，一旦叫章步云知道了，特务营恐怕走不了啦！再说章步云还没有最后投日，我们得观察他的一言一行。他没把事做绝了，我们也不要下手那么狠！”

曹班生叹口气：“我们也得小心了，他们投降的事一旦搞成，我们这些反投降派恐怕也就活到头了。”

第60回　贼使赵建川

陈树点了点头，对陈明义和曹班生说：“我们的队伍一定要外松内紧，枪不离人，内加双岗，增加流动哨。一旦发生紧急事件，一定要想尽一切办法，把队伍带出去。”

这时候，有个战士来密报说，都吉台来了一个汉奸，叫赵建川，弄不好就是高密车站的人。

陈树听了，吃了一惊，早就听说，赵建川和章步云一样，也是高密人，兵痞出身，早年跟章步云在东注沟紫玉楼争嫖一个青岛大嫚，闹了些不愉快。抗战爆发后他投靠日军，当了高密汉奸头目，章步云第一次投靠张宗援部，全靠赵建川在中穿针引线。

难道说第二次投日，赵建川又要充当信使？真是鱼找鱼，虾找虾，王八找到鳖亲家。

陈树对陈明义和曹班生说：“我到章步云那里会一会这个赵建川，二位掌管着部队，一定要小心。”

曹班生也劝陈树：“三哥呀，你也要小心，不该说的不要说，不要过早地暴露了我们的态度。”

陈树鼻子一哼：“这时候还保什么密。一个是以章步云、王吉祥、章天和为首的投降派，一个就是王林肯、庄德圃和我们的主战派了。两边阵线分明，互不相让，就看章步云怎样点头，歪向哪边了。”

陈树到了章步云的司令部，发现屋里只有三个人，除了章步云和王吉祥外，还坐着一个喝茶的人。只见这个人头戴黑礼帽，鼻梁上架副墨镜，脖子上缠条花围脖，身上穿着黑棉袍，一看就不像个好人。

一见陈树进来，章步云为陈树介绍说：“这位就是我过去的老友赵建川。”又为赵建川介绍说:“这位就是我的特务营长陈树。”

一听说陈树的名字，赵建川吃了一惊，赶紧站起来拱了拱手说：“莫不是潍北战场上，以一个营打垮皇军两个中队的陈树。”

陈树纠正说：“不是打垮，而是消灭了日军两个中队。”

赵建川白瞪了一下眼睛，看了看章步云，好久没有说出话来。章步云看到赵建川害怕了，嘿嘿一笑：“那都是栗小鬼的事，陈营长也是来到我部看看，交流一下情况。”

听到章步云说了这些，赵建川的脸色才和缓了一些。

为了和缓一下气氛，章步云拿着赵建川的花围脖开涮：“几年不见，青山兄还是那么酸，像从醋坛子里爬出来的，一个爷们，戴什么花围脖！”

赵建川对章步云性情了如指掌，如果他嬉笑怒骂，表示把你当成自家兄弟，如若客客气气，则意味着充满戒心。赵建川放下心来，眉飞色舞地说道：“花围脖是娘们织的，给我的信物，一时半霎还舍不得扔掉。”

章步云鼻孔中哼了声：“青山兄果真是个情种！”

赵建川一脸色迷迷：“里面掺了她一绺子青丝。”

“青山兄什么都好，就是好色。”章步云继续嘲弄着赵建川，“不过话说回来了，要不是好色，我们也不结缘。”

王吉祥也脸露嘲讽，往主题上引：“这些年不走动，怕是赵队长发了大财，早把师座忘了。”

赵建川两道浓眉蹙成个八字：“发财？发个棺材。这几年东跑西颠的，差点儿把小命搭上。”

“下多大的蛋，主要看腚眼。”章步云对王吉祥抬抬眼皮，“中午安排桌子酒席，别忘了弄几个俊娘们来。”

王吉祥扬起眉毛：“好办！好办！都吉台没有，就去景芝街上找，三条腿的蛤蟆没有，两条腿大屁股的娘们有的是。”

章步云漫不经心地问：“伊黑派你来的？”

赵建川探过头，笑吟吟地说：“章师长隐居五莲山，成了桃花源人，真个不知世事了。”

章步云右手虎口托着下巴骨，阴幽幽地问：“这话我就不明白了。”

赵建川往椅背上一仰：“伊黑吗，早走了。高密火车站现在是独立混成第五旅团十八大队接防，大队长叫渡边。”

章步云这才知道，日军那边早就有了变化，问：“你跟这位渡边一定认识喽！”

“承蒙夸奖，他让我负责联络，官不大，油水还凑合。”赵建川点点头，“二师这次北返，给渡边压力不小啊！”

章步云一脸疑惑：“他走他的阳关道，我走我的独木桥，给他什么压力？再说，他有一个大队，谁敢去戳老虎腚眼，活够了！”

赵建川紧皱着眉头：“兵力是不少，但防区也蛮大，既要保证胶济路东起姚哥庄西至蔡家庄一段的安全，还要看守军火库。

渡边成天坐卧不宁，昨晚吃饭，又把碗摔了。”

章步云眼珠子一转：“你回去告诉渡边，给我一挺鸡脖子，四挺歪把子，十具掷弹筒，我保证不找他麻烦，别忘了带足弹药。”末了又加上一句，“他守着个军火库，还在乎这点儿东西。”

赵建川嘴一撇：“军火库又不是他家的，没有内田手令，他一颗子弹也拿不出来。”

章步云拉下脸来：“那你来干啥？我好歹还是中国人，手里有好几万军队，犯不着给日本一个大队站岗！”

赵建川呵呵一笑：“章师长听我慢慢说，日本人做事讲究，不会随便送你枪炮的。渡边的意思是，将贵部改编为南京政府系统部队，协同十八大队警戒、作战，此事由他向上峰呈报，待上峰核准，贵部即去高密火车站全部更换日军装备。”

陈树听完这些话，心里终于明白，赵建川这才说出了此行的真实目的。

章步云心头狂跳，脸上却竭力淡定：“这是笔大买卖，我可要好好合计合计。”

赵建川观察着章步云的脸色，故作轻松：“我只是经纪人，章师长若有意，我到渡边那边回复，若兴趣不大也就算了。哦，渡边还考虑了其他队伍。”

陈树心里骂道，这个赵建川表演也太拙劣了，什么还有其他队伍。这块地方，除了章步云投日，还有谁投日，栗文礼绝不会投日的。

章步云呼一下站起来，在屋里踱来踱去。

赵建川跷起二郎腿，摇晃着脑袋：“抗战都六年了，山东大势还不是秃子头上的虱子——明摆着。于学忠已撑不了几年啦，共产党是些泥腿子，注定成不了气候。退一步说，日本人走了，汪精卫倒台，老蒋卷土重来，只要那时你还在，兵强马壮，老蒋定然高看你一眼。要是你兵微将寡，只能是砧板上的鱼肉，任人宰割了。”

陈树本来还想顶赵建川几句，但强忍着一肚子火，没有说话。大主意得章步云拿，自己随便插话，弄不好章步云会把一肚子火都发到别人身上。

章步云继续在屋里转圈，两边太阳穴上青筋暴起，似几条小蚕在蠕动。赵建川伸开腿，向前欠欠身子，继续敲打章步云：“我给你说的可是掏心窝子话啊！识时务者为俊杰，就看章师长怎样审时度势了。”

章步云停住脚，斜眼看着赵建川：“我怎么觉得有些蹊跷。在叩官，我三番五次请求竹林大佐，但从未得到肯定答复。怎么败走都吉台，一下子成了香饽饽？”

赵建川愣了愣，没了话，抓起墨镜往鼻梁上一架：“那就算了，人各有志，不可勉强。读书人常说，卧榻之侧，岂容他人鼾睡。渡边那边，章师长可要小心啰！”

陈树不声不响地插了一句：“兵来将挡，水来土屯，有何小心的？大不了，我十个人打他一个，还能怎么着我？”

章步云白瞪了一眼陈树，对赵建川哈哈一笑：“我说着玩的。青山兄跟我同饮潍河水长大，岂能掘个火坑叫我跳？！日本人说走就走，可青山兄走不了，能飞到哪里去，能不害怕我找后账？”

赵建川脸上青一阵，红一阵：“赵某人跑不了，愿以身家性命担保！”

章步云一拍八仙桌：“一言为定，谁反悔谁就是大闺女养的。”

陈树知道章步云的投降方略已定，再劝无用，只能给章步云说了一声，肚子不舒服，需要回去躺着，借机溜出了司令部。

回去以后，陈树马上向陈明义和曹班生等人说了此事，叫大家从这刻开始，进入戒备状态，弄不好就会发生一场血拼。陈树的第二件事，就是要向王林肯、庄德圃等人告知此事，实在不愿意这些人受到伤害。

陈树到了师部的一个后院，王林肯正伏在屋里阅读《资治通鉴》，虽在读书，但显得心不在焉，不时地瞧一瞧门外，觉得十分焦躁。

猛听到门响，王林肯一下子站了起来。陈树闯进屋来，对王林肯说："王老先生，章师长和赵建川谈妥了，马上投日。"

听到了这话，王林肯一下子抛下了书，呆住了，好一会儿，颓丧地说："天要下雨，娘要改嫁，早晚的事儿。"

陈树劝他说："情况对我们十分不利，城门失火，殃及鱼池，就怕我们这些人受到他的伤害。我劝先生还是早做打算，俗话说，惹不起还躲不起吗？"

第61回　殃及鱼池

王林肯说："跑了和尚跑不了庙，往哪里躲，如今我一家子都押在他身上。特别是女婿，在电报室，掌握着章师长的机密，章师长断不会放了他的。"

陈树为王林肯鸣不平："王老先生和庄副官长，对他恩重如山，极力辅佐，别人的话听不进去也就算了，为什么你俩的话也听不进去呢？"

听到此话，王林肯痛惜地摇了摇头："庄副官长是沈鸿烈派来的，目的就是要他不能有歪想法。虽然沈鸿烈走了，但国民政府还在，牟中珩还在，他千不该，万不该，不该越过这条红线。

当初他发布招贤纳才令，尽管其言辞恳切、谦恭，并做出礼贤下士的姿态，由于其以前劣迹斑斑，潍河、渠河一带贤者英才多数骑墙观望。若不是老夫身体力行，竭力倡导，那么多的人才不会踊跃前来。后来老夫才明白，他招揽人才是假，逞个人野心是真，若不追随效命，他就翻脸不认人。"

陈树说道："这些话目前都不重要了，重要的是如何保住自己的性命，但愿王老先生一家好好保重。还有庄德圃先生，也希望先生提前给他打个招呼。"

王林肯点了点头："我明白陈营长的好意，这就派人给他通报一下。"

再说章步云迎接赵建川的酒席很热闹，不但酒宴丰盛，还请了几个风骚女人陪酒。说是陪酒，实际上是陪睡的。赵建川虽然是个色鬼，但这个时候也不敢胡为，在章步云的地盘上，弄不好就掉脑袋，所以吃完饭，匆匆回高密复命。

临走时，章步云塞给他十根金条，凑近他的耳朵说："老鼠拉木锨，大头还在后面。"

赵建川会意一笑："章师长宜早处理善后，免得后院起火。"

送走赵建川，章步云浑身轻松，了却了心里的一件大事，醉眼迷离地进了卧室。赵建川不敢享受，自己可不能放过，搂着两个陪酒女尽兴销魂。再加上沾了酒，人生得意几时有，得欢颜时尽欢颜，放荡恣肆够了，蹬开两女人，四仰八叉躺下，瞬间鼾声如雷。

章天和、王吉祥上门探听几次，没敢叫醒。金乌西落，玉兔东升，章步云醒了，跳下炕，来到院中，正撞上章天和、王吉祥溜达，他劈头就骂："你俩干啥吃的，咋不叫醒我！"

章天和说："我跟吉祥一直守在你的门旁，听您睡得正香，就没叫您。您太累了，正好睡个囫囵觉。"

王吉祥挤挤眼睛："光腚拉叉的，我俩进去也不方便。"

章步云打个哈欠："也不瞧瞧天色，赶快下通知，一个钟头后开会，营长以上军官全部参加，不得请假！"

王吉祥眼睛一转："陈树也是营长，参加不参加？要是他参加，准得砸锅！"

章步云眨巴眨巴眼睛："他不能参加。"

“他不参加？他不参加光会给你捣乱！”王吉祥加重语气，“自凡投渡边了，应该当机立断。”

“你说怎么办吧？”章步云瞪着狡黠的眼睛问。

王吉祥咬着牙说：“大丈夫不拘小节，量小非君子，无毒不丈夫，趁早把他们……”右手用力一挥，做了一个刀切西瓜的有力动作。

章步云想了想说：“陈树没有做对不起我的事情，杀了可惜。把他们撵走就是了！你需要多少人？”

“先用一个团，把他们‘押送’回去。”

王吉祥得到命令，立刻领着一团人向大近戈庄跑去，大近戈庄离着都吉台也就有2公里远，当初章步云为了和陈树联系方便才让他们驻扎到附近的。王吉祥的部队气势汹汹地来到了大近戈庄，没想到大近戈庄早有准备，圩墙门早关了，士兵上了圩墙和房顶，一挺挺机关枪，伸出黑洞洞的枪口，正在等待着他们。

王吉祥指挥着部队，离着有三四百米，先把大近戈庄远远地围了起来。然后王吉祥朝村里喊道：“请陈营长出来说话！”

不一会儿，陈树站到房顶上，对王吉祥喊：“王司令啊，来就来呗，还带着队伍来干啥！是不是我犯了什么错误？”

王吉祥说：“是这样的陈营长，最近我们二师有点儿事，请你们队伍退出大近戈庄！”

陈树哈哈一笑：“你以为我们愿意来啊，又不是吃不上饭，何必到二师来凑热闹。走就走呗，何必兴师动众的，麻烦你王司令亲自前来相送。不过，我倒要问问，你说二师有点儿事情，啥事啊，是不是和日本人的事情？”

王吉祥光慌慌着清理门户，忘了封嘴这个事了。人都有张嘴，嘴可以成事，也可以坏事，现在降日的事情还是秘密，一旦叫陈树宣扬也去，那可坏了醋啦！所以王吉祥还是醉死不认半壶酒，撒谎不带脸红的，扯着嗓子喊：“我们山东保安暂编第二师是抗日的队伍，和日本人什么关系，一毛钱的关系也没有。”

陈树心想，做贼心虚呀，你越心虚我越戳你的软肋。于是说：“既然你们是打日本的，我们也是打日本的，煮豆燃豆萁，相煎何太急呢？走就走呗，还武装押送，就和犯了多大错误似的。叫章师长来，章师长是有情有义的人，绝不能和你一样，人过留名，雁过留声，我想和他说几句话！”

这下子王吉祥为难了，才知道陈树的头并不好剃，如果硬打，自己这一团人并非是他的对手。如果这样僵持着，大话吹下了，章步云面前又不好交代。思前想后，没有好办法，于是黑着脸说：“军人以服从命令为天职，我叫你走，是给你们留个面子。逼急了我就不客气了！”

陈树也毫不嘴软，大声地说：“我要是不走呢？”

王吉祥火了，大吼着：“你们要是不走的话，别怪我手下无情。全团机枪准备，一营准备，听我喊到三声，就开始进攻——”

王吉祥带来的这个团，全部机枪都拉开了保险，对准着大近戈庄。一营的士兵也上好了刺刀，就等着长官的一声令下了。

陈树也没有办法，对待王吉祥这样的顽固派，只有拼死一战。他压低声音吼道：“全体准备，听我的命令，放近了再打。”

特务营的战士早就拉开了枪栓，准备好手榴弹，上好刺刀，就等着顽固派上来找死了。王吉祥喊了三声，这边根本没人理他，一营长只好带领着全营官兵冒死冲锋。他们拉开了战斗队形，以连排为单位，向着大近戈庄从东到西地杀了过来。

200 米，100 米，80 米，眼看着队伍越来越近，还没有降日，对抗日队伍的一场残酷战斗，马上就要打响了。

“停下，快停下——”一骑战马卷起浓浓尘土，响着急促的蹄声由远而近飞快地向这边驰来。“谁也不许开枪，不许开枪——”

在这千钧一发的时刻，章步云来了。

章步云为什么来呢？他没有雄才大略，刚才头脑一时发热，就想对陈树的一营人动粗。可静下心来一想，未免有些操之过急，陈树多次对自己有功，并没有做危害自己的事情。就这样撵他走，对一些老江湖不好交代，以后更没法在社会上立足。

想了想，对陈树这样的人，还是安抚为上，所以他骑着快马迅速赶来了。

王吉祥一看，孩哭了抱给他娘，有司令在，一切由他担着了，赶紧来到章步云身边。章步云才不管他什么面子不面子呢，照着王吉祥就是两个大嘴巴子，大骂道："都是自家弟兄，你这是玩的哪一出？脑袋叫驴踢啦！吃屎啦！"

王吉祥捂着火辣辣的脸没有吱声，他知道这是演给陈树看的。

章步云来到一营前面，对着大近戈庄喊道："请贤弟出来说话！"要说这个章步云也是人间枭雄，胆子也够大的，就不怕两军擦枪走火，自己死于非命。

陈树也不敢怠慢，赶紧对部下喊："放下枪，千万不要走火！"他下了房，站到圩墙上喊："大哥来啦，有什么指示请讲？"

章步云嘿嘿一笑："贤弟呀，咱弟兄俩的事儿，不用外人掺和。这是干什么？刀对刀，枪对枪的，又不是敌人。"

"谁说不是呀！"陈树的嘴更会说，"都是王副司令苦苦相逼，要用武力灭了我们。想我陈树没有功劳也有苦劳，没有做对不起大哥的事情，弟兄们不服啊！如果不是王副司令拿刀架到弟兄们的脖子上，弟兄们也不会这样。要是司令晚来一会儿，这个乱子惹大了，我也控制不住啊！"

章步云心眼子多，对陈树摆了摆手："好了，好了，贤弟，罪过在我，都是我教育不当。这个事儿就到此为止了，双方先消消火。另外，弟兄们要吃好，睡好，待一会儿，就有酒肉犒劳大家。"

章步云知道再说下去，自己也是无理，只好先把双方的火压下，有话以后再说。想必陈树的队伍经过这一番惊吓，走也得走，不走也得走了。只要目的达到也就算了，省得留在这里碍眼。

第62回 渡边的阴谋（一）

再说，章步云和王吉祥领着一团兵走后，不一会儿，章步云又派人送来了两头活猪，50瓶白酒和400块大洋。陈树对陈明义和曹班生说："没事了，叫队伍撤下来休息，留下哨兵站岗就行。"

曹班生还是有些不放心："大洋我们收下，猪我们吃了，这酒会不会有毒啊。喝酒都药死了，不就省了章步云的事啦！"

没等陈树说话，陈明义笑了："这叫刘备摔孩子——收买人心。章步云就是再傻，也不会傻到把我们全药死，这对他什么好处啊！"

陈树总结着："章步云终于想明白了，要是这一仗打起来，损兵折将还丢了面子。这样用酒肉和金钱开道，既掩护了他的行动，还拾了面子，何乐而不为呢！不过酒是不能喝，带回去喝吧，肉和钱分了，也叫弟兄们高兴高兴。吃饱睡足了，明早开拔，量这个章步云也没有胆量再挡着我们的道！"

当晚，把大洋分了，两头活猪宰了，再配上粉条子，叫战士饱餐一顿。那个时候，白面都很稀罕，别说猪肉了。吃了猪肉总不能再吃玉米面窝头吧，所以不过了，把仅有的一点儿白面也蒸上大白馍馍吃了。

直撑得战士一个个肚儿圆，别提多快活了。

第二天一早，睡足的战士又把昨晚上剩下的一点儿好菜好馍吃完，一个个精神抖擞，斗志昂扬，就准备回老营了。在操场上整顿完队伍后，陈明义前来报告说："陈营长，队伍整顿完毕，是不是立刻出发？"

陈树在操场上来回地走了好几圈，皱着眉头对陈明义说："陈营长啊，你说说，咱们是不是应该回到栗文礼的身边？"

陈明义小声说："三弟呀，你说这话我就不明白了。不回到栗文礼身边，难道说还自己打出旗号。要是自己打出旗号，是不是早了点儿？"

陈树知道这是陈明义误会自己了，小声对他说："大哥呀，我想了一宿，觉得这个渡边不会轻易收了章步云的。竹林大佐对章步云不放心，难道说渡边会对章步云放心？老觉得这里头有什么猫腻。所以我想，咱们先不慌着回去，跟在章步云后面观察一阵子。"

陈明义有点儿生气，小声对陈树发火道："渡边对章步云有什么猫腻和我们什么关系？一毛钱的关系也没有。再说，你在章步云身边还没待够啊？这就是条狼，喂不饱的狼，翻脸不认人。要不是我们早有准备，说不定，大近戈庄一战，就被他们全部消灭了。"

曹班生听到两人说话，也上来发表意见："我说三哥啊，咱们离着章步云越远越好。栗文礼不是东西，章步云更不是东西，在老虎旁边，睡觉都得睁着一只眼啊！战士听说终于不在这里驻扎了，心里可高兴了。你想干什么，跟在老虎后面看热闹啊！热闹看不成，被它反咬一口，弄不好就把咱咬死了！"

听着他俩激烈反对，陈树想了一会儿，还是坚持自己的意见："我们来干什么？就是不想让章步云几万人的队伍投降日寇。只要有一线可能，我们就要努力，睡了一晚上的觉，我改主意了，先不回栗文礼那里，跟在章步云后面，寻找机会……"

陈树费了好多唾沫，才把陈明义和曹班生说服，至于战士，那就不必说了，只能说是执行任务。战士一路上嘀嘀咕咕，回老营应该往南走，怎么往北走呢，这是上哪里去？

再说章步云也不是傻瓜，避开王林肯、庄德圃这些反投降派，接连开了两次高级军官会，先统一了上层思想。然后又叫赵建川带回两个日本人当"人质"，这才领着全部人马向高密火车站进发，去接受日本人的改编。

表面上却是冠冕堂皇，说并不是投降日本人当汉奸，而是接受南京汪伪政府的改编。

队伍一切准备就绪，才出了都吉台东门，由王吉祥率领着骑兵营开路，排成一字长蛇阵，绕过东城阳、徐洞、东霞岗、业家屯，逐渐靠近了大王庙西门。

守门团丁一见是章步云人马，急忙开门。王吉祥正要率领部队进村，章步云急忙对他说："队伍先不要进村，这几年大王庙受我连累不轻，我要先进村向父老乡亲赔个不是。"

不一会儿，村中跑出几个穿戴体面的头面人物，一个个脚步踉跄，神色慌张。章步云疾步向前，朝一位穿黑棉袍的老者深深一拜："二大爷来了！应龙率部要去河东，蹁腿回来看看，不知道乡亲过得怎样？"

二大爷捋着一绺山羊胡子，瞅了章步云，连声说："步云啊，你想让乡亲们多活两天，就少来两趟。这回大王庙的窝棚刚盖好，要是再烧的话，又有烧头了。现在天也暖和点了，就是烧了窝棚，还不至于冻死人。汉奸队常来派粮派款，亮出你的招牌屁用不管！"

亏着章步云的脸皮厚，说着好话："应龙不懂事，给乡亲惹事了，叫赵建川过来。"

不一会儿，赵建川骑马过来，相距十几米，赶紧下马。章步云脸色阴沉道："大王庙是我老家，你不会不知道吧？"

赵建川一愣："咋会不知道呢！"

章步云抬高声调吼道："为何还纵容手下进庄捣乱？"

"警备队早不归我管了，"赵建川耍赖说，"这次我就跟渡边说，不许派一兵一卒前来大王庙。"

村中几个头面人物听说，上来千恩万谢。二大爷说："应龙，带队伍去村中歇歇，吃完中午饭再走，叫家家户户擀饼、煮蛋。"

章步云摆摆手："军务紧急，不住下了，烧点开水就行，谁渴谁喝。"

二大爷回头吩咐几句，几个人撒开腿，奔回庄子，过了一顿饭工夫，又跑回来，说准备好了。章步云让王吉祥传令，进村喝水，不得擅离队伍，半个钟头后开拔。走进庄子，除了西门里庙台上有几个老人在晒着太阳闲聊，街头少见闲人，却摆着七八张方桌，上面除了暖壶、瓷碗，还有刚煮熟的红皮鸡蛋、白皮鹅蛋，绿皮鸭蛋。

章步云眼睛一亮，对二大爷说："不是说好了只喝水么？"

二大爷似乎没听见，说："鸡蛋、鹅蛋现在吃就行，鸭蛋是咸的，得就着干粮吃。"

章步云由衷感叹道："咱庄的咸鸭蛋真好吃，还有双黄的，腌到火候，剥开就淌油。我十二岁那年，到潍河洗澡，拾了半筐鸭蛋，腌着吃了大半年。"

二大爷一捋山羊须，意味深长地说："三岁看大，七岁看老，应龙打小就不同凡响啊，还记得打赌偷鱼的事吗？"

章步云想了想："我倒忘了，说来听听。"

二大爷缓缓地说："那年夏天你也就五六岁吧，光着腚在街头玩。来了个卖鳞刀鱼的，我跟你说，你能拿条鱼来，我就给你个大甜瓜吃。你凑过去，趁卖鱼的不注意，拖出条大鱼，用嘴叼着，双手拍打着腚锤子，慢悠悠去了我家。

"过了一会儿，来了个买鱼的，卖鱼的才发现最长的那条鱼不见了，对买鱼的说，坏了，那条大鱼不见了。买鱼的说，谁来过？卖鱼的说，除了个光腚小孩，没人来过，那小孩子走的时候，还两手拍打腚锤子呢！"

章步云眯缝起眼睛，一脸认真地说："你给我大甜瓜吃了吗？"

二大爷慌忙说道："给了，给了，当然给了！"

章步云又问："那条鳞刀鱼呢？"

二大爷掩口一笑：“叫我煎煎吃了。”

章步云哼了一声：“二大爷吃了独食，难怪我没有印象！”

时辰一到，号手吹响行军号，章步云辞别家乡父老，随军前行。走到东门口，章步云忽然停下，让副官通知部队，凡送水送蛋者，每家酬谢两块大洋，没送者，每家一块大洋。

待全军从水浅处涉过潍河，章步云站在东岸，翘首回望，对赵建川说：“大王庙是个好地方，西绕渠河，东枕潍河，都是老天爷安排得好，谁也搬不走！”

“章师长桑梓情深，对阖庄父老很够意思嘛！”赵建川恭维道，“兔子还不吃窝边草来。”

章步云左脚踩住马蹬，身子一挣，跨上马背，得意扬扬地说：“没了窝边草，兔子如何藏身？”

队伍行至井沟，饱餐一顿，人有精神马有力，沿村道迤逦东去。从呼家庄村越过五龙河，下午两点到了朱家屯庄西一片槐树林边。章步云令全军坐下休息，纵马跃上一处高坡，举起望远镜向东北瞭望。

原野上有村庄参差，庄上大都有圩墙环绕，远处是高高垒起的胶济路，有时火车似黑色巨蟒东西奔驰。在高密县城北边，有一处人口密集的地方，离着这里也就8公里远，只要到了那个地方，就是到了另一番天地，从此后再也不姓蒋，而是姓汪。

第63回　渡边的阴谋（二）

章步云心里沾沾自喜，免不了有些小小的激动，他又拿起望远镜把周围的田园村落、沟沟坎坎扫视一圈，突然发现有一支穿灰军装的小部队向这边跑了过来，人数有二百来人。章步云心里一惊，这个时候，这支国军部队上这里来干什么？他又看了一遍，领头的好像是陈树。

陈树不是领着他的队伍撤走了吗？这个时候上这里来干啥？莫不是又是阻止我降日？

不一会儿，这支部队渐走渐近，章步云阴沉着脸跳下马迎了上去。陈树对章步云打了一个敬礼说："报告章司令，附近的刘戈庄、八元庄村、东单家屋子、堤东村、何家村，都发现了大批日军，好像一个口袋阵。"

章步云的脸上现出了一丝犹疑："真的假的？你们怎么知道的？"

"是这样，"陈树解释，"我怕大哥上当，所以暗中保护，搜查了一圈火车站地形，觉得不大对劲，还是请大哥早做打算。"

章步云一听，真是内心打碎了五味瓶，酸甜苦辣咸都有，原先嫌陈树碍事，恨不能宰了他。可是现在看来，陈树还想着自己，光凭这股热心肠，就叫心里一番感动。

这个时候，王吉祥急火火地跑来，喊道："师座，有情况！打前站的几位兄弟回来了。据内线报，今天一早，高密城日军秘密出动，估计城西的几个庄子都驻有日军。"

章步云的眼睛中闪过一丝慌乱，随即镇定下来："带赵建川和那两个日本人过来。"

章天和朝远处打个招呼，立刻有几名士兵簇拥着赵建川和两个日本人走来。赵建川东张西望，神气活现："章师长咋不走了？早去早回啊。"

"弟兄们累了。"章步云打着哈哈，"建川兄弟说说，渡边给咱们准备了什么好吃的？"

赵建川丈二和尚摸不着头脑，眨巴着眼睛："没听说留饭吧。"

"大老远来了，就这样待客？"章步云一脸阴森，"没准备点子弹，手榴弹给我们吃。"

赵建川瞪得眼珠子都要跳出来："你这是什么话？！"

章步云脸上的黑气若隐若现，咬着牙根说："周围村庄埋伏着大批日军，建川兄不妨说说，他们想干什么？"

赵建川方寸大乱，结结巴巴地说："十八大队集中在……火车站兵营，参加贵部和平改编仪式，哪……哪来的队伍？"见章步云不理睬，他又朝两个日本人呼道："一平君，本田君，这到底是怎么一回事？"

两个日本人面面相觑，一言不发。章步云狞笑道："为了钓我张应龙，渡边不惜把你仨当诱饵，这个渡边太不厚道，还不如竹林。你赵建川自吹精明过人，说什么东洋国蝼蛄拱不过高密黑土，拱进了坟墓还恣得嘎嘎的！真会装屃。"

说罢一挥手，几名士兵将三人堵上嘴，捆成一串蚂蚱，踉踉跄跄拖下去。

章步云脸阴得和黑天一样，对几个心腹主将说："一辈子玩鹰，这下子好，叫鹰叼了眼。我们入了渡边的大网，大家说说，怎么办吧？"

章天和出主意："朱家屯北有条小河，是五龙河支流，两岸荆棘丛生，今春河床干涸，我军可借道西去。"

章步云摇摇头："我军行踪，日军早就掌握，要是突然停止不前，日军必然合围追击，我军断没有生路。这个办法不行的！"

王吉祥大声地吼："那就硬打，和鬼子拼了，我就不信打不过五龙河！"

章步云冷冷一笑："你以为我们打得过日本人？要是打过了，栗小鬼早就打了，连于学忠都不和鬼子硬拼，我们更甭想了。"

陈树看到该自己说话的时候了，镇静地对章步云建议："章司令，趁我们现在还没有钻进鬼子的大网，以一支奇兵伪装成二师主力，不慌不忙地前进，晃过日本人的耳目。然后二师主力悄悄地退出，出了这片危险地带，就算胜利。"

"谁能担当这支奇兵呢？"

“就由我们特务营代劳吧！”

“你打算怎样伪装成二师主力？”章步云斜愣着眼睛问。

“至于怎样伪装成二师主力，我自有办法，章司令就不要问这么细了。”

章步云沉吟道：“依贤弟之计，我们主力虽然脱身，但让贤弟陷于孤立无援的绝地，我实在于心不忍。”

王吉祥这时候也慷慨激昂地说道：“我愿意陪着陈营长一起去，如若成功，就能救得二师起死回生。如果不成功，也算杀身成仁，总比在这里被渡边一锅烩强！”

陈树听了心里一惊，自己的特务营去最好，总能搅得这个二师向日本人投降不成。如果掺上一个王吉祥，那就不好说了，只好劝阻道：“由我们特务营去就行了。添上了王司令，岂不是肉锅里又送上一条鱼么！”

章步云心眼子多，虽说对陈树七分感恩，但还是怕陈树做出对自己什么不利的事情来，眼珠子一转，说道：“王副司令去也好，总能代表着我说话。”说完，解下自己的佩剑递过去，对王吉祥说：“二位贤弟壮怀激烈，能和纵横长坂坡的赵子龙相比。如能见上渡边，递上佩剑，就说剑在人在。再说我们手头上还有他的三名人质，怕他们干啥？！”

陈树心想，看来，章步云投降日寇的贼心还是不死啊！

临走时，章步云忽然说了声：“慢着，”牵过了他那匹乌骓马对陈树说：“陈树啊，骑着我这匹马去，有了它，也就等于有了我。另外，回来后，我要给弟兄们点名！”

虽然这两个事不大，但在陈树的心里，引起了一番不大不小的激动。自凡混到师长这个位置上，没有驭人之术不行啊！

二人辞别了章步云，陈树叫特务营砍下槐树林里的树枝，每人拖着一大截子，拉开了距离，伪装成二师主力，整个营向东北进发。再加上此时又是起风的季节，真是一路上风沙弥漫，真风和自造的风掺杂在一起，人马逶迤，浩浩荡荡。

陈树到后面去看看部队，陈明义早就对他的做法不满，这会儿小声埋怨说：“我说陈营长，这支部队不是你自己的，太独断专行了，想插嘴都找不到机会。给章步云报信也就算了，断不该给他们当替死鬼！”

陈树小声对他解释：“你说怎么办？难道眼睁睁地看着二师被鬼子消灭？只要还有一线生机，就要挽救这支中国军队。”

曹班生凑近陈树的耳朵小声发牢骚：“你还常教我们使用谋略，坐山观虎斗多好，待他们打得两败俱伤，我们再救不行吗！何必救人没救成，先把自己搭进去？”

“到那时候，恐怕就晚了，只要进了鬼子的大网，你以为他们还能出得来吗？”

陈树和王吉祥并排骑着马，只听到马蹄子“哒哒”地响着。这时候王吉祥对陈树的感情是复杂的，前几天的时候，他还要置陈树于死地，可是今天，又要一块儿共赴狼穴，弄不好一块儿血洒疆场。王吉祥软软地问：“陈营长啊，前天的事，你不记恨我吧！”

“恨你干嘛？”陈树说，“军人嘛，有时候身不由己。”

王吉祥伸出手来，抓了陈树的手，感动地说：“我就欣赏陈营长这样的胸怀，虚怀若谷，宰相肚里能撑船。要是叫别人，恐怕早蹦了，还来给你送讯？更不用说替二师挡子弹了。”

“你是不是觉得我这个人特傻？”陈树问。

王吉祥想了想说：“一般人这么认为，但我不这么想，你为了阻止我们投日，把你的特务营都豁上了，其实是为了整个民族大义。真是各为其主，心有大公，就像你说的，军人有些时候，身不由己啊……”

说着拉着，队伍已经到了高密西郊老墓田，前面房屋逐渐稠密，树木枯枝虬龙，街巷人来人往，一座破旧的县城已出现在面前。陈树下了马，指了指槐树枝，摆了摆手，又向下按了按。众人明白，疑兵计再使下去已是无用，纷纷扔掉手中的槐树枝，坐在地上休息。陈明义、曹班生等一些军官纷纷拥到陈树面前听令。

陈树对王吉祥笑了笑：“自凡后面没有枪声，说明二师可能已潜出了日军重围，真是天意啊！下一步就看我们怎样脱身吧。”

王吉祥也高兴地说：“谢天谢地，我们的金蝉脱壳总算成功了，大不了血战一场，我们再杀出重围。”

陈树心里淡淡一笑，谁身上的肉谁心疼，你不怕硬拼我可怕，遂对王吉祥说：“日军恐怕早就抄了我们的后路，强行突围，只能是自找苦吃。趁着没和日军撕破脸皮，干脆来个假戏真唱，闯进高密城去见渡边，探听虚实，再从容离开。”

“那能行？”王吉祥对陈树的计策表示怀疑。

“渡边不能没学过数学，一万人和二百人，哪头重哪头轻？恐怕不会为了这二百人，得不到那一万多人吧！”

王吉祥想了想，陈树的话不无道理，只好点头答应。

第64回　渡边的阴谋（三）

陈树又和陈明义、曹班生商量了一下，两人都是聪明人，自凡到了这个九死一生的险境，只能冒险一试，才能险中求存。

陈明义对全体官兵说：“弟兄们，我们的第一个任务完成了，掩护着二师脱离了鬼子的包围圈。现在我们需要进行第二个任务，就是巧妙脱身。现在跟着陈营长去和鬼子渡边打个招呼，然后撤出高密城，大家敢不敢啊！”

战士早就对陈树依赖惯了，认为跟着陈树，没有打不赢的仗。自凡营长和连长都不怕了，我们小兵还惜什么命呢，一齐振臂高呼：“不怕！不怕！”

“那就好，”陈明义大吼着说，“服从命令听指挥，时刻做好战斗准备，一旦要打，火力要猛，动作要快！”

战士齐声吼道：“坚决服从命令听指挥。火力要猛，动作要快！”

陈树和王吉祥率领部队穿过老墓田，绕过梁家埠，眼前出现了一道巍峨城墙。陈树观察了一番，高密城，旧时称为“凤城”，这座城墙一周三里九十步，里外皮为砖，高二丈三尺，上宽八尺，下宽一丈三尺，东叫广惠，西叫通德，南叫永安，西南叫保宁。城外池深一丈，外面植柳，以固堤岸，城池有桥五座。

陈树心里想道，在军事上说，如果一旦钻进城去，出来可就难喽！可是已经到了这个地方，退路早已没有，就是龙潭虎穴阎王殿也要硬着头皮往里闯。

队伍又前行几百米，来到西门楼下，只见两扇黑漆漆大门紧紧关闭，碗口大的黄铜门环纹丝不动。王吉祥勒马后退，仰望门楼，上面阳光白亮，人头隐约。不一会儿，门楼上飘来一个声音：“来者何人？通报姓名！”

王吉祥清清嗓子，喊道：“我们是山东暂编保安第二师，我是王吉祥，应渡边大队长约请而来。”

门楼上道：“原来是王师长啊，幸会幸会，你们终于来了。你们的大队人马呢？”

“鄙人受章师长之命先行探路，渡边大队长现在何处？”

门楼上说：“渡边中佐在火车站，我给你们带路。各位放心入城，我是杜景平，咱高密人。”

就听“咣啷啷”一阵声响，两扇黑漆大门朝里开。随着马蹄声响，一个黄脸汉奸纵马出城，身后紧跟着一队徒步护兵。

王吉祥料想此人就是杜景平了，拍马上前，深施一礼。黄脸汉子从容回礼，说道：“在下杜景平，早就知道王副师长大名，不想今日在此相见。真是一叶浮萍归大海，人生何处不相逢。”

王吉祥谦恭道：“初来乍到，摸不清勺子，还请杜团长多多关照。”

杜景平小声说：“渡边是个中国通，小心点儿。”

陈树观察了一下周围，一旦进入危城，就是进了敌人窝里，四面八方枪弹射来，根本难以抵挡。事已至此，先不要刺激敌人为妙，他悄悄地对陈明义说：“外松内紧，先不要端枪，就和无事人一样。”

陈明义悄悄地把命令传达下去，整个队伍显得“松松垮垮”，毫无戒备之心。

杜景平和王吉祥并排骑马，在前面带路，后面就是杜景平的护兵，再后面是陈树领着的特务营。从西门进去，过了城隍庙，便进入了繁华街道。此时正是下午三点来钟，按说正是人最多的时候，但两边店铺早已关门，街面空无一人。

但陈树感觉到，门缝间似乎有无数只眼睛在向外窥视，数不清的枪口已经对着这支部队，危险在每时每刻威胁着每一个人。死亡就是瞬间的事情，叫人心悸的寂静，令人不寒而栗，浑身起小米。

王吉祥心悬到嗓子眼，眼珠子转个不停，穿过几条街巷，东拐北折，出了城，进入火车站南门。此时一列火车启程，汽笛一声长鸣，车头呼哧呼哧喷出一团水汽，整个火车站白雾弥漫。

两匹战马哪里见过这种钢铁怪物，吃惊不小，竖起耳朵，原地打转，突然高高地跃起前蹄，似乎要发疯。

杜景平对王吉祥说：“你和弟兄们在此稍等，我去说一声。”说罢，率领护兵匆匆进了火车站。

此时白雾消散，隐藏其中的灰色水泥站房逐渐显现。陈树扫了一眼，猛然发现车站房顶堆放着不少沙袋，中间伸出几支黑乎乎的轻、重机枪枪管。有的战士也发现了，又要端枪对峙。陈树悄悄对陈明义说：“先不要端枪，别刺激对方。外松内紧，做好准备。”

陈明义又把陈树的命令传达下去，通过战士的嘴，一个一个往下传。

王吉祥哪能看不见，腿有点儿哆嗦，不时地摸一下盒子炮。杜景平高声喊道："请王副师长上来，太君有请。"

王吉祥看了一眼陈树。陈树心里明白，对陈明义交代一下："时刻做好战斗准备，就是死，也不能丢我们特务营的脸！"

陈明义点了一下头："三弟安心去吧，这里有我呢！"

王吉祥跳下马，把缰绳递给特务营，整整衣冠，和陈树一起穿过站房，上了月台。就见日军如临大敌，三步一岗，五步一哨，戒备森严。月台下有几股钢轨，轨道上停着一辆铁甲列车，炮口对着特务营的方向，轻重机枪和步枪也伸了出来，一支支黑洞洞的枪口朝外瞄准，时刻准备着射击。

一位身材瘦长，戴金丝眼镜的日本军官举着望远镜，骄横跋扈地向周围看个不停。杜景平朝王吉祥递个眼色，紧走几步对日本军官说："这位就是章步云的副手王吉祥，这位是……"

只让来一个，而一下子来了两人，他也不知道怎样介绍了。

陈树只好自己介绍说："章司令的特务营长陈树。"

"陈树的……"渡边觉得这个名字有些耳熟，他拿下望远镜想了一会儿，突然想起来，就和受了刺激一样，突然抽出指挥刀，举了起来，歇斯底里地朝陈树发狂道，"八嘎！你是不是那个……柳科战斗中，以一个营的兵力，消灭我们两个中队的陈树？"

陈树不慌不忙地说："正是在下。"

"八嘎！"渡边再次地把刀举了起来，气得小胡子乱抖，看他那个样子，恨不能把陈树一劈两半。

陈树想到，看来今天难逃一死，也罢，你就是劈了我，灭了特务营，可是你和章步云的关系就彻底闹翻了。你的戏演砸了！

以自己和特务营的二百来人，挽救了章步云的一万多部队不降日。这个买卖还是值的！

陈树想到这里，早就闭上了眼睛，只等着一死。

吓得王吉祥啊，浑身哆嗦起来，自凡进了这个鬼门关，哪能活着出去。看来自己也是死定了。

渡边高举的日本刀突然停下，杀了这个中国人算是怎么回事呢，章步云还怎么投降？想到这里，渡边努力克制住自己，露出很不自然的笑声：“我就喜欢陈树这样的中国军人，你的威武大大的！大大的！”

听到一声狼叫，陈树睁眼看了看，脑袋还在，知道这是渡边有所顾忌，还不敢贸然杀了自己，只好静下心来，再和他斗。

自凡渡边不杀陈树，又有了新的想法，如此英武善战的中国军人如果能帮着自己，那……那……那是什么成色啊！他又嘿嘿地笑了，恭维着陈树说：“陈的，你的如果到了我们这边。警备队长的，非你莫属啊！”

他也学会了中国官场这一套，先封官许愿，让你抱个热罐子，好忠心地为他卖命。

渡边两道冰冷的目光又聚在了王吉祥脸上，似乎要从脸上看穿他的心。看得王吉祥更是心里发毛，问道：“渡边大队长如此关注我，莫非我什么地方做得不对？”

渡边笑里藏刀地问：“章师长答应今日率部来接受改编，为何只来了一支小部队？据谍报侦察，章部来到朱家屯，突然不见踪影。你的如实交代，他们哪里去了？”

王吉祥说道：“报告太君，今日之事纯属意外。我军行到朱家屯，发现两侧有贵军移动，问了赵建川和两位太君，他们均不知情。章师长担心误会，所以引兵暂退，并派卑职前来说明。”

杜景平也大着胆子说着自相矛盾的话：“王副师长所言属实。今日皇军出兵剿匪，我们都不知情。”

渡边真是搬起石头砸了自己的脚，本想把章部全歼或者重创，然后再收拢其余部，好断了他的非分之想，不料却弄巧成拙，形成了现在这个尴尬的局面。他沉默片刻，堆出一副笑脸："误会，大大的误会。皇军出城剿匪，是为了贵部一路畅通，绝无他意，务请转告章师长！"

见渡边说了软话，王吉祥也放下心来，解下佩剑呈给渡边："这是章师长的佩剑，卑职临行前，章师长托我转赠太君，睹物如见人，请太君收下。"

渡边有些吃惊，小心接过，对王吉祥说："按说我该将佩刀回赠，可是我的佩刀是祖上所传，不便送人。这样吧，来而不往非礼也，挑一把嘎嘎叫的'十四年'，回赠章师长。"

第65回　章步云暂缓降日

片刻，执行官跑回，将一把带皮套的"十四年"式手枪奉给渡边。渡边掂了掂，递给王吉祥："转告章师长，内田少将对他极为器重，盼望章师长早日率全师来归。中日亲善，我们大大的朋友！"

"来日方长，后会有期！"王吉祥将手枪挂在腰间："赵先生和两位太君明天一早准能回来。"

渡边似乎没听见，看了陈树一眼，从腰里慢慢解下自己的佩枪，双手递给陈树："陈营长，我实在佩服你的英勇善战，如若不嫌，请接受我最心爱的武器！"

陈树一想，给枪要是不要，不成傻瓜了吗？赶紧双手接过渡边佩带的这把手枪，微微一点头："谢谢渡边大队长，我一定好好地保存。"说完，把这支佩枪也挂在自己的腰上。

到了这时候，渡边还不忘对陈树抛出橄榄枝："陈的，到了这边，警备队长是你的。如果不满意，警备大队长也是可以考虑的。”

巴结完了陈树，渡边才对杜景平说：“送王师长出城。”

王吉祥以为自己耳朵出了毛病，渡边会这么轻易地放过自己。杜景平捅他一下：“走吧，那俩是朝鲜兵。”

众人慌慌张张顺着原路退回，出了西门，太阳坠至一竿高。王吉祥心急火燎，打马快行，无奈马儿一天没吃没喝，跟着担惊受怕，这会儿好不容易缓过精神，蹄子上好似拴着个大秤砣。尽管这样，王吉祥还是狠狠地抽着马，赶快离开这个是非之地。

而乌骓马呢，却显出极高的素质，扬着头咴咴地一阵长嘶，精神抖擞，没有一点儿疲惫的感觉。

太阳渐渐消失，留下了一抹暗红，队伍过了五龙河行至呼家庄，夜幕四合，月亮升上来。突然，王吉祥喊了一声：“有情况！”一下子从马上滚下来，特务营的战士纷纷趴在了地上，拉动枪栓，只等着血战一场。

乌骓马不动声色，悄悄地伏了下来，前面似乎一堵矮墙，在掩护着陈树。陈树看了看黑漆漆的旷野上，似乎有人影晃动，喊了一声：“前面何人？”

对面有人道：“我是这庄子的，你们是哪支队伍？到这里来干啥？”

陈树说道：“二师的，路过这里，想找口水喝！”

王吉祥听出对方是谁了，骂道：“是章天和吧，装什么屄！”

对面那人扑哧一笑：“都穷途末路了，还这么大口气！”

王吉祥站了起来，轻松说道：“就会装神弄鬼，可吓死我了！师座现在哪里？”

章天和过来，低声说：“师座不走，一定要在这里等你们，其余人马都回都吉台了。”

王吉祥松了口气：“带我去见师座。”

“弟兄们肯定饿了，一块去吧。”章天和掏出手电筒，朝村口亮了三下，稍倾，村口也回了三下。

章天和掖好电筒，一脸诡秘地说：“这一带是李玉亭的天下，他跟师座有矛盾，我们不得不防。”

进了村，队伍七拐八折来到了一座青砖门楼前。王吉祥问：“好高的门楼，这是谁家啊？”

还没等章天和答话，黑暗中传来低沉有力的声音：“吉祥放心，是我把兄弟的宅子。”

王吉祥打了个激灵，急忙立正：“报告师座，王吉祥前来归队。”

陈树也对章步云打了个敬礼：“报告章司令，你的乌骓马我给你送回来了。另外，所部242名官兵，一个不多，一个不少，请您点名。”

章步云深深地叹了一口气，拍了拍陈树的膀子：“贤弟呀！你陈家父子一次次把我拉出死地，不是多少金钱，多少粮食就能还清的。好了，什么话也别说了，赶紧吃饭，吃完了饭，再把应该说的不该说的说完吧！”

陈树赶紧补上一句：“我陈家父子所做的努力，只是希望章司令坚决抗日，做国家的栋梁！”

章步云深深地点了点头：“贤弟的用心，我清楚了。”

特务营早就饿坏了，上来了好饭好菜，队伍是饱餐一顿。年轻人体力恢复快，吃饱喝足了，不一会儿，精神头就上来了。不用陈树说，王吉祥早把会见渡边的事情绘声绘色地说了一遍，听得章步云的心里感慨不已。

章步云早就有“好枪、好马、好女人”的嗜好，枪支冰冷无情，难以倾诉衷肠，女人虚荣贪财，常令心中不快，唯有乌骓马和他心灵相通，不管多忙，总要跟乌骓马絮絮叨叨拉呱上一阵。

他拉着陈树来到了大树下看乌骓马，马儿看到主人来了，停止吃草，四蹄乱动，摇头晃脑，把脑袋往章步云的怀里扎。章步云一边抚摸着它毛茸茸的脑袋，一边说：“乌骓马受惊了，这一趟可立下大功啦！”

乌骓马似乎听懂了话，摇头晃脑，十分高兴，时不时地点头。

章步云继续说：“良禽择木而栖，贤臣择主而事。我章步云并非是一个贤主，给你找个贤主你愿意不愿意啊！”

乌骓马就和听懂了一样，点了点头。

“好了，你同意了，”章步云拍了拍马头说，“从今以后，你就跟着陈树吧，他一定会给你一个好的气节！”

陈树听了大吃一惊，赶紧说道：“章司令不要开这样的玩笑，这匹乌骓马是你的坐骑，也是你的好友，哪能随便送人呢？！”

章步云摇了摇头：“像我这样的人，不配骑这样的马，既然乌骓马答应了，它就跟着你吧，好好待它！”

从北方浮来大片乌云，跑得飞快，停留在庄子上空，遮住了一钩弯月。大地霎时变得阴森森，灰蒙蒙，似乎充满了无限的凶险。章步云仰头看了看，对陈树说：“做贼的忘不了月黑子天，今晚我们都别睡，返回都吉台。”

半夜三更时分，章步云率部启程，赶往都吉台。从呼家庄到都吉台有18公里，到了老营，东方刚冒红。早饭后，章步云传令开会，总结高密之行。这时候的王林肯，早已托病，和女儿一起返回了老家班岗，只有女婿是电台台长，章步云死活不放。

至于庄德圃，知道自己说话早已无用，说是身体不适，也不愿意再参与军中要事了。

章步云死活拉上了陈树，陈树是抱定主意不说话，该做的早已做了，剩下的就看章步云的造化啦！

会上王吉祥把高密之行简单地说了一遍。多数人听了，对渡边恨之入骨，主张处死赵建川和两名朝鲜人，以解心头之恨。也有少数人认为也许是场误会，看看形势再说。众人云山雾罩地说了一遍，最后都看起了章步云，家有千口，主事还得一人。

章步云沉默不语，故作深沉，待大家都指望他拿大主意时，他才阴幽幽地说："渡边想干啥，还不是秃子头上的虱子——明摆着。既然他没撕破脸皮，我们不如揣着明白装糊涂。世事动荡，这尊瘟神说不定啥时候就派上用场。眼下最重要的是招兵买马，开拓给养区，能生存下去才是硬道理。都吉台、叩官都不能丢，狡兔尚且三窟。东方不亮西方亮，黑了南方有北方，只要挺下去，就会有出路！"

听完章步云的这番话，陈树的心里才松了一口气，经过千难万险，章步云总算决定暂不投日。只要他不投日，和栗文礼就算友军，缓解了栗文礼东北部的压力，也算给安丘的抗日形势多多少少带来了一丝暖色。

会议结束后，章天和从牢房里提出赵建川和两个朝鲜人，又去马厩牵出他们的马匹，好言安抚几句，送他们出了都吉台。过了潍河，东望长路漫漫，赵建川仰天长叹："赵建川啊赵建川，你自认为有张仪、苏秦之才，其实就是个二屄！人家把你卖了，还帮着人家数钱呢。"

陈树既然完成了阻止章步云降日的重任，再留下已是无用，向章步云提出辞行。章步云假意挽留几句，只得放行。陈树带领着特务营一路西行，只觉得地也阔了，天也高了，心里别提多轻松了。

坐下的乌骓马也特别高兴，高昂着头，四蹄稳稳地踏着地，尽量让陈树舒服。原先陈树呆在章步云的身边，就和守着一条恶狼一样，成天提心吊胆，哪里还有心情观赏这匹骏马。这会儿心里放松了，要好好地会会这位新朋友了。

传说霸王项羽有匹乌骓马，号称天下第一骏马，通体黑缎子一样，油光放亮，背长腰短而平直，四肢关节筋腱发育壮实，唯有四个马蹄子部位白得赛雪。这样的马有个讲头，名唤"踏云乌骓"。

如今这匹骏马，就和项羽传说的那匹乌骓马一模一样。

陈明义有些吃醋，调侃道："我说三弟呀，你如今真是行了，挎着渡边的王八盒子，骑着章步云的乌骓马，呼风唤雨，趾高气扬的。别忘了，好事也得让弟兄们分点……"

陈树这才想起来，弟兄们跟着自己吃苦受累，担惊受怕，红花还得绿叶配，没有特务营的弟兄们，自己就是有日天的本事，恐怕也没法施展。陈树只得抱歉地说："渡边的王八盒子，我嫌它碍事，送给大哥吧！"

第66回　李鸿禄被杀

陈明义嘴一撇说："我嫌它脏了我的手，还没有盒子炮好使。只是你这匹乌骓马，能不能让我享受一会儿？"

"嗨！嗨！早说骑骑马不就算了，咱弟兄们还拐这些弯干啥？"陈树赶紧下马，把缰绳递给了陈明义。

按说陈明义也是老骑手了，对马并不陌生，他拉过了马缰绳，贴上去，正要左脚踏上马蹬，不料乌骓马一声咴咴长嘶，身子一闪避了过去。陈明义有些生气，欺生是不是？不让骑，我偏骑，身子又贴过去。那乌骓马十分聪明，不让你骑就是不让你骑，扭着屁股转着圈不让陈明义近身。

陈明义急了，大吼道："小鬼子我都不怕，还怕你这匹黑马？"更是想快点制服这匹乌骓马，谁想到，乌骓马也急了，虽然嘴里不会说，但是这个意思，你这人我相不中，就是不让你骑，转着圈地捣蛋，还趁机撩了一蹄子。

陈明义没注意啊，一下子踢在肚子上，疼得他"哎哟"一声，坐在地上，马缰绳也扔了。陈树大吃一惊，越紧拉住了陈明义，问："怎么样，大哥！没事吧？"

战士一看副营长挂了花，也紧急围拢在陈明义身边，纷纷问这问那，查看伤情。

陈明义也会装，假装头一歪，躺在地上，闭上了眼睛，吓得众人更是大声疾呼："陈营长，陈副营长——"

陈树也急了，掏出王八盒子，对着乌骓马："你要是伤了我的副营长，我就叫你偿命！"

没想到陈明义又活了，哀叹一句："想我特务营，在敌人千军万马中，如入无人之境，想不到今天竟然被这匹畜生踢死一人。可悲呀！可叹呀！"

几个战士捂住嘴想笑。曹班生说："大哥呀，你还是不了解马的性情，马和狗一样，只忠实于主人。你不是他的主人，怎么能骑上它？"

陈树也只好说："可吓死我了！大哥呀，给你渡边的王八盒子，你不要，让你骑乌骓马，它又不让你骑，这可怨不得我了。"

队伍一路上说说笑笑，很快到了崔岜峪。

再说栗文礼的谍报人员也不是吃素的，早把陈树到章步云处的行动汇报了个清楚。栗文礼心里高兴，对陈树和特务营大加赞赏了一番，就叫特务营驻扎在北边不远的河洛村，以拱卫崔岜峪。

陈树把章步云的乌骓马牵过来，让栗文礼观看，说："栗司令啊，章步云一辈子喜欢好枪，好马，好女人，这回大舍财，把乌骓马给了我。如果栗司令喜欢，就留下吧！"

栗文礼微微一笑："章步云为什么给你乌骓马？是对你的器重。要是你再给了我，非把他鼻子气歪了不行。再说，我的身体欠佳，血压一直居高不下，已经上不了战场啦，你就骑着这匹骏马，为我多杀几个鬼子吧！"

陈树为什么要借花献佛，也是因为这匹乌骓马非同小可，怕自己官小位卑承受不了，你不要更好，反正我已经把话说下了。任兆宗的炮兵连又来归队，这下子编制齐全，弟兄们又凑在一起了。陈树每天操练兵马，训练部队，只等着和鬼子大战一场。

1942年春末夏初的一天，二旅旅长岳静山扮作客商，送太太回家省亲，行至黄旗堡以北夹河套，突遭日军伏击，一家老小和几名护兵全部遇难。噩耗传到崔岜峪，栗文礼、申集安惊恐万分，反复分析，一致认为出了内奸。

因为岳静山是秘密出行，若非走漏消息，决不会遭到日军暗算。栗文礼决定通过潜伏在黄旗堡据点的内线侦破此案，惩处元凶，告慰岳旅长在天之灵。为保密起见，栗文礼委托高参苑焰森负责此事，只向他一人负责，他人一概不得过问。

没过几天，栗文礼忽然通知陈树到崔岜峪开会，同时开会的还有副司令申集安，一旅二团团长胡鼎三，政训副处长丁叔言，高参苑焰森等人。待众人坐下，栗文礼开口说："出了件大事！二旅四团团长李鸿禄勾结日寇，出卖岳旅长，并开枪拒捕，刚才已被当场正法。"

申集安听到二旅出了如此大事，惊得一颗心脏差点儿从嘴中蹦出，急忙打断栗文礼的话："什么？你说李鸿禄已被打死！"

栗文礼瞥他一眼:"是啊,李鸿禄公然开枪,打伤了两个弟兄。"

申集安控制住情绪,字斟句酌说道:"先不说李鸿禄该不该死，但此人毕竟是团长，须铁证如山，方可服众。当场处决，未免失之草率，应由军法处仔细审定，张贴布告，再验明正身，押解刑场不迟。否则，无法对弟兄们交代，如果引起内乱，怕是酿成大祸啊！"

陈树知道，李鸿禄是二旅四团团长，受命驻扎于城顶山公冶祠堂附近，和驻扎在保国山的51军113师678团成掎角之势。他三十多岁，个性耿直、率真，为人豪爽正义，实为考斌之一流的人物，要说他勾结日寇，陷害岳静山，怎么听着有点儿悬呢！

李鸿禄来到公冶祠堂后，除了整备军事，还给当地老百姓办了两件大事。一是办了一个学堂，供附近的老百姓子弟上学。另一件事是从孟家旺到崔岜峪修了一条公路，大大地方便了百姓出行。

老百姓感恩不尽，写了一封万民书，敲锣打鼓送到了崔邑峪，为李鸿禄请功。

栗文礼素来器重李鸿禄，收到万民书后，叫来申集安、岳静山、丁叔言、苑焰森等人商议，决定擢升李鸿禄为二旅副旅长，仍兼四团团长，时机一到便公布全军。

李鸿禄就是急着当旅长的话，也不应该陷害恩人岳静山啊，陈树越想越觉得这个事情不合情理！

开会的这些人中，丁叔言对李鸿禄的个性也是有些喜爱，但又碍于栗文礼的脸面，只能沉默不语。特别是政训科长白玫瑰，更是一脸冰冷，也看不准她心里到底是怎么想的。胡鼎三跟李鸿禄争宠斗勇，又惺惺相惜，也不好开口。

栗文礼形单影只，有些尴尬，只好讪讪道："申副司令言之有理！只是事发突然，只好如此了。该案由苑先生负责，下面由他讲一讲侦破过程。"

不知什么缘故，苑焰森在讲述过程中，显得底气不足，声音越来越小，栗文礼提醒几次，他才勉强讲完。他描述了这样一个过程：

据内线说，亲眼看见李鸿禄进了鬼子据点。翻译官和小岛曹长都说岳旅长被害是李团长提供的情报。据四团的调查，李鸿禄也确实回了一趟铁路北，不过是和新媳妇一块回去的，至于进没进鬼子据点，那就不知道了。据推理，李鸿禄早就盯着旅长那把交椅，又是盖学堂，又是修马路，那是收买人心。

根据这些情况，苑焰森给栗司令汇报后，叫着李鸿禄到崔邑峪问问情况。李鸿禄带着几名护兵进了司令部，护兵在西厢房休息。栗文礼还跟李鸿禄说，岳旅长不幸殉国，二旅缺个旅长，想跟你商量商量。

当时李鸿禄离着栗司令有三步远，栗司令鞋带松了，蹲下身子，系着鞋带，李鸿禄一下子向栗司令扑去。护兵怕栗司令受害，摔过一包石灰，才阻止了李鸿禄。没想到这个李鸿禄掏出盒子炮就打，一甩手就是一梭子。护兵没有办法，才上来死死地摁住李鸿禄。

但是这个李鸿禄拼命反抗，我怕他再伤到栗司令，所以开枪打死了他。

听完了苑焰森的这些话，陈树感到一头雾水，这样的报告岂能服众！编得再好，就是没有确凿的人证、物证。

会议室陷入了沉默，恰巧榆树上的一只猫头鹰叫了两声，使气氛更加诡异。丁叔言到底是栗文礼的亲信，不忍栗文礼坐蜡，圆场道："人死不能复活，赶紧处理后事吧！二旅旅长，四团团长不能空缺太久，还是请大家早做打算。"

栗文礼回过神来，对申集安说："老申，二旅是你旧部，提提意见。"

申集安脸色稍微缓和了一下："诸位很清楚，二旅跟一旅一样，骨干都是华北老兵。所以二旅旅长也好，四团团长也好，不是随便挑个人就能胜任。惹恼了他们，哗变也许就在转眼之间。至于具体人选，还是由司令定夺。"

栗文礼知道，申集安想趁机夺过二旅兵权，将一旅、二旅攥成一个拳头，来和自己分庭抗礼。他心中暗暗骂了声"老狐狸"，这个二旅旅长切不可让这个申集安当。表面上他却一脸的诚恳："老申说得都是掏心窝子话，没有一点儿私心杂念，全是为我部着想。如果诸位没有意见的话，就暂由许国栋代理二旅旅长，一并指挥三团、四团，待总部下达委任令，再对外宣布。"

丁叔言、胡鼎三、苑焰森纷纷赞同，申集安尽管气得七窍生烟，脸上却没有一点儿痕迹。出了会议室，栗文礼拍一下申集安的后背，声调和缓地说："老申，我知道你早就许意许国栋，明天就由你去麻湾宣布吧，让他率部改驻城顶山，不得贻误军机。"

申集安放缓脚步，话中有话："司令不便出面的话，我就代劳了。"

陈树出了会议室的门，好久心绪难平。他见的冤案太多了，金焰、章红立、朱文淑的音容笑貌仿佛出现在面前，明明是被冤死的，却没法昭雪！岳静山被鬼子伏击，李鸿禄被杀，李鸿禄向鬼子告密的唯一原因就是想当这个旅长……

想来想去，怎么可能呢？思想决定行动，性格决定命运，依他的性格、人品、信仰，根本就不可能做这样的事情。

第67回 秘密调查

眼不见心为净，耳不听心不烦，可是自己既然知道了这件事情，就觉得心里一阵阵烦乱，热血一个劲地往头上拱。

陈明义催促陈树："三弟，会都开完了，还不走啊！"

陈树把李鸿禄被杀的事情说了一遍，陈明义就知道陈树的想法了，小声对陈树说："我说三弟呀，我劝你还是少管闲事，管闲事，落不是，这个道理你还不懂吗？再说这是栗文礼的队伍，弄不好引火烧身，不好收场呀！"

"我怎么听到这个事情浑身起鸡皮疙瘩呢，要是不管这个闲事，得后悔好几年！"

"你要是管了这个闲事，弄不好后悔一辈子。"

陈树想了想，还是执意要管这个事，对陈明义说："我就是宁愿犯错误，也要管管这个'闲'事。要不，憋在心里太难受了。"

陈树不顾陈明义的反对，找到了栗文礼说："栗司令呀，我觉得李鸿禄这个人有点儿冤！"

"冤不冤就这样定了，不为死的，为活的吧！"栗文礼不紧不慢地说。

“栗司令啊，你看这样行不行？”陈树慢慢地说，“我也就是暗中调查一下，如果李鸿禄罪有应得，不声不响也就算了。如果确实冤，咱也暗中平冤，悄悄处理。我总觉得，这个事情处理不好，小人得志，好人蒙冤，弄不好还会埋下一颗定时炸弹，造成大乱！”

也许后面几句话震惊了栗文礼，他拍了拍陈树的膀子：“贤弟呀，你我虽不是亲兄弟，但胜似亲兄弟。你为我栗部立下的功劳已经不少了，按说这个棘手的事情谁都不愿意管，但你还是非管不行。为什么呢？只为给李鸿禄一个清白。好了，你就暗中调查吧，需要我的时候尽管说！”

得到栗文礼的支持，也就是有了尚方宝剑。从哪里下手呢？苑焰森说，内线亲眼看见李鸿禄进了鬼子据点，翻译官和小岛曹长都说岳旅长被害是李团长提供的情报。内线是谁，上哪里找去？至于翻译官和小岛曹长的话，更是胡说，他们的话咋能信！

陈树决定先从两头查起，就是李鸿禄的最后时刻，和李鸿禄所在的四团。

陈树暗暗调查了栗文礼的几个护兵，还原了事件真相。

苑焰森通知李鸿禄说司令部有重要使命，遂和李鸿禄一同前往。进了司令部，拐过青砖影壁墙，李鸿禄见栗文礼正在院中甬道上低头徘徊，紧走几步，上前打了一个敬礼：“四团团长李鸿禄奉命来到！”

栗文礼还礼，拍拍李鸿禄的膀子：“老婆孩子都好吧？鸿禄有福啊，今晚为你接风，从夏坡街请来的厨子，叫弟兄们先喝水去吧。”

李鸿禄回头朝几名护兵摆摆手：“不用跟着，别忘了饮马。”

护兵早就口干舌燥，跟着值日官去了。栗文礼目送着护兵进了西厢房，才对李鸿禄说：“岳旅长不幸殉国，二旅缺个旅长，想跟你商量商量。”

李鸿禄听了此话有点儿激动，夹在栗文礼和苑焰森之间，进了司令部。栗文礼“哎呀”一声，蹲下身子，两手系着鞋带，肯定是鞋带松了。李鸿禄稍一犹豫，放慢了脚步，却被苑焰森从背后一撞。

李鸿禄收不住脚，一个趔趄扑进屋里，劈面摔过一包石灰，砸得他满脸粉白。李鸿禄大叫一声，从右边枪套里抽出快慢机，往大腿上一蹭，甩手就是一梭子，又左手擦一把脸上的石灰，转身向外冲。

早已藏在门后的四个壮汉一声大喊，扑上来将他死死摁住。李鸿禄的几名护兵刚进西厢房，听见枪响，拔出盒子炮冲到门口，发现屋门从外面锁上了。窗外有人喊：“喝你们的茶就行，一人做事一人当。”

这时候，李鸿禄被几名大汉扭着胳膊从屋里推出来。栗文礼站起身，拍打拍打身上的尘土，阴沉沉地说：“李鸿禄，本司令待你不薄，抬举你当了团长，你狼子野心，欲壑难填，竟然设计害死岳旅长，致使我二纵队失去栋梁，那就莫怪我狠心了！”

李鸿禄的脸上热汗流淌，冲刷得一道道黑黑白白，糊满石灰的眼珠子几乎迸出眼眶，身子一蹦一蹦，但是嗓子眼里满是石灰，根本说不出话来。栗文礼手一挥：“去吧，妻儿老小我自然会照料。”说罢，掉头离开。

苑焰森上来，将手枪抵住李鸿禄后心，一连开了数枪。旁边大汉松开手，李鸿禄口鼻出血，踉踉跄跄走了几步，扭头看了看远处的栗文礼，扑通一声倒在地上。栗文礼走过来，蹲在李鸿禄的身边，悲痛气塞，说不出话来。

苑焰森走过去，喃喃道：“是有些可惜，不过军法无情啊！”

陈树反复把李鸿禄的这些镜头过了几遍，根本就不是苑焰森说的，李鸿禄拼命反抗，怕再伤害到栗司令，所以开枪打死了他。苑焰森之所以这样说，不过是为了叫别人挑不出毛病来！回想栗文礼和苑焰森的所作所为，叫人不寒而栗，对待一个主力团的团长，在证据不确凿的情况下，竟然下此毒手。

真要是自己和特务营犯在他手里，会死得更惨！栗文礼和章步云相比，一个半斤，一个八两，差不了多少。想到这里，陈树觉得心里无比沉重，对调查此案几乎失去了信心。

陈树带着陈明义和少数的几个护兵，来到城顶山公冶祠堂附近，借着视察地形，悄悄地了解情况。

再说许国栋来到城顶山阵地后，改掉了过去的许多坏毛病，酒也少喝了，色也不贪了，每日只是整备军事，修筑工事，慢慢地将四团的防御经营得和铁桶似的。四团的士兵原来愤愤不平，以后见许国栋性格豪爽，待人和气，也就顺水推舟，拥戴许国栋为新主。

陈树知道李鸿禄有一个结拜兄弟叫魏景元，是四团一营营长，平常和李鸿禄最好，所以来到了四团一营营地。魏景元也知道陈树来干什么的，所以关起门来，朝着陈树和陈明义发起牢骚："要说李团长出卖上司，和日本人勾结，鬼也不信。大哥之死必有蹊跷。"

陈树问："你认为李鸿禄的死和谁有关系？"

魏景元鼻子一哼："谁最得益，就和谁关系最大。李团长本来要提拔为二旅旅长，他死后，得益最大的就是许国栋了，三四团团长一块当着，以后还可能提拔为二旅旅长。"

陈树点了点头，随即又皱了皱眉头："要说，许国栋得益也算回事，可是苑焰森有什么好处呢？"

魏景元一声冷笑："栗部的事情，有些你并不知情。这个苑焰森家在北京，干得多是师爷、刀笔吏一类差事，因而心机重重，手腕多变，常常翻手为云，覆手为雨，再加上此人刻薄、贪婪，常常遭到李鸿禄当众斥责。虽然他内心记恨，但表面上谦恭有加，这样的人，不得不防啊！"

陈树心里一惊，没想到苑焰森是这样的人，但是魏景元嘴里随便一说，不辨真伪，过后须得叫陈明义暗暗调查一下。

三岁看大，七岁看老，思想决定行动，有些人的思想、性格是无法改变的！

陈树和魏景元直接摊牌，说自己正在受栗文礼之命，暗中调查岳静山、李鸿禄的案件，希望魏景元能鼎力相助。

魏景元听了大为高兴，他正在为大哥李鸿禄之死鸣不平，遂悄悄对陈树说："不瞒陈营长，我也正在暗中调查大哥的一些情况。为了这个事，我和许国栋混得很熟，许国栋的一个贴身勤务员叫'泥狗'，前些日子去了一趟黄旗堡。我曾把他约出来喝过酒，这个泥狗酒醉了说，他啥事不明白，要不是冒险去了趟黄旗堡，许国栋也不会这么顺溜。"

陈树听了大吃一惊，琢磨着泥狗这个人。想了一阵子说："咱们不妨施上一计，你把泥狗约出来，诈他一诈。如果把泥狗这个人诈成了，有了人证，然后顺藤摸瓜，这个事就好办了。"

魏景元听了点了点头："好的，陈营长，咱们就一块儿使劲，使李团长的冤案水落石出……"

临走时，魏景元问了一句："栗司令除了派你调查此事，还派谁来？"

陈树听了心中犹疑，问："没听说过。难道还有别人来调查此事？"

魏景元没有说话。陈树凭着魏景元的神态猜想，恐怕还有人关注此案，他不说，自己也就没有再问。

陈树叫陈明义暗中调查苑焰森。陈明义通过对一些人的走访了解到，苑焰森确实威信不高，别看表面人对人和气，唯唯诺诺，但是背后却有虚伪、狡诈之处。

过了几日，魏景元约出泥狗，到附近村里给许团长打野味。魏景元给许国栋打了个招呼，又去卧室换了便衣，然后和泥狗跨上马，走孟家旺、保国山迤逦东去。行至芦家河村西，见石崖嵯峨，一道清流顺势而下。

魏景元勒马停下，指了指石崖：“人生就和这条瀑布一样，流着流着就没了。”

他话音刚落，前边大槐树下站起位大胖和尚，向两人双手合十，拖着长音道：“两位施主要去何方？”

魏景元跳下马，拱一拱手说：“我们要去弄点儿野味，做下酒菜。”

“善哉善哉，”这位胖大和尚说，“自己就要成野味了，还要杀生！”

第68回　诈“泥狗”

魏景元听着这位和尚说话突兀，皱着眉头问道：“这位师父，此话怎讲？”

大胖和尚面无表情，晃着身子走近，并没理会魏景元，两道阴沉的目光在泥狗的脸上扫了一圈，摇摇头说：“眉头发黑，一脸晦气，阴气太重，吃了野味也救不了命。”

魏景元示意泥狗下马，对和尚说：“听师父这么一说，就好像我这位兄弟招惹了什么似的！”

“也不一定。”和尚随手摸出仨铜钱，“卜一卦吧，不用施主破费。”

泥狗半信半疑，将铜钱放在竹筒中摇了一阵，然后倒在自己手上，让和尚观看。和尚背着卦文，口中念念有词，末了叹息一声：“贫僧还是不说吧……”

泥狗一愣，呆呆地看着魏景元。魏景元掏出块大洋往和尚手中一拍：“信不信在我，师父但讲无妨。”

和尚竖起两道浓浓黑眉，阴恻恻道："这位施主伤了阴骘，十日之内恐有血光之灾！"

泥狗好像挨了一闷棍，眼珠子要瞪出来。魏景元拽了他一下："祸起何方？请师父指点迷津。"

和尚收起卦具，右手中指停在空中，最后朝向东北方。魏景元再三施礼："师傅能算就能破，还望搭救我兄弟。"

和尚一摆手："贫僧法力不足，实难从命，施主不妨静下心来，想一想前因后果。解铃还得系铃人！"说罢起身离去。

这个大胖和尚是谁？就是任兆宗化装的，前来诈泥狗。

看着和尚背影，魏景元轻松说了一句："秃驴惯会唬人，兄弟只当耳旁风好了。"

泥狗心里有事儿，喃喃地说："看来真叫和尚说着了。"

魏景元拉近了马缰绳，正一正马鞍子："老弟若看得起我魏景元，就说给我听听，说不定能帮上什么忙。另外，我也听到些风声。"

泥狗一怔："大哥听到了什么？"

魏景元不动声色："崔岜峪那边传来消息，说李团长是遭同僚陷害，跟岳旅长被害是同一个阴谋，栗司令正在收网。这几天城顶山气氛诡异，似乎正在酝酿着可怕的杀局，我担心又要添个替死鬼了。"

听罢魏景元一席话，泥狗如醍醐灌顶："大哥莫非是说，有人想杀人灭口？"

魏景元嘿嘿一笑："老弟真聪明。"

泥狗脸色灰暗，正要开口，魏景元拍他一下："甭急，上马再说。"

两人并马行走，泥狗就像竹筒倒豆子一般，把怎样上黄旗堡送密信，知道许国栋和苑焰森的一些事情，原原本本地说了一遍。

魏景元不动声色："哎呀，兄弟呀，你知道的事情太多。

怨不得那和尚说你有血光之灾，你以为许国栋、苑焰森能放过你吗？”

听了魏景元的话，泥狗更是心惊胆战，小心地问：“事到如今，怎么能活得一命？”

魏景元劝告他：“此事切不可以声张，惊动了许国栋，扯着老虎尾巴喊救命——找死了。等回去安顿下许国栋，然后再到栗司令那里说明情况，兴许能留得一命。”

泥狗听了魏景元的话，考虑了一番，也没有别的办法，只好点头答应。

两个人匆匆在一个小村里买了两只山鸡，然后打马回府。返回城顶山，已是日头偏西，魏景元将山鸡送到伙房，吩咐加上松莪炖了，晚上送到许国栋卧室。许国栋处理完军务，回到卧室，看到桌上搁着一盆热气腾腾的松莪炖山鸡，令泥狗去叫魏景元。

不一会儿，魏景元拎着两瓶酒进来。许国栋向来嗜酒如命，两瓶酒入肚，不言不语，沉沉睡去。魏景元轻声唤进泥狗，两人将许国栋抬上炕，吹灭油灯，掩上门，纵马西去。

在东柿子园村，村口有几匹马，魏景元一看，正是陈树、陈明义几人。魏景元问：“原来是陈营长啊，这是上哪里去？”

陈树说：“我们这是回崔岜峪。”

“正好一路，一块儿走吧。”于是七八匹马向着崔岜峪奔驰而去。各处哨兵见来人一个是许国栋的亲信营长，一个是其贴身勤务，还有栗文礼的大红人陈树营长，无不讨好放行。从城顶山到崔岜峪也就只有 9 公里，眨眼工夫，也就到了。

到了崔岜峪司令部大门口，哨兵问了几句，让他们在大树下拴了马，到一个有亮光的窗户下，敲了几下。不一会儿，栗文礼的值班副官走了出来，见了陈树和魏景元吃惊地问：“这么晚了，有急事？”

陈树说：“十万火急，请即刻禀报司令！”

副官轻轻招了招手："陈营长和魏营长进来吧。"

堂屋很宽敞，正中安设一张八仙桌和几把太师椅，副官让两人稍等，他一挑门帘进了里屋，须臾探出头来："陈营长进来。"

陈树放轻脚步进去，见栗文礼早已起来了，正披着衣服等着。栗文礼对值班副官说："沏壶好茶。"

副官知道这是栗文礼嫌他在说话不方便，赶紧知趣地退了出去。

陈树悄悄对栗文礼说："栗司令，四团一营长魏景元带来了一个重要人质，司令不妨听听。"

栗文礼点了点头："那就叫魏营长进来说话吧！"

魏景元进来，对栗文礼打了一个军礼。栗文礼一指门口椅子："坐下说。"

魏景元刚坐下又站起来："报告司令，军中有些现象极不正常，令人生疑，有些话不知当讲不当讲？"

栗文礼一愣："讲吧，没有关系。"

魏景元说："许国栋的贴身勤务员泥狗，恐怕他说话更有分量。"

栗文礼点了点头。不一会儿，泥狗进来，魏景元对他说："有司令做主，你不用害怕。"

泥狗畏怯地看了栗文礼一眼，将许国栋派自己去黄旗堡，交给立石密信一事原原本本说了一遍，并说许国栋反复叮嘱，跟谁也不要提起这事。栗文礼听罢，神情阴郁，良久道："这么说，是许国栋陷害李团长喽？"

魏景元郑重道："许国栋也许并非元凶，他背后还有一人。"

栗文礼身子一抖："是谁？"

"苑焰森。"

听魏景元说出苑焰森三个字后，栗文礼心惊肉跳，不由自主地站起来："有什么证据？"

“他前脚去了麻湾，许国栋后脚就派泥狗去黄旗堡送信，谁是幕后主使应该很清楚。”

“有些事我就不明白了。”栗文礼问，“同在岳旅长手下为团长，许国栋为何要借着日本人的手杀了岳静山，而陷害李鸿禄呢？”

陈树解释说：“这就是传统的思想作祟了，千里做官，为了吃穿，不想当将军的士兵不是好士兵。可是旅长只有一个，那苑焰森早就心生嫉妒，麻湾一趟，把李鸿禄将要提升副旅长的事情透露给许国栋。许国栋心有杂念，禁不住名利诱惑，遂和苑焰森臭味相同，一拍即合，定下了一箭双雕之计。”

栗文礼镇定下来，来回踱着步子：“苑焰森原是高华清幕僚，行事低调，心思诡秘，搞谍报是把好手，就是人缘不佳，又好吸大烟。我顾及军中老人，尽可能给他面子，没想到他陷害忠良，损我二纵队栋梁，给我栗部造成如此大的灾难！”

魏景元神色焦灼：“此人看似文弱，实则凶险，须提防他结党营私，祸起萧墙。许国栋远在城顶山，信息不灵，苑焰森一旦归案，许国栋就成了无头苍蝇，好办多了。”

陈树也说：“栗司令啊，有了人证，事情也基本清楚，可以收网了。内奸不除，祸乱不息。”

栗文礼沉思片刻，提笔写下一道手谕，交给陈树，对二人说：“陈营长、魏营长，你二人速速带着特务营，逮捕许国栋归案。尽量要活的，如若拒捕，就地正法。至于苑焰森，他这会儿吸足了大烟，恐怕正在炕头上做梦呢，去个伙夫也能把他擒来。”

两人领得命令，陈树即刻叫北边河洛村的特务营前来会合，然后率领着特务营跑步前进，向东南城顶山的公冶祠堂扑去。

再说智者千虑，必有一失。陈树、魏景元、泥狗七八匹马进村不久，就被黑暗中的一双眼睛盯上了，他就是苑焰森。

人做了亏心事，就怕夜半鬼叫门，苑焰森做了这么些亏心事，哪能睡个安稳觉！他隐隐地听说陈树还在调查李鸿禄的案子，又见深夜陈树领着魏景元、泥狗来访，就知道不是什么好事儿，所以悄悄闪进大门，溜墙根贴上栗文礼的卧室后窗偷听。

苑焰森偷听了一阵子，头上冒汗，心里拔凉拔凉的，知道此事已经败露，再不跑命就完了。他蹑手蹑脚踏着柿子树攀上墙头，像条壁虎滑到地面，而后踅进马厩，选了匹健壮的黑马，骗开东门，一阵风跑上城顶山。

在哨兵的指引下，苑焰森找到了许国栋的卧室，闯开门一看，月光照进屋里，有如点了盏灯，桌子上摆着瓦盆、酒瓶，凌乱不堪，炕上许国栋四仰八叉，鼾声如雷。苑焰森一把拽起他，许国栋还是不醒，摆着手说："瞎胡闹个啥呀，睡得正香哩！"

第69回　力平兵乱

苑焰森一把拍醒了他，大吼道："我是老苑，许团长快醒醒，出大事了！"

许国栋揉揉眼睛，呼一声跳下炕。苑焰森长话短说，将所见所闻说了一遍。许国栋酒醒了大半，搬起桌上的瓦盆狠狠地摔向院中。隔壁几名心腹半裸身子跑出来，连问发生了什么事。许国栋咬着牙根大吼道："山上出了妖孽，通知弟兄们集合，火速转移！"

苑焰森说："栗文礼这个山头待不下去了，咱们上哪个山头？"

许国栋大吼道："我知道哪个山头？先保命要紧。"

一阵慌乱后，集合号响起来，在寂静的山野格外嘹亮。官兵睡眼惺忪，乱哄哄拥到公冶祠堂前，许国栋、苑焰森二话不说，领着队伍向东仓皇而逃。

再说陈树、魏景元、泥狗领着特务营快速向城顶山奔去。只因带领着步兵，两条腿赶不上四条腿，所以马匹也得放慢脚步，等待着后面的步兵。月亮当头，皎白的光华略带些淡红，山野上好像蒙着一层薄雾。过了董家宅，魏景元故意稍稍落后，将右胯上的盒子炮移到胸前，悄悄张开机头，对准泥狗的后心“啪啪”开了两枪。

泥狗一头从马上栽下，挣扎着说道：“大哥，怎么走火了？”

“对不起了，”魏景元恨恨地说，“作孽太重，人世间留不下你。你到了李鸿禄团长那里，也好给他说说，让他在阴间里安心。”

泥狗嘴里吐出血沫子：“血光之灾……终于没有躲过去。但愿李团长那里……能原谅我。”说完，气绝身亡。

陈树想阻止已经晚了，埋怨魏景元：“是不是早了点儿，还没有经过审判。”

魏景元愤愤地说：“想起了李鸿禄团长，心中就难受，恨不能早点儿全毙了这些坏蛋！”

陈树、魏景元带领着特务营上了城顶山，一路上不见哨兵。陈树觉得不对劲儿，悄悄带着队伍上了公冶祠堂。进了祠堂一看，哪里还见着半个士兵，只见到处凌乱不堪，早已变成了一座空营。

陈树对魏景元说：“放了恶狼，就怕他投了日本。”

魏景元恨恨地骂：“不能放虎归山，速速撵上他们。”

东边传来一阵夜鸟出林之声，两人又带领特务营向东追去。幸好遍地月光，山路依稀可辨，魏景元心急如焚，报仇心切，打马冲在了最前面。过了车相，快到金鸡窝了，隐约见前方有一队人马。魏景元心一横，举起盒子炮，朝着天空连开三枪，高声道：“许国栋要去当汉奸，弟兄们快回来，谁抓着许国栋，栗司令重重有赏！”

陈树也大声喊道：“是许国栋设计害死了岳静山旅长，又陷害于李鸿禄团长。我受栗司令之命，前来捉拿许国栋。此事和弟兄们无关，请大家千万不要上了许国栋的当，跟着他去投日本人。”

两人一喊，许国栋的队伍立刻骚动起来，有几个人拖着枪偷偷往回跑。但是许国栋毕竟经营三团多年，他的一帮死党死死地围护着自己的主子。“不要听魏景元胡说，根本没有的事儿。”“我们有作战任务，任何人不得干预许团长的指挥。”“特务营算哪山的猴啊，他们根本管不着我们团的事儿。”

大部分士兵不知道哪个是真，哪个是假，面面相觑，不知道何去何从。

许国栋狗眼一瞪，领着他的嫡系卫队，亲自掌控着三团、四团，他狼一样地大叫道：“弟兄们听着，我是团长，一切听从我的指挥。敢有不服从者，格杀勿论！这个魏景元算什么玩艺，他就是个妖孽，吃里爬外的妖孽。给我打，别客气！”

于是三团、四团的一些士兵，凭借着有利地形，朝着这边开起枪来。

任兆宗凑近陈树的跟前：“给他一顿炮弹，叫他知道马王爷三只眼！”

陈树想了想说：“一人有罪，士兵无辜，切不可连累别人。不过，压不下他的嚣张气焰，这个仗没法打。能不能给他一炮，震唬一下？”

任兆宗点了点头，亲自发炮，“轰”的一声，一颗炮弹打过去，正打在许国栋身旁。闪起一团火光，腾起一团烟雾，十多个人倒了下去。许国栋从死人堆里爬出来，脸也破了，帽也丢了，身上黏满了黄土。但他困兽犹斗，大叫一声：“警卫连，跟我上——”亲自带领着他的嫡系警卫，向着这边冲了过来。

魏景元认出冲在最前面的那个人就是许国栋，举枪正要搂动扳机，突然一颗子弹从他耳边飞过。接着，一颗日式“小甜瓜”手榴弹也在身边爆炸。魏景元被爆炸的气浪掀出好远，盒子炮也扔了，还好，只是受了轻伤，不至于要命。

魏景元趴在地上，发现远处树林中有个黑影，刚才扔手榴弹的就是他。魏景元抢过旁边士兵的中正式，瞄准黑影打了一枪，黑影应声倒地，突然又跳起来，兔子一般往回跑。从身影可以辨出，那人是苑焰森。

魏景元咬牙切齿，可惜黑影已经看不到了。苑焰森连蹦带跳地跑到许国栋跟前，喘着粗气道：“魏景元带的队伍虽然不多，但也不能再打。再打下去的话，早晚露馅。”

许国栋骂道：“可也不能叫他们追着腚打呀，那算怎么回事！”

他的一帮死党也给许国栋帮腔：“我们人多，就不信打不下他们这点儿人马。”“打下他们，我们投谁都有了见面礼！”“打下他们，再打崔芭峪，弄不好能拿下栗文礼。”

许国栋在部下的鼓噪下，似乎有了底气，安排队伍防御。

这边陈树跑到魏景元身边，看了看他的伤势：“不要紧吧！”

魏景元骂了一句：“苑焰森毒着呢！差点儿叫他暗算了。”

那边兵多将广，但是犹疑不决，这边兵微将寡，但是同仇敌忾。双方布阵，乒乒乓乓一阵对打，暂时打了个平局。

陈树想着，打不是目的，主要是瓦解对方。于是对魏景元说：“我们要政治攻势，叫士兵明白怎么回事！你是四团一营营长，说话最有发言权，还是反复给士兵说说。”

枪声一稀，魏景元又朝着许国栋的队伍喊道：“老四团、老三团的弟兄们听着，千万不要上许国栋和苑焰森的当……”尽管不断响起枪声，但还是有不少士兵听了个大概，不断提着枪向这边跑来。

往这边跑的总是少数，陈树这边并没有多大优势。正在焦急之间，突然一彪人马杀到，为首的正是政训科长白玫瑰。陈树看了看她，也就领着三十来人，且大多是一些政工人员，几千人的交战，这三十多人似乎少了点。

白玫瑰在地上翻了几个滚，滚到了陈树面前，她并没和陈树说话，却对那边喊道："我是政训处的白玫瑰，我说许团长，你吃了熊心豹子胆了，陷害岳旅长、李团长不说，还领兵叛乱。趁现在还来得及，赶紧回来，要不回来，有你们好瞧的！"

那边许国栋嘿嘿一笑："我以为是谁呢，原来是一个娘们家。娘们当家，墙倒屋塌，还是回家哄孩子去吧，别在这里瞎叫唤！"

他的话，引得身边的一些士兵哈哈大笑。

苑焰森也嘲讽白玫瑰："我说白科长啊，讲讲三民主义，当个小特务也就算了，战场上别来瞎凑合，枪子可不长眼睛啊！我看你该干什么还是干什么去，别在我耳朵边瞎喳喳了，我都听烦了！"

白玫瑰大骂："还有你这个苑焰森，真是不知好歹的东西，身为栗司令的高参，官还小吗？为何要陷害忠良，纵兵叛乱，真是罪不可恕，我叫你三更死，你活不到五更！你要是不回来，真就命没了。"

苑焰森听了，觉得好奇，大叫道："真是吹牛吹到天上去了，我堂堂一个高参，岂能叫一个娘们唬住。我这不活得好好的吗，哪个敢杀我？！"

白玫瑰嘿嘿一笑："你敢喊谁敢杀我吗？"

苑焰森听了，更是好奇，大喊道："别忘了我是干什么的，书虫子啊！三国里魏延的故事，岂能在这里重演？要是叫你唬住，还怎么在队伍上混！"

白玫瑰激他说："那你就喊吧，能喊三声谁敢杀我，就算你有本事？"

苑焰森听了哈哈大笑："好吧，那我就喊了，不信天能塌下来。谁敢杀我！谁敢杀我！谁敢杀我！！"

苑焰森刚喊完三声，突然近处"啪"的一枪，一颗冷弹飞来，不偏不倚，正击中了他的脑袋。苑焰森当时脑浆迸裂，一命呜呼！

这一枪把所有的人都吓了一跳，许国栋最先反应过来，枪是贴身的一个卫兵打的，这还了得！许国栋立刻给了他几枪，把这个卫兵崩了。毙了这个卫兵后，心里哆嗦成一个蛋，自己贴身的卫兵，都是百里挑一，千里挑一精选出来的，怎么可能是白玫瑰的人？！

白玫瑰又喊："苑焰森已死，我这是给你许国栋留下一命，叫你领着队伍回来！你要是再执迷不悟，小命恐怕也完了。"

许国栋惊得肝胆俱裂，要是不相信，苑焰森已是个例子，要是相信，肯定队伍里还有白玫瑰的人！哪里还有心再打下去，慌忙留下一连人防守，领着三、四团的大部人马向东逃去。队伍里又有不少人趁乱留了下来，决定回到栗文礼的队伍。

不仅许国栋害怕，陈树也吓了一跳，诸葛亮对付叛将魏延的办法，怎么白玫瑰也使上了。别看只是个女人，手里的能量不可低估，要是特务营里放上她的人，党的组织可就危险了……

许国栋的一连人很快被陈树的特务营攻下、缴械，再找许国栋的队伍时，早已跑得没了人影。

陈树问白玫瑰："你是怎么知道许国栋叛变的？"

白玫瑰微微一笑："你以为就你明白，政训处都是吃干饭的。"

陈树再问："苑焰森被杀，是你的人干的吧？"

白玫瑰烦了："我不愿意别人打破砂锅问到底。有些事情，你还是不知道的好。"

东方渐白，陈树、魏景元收容投过来的这些散兵和那一连人，徐徐返回城顶山。没几日，栗文礼来到城顶山公冶祠堂，召集三团、四团的余部，好言抚慰一番，宣布编为一个营，以魏景元为营长，仍旧在原地驻防。

栗文礼返回崔邑峪后，请了几十个和尚、道士，给李鸿禄做了法事，重新隆重安葬。

第70回 疯狂报复

转眼间，城顶山阵地到了八月，赤日炎炎，遍地火烧，魏景元想道，如此天气，一动不动且汗流不止，何谈行军打仗！遂让部下聚集在银杏树下纳凉，吃西瓜。此处上依青山，下临深渊，南风徐来，凉气氤氲。全营人马席地而躺，不知不觉进入到梦乡之中。

魏景元在青石台上坐了一阵，眼前树叶光影，迷乱人眼，起身叮嘱哨兵几句，返回菩萨庙中。哨兵开始还二目瞪圆，不一会儿便眼皮打架，昏昏欲睡。

下午四时许，地面依旧滚热烫脚，远近不见人影，除了蝉鸣，鸟儿也懒得叫唤。突然从西边崖畔下窜出支队伍，衣着杂乱，队形不齐，为首的一个骑着一匹白斑马，不声不响，沿曲折山道直奔公冶祠堂。

哨兵正倚在树上犯迷糊，听得头顶上刺棱一声，似有一只乌鸦飞走。他急忙睁大眼睛，四下打量，看到前面来了一支队伍，一个激灵跳起来，哗啦一声推弹上膛，大声喊道："站住！哪一部分的？"

骑白斑马的头也不抬，大咧咧说道："113师678团便衣队的，瞎眼吗！"

哨兵问："有何公事？"

骑白马的骂道："你他妈眼珠子瞪大点！老子刚从虎眉山下来，叫你们营长来见！"

魏景元正枕着胳膊打呼噜，闻听哨兵来报，从竹凉席上嗖一声弹起来，挎上盒子炮，边走边问："是回保国山的吧，千万别招惹他们。"说话间，他和哨兵来到了白斑马跟前，恭敬说道："兄弟魏景元，是这里的营长。各位沙场辛苦了，请喝水，吃西瓜。"

“不急，一会儿装一车拉到保国山。先叫弟兄们到银杏树下集合，刘团长要训话。”

“弟兄们正好在银杏树下休息，我这就去打招呼。”魏景元嘴里说话，心里却在想，我们二纵队的事儿，你678团训什么话。眼睛盯着那人，觉得有些面熟，心里咯噔一下，右手不由得向后胯摸去。

那人早有准备，拿枪在手，刷一下指向魏景元的面门，恶狠狠道：“魏景元，你做的好事，害得许团长有家不能回，老子不吃瓜，就要你的命！”

那人一搂扳机，子弹竟然卡壳。魏景元身子一蜷，像个刺猬，往陡坡下一滚，刚落下沟底，上面扫来一梭子，打得周边尘土飞扬。幸亏沟底长满荆棵子，密不透风。他紧贴沟壁，就听头顶上枪声响成一片，惨叫声、怒骂声、奔跑声，乱作一团。

魏景元的心里拔凉拔凉的，我那弟兄们啊，毫无准备，都怨我啊……

大约一顿饭工夫，枪声逐渐稀落，魏景元站起身，刚要喊人，东南方又传来激烈枪声，吓得他一头扎进灌木丛。又等了一会儿，周遭归于寂静，魏景元站起身，扶着沟壁大声呼救。

一会儿，从东边坡缓处下来几个士兵，把魏景元救上去。魏景元脸上少皮没毛，神情颓丧：“是不是许国栋的人？”

一个士兵目光低垂：“没错！”

魏景元活动着伤腿道：“弟兄们去了哪里？”

另一个士兵不住地抹擦着眼泪：“死了不少，有些逃往孟家旺和柳河峪，这儿就剩我们几个。”魏景元目中喷火，破口大骂：“牵匹马来，随我到孟家旺、柳河峪看看。这个许国栋也真好意思，都是老弟兄们，竟然下得了手！”

一个士兵跑进马厩，牵过匹杂毛瘦马，朝魏景元说：“魏营长，就剩下这匹病马，好几天没吃料了，不知道能不能跑动？”

病马瘦骨嶙峋，眼睛青黄，睫毛频频闪动，惊魂未定。

魏景元瞥了病马一眼：“顾不得这些了。扶我上去，先到孟家旺。”

孟家旺就在公冶祠堂东南，离着也就有一里地。山路崎岖，士兵边走边喊：“魏营长来了，弟兄们还有喘气的吗？”

喊了一阵子，未有回音，便见一路上尸体横陈，东一个西一个，连绵不绝。魏景元手一指：“挨个检查，看看还有活的吗。”

士兵蹲下身子，有的试脉搏，有的分开眼皮看瞳孔，还有的掐根草叶搁在鼻子上。不断地传来：“死了。”“完了。”竟没有发现一个活的。

一直走到孟家旺村口，共找到几十具尸首。魏景元两眼直勾勾，喃喃道：“怎么会这样？！都怨我啊！”

一个士兵说：“营长，去柳河峪看看？”

魏景元点了点头，沿着山路向西南拐向柳河峪，柳河峪离着孟家旺也就有一里地。走了一程，远远看见几个人在高处观望，有一个人眼尖看见魏景元，挥手喊道：“营长！营长！”

魏景元勒马一瞧，竟是手下孟连长，忙打马向前。相距五步远，刚从马背上溜下来，就听孟连长哽咽道：“没想到还能见到营长。弟兄们拼死跑出来，就剩下这四十来个，陈连长、宋连长都阵亡了。”

魏景元安抚他：“没法子，枪子不长眼睛，打中我，也得死！”

孟连长捶胸顿足：“叫人打个冷不防，这亏吃得太冤枉！”

魏景元脸一红，垂下眼皮：“都怨我太大意，天热，想叫弟兄们睡个好觉，不想却中了许国栋的奸计。”

正在说着话，十几匹快马加鞭来到，来得不是别人，正是陈树和他的警卫班。后面还有一营人马，卷起一阵尘土，正在向这边快速跑来。

隔着还有十几步，陈树滚鞍下马，浑身大汗淋漓，气喘吁吁地说："许国栋呢，还在不在？"

魏景元颓丧地说："早跑远了，作了孽就跑，做鬼的不敢见太阳啊！"

陈树点了点头，安慰魏景元："活着就好。情况我已经知道了，先叫弟兄们休息一下，善后工作我们来处理。"

不一会儿，陈明义领着步兵来到，问陈树："还追不追？"

陈树抹着头上的汗水："天太热，追下去，战士恐怕要中暑。再说，山高林密，也怕中了埋伏。"

战士休息够了，才打扫战场，掩埋牺牲的士兵。这一仗，魏景元营损失惨重，只活了四五十人。

处理完善后工作，陈树带着魏景元一同到崔邑峪去汇报情况。一进崔邑峪，魏景元即滑下马背，放声大哭。哨兵不知怎么回事，将二人带到司令部。此时，栗文礼正跟丁叔言在内室下棋，听到哭声，一齐来到正厅。

魏景元一瘸一拐扑到栗文礼脚前，哭得上气不接下气。栗文礼心头一紧，令人搀起魏景元，按在旁边太师椅上。丁叔言拍拍魏景元的肩头："司令身体欠安，魏营长有话直讲。"

魏景元说话呜咽，断断续续，说不成个。陈树只好将城顶山的被袭简要说了一遍。

栗文礼脸色骤变，身子摇晃一阵，向一边歪去。丁叔言、陈树、魏景元急忙上前，将他扶往内室。栗文礼躺在床榻上，面皮抽搐，双目紧闭。丁叔言令护兵去叫军医，又拿来块湿毛巾，轻轻敷在栗文礼额头。不一会儿，栗文礼慢慢睁开眼："不用担心，是眩晕症又犯了。"

陈树心中暗暗叫苦，栗文礼看来是得了重病，主帅得病，比那城顶山的事件还要严重。

栗文礼阖上双眼，伤感道："我一直按时服药，为何久治不愈，稍有刺激便天旋地转，长此以往，非中风不可！"

军医试着脉搏，安慰着："司令所患为原发性高血压，西医没有好的办法，只能用降压药维持。时间一长，身体产生抗性，药物便不再灵验。何况司令日理万机，休息不好，病情反复亦属正常。至于中风，我想不会。"

陈树劝道："哪个大夫也不是神仙，司令还是要多休息，尽量地减少刺激。"

正在说着话，电台台长送来了一封电报。栗文礼看罢，对众人说："于司令来电，总部驻防到莒县坪头村。总座说，若军情不急，令我去坪头一趟。陈营长还说，要我休息，我能休息吗？"

丁叔言说："去是该去，不过司令身体尚未恢复，怕再犯病。"

"是啊，是啊。"旁边的几个人，劝栗文礼还是不去为好。

栗文礼绷紧面皮："若非于司令出手搭救，我部恐怕早已散伙。这份大恩诸位不要忘记！我觉得身体已无大碍，给总座复电，明天就去莒县坪头村。"

陈树请缨说："路上不太平，我们特务营也去吧！"

栗文礼点了点头："也好！"

再说驻防在叩官的章步云，一投竹林，热脸贴了个冷屁股，二投高密渡边，差点儿被包了饺子。但是经过这两次挫折，他仍然贼心不死，一心要投日，派王吉祥先到高密火车站，请渡边中佐牵线，然后携密信去青岛拜见内田。

信中说，于学忠因内部兵变，已逃往莒县坪头，身边只有一个特务团，希望日军派遣快速机动部队，发动闪电袭击，他愿率部作为前锋。内田知道章步云惯会翻云覆雨，不敢轻信，请示山东第 12 军司令土桥一茨。

土桥正苦于兵力不足，想尽办法诱降意志不坚定的中国将领，对于章步云投怀送抱乐不可支，于是在济南接见王吉祥，双方就袭击鲁苏战区总部达成协议。消息传到日本华北方面军司令冈村宁次耳中，他大喜过望，指示土桥一茨集结重兵，力争毕其功于一役，彻底消除肘腑之患。

8 月 12 日，日军独立混成第五旅团、独立混成第六旅团各一部，由章步云带路，自胶济线快速南下，直扑坪头。幸亏于学忠及时得到情报，沉着果断，率部在日军合围之前逃脱。几乎同时，政治部主任周复也率政治部及卫士排从石场突围，二人合兵一处，先去甲子山，待摆脱追兵，又转奔西北，沿青石胡同迤逦北上。

8 月 19 日黄昏，于学忠率部路过沂水县天晴旺村。该村是鲁苏战区干训团诞生地，曾在此盖了大片新房。2 月初日军扫荡，误以为是战区总部，招来飞机扫射轰炸，全村被炸成一片废墟。

半年过后，枯木长成新叶，废墟中立起不少黄泥新屋，但干训团驻地依旧瓦砾遍地，高大的厅堂只剩下屋框子，高墙上石灰水写的“军民团结，抗战到底”的大标语仍历历在目。于学忠看了感慨万千，跳下黄骠马，对副官说：“到家了，休息一会儿，喂喂马。”

司令部的人纷纷下马，低声传令：“向后转，停止前进，原地休息。”战士一个个往后传话，就地坐下喝水休息，有的去远处拉屎、撒尿。马夫忙活起来，马儿却不安分，吃料喝水，摇头摆尾，有的还当众噗噜噜屙出一堆金灿灿的马粪蛋。

于学忠对副官长陈策说：“距谭家秋峪应该不远了。”

陈策打开地图，用尺子量了一下，抬头说：“直线距离不过 9 公里，但中间尽是丘陵、荒山，估摸得走大半夜。”

“我还打算去吃晚饭呢。”于学忠点点头。

“今夜必须到达，”陈策收起地图，“章步云用兵诡诈，又熟悉本地地形，不到目的地，心里不踏实。”

两人说着话，村中出来一群百姓，挎着梢瓜、甜瓜、面瓜和桃李之类的山果。领头的中年汉子盯住于学忠看了又看，慢慢张大嘴巴：“您是不是于总司令？”于学忠浅浅一笑：“是啊，又回来了。”

第71回　于学忠被围

中年人慌忙深深地施了一礼："俺是这村保长，您在村上给我们讲过话，俺见过您几面。干训团在俺村住了两年多，帮着盖房子、办学校，乡亲感激不尽啊！听说你们路过，摘了点瓜果略表心意。"说着，将手中几根梢瓜恭敬地捧到了于学忠面前。

"自家种的，尝尝吧！""你们打鬼子，够辛苦的，老百姓种的瓜。""吃吧！吃吧！"百姓手掐把拿，硬往于学忠这些人手里塞，脸上露出纯朴的笑容。

于学忠右手握着个弯脖子老梢瓜，对乡亲说："这几年战火不断，让乡亲担惊受怕，我们感到很愧疚。吃了你们的瓜果，一定能打大胜仗。"说着，扑哧一口咬掉了瓜把子，咯吱咯吱地嚼着。没料到这个瓜是苦的，但于学忠忍着咽下去，吧嗒吧嗒舌头："甜，甜，太甜了！"

"我种的，"保长一脸得意，"咱们大部队快回来了吧？早就盼着你们呢！"

"快回来了，小鬼子是兔子尾巴长不了。"于学忠掏出怀表看了看，"我们要上路了，乡亲请回吧。"

保长小心地问："你们要去哪个村子？"

于学忠朝东北方望了一眼："秋峪一带吧。"

保长连连摇头："往北、往东的路全给破坏了，天也快黑了，夜间走不得。住一宿吧，就是条件差点。"

于学忠听说路全被破坏，再加上也累了，想着不如明天一早走，瞥了一眼副官："又得麻烦乡亲了！吃饭不用讲究，填饱肚子就行，住更简单，露天宿营。"

陈策一听，急忙劝阻道："于司令啊，还是到目的地宿营为好。"

于学忠朝他摆了摆手："就这样定了。"

保长呵呵一笑："本地蚊子又大又厉害，三个能炒一个盘，在外边睡还不叫它们啃了！进屋挤巴挤巴，点上艾蒿，总比外面强，就是热点儿。吃的没好的，煎饼咸菜管饱。"

有米如云从旁协助，保长快刀斩乱麻，不到半个小时将人马安顿完毕，而后领着于学忠、周复等人进了自家宅院。于学忠进了大院，见保长院里外两套，外院是牲口棚、农具屋、粮食屋，靠西墙紧挨着俩柴火垛。东墙有一架葫芦，绿叶蓬蓬，白花朵朵，上面长着好几个绿油油的大葫芦。

于学忠环顾四周，说外院清静，不进内院打扰了。保长急了，说哪有这样的道理，一定请他们入住里院。陈策一笑，对于学忠等人说："客随主便吧。"

保长将几个人安排停当，便悄悄去了外院，要抓大公鸡准备宰杀。无奈大公鸡还没宿窝，警觉得很，雊雊叫着满院子乱跑，最后扑棱棱飞上了树。正好一只老母鸡探头探脑，被保长一把攥住脖子，咔嚓一声剁下脑袋，三下五除二拾掇干净，加上佐料下了锅。

陈策进了东厢房，安排给谭家秋峪的韩子乾师长发报，回到正房，见于学忠正闭目养神，凑近小声说："一切正常，司令请睡吧。"

"你也睡吧，"于学忠微微睁开了眼睛，"告诉米团长，注意警戒，敌人在暗处，务必小心。"

吃过晚饭，除了站岗、巡逻的士兵，其他人很快进入梦乡。于学忠躺在炕上，轻轻摇着芭蕉扇，远处除了犬吠和不知名的鸟儿偶尔叫几声以外，静得似乎能听到自己心跳。躺了一阵，觉得艾蒿烟雾有些呛眼，就划根火柴，点燃屋里的一盏油灯，打算把悬吊在门口的那串闪着火星的艾蒿移到门外。

这时，陈策一掀蓝印花布门帘，探进头问："总座有事？"

于学忠道："屋里太热，陪我外边走走。"说着翻身下炕，一口吹灭豆油灯，一前一后去了门外。在院中转悠的哨兵认出是总司令和副官长，忙闪到一边。于学忠仰首观天，只见星团迷茫，月色苍黄，不由得皱皱眉头："离开坪头，一路顺风，是不是有点儿太顺了。我总感觉到有点儿不大正常，担心误入麦城。"

陈策一愣，随即点头说："坪头扑空，日寇劳师无功，极有可能尾随而来，寻觅我军主力作战。驻在这个村里，我心里一直不安啊！好在韩师长已做好应战准备。这一带山高林密，我军熟悉地形，真要是打起来，日军未必能占到什么便宜。"

这时大门外槐树上扑棱棱飞起几只鸟，于学忠、陈策一齐抬头观看，就听二门吱扭一响。米如云和保长进来，小声说："搜索队向东南到了兴旺沟，一切正常。"

陈策插嘴说："兴旺沟在天晴旺东南 5 公里，也就是说，东南方向暂时没有发现敌情。"

于学忠松了口气："今夜大概没什么事了，你俩休息吧。"

米如云和保长又累又乏，钻进西厢房，倒头便睡。于学忠、陈策说了一阵话，觉得身上凉快透了，也返回屋中休息。

天麻麻亮，一个流动哨转到村南，冷不丁发现树林中有几个人探头探脑，他哗啦一声推上子弹，喝道："什么人，站住！"

那几颗脑袋一缩不见了，唯见树叶晃动。游动哨情知不妙，撒腿跑进村中报信。于学忠刚迷迷糊糊入睡，被陈策和米如云叫醒，听他俩一说，不慌不忙穿上鞋子，冷冷一笑："该来的还是来了！一刻钟后出发，直奔谭家秋峪。"

一刻钟后，大队人马慌慌张张，一路急行，刚往东北走了 2 公里，也就是到了涝坡村口，就听到东北方向传来三声炮响。于学忠心里一愣，听着像是日军火炮，这不是向敌人的窝里钻吗，手一摆，大队人马自动停下，踌躇待命。

于学忠急令搜索队前去侦察，太阳刚露头，搜索队回来了，说西北下良门有日军活动。于学忠对几个人说道："东北方，西面，南面均有日军，谭家秋峪早已不保险。涝坡村西有一个制高点，也就是增山。迅速占领增山制高点！”

命令一下，上千人在山沟中穿梭前行，日上三竿，才到了增山东脚下。陈策拿起望远镜一看，不由得心中骇然，刚才还光秃秃的山顶突然多了几面膏药旗。他顾不上说话，急忙将望远镜递给于学忠。

这时候，米如云跑来，气喘吁吁地对于学忠说：“碰到 113 师的几名骑兵，他们说韩师长已率部退出谭家秋峪，前往虎眉山、擂鼓山一线。”

于学忠将望远镜递给陈策，鼻孔中哼了一声：“胆小鬼！”

众人不敢吱声。陈策劝道：“总座息怒，韩师长恐怕也是担心兵力薄弱，抵挡不住日军，所以先在北边占领两处制高点。我们还是向虎眉山、擂鼓山靠拢吧。”

见于学忠没有反对，陈策赶紧下达命令，大队人马走羊肠小道折向东北，经朱旺岭进入南章村。此时接近中午，红日当头，遍地撒火，人马饥渴难耐。于学忠下令停军喝水，不料村民全跑了，剩下几位老汉闭门关户，怎样喊叫也不开门。

士兵没办法，只好跳墙进院，扔出水桶、井绳，提上凉爽井水大灌一气，装满水壶。

马夫担心来不及，索性跟马共用一个水桶。人马喝足了水，正待开拔，搜索队来报，磨山附近有日军出没。于学忠神情严峻，目前司令部机关已被日军四面包围，倘若日军知道这是总部机关，恐怕顷刻之间就会像一群狼一样扑向这里。

自己的手里只有米如云的一个团，说是一个团，其实也就是半个团，激战后人马还没有补充完整。也可以说，总部机关已经到了千钧一发的危急时刻。

正在这时，哨兵领着一队人马来到，为首的正是栗文礼的特务营长陈树。

于学忠有些意外，问："真是来得早不如来得巧，别人躲还躲不及，你怎么来了？"

陈树只好简单地说了一遍，原来陈树跟着栗文礼要到莒县坪头村会见于司令，半道上听到军事形势恶化，一路追寻。栗文礼听说于总司令处境危险，特让特务营陈树寻找支援于司令，自己身体不好，怕跟着特务营碍事，所以返回了崔邑峪。

于学忠知道陈树对这一片地形比较熟悉，又久经战阵，问："你也算本地人，对目前军事形势如何看法？"

陈树说："目前日军正张好了一张网，就等着我们往网里钻呢！如果我们继续往东撤，靠拢113师，弄不好就钻进敌人网里了。还不如另辟蹊径，先跳出敌人包围圈再说。"

旁边的陈策摇了摇头："我说陈营长啊，切不可拿着总部和于总司令的性命开玩笑啊！"

于学忠对陈策摆了摆手："先叫陈树把话说完。陈树啊，你说说，怎样才能破了日军的这张网？"

陈树叫拿过了地图，然后指着说："113师韩子乾部在擂鼓山、虎眉山占领有利地形，未免不是一步好棋。山区作战有山区特点，占领一个山头，再控制几个山沟就控制了好大一片地方。

"两个山头相距有4公里，日军要想围住并不那么简单。虎眉山再往西5公里，还有一个山头叫唐王山，如果能把那个山头控制住，就破了日军的包围圈。再说擂鼓山、虎眉山、唐王山正好似一字长蛇阵，长达9公里，进可以攻，退可以守，正好可以和日军一战。"

于学忠听了大喜，说道："那我们一个团再加上你的一个营，就去占领唐王山。"

陈策坚决反对："还是请于总司令不要以身犯险，就是占领唐王山的话，那也得派113师去呀！我们是指挥机关，不要直接冲锋陷阵。"

第72回 唐王山防御战

陈树也提醒说："就是不知道日军占领了没有？如果先我一步，恐怕将有一场恶战。"

于学忠大手一挥："打仗哪有不冒险的，时间紧迫。如果命令到了韩子乾那里，他再派兵，黄瓜菜也凉了。兵贵神速，我们占领了唐王山，就争取了主动。"

陈策还是力劝于学忠："总部事关重大，是鲁苏联军之首脑，一着不慎，全盘皆输。还是请总座三思。"

于学忠不听他的话，登上高处对全军吼道："目标唐王山，务必一鼓作气拿下。养兵千日，用兵一时，望各部不畏牺牲，奋勇向前！若日军早有埋伏，那就拼死一搏，以全我中华军人气节与尊严。"

部下齐声高呼："愿跟随总司令，拼死一搏！"

米如云手提盒子炮，大步跨到于学忠跟前："总座，我率搜索队先行一步，你们随后行动。"

于学忠大手一挥："好，出发！"

从南章村到唐王山山头不过3.5公里，米如云一马当先，率搜索队一阵风卷上去。山势陡峭，战士拽着荆棘棵子奋力攀登，待冲到山顶，就见山顶平坦，灌木丛生，犹如荒原。搜索队迅速四散搜查，除了惊起几只山鸡，竟没有发现一个人影。

紧接着陈树带领着特务营也扑了上去，看到如此的情景，陈树轻轻松了一口气，对陈明义说："谢天谢地，我们终于占得先机，比日军早先一步抢占了这个山头。"

"是啊，"陈明义说，"如果日军占领了山头，我们仰面进攻，又是另一码事。"

陈树命令特务营想尽一切办法，修筑临时工事。如果没有好的工事，是防御不了日军炮火的。

于学忠也上来了，毕竟年过半百，未到山腰就大汗淋漓，征衣尽湿。他仍然军帽方正，风纪扣严丝合缝，推开搀扶卫兵，一步一步走上山顶，坐在一块大石头上休息。陈策跑来，笑着对于学忠说："恭喜总座，实际上我们已经突出了日军重围。如果走七箭，再往北，就甩开日军了。"

于学忠看了看陈树："是不是这样？"

陈树却有不同的看法："虽然我们跳出了日军的包围圈，但是这个章步云，领着日军拼命追赶。一个逃一个追，逃到哪里才是个头？况且再往北不远又到了安丘日军的控制地。我的意思，凭借这么好的地形，打疼了他，打服了他，才能变被动为主动，叫他追也没法追。过了这个村，就没有这个店了……"

这时，电台科长过来说，韩师长来电，询问总司令位置。于学忠抹一把汗水，硬冲冲说道："就说于学忠誓与唐王山共存亡，让他看着办好了！"

特务团长米如云、副官长陈策、栗部特务营营长陈树都围拢在于学忠的身边，听候调遣。于学忠以商量的口气对大家说："诸位，看看这仗应该怎么打。"

陈策抢先说："山头上光秃秃的，最怕敌人空袭，还是抓紧挖防空工事为好。"

于学忠点了点头。陈树又说："唐王山是占领了，但是唐王山以外的几个制高点我们也要控制，求得对唐王山的火力支持。"

部队抓紧部署，米如云派出几个机枪小组，分别抢占了几个制高点，秘密隐藏起来，就连对面的山头上，也派出了一支部队。在唐王山上挖工事，确实不容易，因为山上全是石头，战士只能用一些简单工具勉强挖了一些小土坑，战壕也是浅浅的。

正在准备中，日军的一架侦察机飞来了。飞行员欺负中国没有防空武器，上下翻飞，逍遥自在，竟然在离着山头只有几十米的空中慢慢飞翔，就和逛公园似的。陈树喊着："这是敌人的侦察机，不要开火，以免暴露我们的目标。"

底下不惹它，它却仗势欺人，飞得越来越低，在观察着唐王山头的动静，就连驾驶员的脑袋都看清楚了。陈明义气愤不过，端过一挺捷克式轻机枪，朝着驾驶员狠狠地打了一梭子。巧了，有几发子弹打在飞机上，钻了几个眼眼。

日军侦察机慌忙拔高飞行，可是已经晚了，哩哩啦啦地往下淌油，不一会儿，着起了大火，冒起浓烟。火越烧越旺，没飞多远，飞机开始下坠，撞在了一个山头上，"轰"的一声，燃起了通天大火，恨不能半个山坡都燃烧起来。

唐王山上响起了一片热烈的欢呼声，整个中国军队都沸腾起来。

陈树朝陈明义说："谁让你开枪的？"

陈明义愤愤不平："我气不过，拿我唐王山没人了。"

"你这一打，恐怕会招来更多的飞机报复！我们的防空工事不行啊。"

陈树对于学忠说："我建议，山头上留下一个连观察就行。其余的全撤到山后去，鬼子步兵进攻的时候再上来。"

于学忠点了点头："好，就依你的办。"

再说内田银之助的第五旅团和奥村半二的第六旅团，将近1万人，在汉奸章步云的带路下，自8月12日南下莒县坪头，一直得到冈村宁次的密切关注。得知两位部属将鲁苏战区总部困在了唐王山上，冈村宁次心中大喜，一再电令，务必将鲁苏战区总部消灭殆尽，完成盖世之功。

内田和奥村分工，由奥村牵制住113师，紧紧地控制住虎眉山和擂鼓山，而自己集中起两个步兵大队，一个炮兵大队，务必全歼于学忠的苏鲁战区总部。

内田拿着望远镜观察了一番唐王山头，傲慢地对章步云说：

“章将军，你的说说，这个小小的唐王山，能不能经受得起飞机和大炮的轰击？”

章步云嘿嘿一笑，谄媚地说：“一般说来，是经不起皇军飞机大炮的轰炸。但是，大象再厉害，奈何不了小老鼠，就看山上的国军聪明不聪明了。”

内田胡子一翘：“哼！那就试试看吧。”

不一会儿，日军的一个中队12架95–1战机，开始对唐王山头进行疯狂的轰炸扫射。95–1是双翼战斗机，欺负北方没有中国空军才到这些地方来撒野。它的最高时速可达每小时400公里，武器为2挺7.7毫米机枪，还可携带50到100公斤的航空炸弹。

不一会儿，唐王山头上火光闪闪，烈焰腾空，变成了炼狱火海，一些地方被反复耕耘多遍，白色的石头变成了黑色。本来山头上树木、杂草就不多，这下子好，基本上灭绝了。

飞机刚飞走，日军的一个炮兵大队，4门山炮和8门野炮从东、西、南三面向唐王山头疯狂开火。41式75毫米山炮，每分钟可发射10发炮弹，最远为6300米。90式75毫米野炮，射程更远，最远可达13千米，两种火炮杀伤半径均达三四十米。火焰还没有熄灭的唐王山头，再一次面临灭顶之灾，火光、浓烟，死亡的气息紧紧地笼罩在山头上。

炮火一停，山头上就和死了一样，没有一点儿动静。

“上！”陈树大吼一声，“轰炸完了，就该鬼子进攻了。”领着陈明义和任兆宗以及特务营率先上了山头。

山头一片凄惨，工事被翻了几遍，基本上毁了。留在山头上观察敌人的一个连损伤大半，断胳膊断腿的到处都是，传来一阵阵令人心痛的呻吟声。躯体和头部中弹的就不用说了，基本上都牺牲了。米如云团也冲上来，卫生兵迅速地给伤员紧急处理伤口，然后把重伤员抬下去。

陈树拿着望远镜观察，首先寻找敌人的炮兵，要找到这些杀人凶手。他观察到东、西、南分别有日军的三个炮兵中队，一个中队有四门炮。他对任兆宗说："小鬼子还算聪明，没有把炮兵大队放在一块儿。任连长，看看能不能敲掉日军的炮兵？"

任兆宗早就拿着自己的望远镜仔细地观察着炮击的目标，观察了一番说："东西的炮兵离着近点，也就有3公里远，虽然我们的迫击炮最多只能打2800米，但是加大药包，又是以上击下，估计能打到。南边的炮兵离着远一点儿，可能打不到。"

"那好，先敲掉东西方向的炮兵。"陈树命令道。

任兆宗接到命令，迅速地支炮，调整迫击炮的方向、仰角，首先对准了东面的日军炮兵阵地。任兆宗先发一炮，黑黑的炮弹"哐"的一声飞出炮膛，在天空中划了一道优美的弧线，然后在敌人阵地左面50米处"轰"的一声爆炸了。

任兆宗重新纠正了一下各炮的方向和仰角，然后发出命令："每炮二发，齐射——"

"哐哐哐哐……"12发迫击炮弹就和争先起跑似的，飞出炮膛，在天空中排成了整齐的队形，以每秒300米的速度向着日军的炮兵阵地飞去。大约七八秒后，一齐砸向了日军的炮兵阵地。

"轰轰轰轰——"一团团火光闪起，一股股浓烟飞上天空，有一颗炮弹还把日军的炮弹箱引爆了，引起更大的爆炸。停了有两三秒钟，又有12发迫击炮弹飞了过来。

这回反了过来，日军的炮兵阵地如同炼狱，被炸毁的大炮零件，夹杂着士兵的断胳膊断腿，一齐飞上了天空。

第73回　消灭敌人的炮兵

内田旅团长就在不远的地方，观察着这场意外的炮袭，直吓得心惊肉跳。待东边日军炮兵阵地硝烟散尽，副官来报告说："内田大佐不好了，炮兵大队的一个中队遭到了毁灭性打击，75毫米野炮全阵毁坏，士兵也大部分玉碎。”

“八嘎！”气得内田几乎要蹦高：“没想到，真是没想到啊，于学忠的部队竟然还有炮兵。你不是说于学忠只有一个特务团吗，哪里来的炮兵？”

内田把一肚子怒火迁怒到章步云身上。

章步云也感到奇怪，嗫嚅着说：“是呀，没听说米如云团有炮兵呀，哪里来的炮兵呢？51军和57军有炮兵，他们还远着呢。除了栗文礼部的陈树有个迫击炮连，于学忠的特务团根本就没有炮兵。”

“哪尼？你说得这个陈树，是不是在柳科战斗中，以一个营击溃我两个中队的陈树营长。”

“是的，是的，就是他呀！”

“八嘎！但愿不要碰到他。”

看来，陈树是出名了，连内田银之助都知道陈树的大名。按照原先的战术计划，空袭、炮袭完了，立刻转入地面进攻。可是突然的变故，让内田的心里犹豫了，中国军方的炮火如此猛烈，是否应该立刻地面进攻？

两人正说着话，突然西边的炮兵阵地又遭殃了，也是来了两轮迫击炮弹，一轮12发，把西边的山炮阵地摧毁了。直疼得内田的心呀，火燎火燎的，他这个时候也顾不得别的了，急忙传令，叫剩下的一个野炮中队急忙向后边撤退，远远地避开山上迫击炮的打击范围。

炮兵是退远了，可是射击唐王山也不这么容易了，这就使唐王山上大大减轻了炮击的压力。

内田银之助想了想，改变了原先的作战计划。原先是空袭、炮袭后，凭着日军步兵强大的攻击力，要一鼓作气拿下唐王山。但是现在山上有强大的炮兵，就不能拿着皇军的生命开玩笑了，他要设法诱使章步云当炮灰。

于是他苦脸变笑脸，对章步云说：“章君，你的英勇大大的，进攻唐王山，非你莫属。消灭了于学忠，你就为皇军立下天大的功劳！”

章步云虽然投降了鬼子，但还没有坏了脑子，心想，小鬼子啊，是不是指望我章步云给你打头阵？真是做梦娶媳妇——尽想好事。我章步云是卖唱不卖身，老本拼完了爹不亲来娘不爱。

他眼珠子一转，以婉转的口气推脱道：“内田太君，我的队伍，战斗力大大的不行，不但冲不上去，还给皇军折了锐气。还是皇军大大的威武，只有皇军才能冲得上唐王山头。”

内田一听，气得鼓鼓的，这个章步云真是狡猾狡猾的，但对这个软硬不吃的家伙，也没有什么好办法，想了想，对章步云说：“章君，你说，这些炮兵会是谁的部队？”

章步云想了想说：“弄不好真是陈树的部队，他的特务营有迫击炮连，除了他的迫击炮连打得这样准，没有别的迫击炮会这样厉害！”

内田笑了：“听说，你和陈树是大大的好朋友。那么，你就去把他劝降过来，也算为皇军立下盖世之功。”

章步云一想，不就是动动嘴皮子吗，至于陈树过来不过来，那就是他的事了，我的心尽到了，内田这边也好交差。

于是，章步云带着一帮护兵，亲自到前线来劝降陈树。隔着老远，他的卫兵就喊：“山上不要开枪，是不是陈树营长，我们的章司令要和你说话！”

山上的陈树早就看到章步云来了，对于学忠打了个招呼：“这个就是安丘的吴三桂，先叫部队不要开枪，我和他理论理论。”

于学忠点了点头，叫山上的部队不得乱开枪。

在一圈护兵的簇拥下，章步云只露着半个头，向山上一步一步走来。看着离着山头有二百来米，他不走了，朝山上喊：“陈树兄弟在山上吧？”

山上陈树喊：“在啊，不知大哥有什么指教！”

章步云喊道：“贤弟呀，你陈家父子对我有大恩大德，我一辈子不能忘记。跟着我干吧，保管你吃香的，喝辣的。”

陈树冷冷一笑：“可惜兄弟我不好这一口，只知道自己是个中国人，活着不能叫乡亲们骂我，死了，也好进祖坟。你是我大哥，本应该处处是我榜样，也琢磨一下，你做的这些事对得起安丘的父老乡亲吗？！”

章步云也继续劝说：“我知道兄弟好气节，可气节值多少钱？眼下日军大兵压境，唐王山破只是早晚之事。山一破，我怕兄弟遭受无辜之害，所以早来劝你，还是识时务者为俊杰。”

“哈哈哈——”陈树一阵大笑，“大哥呀，本来有些话我该劝你。你以为日本人能撑多少时候，早晚得夹着尾巴滚蛋。日本人要是滚了，当汉奸的什么下场，大哥不会不知道吧！大哥降日我不怪你，一时糊涂犯了错，现在改正还来得及，不如枪口一转，再打日本人。鲁苏战区也好，省政府也好，一定还会给大哥留个位子的……”

两人斗了一番嘴，要说摆理论，陈树绝不在章步云之下，再加上身正不怕影子斜，越说越来劲儿。章步云说着说着就没词了，实在不敢再理论下去，再说下去，恐怕连周围的士兵都要看自己笑话，只好败下阵来。

好在章步云脸皮比城墙还厚，败给自家兄弟没什么丢人的，谁家背后无人说，最起码内田那边应付过去了。

内田心里更加生气，这个章步云，叫他打头阵他不打，叫他去劝降，白白受了一阵羞辱。能干什么呢！只好叫他迂回包抄唐王山，封锁住山下的各个出口，以免于学忠突围逃跑。

内田绝不会使用添油战术，他要毕其功于一役，指挥起自己所有的两个步兵大队，一鼓作气，攻上唐王山。

日军的2个步兵大队，将近2200人，黑压压一片，向着唐王山开始冲锋。虽然人多，但是冲击起来却是相当有章法。他们以小队为单位，一个步兵小队有三个步兵班和一个掷弹筒班，每个步兵班配备一挺歪把子轻机枪，掷弹筒班配备三个掷弹筒。

从高处看，日军的冲锋形成波浪形，一个波浪就是三个小队。单兵与单兵之间隔着七八米，一个小队组成了大致的菱形阵，而小队与小队之间隔着几十米。中队与中队之间，隔的更远，这就避免了被炮弹和重机枪快速、密集地杀伤。

于学忠坐在后面休息，战场指挥的大权交给了米如云和陈树。

陈树对米如云说："鬼子的火炮使不上劲了，看我们迫击炮的吧！"米如云点了点头："迫击炮厉害，先给他们一阵子铁疙瘩尝尝！"

于是陈树让任兆宗炮袭。任兆宗针对敌人的阵法，也相应做出适当的调整，他对迫击炮连吼道："听我的命令，要一个小队一个小队地覆盖他们。一个小队为一个菱形阵，我们的炮弹也覆盖在这个菱形阵上。第一拨，先打最前面最中间的这个小队。"

不一会儿，"轰轰轰轰……"12发炮弹组成了一个炮弹群，在敌人的波浪阵中间爆炸了。3.8千克的榴弹杀伤半径为二三十米，基本上覆盖在一个小队的这片区域里，使小鬼子无处可逃。火光闪过，浓烟散尽，再看小鬼子的这个小队，怎么都看不到人了，基本上全趴下了。还有没死的，抱着缺胳膊少腿的躯体在痛苦地呻吟着。

几秒钟后，又对下一小队进行了火力覆盖。

这个打法也了不得呀，没有多长时间，几百个鬼子葬身于炮弹之下。疼得内田银之助呀，每一轮炮弹炸响，就像炸在他心口上一样。但是心疼也没有什么办法，自己的炮兵大队只剩下一个野炮中队，再说，也没法还击，怕造成误伤。

在日军的教科书里，步兵进攻，一般情况下，炮兵是不能进行火力掩护的。

再往上进攻，山势开始陡峭，迫击炮再射击的话，比较困难了。日军开始手脚并用，沿着山路奋力攀登。内田银之助嘿嘿笑了：“我们的好时候到了，看你们的迫击炮还怎么打？打不到了。”

就在内田暗自高兴的时候，突然从几个角落里传来捷克式轻机枪欢快、清脆的叫声“哒哒哒……”“哒哒哒……”登山的鬼子纷纷中弹、倒地，有的从陡峭的山上就像皮球一样直接滚下去。

唐王山南麓的前沿阵地上，灌木丛生，巨石耸立，米如云派去的机枪排利用陡坡上的天然洞穴作为机枪阵地，架起几挺轻机枪，交织成密集火网，对敌人进行火力压制。日军的步兵大队都有机枪中队，12 挺重机枪一齐发威，妄图消灭这几挺轻机枪，只打得石头上碎石飞溅，如下雨一般。

尽管费了好一番力气，损耗了不少子弹，但这几挺轻机枪一直在怒吼。原来轻机枪阵地早就选择了山下火力的死角，使敌人的重机枪子弹打不到。日军只好停止进攻，全都趴在怪石嶙峋的山坡上，进不得，退不能，就和一个个死鱼似的，光晒也得晒干了。

第 74 回　苦战唐王山

山上机枪射手们心花怒放，一边笑骂着一边换枪管、弹夹，排长掏出烟包子，刚打火，一眼瞥见眼皮底下伸出几支黄绿筒子，吓得扔掉烟袋，尖声惊叫：“鬼子的掷弹筒，快打！”

机枪射手慌忙操枪射击，可是已经晚了，只听得“轰轰——”几声，几颗榴弹准确地命中洞穴。火光冲天，碎石飞溅，轻机枪全都哑了火，战士们壮烈牺牲。进攻的鬼子一下子没了子弹阻拦，哇哇怪叫，蜂拥而上。陈树一见形势危急，大叫一声：“手榴弹——”

战士们迎着鬼子抛下一片手榴弹，黑压压似一群老鸹。炸得鬼子大惊失色，连滚带爬，往山下退去，几名掷弹筒手，被炸得缺这少那，血迹斑斑，横尸洞外。

鬼子稍微后退，又继续仰面进攻。日军在进攻的时候，充分显示了良好的战斗素质，在没有接到后退指令的情况下，坚决执行上级命令，竭尽全力进攻。山上的我军，有的伸出步枪，竖着朝鬼子射击，有的往下抛着手榴弹。

鬼子的枪打得很准，瞄准我军战士，举枪就射，不少战士纷纷头部中弹，壮烈殉国，有的直接从山头上跌落下来。

日军在进攻中，不断地有人中弹倒下，这是从后面射来的子弹。

就在唐王山东南的一个山头与唐王山成掎角之势，就是从那个山头上射下的子弹，沉重地打击着进攻唐王山的日军。日军不得不分出一部分兵力来进攻这个山头，守卫在此处的米如云一个营承受着巨大的压力。山头上弹坑累累，碎石遍地，松柏削断，野草、灌木燃烧，官兵阵亡过半。

营长背靠着一块青石躺着，两条小腿炸没了，满腿是血，手里还紧紧地攥着一支中正式步枪，脸色惨白，身子抖成了风中枯叶。卫生兵哭着在他腿上缠着止血带，血还是往外流，怎么也止不住……

鬼子冲上这个山头，和山上的中国士兵拼起了刺刀。一伙鬼子冲到了这个营长跟前，营长苦笑着："死了死了，还能找几个垫背的。"他拉响了两颗手榴弹，"轰——"的一声，和这七八个鬼子同归于尽。

鬼子占领了这个制高点后，开始向唐王山上提供火力支援。步枪离的远点儿，只有重机枪还算给力，机枪中队开始向这个山头上拉，希望能压制住唐王山上的火力。

进攻唐王山的鬼子，有了重机枪的支援，略微占了点儿上风，一浪高过一浪地继续向上猛攻。终于有一个中队的鬼子，爬上了唐王山头，正在高兴之余，突然后面一阵炮响，给壮胆的重机枪又不响了。

原来鬼子的机枪中队，遭到了任兆宗迫击炮的猛烈轰击。

没有后面重机枪的支援，冲上山头的一百多鬼子顿时胆小了不少。陈树看到这是个机会，大手一挥："冲上去，用刺刀把日军挑下山。"带头挥舞着盒子炮向日军冲去。陈明义脖子上挎着轻机枪，曹班生端着一把上了刺刀的中正式，率领着两个步兵连向日军冲杀过去。

日军中队长也大声地吼叫："退子弹，退子弹，杀退这些中国军人。"

特务营可不是一般的部队，陈明义一梭子子弹打过去，七八个鬼子倒了下去。曹班生手一挥，战士们一阵乱枪，又放倒了十几个。剩余的这些鬼子，还想困兽犹斗，他们咬着牙瞪着眼，歇斯底里地狂叫着，和特务营的战士厮杀在一起。

有一个鬼子龇牙咧嘴地想用刺刀捅陈树，陈树可没有时间和他玩这个，朝着他的胸口"啪啪"两枪，把他放挺。又上来一个鬼子，还是挺着明晃晃的刺刀，陈树又给了他一枪，把他的头打爆。接着上来一个鬼子，陈树朝他射击时，枪里已没了子弹，顺手捡起地上的一支三八式，要和小鬼子拼个你死我活。

还没等陈树动手，曹班生早一枪要了他的小命。这时候再看战场，爬上山头的这百十来个鬼子已被消灭干净。有的被阵地上的士兵用刺刀挑下山，有的像皮球一样滚下山，没死也摔死了。

凭借着优越的地形，唐王山还在苦苦支撑。时间已近中午，炎热的天气，使许多日军脱了水，中了暑，感到头晕目眩，浑身无力。眼看着走都几乎走不动了，还怎么进攻唐王山？

内田心里也有杆称，自己只站着没动，已感到口干舌燥，浑身难受，别说整个山上乱跑、拼命冲杀的将士了，只得下令部队后撤，暂时歇息一下。

这一场血战，五百多日军横尸山顶和山下，米如云团和陈树营也伤亡了五百多人，战损率为一比一。可是日军的战术目的没有达到，而于学忠则坚持在了唐王山上。

陈树和米如云商量一下，根据第一次炮袭的教训，山头上只留下一个排监视敌人，其余人撤往山后的一段地方吃饭、喝水、休息。

没过多长时间，鬼子又炮击了，这回75毫米野炮远远地射击，显然火力不如第一次。由于离得远，任兆宗的迫击炮也够不到，只好任日军的炮火随便撒野。有的炮弹打在了山头上，有的打到了山后的一些地方。

突然一颗炮弹在附近爆炸，几个人来不及躲避，别人侥幸无事，只有于学忠的右臂被弹片豁开个大口子，鲜血顿时流了下来。

政治部主任周复，副官长陈策围过去扶住于学忠，使劲掐着伤口上方血脉。陈树大声喊道："卫生兵！卫生兵！"

不多会儿，从灌木丛里跑来一个背着药箱子的卫生兵，手忙脚乱地为于学忠止血、包扎，又用绷带将他胳膊吊在胸前。于学忠轻轻地活动一下："幸好没伤着骨头！"这时，又一颗炮弹飞来，贴身警卫员大叫一声"快卧倒"，一下子扑在了于学忠身上。

迎面飞来杏核大的一块弹片，一下子将警卫员的眉心击碎，鲜血混着脑浆迸出。他身子晃了晃，扑在地上。于学忠看得清楚，撕心裂肺地喊了声："王侍卫——"

卫生兵好像吓傻了，抱着药箱子呆呆不动。其他人围了上来，陈树摸了摸警卫员的心口，叹息道："王侍卫已经为国成仁了。"

米如云平时和王侍卫不错，这会儿像个孩子一样哭起来。于学忠对陈策说："埋好做个记号，等胜利了，不论谁活着，来此将王侍卫遗骨迁往齐河老家安葬。"又劝米如云："不要哭，能为国尽忠，是王侍卫的福分！"

日军炮击过后，按说应该步兵进攻，可是迟迟未见日军进攻动静。到了下午三点多钟，113 师师长韩子乾率领着 678 团主力从北侧登上了唐王山。他大步走到了于学忠跟前，立正敬礼，喊了声“总座”，看到山上的惨景，于学忠的负伤，几乎落下泪来。

于学忠看到韩子乾硝烟满面，脸上辨不出模样，心中怒气消了大半，上前拍了拍韩子乾的肩头：“来了就好，弟兄们伤亡大不大？”

韩子乾沙哑着嗓子汇报：“非战斗人员已经疏散，伤亡暂时不大。全师部署如下：678 团余部已占据虎眉山，674 团和部分师属部队坚守擂鼓山，677 团负责外围作战并担任运输队。事发仓促，没来得及禀报，请总座训斥！”

“你给参谋长汇报一下，”于学忠要过望远镜，向周边仔细看了一圈，“内田也罢，奥村也罢，空袭、炮击加疯狗一咬，只要顶住他的三板斧，他就没咒念了。”

副官长陈策说：“这么炎热的天气，甭说爬山，躺在树底下都乏力。再说还有唐王山这么好的地形，可见老天爷都在帮着我们。”

陈树提醒道：“要不是章步云这个吴三桂，日军也不会来得这么快。强龙压不过地头蛇，章步云熟悉地形，了解我军战法，非常难缠，我们得小心点！”

于学忠脸色阴沉，恨恨地说：“这个时候日军不进攻，还不知道玩什么鬼点子。”

不一会儿，搜索队来报，说日军已控制了下山所有通道，正在加紧修筑工事。于学忠对韩子乾说:“鬼子想把唐王山变成街亭，我们该走了。砸烂坛坛罐罐，销毁档案文件，毙了战马，除了武器什么都不带。”

接着商量突围方向。陈策说：“东南西想也甭想，东北方是章步云防守，火力弱一些，就是不知道背后还有没有日军。再说，从这个方向出去，还有虎眉山的支援。”

于学忠点了点头："四周全是日军，没有好啃的骨头。本次突围，关键是隐秘、迅速、突然，打敌人一个措手不及。横下一条心，敢于壮士断腕！"

韩子乾也支持："那就向东北方向突围，时间选在下午五点。"

"那我们特务营断后，坚守唐王山，以迷惑敌人的大部队。"陈树说出了自己的意见。

第 75 回　突出唐王山

于学忠点了点头："也好，就叫韩师长打头阵，领着突围，特务营断后。突出唐王山，再和鬼子算账！"

整个部队按照各自的任务，在紧集地调动着。

下午四点半，趁中国军队转移、集结，一个小队的日军突然从西南口摸上来，离着特务营一连陈明义的部队已经很近了。陈明义大吼一声："机枪，打——"12 挺轻机枪一齐开火，密集的子弹射向敌人，一下子打倒了二十多个鬼子。

陈明义大吼一声："一连，上刺刀，跟我上！"然后率领全连扑了上去。日军偷袭不成，被火力压制，只得就地卧倒，架起三挺歪把子机枪，疯狂扫射。一排长郑西伦双腿中弹，控制不住，一个前扑，滚下山去。又有三四个战士中弹牺牲，也向山下滚去。

其他人脚步不停，继续前冲，眼看到了三四十米，步枪、脖子上的轻机枪，手榴弹一齐开火，日军非死即伤，阵脚大乱，拖着尸体往山下跑去。又一阵弹雨泼过去，全歼了这个小队日军。

陈树也冲了过去，看到郑西伦和十几个弟兄牺牲，有的尸首都见不着，不由得低下了头，抹起眼泪……

下午五点，各部集结完毕，等待突围命令。于学忠神态如常，手持望远镜向四方观察。韩子乾上前说："敌军目标就是总座，一个卫士排兵力太少，恐怕难以应付突然事变。我愿再抽调一个精兵连掩护总座。”

于学忠断然拒绝：“我的卫士排有六十多人，清一色的法国原装自动步枪，火力强烈，周主任的卫士排火力也不差。突围主要是打前锋，撕开敌人的包围圈，不能再抽调一兵一卒。切记一旦突破敌人，不要恋战，完成掩护任务后，寻找机会脱离战场。”

韩子乾得令而去。不一会儿，四面传来枪炮声，呐喊声，这是分出去的一小部分兵力，以分散敌人的注意力，掩护主力突围。于学忠掏出怀表看了看，大声说：“开始行动，祝各位好运！”

各部人马借着遍山灌木丛的掩护，有序的向东北方向潜行。突然从身后传来咴咴马嘶，于学忠回头一望，正是他的黄骠马高昂着头颅跑过来，脖子上挂着一截拽断的缰绳。马弁大惊失色，想上前阻拦，黄骠马撞开他，径直跑到于学忠身旁，低下头轻轻磨蹭，嘴中呼哧呼哧喘着粗气。

为了轻装突围，于学忠早就下了命令，马匹目标太大，把所有的马全部枪毙，包括跟了自己多年的这匹宝马良驹。于学忠的泪水簌簌落下，左手拍了拍黄骠马头，对米如云说：“不要责怪他们。军令无情，你来吧！”

米如云掏出手枪，对准了黄骠马头。马弁突然对于学忠跪下，大哭着说：“于司令，你毙了我吧！是我把它藏起来的。马和人一样，是有灵性的，饶了它吧！有我就有马在。”

于学忠低下头，叹息一声：“是马三分龙啊！战马个头高大，无法潜行，随同部队行动，势必暴露目标。战马就是战士，埋骨青山死得其所！”

马弁情绪激动，跪着不起，哭着说：“马死了，我活着还有啥用，连我也一块捎带着吧！”

于学忠伸出左手，将马弁扶起，犹豫片刻，坚定地说：“执行命令，良马不侍二主，落入倭寇之手，它们一样会绝食而死！”

马弁紧紧地搂着马脖子，低声哭泣，泪流满面。黄骠马好像知道了什么，轻轻昂头，低声嘶鸣，眼角滚出几滴泪珠。它的眼睛大得出奇，深蓝色瞳仁清澈纯净，透过长长的睫毛能看得见里面映出人的影子。

米如云再次举起手枪，黄骠马朝着于学忠跪下，马面趋于平淡。枪响了，黄骠马倒地抽搐，眼睛还在痴痴地盯着于学忠。据老马弁说，马比狗更通人性，只有马和人是一等。

于学忠一行潜行到东北山脚，韩子乾率领着678团突击连一马当先，指挥着十几挺轻机枪一齐开火，杀出一条血路，随后大队人马像一股急流一样冲下山去。日军没有想到中国军队会从这个方向突围，急调炮火支援，但为时已晚。

突围部队继续向东北直插，眼看进入到青石胡同，突然从村里传来十几挺轻重机枪的怪叫声，还夹杂着伪军的狂叫："于学忠，你死到临头了！""你们差点儿把我们灭了，也叫你尝尝我们的厉害！""你不叫我们活，你们也甭想活！"

青石胡同是一处小高地，村里有百十户人家，早已被章步云部占领，房顶上，街道口全部架上了机枪。要想突出唐王山，这个村是东北方向绕不开的一个要地。

韩子乾一见急了，大吼道："就是铜墙铁壁也要撞出一个口子，冲——"突击连在他的督促下，奋力进攻，冲上一批死一批，冲上一排死一排，转瞬之间，突击连打光了。又上去了一个营，很快也伤亡过半，只好退了下来。

山地作战，地形尤为重要，这地方和唐王山相反，让章步云占了先机。

于学忠一见急了，要是这样打下去，那还有救吗？对米如云一瞪眼。米如云也不含糊，手枪一挥，大叫道："警卫一营，随我上——"亲自带领着一个营向青石胡同发起进攻。子弹密如飞蝗，米如云膝盖骨下部中弹，脚步踉跄，几乎摔倒，忍着疼痛才没有倒下去。

副官长陈策一见，急忙跑过来伸手搀扶，一颗子弹飞来，腹部中弹，不情愿地歪了下去。转瞬之间，两位干将身受重伤，使进攻部队产生了混乱，进攻攻不下，后撤又不行，在伪军居高临下的射击下，士兵一片片地倒下了。

正在这万分危急的时刻，青石胡同突然落下十几发炮弹，“轰轰轰轰……”一团团火光闪耀，一片片浓烟升起，迫击炮对付轻重机枪，正是卤水点豆腐—— 一物降一物。再加上机枪大都架在房顶上，房子坍塌了，机枪也从房顶上掉了下来。

炮声一停，特务营从于学忠的后面顶上来，陈树大声吼道:“请章司令出来说话！”

章步云刚才领着一个主力团，正在青石胡同打得颇为得意，看到于学忠的士兵就和待宰杀的猪羊一般，一片片地倒下，把积存心中多日的怨气发泄了不少。正在高兴之余，突遇炮袭，村里士兵密集，真是一颗炮弹下来，炸死一大片呀！转眼之间死尸横陈，伤兵满地，呻吟声不绝于耳，由优势一下子变成劣势。

章步云从瓦砾中钻出来，头也破了，帽子丢了，满脸尘土，和钻鸡窝差不了多少。听到好像是陈树的喊叫，他回了一声：“是不是贤弟呀？刚才一顿炮弹是不是你打的。我是你哥呀！”

听到章步云说话，陈树大吼道：“是大哥吗？咱弟兄俩在这里死掐，你说傻不傻呀，得利的是谁，还不是日本人。咱俩死上一个，谁高兴呀？还不是日本人高兴。要不这么着吧，你先把我打死！眼不见心不烦。”

那些没被炸死的章步云部属，一个个从残垣断壁中露出了头。特务营谁不知道呀！陈树谁不认识呀！就在前些天的高密遇险中，要不是陈树的特务营，冒充着章步云的大部队，骗过了渡边，现在章步云在哪个世界里还不知道呢。

章步云嘿嘿一笑：“我说贤弟呀，你这么好的人，怎么跟了于学忠这个坏蛋。还是跟着我干吧，保管你高官任做，享不尽的荣华富贵！”

“我说大哥呀！你说这话我都听腻了，于学忠怎么着也算正宗香主，跟着日本人混得再好，也是个汉奸。大哥呀，你还是把我打死算了，打死了我，炮兵再开炮，也不关我的事了……”

章步云一听，这不是赤裸裸的威胁吗！刚才一顿炮弹，使青石胡同伤亡惨重，再来一顿炮弹，自己有没有还说不定呢。只好说：“贤弟，别！别！咱弟兄俩的事好说，别叫于学忠占了便宜。”

王吉祥看不下去了，上来劝章步云：“章司令啊，陈树有炮兵，不能小看。再来上一顿铁疙瘩，我们吃不消呀。我们打陈树，有点那个……把队伍打残了，我们都死了，好事都成了日本人的了。”

王吉祥的话里其实还有一层意思，那就是，陈树几次对我们有恩，弟兄们心里都有数，要是把陈树打死，江湖上不好交代。

章步云揣度着目前的战局，也是有点儿犯难。要是陈树的炮兵不来掺和，什么事都好说，要是炮兵一来，这个仗就难打了。章步云狡黠地笑了笑：“贤弟呀，我劝你还是退出这个是非之地，把自己陷进去，不值得！”

陈树针锋相对：“看在兄弟一场的面上，实在不忍心伤了大哥，所以才来透个信。大哥要是再不让路，炮兵可要开炮了！”

章步云嘿嘿一笑：“好了贤弟，惹不起还躲不起吗！我这就给你让道，算兄弟你赢了还不行吗！”

第 76 回　特务营断后

章步云一声令下，指挥着队伍撤出了青石胡同。陈树紧随其后，占领此村，然后掩护着大队人马，迅速往东北撤退。没走多远，虎眉山下来接应，擂鼓山也派人来联系。总部和 113 师的主力又上了擂鼓山，和674团会合。

冈村宁次看到煮熟的鸭子又飞了，对着内田银之助和奥村半二大发一顿脾气。内田没有办法，调集残兵尾随而至，和奥村一道，组织兵力向擂鼓山进攻。674团依仗山上优越地形，英勇阻击，一连打退日军三次冲锋，又顺势吃掉章步云的伪军一部。

于学忠决定，避免步唐王山后撤，总部、师部翻过柴草山东坡，沿着温泉河北移，到栗文礼的防区避难。陈树对于学忠请战说："前面快到了栗部防区，我特务营对这一片地形熟悉，愿意断后。"

于学忠有些感动："你特务营不畏艰险，前来护卫我鲁苏战区总部，唐王山防御战，打掉日军的两个炮兵中队，灭了日寇的嚣张气焰。青石胡同要不是你们及时出击，恐怕我总部就要陷在那个地方。你部虽然伤亡惨重，但还要求主动断后，这种精神实在让于某钦佩啊！"

"客气话甭说了，"陈树恭敬地对于学忠说，"快到我们家了，你总算客人吧！"

"客随主便，陈树兄弟受累了。"于学忠感到精力不济，昏昏欲睡，再加上队伍又是伤兵满员，疲惫不堪，也只好这样了。

擂鼓山北边3.5公里就是柴草山，柴草山东边1.5公里就是温泉河。于学忠带领鲁苏联军总部和113师主力翻过柴草山，沿着山东坡和温泉河西向北转移。

陈树率领着二百来人，担任整个队伍的后卫。轻重伤员已经随着大部队提前北撤，整个队伍还算精干。太阳刚落山，晚风吹得树叶哗哗响，林间弥漫着一股野草香味。陈树看到，这一带山势弱了，温泉河显得非常活跃。

温泉河水流并不大，是从附近山里集水而成的一条河流，沿着石山子村，经过大桃园、小桃园一直向北，汇入到南部而一直流入汶河。一方水土养一方人，河边土地肥沃，生长着各种树木、庄稼，河里生长着甲鱼、鲫鱼、马口鱼、河蟹、田螺，时常有一条鲫鱼跃出水面，激起一串水花。

特务营有时踩着河中的石头，有时跨过水中的小桥，在温泉河两岸的树林中穿梭前行。

陈树问陈明义：“大哥呀，你说说，怎样才能挡住鬼子的追击？”

陈明义鼻子哼了一声：“光跟在大部队后面跑也不是个胡琴啊，这么大片地方，要不鬼子从我们旁边绕过去，要不鬼子担心埋伏，不敢豁上命地追。再往前走，就是栗部的大本营了，防守严密，战机也就没了。”

在范家庄子周围，温泉河稍微拐了一个小弯，地形有些复杂，旁边还有一个小树林。陈树对陈明义说：“再往西北一公里多就是崔岜峪了，我们不能再往北走了，就在这里找个机会打一仗吧！仗打好了，吓唬住鬼子，仗打孬了，还有栗文礼给我们兜着呢！”

陈明义、任兆宗、曹班生几人点头赞成。

陈树把队伍布置在小树林里。刚驻下不久，一个战士提着裤子跑过来，结结巴巴地说：“俺刚蹲下拉……拉屎，听见鬼子说话，起来……一看，南边来了十几个。”

不一会儿，曹班生来报告说：“南边又来了一些，像是鬼子的一个小队。”

陈树把手中的盒子炮拿出来，对陈明义和曹班生说：“这是鬼子的搜索部队，我想拿着他们开刀喽。可惜啊，咱们的子弹也不多了，你们看，这仗还能不能打？”

陈明义来了豪气：“怎么不能打，正好消灭了鬼子补充我们一下呢。”

“也好！”陈树说，“不和鬼子打消耗战，务求全歼。曹连长，你派几个人沿着河边跑，尽量闹点动静，实在不行就放几枪，把他们引到这边来。”

曹班生派了几个战士沿着河边乱跑，还开了几枪。鬼子以为这是几个散兵，好欺负呢，小队长把手一挥，跟在这几个人后面就撵了过来。眼看着小鬼子进了树林边的伏击圈内，连模样都看了个大概，听到了他们呼哧呼哧的喘息声，也就只有三十来米了。

陈树的盒子炮一举，朝着鬼子就是一梭子，大吼一声："打——"全营的轻机枪和步枪也一齐开火，枪声就和点燃的爆竹一样，响个不停。

鬼子一下子倒下二十多个，剩下的一看全懵了，做梦也想不到这里会有埋伏。小队长是个强硬的武士道分子，举着王八盒子大声吼道："鸭子给给——"

在他的带领下，剩下的二十多个鬼子，挺着明晃晃的刺刀扑了上来。陈树也不客气，大声地吼道："刺刀战，冲啊——"二百多人全部迎了上去，六七个人围住一个鬼子拼刺刀。陈树本来还想亲自动手，可哪有他的开壶呀，鬼子全让战士们承包了。

鬼子满以为拼刺刀他们一个顶俩，但是他们错了，特务营老兵居多，拼刺技术精湛，下手也狠。再加上以逸待劳，突然出击，以众击寡，不一会儿，日军倒下了一多半。这下子更麻烦了，十多个人围着一个打，就是天皇附身也撑不住劲了。

日军小队长更是凄惨，被一圈人围着打，一会儿，屁股上挨了一刀，一会儿胳膊上又中了一下，浑身跟个血人似的。但是他咬紧牙关，只要不倒下，就豁上老命顽抗到底。这些中国士兵也欺负他，偏偏不把他一刀处死，让他一点一点地零受。

倒是陈树看不下去了，催促道："快点把他结果了吧，别耽误了咱们的正事儿！"

陈明义一刺刀把鬼子小队长捅了个透心凉，让他回日本老家了，再看整个战场，鬼子已全部消灭干净。这一场伏击战，结果还算满意，牺牲了四名战士，十个轻伤，歼灭鬼子一个小队。

打扫战场的时候，一个战士来请示："鬼子用的是三八步枪，和我们的子弹不通用。这可怎么办？"

气得陈明义骂他："狗熊他妈怎么死的，笨死的。你不会用三八步枪吗！"

这个战士又说："三八步枪不好使，还是中正式用着顺手。"

"那你就用中正式吧，再遇到鬼子，看看你的刺刀长，还是鬼子的子弹快。"

这个战士只好把三八步枪背在身上，当然中正式也舍不得丢掉。

这边战斗一打响，栗部的搜索部队迅速赶了过来，布置了警戒线。鬼子的大部队追到这里，也就到此为止了，再追下去，113 师再加上栗文礼的部队也不是吃素的。这回日军的一万多精锐部队没有消灭了中国军队，所谓的"斩首行动"，也就以失败而告终。

栗部的胡鼎三团部就设在了大桃园，离着范家庄子只有 1.5 公里。胡鼎三忙着部署兵力，拱卫着大本营崔邑峪，团部只有副官和书记官值班。听说于总司令驾到，小官们慌了神，一边招呼着把总司令迎进团部，一边飞报栗文礼。

此时的栗文礼正在崔邑峪像热锅上的蚂蚁一样，唐王山一带炮火连天，他怎么能不知道，仅派陈树的特务营前去试探增援，心中正惴惴不安。这叫什么？这叫上司有难，见死不救啊！说起来，还是老思想保存实力作祟，老怕救援不成，反而损兵折将。

听说于学忠的鲁苏联军总部和 113 师到了大桃园，心中又像泼了一勺热油。

说实话，于学忠对他的信任，重用，他对于学忠感恩戴德，很想立刻见到他，又担心见了他有口难辩。思来想去，干脆说去潍北劳军，避而不见，叫申集安携物资一大宗前去大桃园慰问。

申集安到了大桃园，一见总部和 113 师，也是有些感叹唏嘘，心中凄凉！别说普通士兵怎样了，几员大将都伤得不轻。

于学忠吊着胳膊，右臂挂花，睁一只眼闭一只眼坐在那里，懒得说话。特务团长米如云双腿膝盖包着厚厚的绷带，能不能保住腿还说不定呢。副官长陈策躺在担架上，腹部缠着厚厚的纱布，正急需做手术……

光重伤员就有一、二百名，躺在担架上呻吟声不断传来，不时有死去的，抬到村外去掩埋。轻伤那就更多了，吊着胳膊包着头瘸着腿的到处都是。就是没有受伤的战士，也是满脸灰土，疲惫不堪，坐下就不愿意起站来。

申集安心头很不是滋味，想到言多必失，又确实无话可说，深不得浅不得，奉上物资后，借口去城顶山布防，匆匆离开。倒是陈树的特务营和主人似的，安排房屋、吃饭，找老乡抬担架，把伤员送往附近医院，给于学忠的残部提供着各种方便。

政治部主任周复见众人情绪低落，于学忠犹豫彷徨，上前说道：“日军算看准我们总部了，势在必得。113 师自顾不暇，二纵队难堪大任。依我之见，总部宜立即绕道西南，去 51 军周军长防区寻求庇护，待恢复元气，再作打算。”

第 77 回　二邪子的便衣队

“是啊，”于学忠轻轻吐出一口气，赞成这个意见，“留在此地，于事无补，还拖垮了 113 师。”

屋门一响，韩子乾进来，先看望一下陈策和米如云，又向于学忠请示下一步行动方略。于学忠活动一下悬吊的右臂，又和周复四目一对：“我和周主任的意见是，决定总部向悦庄一带转移，便于你 113 师和栗文礼部收拾局面。”

韩子乾惊疑了一下：“这样也好。可是从此地到悦庄，山高林密，一路上有敌特活动，特务团减员严重，需要增加人手。”

躺在担架上的陈策说：“674 团阵容整齐，可令其护卫总部，到了悦庄，正好跟673团合兵一处，攥成一个铁拳。”

韩子乾一听，疼得心里火燎火燎的，三个主力团中，只有674团最为齐整，678团在唐王山一战中损失惨重，677团新兵多，战斗力不强，也没有把他当个菜。如果把674团抽走，113师也就垮了半个。

见于学忠、周复没有说话，韩子乾问："能不能派一个营护送？"

周复看了一眼于学忠："总部伤兵满员，特务团损失过半，去一个营不保险。"

韩子乾心中的小九九，于学忠怎么看不出来，一拍桌子："就让刘国桢团长率部去一趟悦庄，待114师从费县返回，即令673团、674团一块儿到你这里归队。韩师长，我于学忠说话向来算数！"

韩子乾一听，这是先给你个热罐子抱着，到时候战局还不一定发展到什么局面呢。转念又一想，要是总部留下，最少也得派一个团护卫。再说又是总部司令发话，听也得听，不听也得听，只好一个立正道："卑职坚决服从于总司令的命令。"

在大桃园休息了一夜，翌日拂晓，总部由特务团开道，674团殿后，经牛沐、蒋峪、九山奔赴悦庄。

于学忠走后，陈树的特务营还是驻扎在崔岜峪北边1.5公里的河洛村，以此拱卫着崔岜峪大本营。特务营内部，建立了秘密党支部，陈树为支部书记，陈明义为组织委员，任兆宗为宣传委员，发展了党员二十多名，全是连排骨干。但由于形势恶劣，党员活动还是处于极秘密状态。

有了空闲时间，陈树抓紧训练部队，补充人员，再派人员到安丘附近侦察日军的动向。

再说日军占领安丘后，高岛网罗了十几名悍匪，成立了一支便衣队，队部设在钱粮庄的“顺和祥”商号，专门替日军刺探情报。便衣队一律黑礼帽，黑墨镜，骑着自行车，斜挎盒子炮，杀人越货，无恶不作。

特务头子非二邪子莫属，原来跟着土匪黑瞎子张韵善，黑瞎子被韩寿臣和陈树部干掉后，投了日本人。后来在徐观聂的警备队干中队长，高岛对二邪子印象深刻，觉得是个干家，叫他组织了便衣队。二邪子是吊死鬼抹胭脂——死不要脸，反正已是半条命，做起恶来更是心狠手辣，人见人怕。

这天上午，二邪子进了南关大街赵家菜馆，大声喝道：“来五斤熟牛肉，两只烧鸡，用一个食盒装好！”

二邪子真名叫吴法，掌柜的可不敢叫他二邪子啊，笑了笑，只好以吴队长相称：“吴队长，贵队赊我们不少菜了。小本生意，赔不起，还是请付现钱。”

“现钱？这里有！”二邪子笑着点嗒着右手食指和中指对掌柜的说。

掌柜的刚把头伸过来，二邪子就给了他一个大嘴巴子，骂道：“还要现钱？这就是现钱。要不，把我的盒子炮押到这里？”

掌柜的一看，不能为了这桩生意丢了命呀！忍着脸上五个大红印子，赶紧把货物备好，给二邪子捆到自行车货架上。

二邪子率领部下七八个人回了吴家庄，原本是给老爹做寿，无奈吴老爹是个老实巴交庄稼汉，儿子当了汉奸，不愿意招摇，寻个借口出门去了。二邪子暗暗骂了句：“狗肉上不了大席！”解下盒子炮往炕头上一扔，喝令黄脸老婆下厨忙活。

天近中午，菜肴陆续上桌。二邪子拖着水蛇腰，从桌底下拖出个黑瓷坛，启开泥封，故意捂着。虽然手捂着，但是异香满屋，众人一齐抽动着鼻子，笑逐颜开。二邪子说：“酒坛里还藏着一个宝物，大家猜，要是猜不着的话，就不能喝酒！”

二头目刘三孬说：“说说谜面？”

“刀切轱辘肉，片片有眼。”

大家猜了一番，没有猜出，刘三孬嘻嘻一笑：“不就是驴圣吗，有什么好猜的。”

“对了，还是三孬有点儿墨水，看你们这点儿文化。”二邪子拿开了手，众人慌忙凑过头来观看，只见两根黑驴屌浮沉酒中，昂头露脑，蠢蠢欲动。

“捞出来当肴吧！”有人提议。

二邪子故意拿糖：“本来不想让大家动的，但是既然三孬猜出来，大家就跟着沾沾光吧！可是话说到头里，不能多吃多占，吃多了出人命。”

“怎么还出人命？”有人不解地问。

“不叫你老婆活了？”

众人一阵哈哈淫笑。

不一会儿，黑瓷坛喝了个底朝天，众人觉得浑身燥热，特别是下部，硬得不行。有人嚷嚷着要去村南下河，二邪子从柜子里拿出个花包袱，包袱里盛着一些女人的东西，晃晃悠悠地往外走。黄脸老婆跟在身后，朝着他咬牙切齿。

二邪子似乎脑后有眼，回头浪笑一声：“这个花包袱是太君的，我捎回去还给人家！”

黄脸老婆貌似蠢笨，心却不糊涂，咕嘟着厚嘴唇：“你闯老婆门子我不管，千万别糟蹋人家黄花大闺女。老天长着眼哩，谁作了孽，阎王爷那里可都一笔一笔记着哩！”

二邪子收敛笑容，顺手抽出盒子炮，往黄脸老婆眉心一点：“闭上这张乌鸦嘴，再放屁，我一枪敲碎你这个醋葫芦！”

众人在村南汶河里泡了一阵，觉得日头太毒，又纷纷上岸，躺在柳树下阴凉里晾光腚抽烟。二邪子手搭凉棚，朝西北望了一阵，吐掉烟屁股，大咧咧说：“好久未尝小苹果了，走吔，耍耍去！”

众人刺棱一下弹起身，胡乱穿上裤子，七嘴八舌地说：“大哥真好，不但想着我们的肚子，还挂着二弟。”“这就是下午的活动了，大哥想得真周到，可惜小弟泡软了。”

二邪子一马当先，车铃揌个不停，过河洽，南谢家庄，直扑陈家菜园。进了一片苍郁林地，就见边上坐落着三间草房，麦芥覆顶，黄泥抹墙，周围是一圈秫秸扎成的篱笆，虽然简陋，却收拾得干干净净。

二邪子刚停下自行车，从门口冲出条瘸腿黄狗，喷着唾沫星子狂吠。刘三孬暗暗摸起一块石头，瞄准狗头砸过去。狗没有砸着，倒把黄狗惹急了，朝着三孬就是一口。二邪子飞起一脚，把黄狗踢飞，骂了一句："喂不熟的疯狗！"

刘三孬抹了抹腿上的牙印，掏出手枪，就要毙了这条狗。二邪子制止道："沾血气，不吉利。这狗瘦得一把骨头，浑身剔不出二斤肉，叫它跑了吧。"

这时候，屋门吱扭一响，探出张布满"地瓜沟"的老脸，结结巴巴地说："是……是吴队长呀！"

"老刘大嫂，小苹果呢？这几样东西，全是外国的香水，有钱买不到的。"二邪子说着，从车把上扯下花包袱，在空中晃了晃。

刘大嫂慌忙出门，赔着小心说："小苹果……这两天病快快的，吴队长是不是过两天再来？"

"治女人的病，我最拿手了。"二邪子将花包袱往刘大嫂怀中一塞，"谁不知道小苹果是你的摇钱树，弟兄们还能让你吃亏？这么大老远的来了，得让弟兄们泻泻火。"

"钱不钱的是小事，小苹果身子弱，怕沾染了弟兄们。吴队长改日再来吧？"

二邪子狗眼一瞪："狗屃猫屃没捞着，先挨你一顿唠叨。"二邪子哪管三七二十一，掀开门帘，闯进西屋，从墙角拎起小苹果，揌在炕沿上，一把扯下粗布黑裤。

小苹果屁股一缩，慌忙用手去捂，仰起脸苦苦哀求："俺身子还没好，饶了俺吧！"

小苹果正值碧玉年华，模样儿又极俊俏，本似一朵含苞欲放的鲜花，可由于性病的折磨，就像秋天遭受着霜打，眼睛早就失去了青春的光彩，平添了不少忧愁和恐惧。二邪子摘下墨镜，布满血丝的大眼睛就像一条恶狼一样盯住小苹果不放："再说个不字，就把你抓进便衣队喂狼狗！"

"俺答应，饶了俺吧！"小苹果噙泪道。

六七个人轮番上阵，小苹果苦苦死撑挨了一夜，躺在炕上，就像一条死鱼，偶尔，眼珠子动了动。天蒙蒙亮，二邪子一行发泄够了，离开小苹果家，又是搬车子，又是摁铃铛。正巧，陈树和陈明义几个从这里路过，急忙隐蔽在林中。一个队员从背后瞅了一阵，对陈树说："看样子，像是高岛的便衣队。"

"怨不得有个人这么面熟呢，这户人家肯定是便衣队的耳目！"等二邪子走后，陈树叫人上去敲门。

老刘大嫂以为来了土匪，抓起花包袱塞进炕洞，又将几块大洋藏入鞋底。陈明义等得不耐烦，一脚踹开门，直闯入屋，用手枪点着老刘大嫂的额头："刚才走得那几个人是谁？他们来干啥？"

老刘大嫂见来人不像土匪，大着胆子说："是二邪子和他手下的人，他们是来……"

"来干啥？快说！"

第78回　消灭便衣队

大嫂呜呜哇哇，吓得半晌说不出句完整话。西屋传出嘤嘤哭声。陈树执枪在手，猛地一下拨开门帘，屋里光线暗淡，看见小苹果敞胸露怀，衣衫不整，半躺在炕席上，哭得一抖一抖。陈树接着就明白了，放下门帘，将老刘大嫂叫到一边，问个详细。

大嫂横下心来，把事情经过说了一遍。陈树只觉得一股怒火从脚底蹿上头顶，招呼部下要去追，却被大嫂一把拽住：“这伙人出身惯匪，长官别跟他们硬拼！”停了一会儿，大嫂又说：“过五天他们还来，长官再想想别的办法。”

陈树点了点头：“也好，我们先回去。你们母女俩千万别走漏风声，要是露出一点儿风声，你们也完了。”

第五天日头平西，有六辆自行车由东向西而来，他们歪戴黑礼帽，鼻梁架墨镜，斜挎盒子炮，过河沿，南谢家庄，直冲陈家菜园一路揌着响铃招摇而上。路上行人一见这些人打扮，早就远远地避开。

刘三孬对二邪子说：“哥呀，我的小兄弟这两天不得劲，一个劲地红肿，老痒痒，还流脓水，是不是得了脏病呀？”

“妈的，哪来的这么些臭毛病！”二邪子骂了一句，“太阳一晒，不就消了毒啦。不是有句话，牡丹花下死，做鬼也风流，你还想长命百岁呀？但凡干上咱这营生，就是提溜着脑袋阎王爷门前转悠，说不定哪一天就进去了。”

另外几个人也在喊病：“我这两天二弟也不得劲。”“是不是得了大疮，听说得了这病，鼻子都要烂掉的。”“照你们这么一说，看来我也得病啦！得了病不要紧，还把老婆也传染了。”

“妈的！看你们前怕虎后怕狼的，要不，小苹果那里咱就不去了。”

刘三孬赶紧说：“不去不行，要是不去的话，二弟不得劲呀！”别的便衣也跟着喊：“那人活着还有什么意思呀！”“就是不干的话，就算看戏算了。”“咱这个兔子都不拉屎的地方，就这点嗜好，不去对不起小兄弟呀。”

众人齐声鼓噪，就和争着上阎王爷那里报到似的。

陈家菜园有个门楼，门楼下空无一人，似乎和平常的气氛有些不一样。一个家伙感觉到有些诡异，悄悄放慢了速度，而别的便衣还在想着小苹果，所以车速不减，晃着铃铛，和瞎大撞一样继续朝前骑。

前边五辆自行车已进了门楼，就听到一声大喊：“抓——”迅速冲上一帮人，分别扑向了自行车。自行车上的人毫无防备，一下子从车上给扯了下来。二邪子心里喊了一声不好，随即朝前一滚，身子飞出自行车，一个前滚翻扑在地上，又一个鹞子翻身，从地上蹦了起来。

陈树已随着他的身子，贴在了他的面前，二邪子本想掏枪，可陈树早已伸手抓着了他的枪。二邪子一看护枪来不及了，朝着陈树就是一个双风贯耳，要是这一招打上，陈树不死也得懵了。

陈树一看夺枪来不及了，空出两手，合掌直接伸入了二邪子的两胳膊之间，然后从里往外分。这一分就破解了二邪子的双拳。二邪子一看这一招不管用，干脆借着这个势头，两手抓着陈树的手往下一按，铁头往陈树的头上猛地一磕。

这一招陈树没有防备，一下子撞在鼻子上，鲜血“噌”的一下就蹿了出来，只撞得头嗡嗡作响，两只耳朵响成一片，眼睛几乎睁不开。但陈树努力坚持着，只要自己一迷糊，二邪子腾出手来掏出枪，自己也就完了。

你不是用头碰我吗？他的头顶在前面，身子有些失去平衡。陈树借着他这股劲，两手抱住他的头，往下使劲一按。这一使劲，几乎把二邪子按趴下去。二邪子也不是吃素的，对近身搏斗颇有研究，他也会借力发力，来了个黑虎钻裆，朝着陈树的下身就拱了过来。

陈树鼻子已经吃过一次亏了，要是叫他的铁头拱上，弄不好就给自己做了绝术手术。陈树赶紧往旁边一闪，二邪子拱了个空。旁边的陈明义看不下去了，从后面朝着二邪子就踹了一脚。这一脚也是借力打力，二邪子控制不住，一下子扑了个狗吃屎。旁边几个战士扑上来，把他死死地压在地上。

再看其他的那些便衣队员，早被三四个撕扯住一个，死死擒住。只跑了最后一个，早调转车头，向着来路狂蹬而去，连枪也不敢放。他知道，这里离着鬼子远，就是开枪，也没有人来救他。

陈树叫几个老战士，骑着缴获的自行车往东追。半个钟头后，他们返回，个个满脸油汗，气喘吁吁，一个老战士说："我们追到河边，那小子过了河，不见人了。"

陈树想了想说："还想招鬼子来，我们跟他玩玩捉迷藏吧！咱们转移。"

此时，太阳早已落去，大地一片苍茫。陈树命令战士将那五个家伙头戴黑套布袋，拴成一串蚂蚱，押着从三台新村南涉过汶河，到了道口村。那几个特务坐在地上，哀求要口水喝。二邪子不说话，戳在那里，像个傻瓜一样，其实在用心听，听了一阵子，终于开了口："我以为是哪一竿子朋友呢，原来是陈营长啊！鄙人识字不多，行事鲁莽，有冒犯各位的地方，请高抬贵手。"

陈树大骂道："你没冒犯我们，可是冒犯了安丘的老百姓，我们为民除害！"

黑布袋里嗤了一声："谁没做过亏心事，难道你们就没做过亏心事？摆鸿门宴陷害张司令。做笔买卖吧，金条、大烟、枪支、你们尽管开口，只要给我们留条命就行！"

陈树双手掐着腰："就怕你们拿不出现货。"

二邪子一听有门，大头向前探了探："放回一个，叫他拿实物来换。我是头，要不我留下，这样总可以了吧？"

陈树先给他们一个热罐子抱着："可以考虑，不过换啥东西，得由我们司令说了算，各位先委屈一夜。"

二邪子大脑袋晃了晃："见了你们司令，各位兄弟可就什么也捞不着了。"

第二天下午，陈树率部将五个人押回崔岜峪，交予栗文礼处置。栗文礼头正痛，烦得了不得，从窗棂子瞥了一眼，看到五个人面相凶恶，顿生处决之念，遂令陈树将五个人捆成一团，吊在门前大槐树下示众。

附近村庄百姓闻讯，成群结队赶来，对着五个特务拳打脚踢扇耳光，撒尿吐唾沫擤鼻涕，要求处死这些坏种。栗文礼叫副官写成文书，上报专署。专署依照法律，判处二邪子、刘三孬死刑，令其他三人陪决，然后收监拘押。

栗文礼对陈树交代："枪毙这两个坏蛋，便宜了他们。找个偏僻处，将二邪子、刘三孬活埋，反正上头又没说怎么处死。"

陈树又请示说："那三块料咋办，陪决后收监吗？"

栗文礼目露凶光："收监还得管饭，哪有工夫侍候这些大爷，你就看着办吧。"

当日深夜，凉风习习，月光昏黄，陈树指挥着战士将五个汉奸五花大绑，押上温泉河西。有七八个人刚挖完两个坑，正坐在工具边上歇息。陈树对二邪子说："吴队长，这是个好地方，枕着温泉河，有鱼有虾的。"

二邪子明白死期已到，再求饶也没啥意思，把脖子一横，大模大样地喊："我是你吴二爷，吃过的美味成山，耍过的女人无数，身上人命不下几十条。阎王爷早就下了请帖，要杀要剐随便！"

陈树嘻嘻一笑："不杀你不剐你，奉上级命令，赏你个全尸。怎么样？"

二邪子一怔，高声大叫道："不错，顺便给堆个坟头，省了吴家事了。"

"吴先生是条汉子，你瞧瞧这坑挖得怎样？"陈明义在后面嘲讽道。

二邪子冷冷一笑："就是缺块砖，给你二爷垫垫头。"

陈明义给他找了一块砖。二邪子跳下去，躺下试了试，惬意道："还行，上土！"

另一个坑里，刘三孬拉了一裤筒，早就吓得泣不成声，百般哀求。二邪子听不下去了，吼道："行了，三孬，早死早托生。

我早说过，咱做的这些事，也就是早一天晚一天的事儿。”

刘三孬闻言大哭：“二哥，你无牵无挂，我儿子还小哇！”

二邪子放声大笑：“三孬呀三孬，你他妈就是个半吊，你老婆很快就有了新汉子，你儿子还愁没个爹？”

埋完二邪子、刘三孬，陈明义见另外三个汉奸跪在地上，抖作一团，遂向陈树请示如何处理。陈树也学会了栗文礼的办法，小声说：“你就看着办吧！”

陈明义心里明白，暗暗拔出盒子炮，顶上火，过去朝一名汉奸屁股上踢了一脚，大声道：“还不快跑，等死啊！”

这名汉奸傻乎乎地抬起头，对着陈明义带着哭腔说：“可别从背后开枪啊！”

“不跑算了，那边正挖坑呢。”陈明义说完，扭头就走。三名汉奸互相看了看，站起身来，朝着温泉河踉踉跄跄地狂奔。跑了没几步，就听到有人喊：“犯人跑了，犯人跑了！”

一串子弹追去，把三个特务扫倒。

第79回　吴化文投日

自从沈鸿烈卸任离鲁后，吴化文的宿敌、第51军军长牟中珩继任山东省主席兼保安司令。牟中珩虽然军事上有一套，但政治上并非其所长，山东复杂的政治、军事形势，非他所能掌控。他认为吴化文过去有意与自己作对，当上省主席后，乃极力排斥吴部。

新四师虽为中央建制部队，但其粮饷装备供给，均由山东以协饷的名义解决，中央分文不予；暂一师纯属山东地方部队，一切供给皆由省政府负担。牟中珩出任主席后，其省政府发布的第一道命令，即是断绝对吴部的一切供给，拥有四万多官兵的新四师和暂一师遂在经济上陷入了绝境。

再加上吴化文的父母吴亚兰和曹太夫人，又被汉奸和日本人引诱，扣押到济南，致使身为孝子的吴化文又遭受了重要的精神打击。在内外交困中，吴化文终于率新四师和暂一师，共四万多人，投降了日寇。

1943年1月18日，吴化文在济南发表了臭名昭著的“一·一八”广播讲话，声称“追随皇军，为建设‘大东亚共荣圈’而效力。”接着飞抵南京城，汪精卫单独接见后拜为上将总司令，所部授予山东方面军番号。

吴化文投敌后，将南麻、鲁村一带防区让与日军，率部暂去后方休整。日军迅速接防，原本拱卫鲁苏战区总部的屏障转眼成了日军进犯前哨，山东战局风云突变，形势急转直下。

陈树得到消息，感到情况非常严重，和几个营骨干碰了碰头后，立刻带着陈明义和几个护兵，骑马到了崔邑峪栗文礼的司令部。

这时候栗文礼血压非常高，头痛得厉害，躺在床上，额头上敷着一块毛巾，正在安心静养。陈树顾不得这些了，通告了一下栗文礼的副官，直闯栗文礼的卧室。栗文礼斜着眼睛一瞥，并没有起床，问：“陈营长，什么大事啊，这么着急？”

陈树虽然努力克制着自己，但语调还是相当急促：“报告栗司令，我们防区，原来西北部有吴化文顶着，西南部有51军和八路军守着，我们只是提防着安丘一带鬼子。这下好了，吴化文一投降，西北大门敞开了，唇亡齿寒，鬼子就可以集中精力对付我们栗部和113师了。

“113师说是一个师，其实只有两个残缺不全的团。这两天内线来报，胶济线上坊子、潍县、周村、张店火车站鬼子晚上调兵，白天藏着，看来有大动作。鬼子要是集中兵力打到我们这里，也就是一天之内的事儿。事情紧急，我看各部还在过年，毫无准备，心里着急！不知司令如何打算，我部也好早做准备？”

栗文礼一听，血压又猛一下子蹿上去，一阵头痛欲裂，想起床，头一晕又躺下了。稍微休息片刻，有些着急地说：“光知道吴化文投降，没想到情况如此严重。按说如此危局，上面也应该有个部署，怎么一点儿动静也没有呢？”

陈树焦急地说：“我真是坐不住了。不知道住在附近的上级主官是谁？我们也好打听一下情况，免得到时候手忙脚乱。”

“鲁苏联军的政治部主任周复就住在有子山，离这儿不远。”

“要是司令身体不好，不如派个人或者我去，探听一下情况，也比在这儿急死好。”

“还是咱俩去吧，你以为躺在这里好受，一想到这些事情哪里还能躺得下。”栗文礼休息一会儿，起床穿上军装，然后和陈树带着几个护兵一直去了有子山。

这一天是正月十三，黄云漫漫，朔风劲吹，栗文礼往东行5公里，便来到了有子山。

有子山位于董家宅西北2公里，似猛虎向东卧伏，从南面看，又如坐北向南的太师椅。向北一溜是珠山、崮山、鲁山、金鸡山、石山子、骡马山，山区中较为复杂的重峦叠嶂。有子山顶上有座有子庙，周复和于学忠有些矛盾，就把他的政治部搬到有子庙里驻扎。

这里有个好处，离着113师的主阵地城顶山，向东南只有五六公里。

栗文礼和陈树这些人，刚到有子山下，就听到山上鞭炮齐鸣，锣鼓敲响。原来中国有个习惯，过完正月十五才算过完年。周复别看只是个政治部主任，可是蒋委员长的心腹，连划拨给养的大权都掌握在他手里。

也就是说一家人的吃吃喝喝，全指望着他大手一挥呢！所以113师部、党政分会、干训团的头头脑脑们拜完年后，二头头们，三头头们，还在继续玩着官场上的这些游戏，尽享太平安乐，似乎早已忘记了敌人虎视眈眈，近在咫尺。

陈树发着牢骚："还拜年呢，拜个屁年！说不定明天一早鬼子就打上山来了，来了个死无葬身之地，送的礼都成鬼子的了。"

栗文礼也叹了一口气："兄弟呀，人在官场，身不由已呀。我年轻的时候，也是痛恨这些官场陋习，可是几十年过去了，怎么样？我没有改变官场，反而官场把我改变了。你要是不适应这个规则，就要吃不上饭，睡不稳觉，人活着，谁愿意找不素净呢！"

几个人见了周复，寒暄一番，然后送上重礼，说上一些过年的话。栗文礼突然话头一转，说了一些当前严峻的军事形势。

周复听了暗暗吃惊："倭寇利用胶济铁路运兵，至少得到土桥一茨的批准，看来敌人正策划一次重大的军事行动。奇怪啊，总部怎么没有指示呢？"

正说着话，电报员送来一封电报。周复展开一看，上面写着，吴化文部重返防区，日军也频繁调动，极有可能协同进犯51军各部，各单位非战斗人员分头疏散，战斗部队迅速集中。

周复看完电报，又把电报交给栗文礼观看。待栗文礼看完电报后说："正好你在，我马上通知韩子乾，叫他速来开会。咱们研究一下战事！"

栗文礼看了一眼陈树，看来这一次来对了，恶战即将开始。陈树满脸通红，虽然久经战阵，但心里免不了有些小小的激动，心里预感到，恐怕这一次战事，比任何一次都要险恶。

因为事情重大，栗文礼又叫副司令申集安和参谋长孙荣弟速来开会。

一个小时后，韩子乾、栗文礼两部坐在了简单的会议室里。周复简要地说了一遍军事形势后，对各位说："大家说说吧，这一仗怎么打？"

大家略一考虑，韩子乾说："城顶山工事坚固，我678团在此守备，吸引日军主力后，掩护各部向山区的隐蔽处疏散。”

对这一策略，栗文礼、申集安、孙荣弟没有反对，毕竟在城顶山一带经营许久，那一带也算是安丘山区最好的野战工事。陈树这时候突然插嘴说：“我能不能说几句？”

众人一听，有些吃惊，陈树只是栗文礼随身的一个特务营长，还轮不到他在如此重要的会议上发言吧！周复眼睛一白愣，看了一眼栗文礼，意思是怎么管束的部下。韩子乾弄不清怎么回事，没敢问话。

而申集安和孙荣弟则不满意了，朝着陈树直撇嘴，意思是你要是发言，那还要我们这些人干什么？

栗文礼还算有护犊之心，也知道陈树几斤几两，看了一眼陈树，说：“那你就说吧，别超过二分钟。”

司令让说话，那就好办了，陈树赶紧说：“此战非唐王山之战相比，113 师只有两个严重缺员的团，我栗部缺少重武器，双方合起来不足一万人，且弹药少得可怜。而鬼子如果全力以赴，再加上吴化文的部队，人数有五六万之多，可以说五比一。

“坚守城顶山，实际上是和鬼子打阵地战，可是我们目前没有打阵地战的本钱。再坚固的堡垒，也经不住鬼子飞机、大炮的轰炸，凭着我们现在的情况，如果一旦被鬼子围住，自身不保，何谈掩护其他部队疏散、转移？与其这样，不如换一种打法，我们的主力部队抓紧撤到外线，伏在一个地方，而小部队伪装成主力，处处骚扰敌人。

“说白了吧，就是和鬼子在大山里转，找到机会，就狠狠地揍他们一顿。找不到机会，继续转，这是我们的地盘，时间长了，看谁撑过谁？”

时间只有二分钟，陈树用急促的语调，一口气说完。

韩子乾听明白了，对陈树说：“我怎么听着像是共产党的打法，要是这种打法，部队得高度的统一。根据我们目前的情况，非打哗啦了不行！”

申集安的头摇得和个拨浪鼓一样：“不行！不行！我们在前面跑，鬼子在后面追。前面再一堵，我们没处去，就叫鬼子全突突了。”

孙荣弟也提出反对意见：“这样的打法，实在没法操作，部队一打乱了套，怎么指挥？”

第 80 回　外围战

倒是栗文礼还有些向着陈树：“按照我们目前的实力，如果坚守城顶山，能坚守几日，大家心里应该清楚。如果一旦坚持不住，不还是需要突围吗？两种方案比较一下，哪一项更有利于我军？”

尽管栗文礼有些看重陈树的战术，但毕竟陈树位卑言轻，禁不住这些高官的一再压制。栗文礼还要看着周复的脸色生存，还要指望着 113 师的韩子乾他们，还要依靠申集安和参谋处的这些将领们，所以他渐渐地否决了陈树的战术。

栗文礼回到崔邑峪后，紧急召开各将领会议，安排各部的战前动员和防守区域。

当日白昼无事，入夜雪花纷飞，许多人家门楼前悬挂的灯笼上落了厚厚一层，有的红中透白，就像一个个红樱桃抹上了白糖，有的在蜡烛的烘烤下融化了，晶莹剔透。鸡叫头遍，雪停了，崔邑峪二纵队司令部突然亮起灯火。

东方破晓，栗文礼率一队骑兵直奔有子山，在有子山庙门口碰到周复的警卫员双凫，栗文礼急促问道：“主任起床了？”

“刚起来。”双凫说。

双凫的声音惊动了银杏树下的几只麻雀，纷纷展翅飞走，蹬下簌簌雪花，落在了栗文礼的大衣领口。栗文礼来不及拂拭，掀开门帘一头闯进，急吼吼说：“日军开始行动了，请主任火速离开有子山，向113师靠拢。”

周复倒是相当冷静，指一下对面的椅子：“别着急，坐下说。”

栗文礼一屁股坐下，深吸了一口气：“今晨2点，谍报返回，说大批日军昨晚沿台潍路南下，半夜12点开进安丘城，还有骡马牵引的大炮。我们立即开会，决定非战斗人员就地疏散，卑职这几日头痛厉害，委托副司令申集安、参谋长孙荣弟全权指挥。各部处处设防，谁擅自撤退，督战队可就地正法！”

周复神情严峻，上前拂去栗文礼衣领上的雪花：“二纵队缺乏重武器，要是坚守的话，必然损失不小。”

栗文礼心中一阵酸楚，挺直脖子说：“没办法，我们这种队伍，生来就是当炮灰的命！”

周复安慰栗文礼：“韩师长来电，说师部和直属部队已转移城顶山，加上先期进驻的678团，若能充分利用地形，可以和日军一战。”

栗文礼点头称是，又说：“我已交代申副司令，若部队不能坚持，则相机向城顶山转移。”

栗文礼和周复的鲁苏战区政治部迅速向城顶山转移。

约莫一个半小时后，周复、栗文礼到了城顶山的113师司令部公冶祠堂。哨兵说，韩师长，张参谋长都不在，周复和栗文礼有些着急，如今军情十万火急，而主将却不在，这可如何指挥作战？

这时候，城顶山一带的军人和老百姓越聚越多，问了问，不但政治部来了，就连党政分会、干训团也来了。他们说西面和南面都发现了鬼子，只能得到大部队的保护。

栗文礼看出了问题，对周复说：“周主任啊，看来日军是有意驱赶着这些部队和老百姓到城顶山来，这分明是日军的一个大阴谋，就是想把我们人员都赶到这里，然后来一个大锅烩。”

周复也点了点头："我也认为这样。"心里更加焦急起来。

正在此时，陈树领着特务营火速赶到。见到了栗文礼和周复，陈树并没有带来什么好消息，而是说："栗司令啊，光看地图，还看不出怎么样，如果实际观察一下城顶山可就麻烦了。这个城顶山进山出山就那么几条道，如果被日军封锁，就是个死地啊！我的意见是，趁日军还没有扎紧包围圈，是否考虑先突出去一部。要不死守在这个'街亭'上，有些不划算啊！"

周复有些看不起似的斜愣了陈树一眼，嫌陈树话多，早已定下的事，还啰唆这些干什么！而栗文礼却对陈树的话有些重视，但又当不了家，只好说："等韩师长回来，再商量一下这个事！"

不一会儿，韩子乾率几名护兵一溜小跑过来，对站在正中的周复立正、行礼，不安地汇报道："部队在山上修筑工事，我刚巡查回来，让主任久等了。栗司令也来了。"对着栗文礼又点了点头。

毕竟是友军，栗文礼客气地说道："军务繁重，韩师长客气了。"

而周复虽然脸色平静，口气却有几分严厉："身为主官，不要随便离开中枢！一旦有紧急情况，连个主事的人也没有。张参谋长呢？"

韩子乾垂手而立，满面歉意："少舫率骑兵连去了周边村庄侦察敌情，大概快回来了。主任和司令先进祠堂休息一会儿。"

周复声音有点儿嘲讽意味："有个重要情报，韩师长可能还不知道，大队日军已从安丘城南下，直奔城顶山而来。"

韩子乾一惊："来得好快！"

这时候，东边传来得得马蹄声，众人抬头望去，就见一匹雪白的东洋马沿崎岖山路疾驰而来。参谋长张植桴跳下马背，将手中的马缰绳往后一扔，向周复行个军礼，急火火道："我正担心你还在有子山！有个重要情报，昨晚日军一部自潍县、坊子沿台潍路南下，意图不明，若不是吴化文伪军合围驻沂北的战区总部，就是扫荡莒沂安我军防区。”

周复点点头：“我们也得到这个情报，土桥一茨一直视莒沂安我军防区为心腹大患，我判断日军这次行动，十有八九是奔城顶山而来。形势刻不容缓，是战是走，宜早决断！”

栗文礼眼睛一亮：“趁现在日军还没有全扑过来，还有时间商量一下是战是走，如果再晚了，恐怕就没有机会了。”

张植桴眉毛一扬，大声说：“城顶山高大雄阔，势若屏风，周围拱卫大小十几个山头，地形复杂，俨然迷宫，日军垂涎已久，我军更不能轻言放弃。现敌情不明，若贸然转移，天寒地冻，粮草无法转移，恐为日军分割包围，此植桴个人浅见。何去何从，还由主任和师长定夺。”

周复和韩子乾还没有说话，陈树抢先说道：“现在军情已十万火急，鬼子就想集中优势兵力，把我们包围在城顶山一带，逐步压缩，压缩到一定程度，发起强攻。城顶山虽然山头众多，易守难攻，但同时也是一块死地。我们这么些部队和人员困在这里，时间越长对我们越不利。不如早早地突围出去，这步棋就活了。”

陈树又犯了一个抢着说话的错误，在众将官面前，一个小小的特务营长，哪能随便说话呢？但时间紧迫，一刻千金，陈树也顾不得这些了。

周复想道，这个小营长的话似乎值得考虑，真要是陈树说得这么严重，那么这些部队可要全军覆没了。韩子乾想，坚守城顶山的事，不是早就定下么，哪能轻易改动。栗文礼考虑着，根据实际情况推断，还不如早早地突围出去为好。

就连张植桴的思想也被陈树说动了，他说：“陈营长说得也有道理，不过我们对城顶山四周的日军部署并不了解。还是多派出侦察兵，先了解一下情况，就是突围的话，也得有个详细计划才好。”

大家想到张参谋长的话比较全面，纷纷点头同意，于是派出侦察兵，四面侦察日军情况。

也许就是这样一耽误，把突围的时机错过了。

1943年的2月20日（正月十六）凌晨，天空灰暗，寒风刺骨，大批日伪军按照预定作战计划，杀气腾腾、气势汹汹，从四面八方扑向城顶山。

日军这次行动的主官是第十二军司令土桥一茨，纠集了独立混成第五旅团、第六旅团及独立混成第七旅团（旅团长秋山义隆）两个大队，还有吴化文伪军，总共2.5万余人，目标是消灭113师和挺进第二纵队。

当时于学忠驻防沂北，组织各部分头迎击，以迂回包抄战术断敌退路，有效地阻延了南路敌军攻势。北路日军实力强大，甚至配备了战车，首先在绪泉跟挺进第二纵队特务团交火。日军炮火猛烈，特务团没有重武器，难以抵挡，只好从绪泉撤往崔邑峪。

栗部在崔邑峪经营数年，构筑了坚固工事，由胡鼎三主持战守大计。

日军进至崔邑峪村外，略作休整，即向村西北2公里的霹雳尖发动攻击。

霹雳尖上尖下圆，从山下仰望形似笔尖，又称笔尖山。栗部一个营固守该山，因山体是玄武岩，顶部黑石突兀险峻，无法修筑工事，被日军一顿炮弹炸得七零八落。日军占据霹雳尖，又进攻村南柴草山。

柴草山在崔邑峪南边15公里，主要是砾岩，北坡陡峭难攀，栗部修筑了半永久性工事。耳听紫草山上炮声隆隆，胡鼎三躲在崔邑峪司令部中，眼睛里布满血丝，对着电话大声吼叫："混蛋！谁要是再敢后退，给我枪毙！枪毙！"

第 81 回 激战城顶山

突然，团副跑进来，惊慌地叫道："团长快走吧，鬼子炮火太厉害，柴草山恐怕支撑不了多久。柴草山一旦失守，想走也来不及了！"

胡鼎三站起身，长叹一口气："独木难撑大局。撤吧，去城顶山！"

日军攻势凌厉，挺进二纵队由撤退变成了溃逃，日军如影随形，紧追不舍。午后，各路日伪军在城顶山下会师，将几个山头团团围住。胡鼎三带着残兵跑到了城顶山，见了栗文礼，颓丧地行了一个军礼，然后说："栗司令，属下无能，丢了崔邑峪、霹雳尖、柴草山，致使城顶山失去屏障。请司令治罪！"

栗文礼无奈地闭了一下眼睛，挥了挥手："日军强大，非你之过，还是休息一下，准备固守城顶山吧。"

胡鼎三对栗文礼拱了一下手："谢谢大哥不杀之恩，属下这就去整顿队伍，誓与城顶山共存亡。"

二纵队的其余部队纷纷溃退到城顶山附近，兵败如山倒，栗文礼也控制不住局势。周复倒是想得开："请韩师长给二纵队安排防区，死守城顶山。"

"真是雪中送炭！"韩子乾正为兵微将寡而头疼，盯着栗文礼说，"栗司令共有多少人马？"

栗文礼目光闪烁："参战部队主要是第一旅、第二旅、特务团、特务营，不下六千。"

"好一支生力军。"韩子乾对张植桴说道，"让二纵队就近防守北坡如何？师属直属部队向山南移动。"

"我看可以。"张植桴写了一道命令，让护兵送往山上，又对栗文礼道："二纵队即刻进入城顶山北坡阵地，务必服从命令，不可擅自进退，否则军法无情！"

栗文礼点了点头，对周复说："所部一路奔来，惊魂未定，我必须亲自去调遣布阵。"说完，一阵头痛袭来，差点儿晕倒。

周复急忙上前扶住栗文礼，关切地说："大敌当前，也只有栗司令亲自带病指挥了。"

一股苍凉豪迈之气涌上栗文礼心头，他强打精神，向周复行了一个标准军礼："这一仗打胜了，卑职的沉病可能不治而愈，若打败了，我也不活了，将杀身成仁！"

周复也眼含热泪："我们都是这样，但愿马革裹尸，这是军人最后的归宿。"

栗文礼临走前，突然对周复说："周将军，鲁苏战区不能没有你，不如找个地方暂时避一下。"

韩子乾也对周复说："我跟少舫商量了，请主任暂去柳河峪百姓家躲一躲。"

周复双眸微露笑意，口气却十分严厉："你们担心我战死沙场，无法向总裁交代，是不是？人总是要死的，多活几年少活几年无所谓，但求死得其所！抗战进入第七个年头，我国已有数百万官兵战死沙场，若能和他们一起享受后世祭奠，周复深感荣幸！这种话不要再讲了。"

韩子乾与张植桴听了默默无语，深受感动。栗文礼点了点头："周将军的这些话，我记着了！"

栗文礼在几名护兵连搀带拽下进入了公冶祠堂北边的一个山头。再往前有一道山谷，山谷再往前是另一个山头，山头北面就是南赵家沟村。这时的对面山头已出现了膏药旗，日军的一部分人马正在山头上调动。

不一会儿，按照命令，申集安、孙荣弟、丁叔言、胡鼎三、陈树等都上来了。身后士兵们背着背包、粮袋、子弹带，手脚并用往上攀登。看到栗文礼，申集安一些人老远就打着招呼，前来会合。

栗文礼简单地安排了由申集安指挥，众人分头散去，只留下丁叔言和几名护兵。栗文礼望一眼丁叔言："言公，不是说好了，您疏散去昌乐吗？"

丁叔言一脸激昂："司令身染重病，犹抱病上阵，锡纶虚长几岁，身体健康，有什么理由脱离战场！"

栗文礼神情严肃，注视着丁叔言："言公，此次战事，非同平常，敌军势大，很可能陷入困境。"

丁叔言感慨、激愤道："锡纶已五十有六，非为少年，倘为国捐躯，也不枉从军一场！我刚才作了七绝一首，念给您听一听：葡萄酒暖剑光寒，饮罢辕门试玉鞍。问道中军传号令，今宵主帅破楼兰！"

栗文礼击掌赞叹："好诗！好诗！文礼闻之豪情万丈，我们就在此与城顶山共存亡吧！"

山头一隅，特务营的战士们正在山上奋力地挖着工事。陈树和陈明义、任兆宗、曹班生聚在一起，商量着当前严重的军事危局。陈明义发着牢骚："你给他们说了好几遍，他们就是不听，这么多人困在这样几个山头上，这个仗怎么打！太被动了。"

陈树对陈明义说："该做的我们已经做了，事情已经到了这种地步，没有卖后悔药的。任连长，你还有多少炮弹？"

"只有8颗炮弹了。"任兆宗说。

"可得省着点花，没有我的命令，不许使用这些炮弹。你得想办法保护好这些迫击炮，这是我们的看家本钱啊！"

"放心吧，陈营长，就是丢了命也不能丢了炮。"任兆宗说。

陈树看了看周围的地形："待一会儿，挖完了工事，全营都撤到后面去，躲避敌人的炮击，前面只留下一个排观察就行。"

曹班生点了点头："这些话就不用嘱咐我们了，都是老油条了。”

日军占领了北边的南赵家沟和附近的南山后，遂不再前进。正午时分，包围圈越围越紧，日军彼此划分了进攻区域。他们闯进周边村庄，点燃家具、草垛取暖，捉住老母鸡，小山羊，随手扔进火堆里烤熟，大快朵颐。伪军们忙于抢劫，掀开饽饽瓮子，砸开饭橱，将年货底子搜刮一空。

下午两点，随着一声闷雷似的巨响，寂静肃立的城顶山晃动不止，山头上火光闪闪，黑烟团团，如一朵朵硕大的墨菊恶魔般逞凶！三尺之内人影不辨，夹杂着硫黄的空气使人感到窒息。太阳原本苍白黯淡，像个昏红的灯笼，黑烟一遮，像蒙上了一块恐怖的魔布。

城顶山北面向来人迹罕至，荒草、枯叶像地毯铺了厚厚一层，刚下了场雪，地面温度极大，但还是被炮火引燃，黑红的火舌有半米高，随着山风像魔鬼一样在山坡上来回舔舐，仿佛世界末日一般。

山头上横七竖八地躺着士兵的尸体，有的缺胳膊少腿，有的炸没了半个身子，活着的老兵神情木然地看着这一切，新兵们浑身哆嗦，再也不敢正视现实的世界。炮击刚停，敌军从山谷里冒出来，争先恐后地扑上山头，离着山头有百十来米，与守军交火。

阵地上枪声大作，杀声震天，山头上血迹斑斑，尸骸相枕。日军发现二纵队火力不足，调来数门迫击炮，将阵地炸得七零八落，死伤一片。陈树看不下去，大手一挥，任兆宗的两发迫击炮弹飞过去，将敌人的迫击炮阵地摧毁。

日军尽管没有了迫击炮，但是重机枪、轻机枪火力仍然占优，在不远处横扫着山上二纵队的阵地。二纵队子弹有数，限制着轻重机枪的发挥，使日军的火力压制着山上的射击。不少士兵拔腿欲逃，但看到栗文礼提着一支马牌撸子，站在硝烟中，一动也不动，又悄悄地缩回阵地。

西坡地形复杂，怪石林立，工事根本不好挖，678团团长刘斌率部坚守关键要地“老鹰嘴”。一颗颗炮弹飞来，炸得山上石头乱飞，飞溅的石块又造成第二次伤害。鬼子哇哇大叫着冲上来，突然从石堆里射出无数的子弹，飞出密密麻麻的手榴弹，鬼子纷纷倒地。偶尔冲上阵地的鬼子，又被蹦出来的战士，一阵刺刀给拼下山去。

日军第六旅团长奥村大怒，调来机枪中队，12挺重机枪一齐开火，弹雨在石壁上四处乱蹦，压得守军抬不起头来。日军的掷弹筒也趁机发威，专门向死角发射榴弹，将三挺重机枪炸毁，仅剩下几挺轻机枪防御。

轻机枪射手担心遭到日军掷弹筒射击，打一梭子换一个地方，这样始终压制不住日军火力。奥村觉得时机已到，高举着指挥刀，大声吼叫着：“鸭子给给——”大队日军蜂拥而上，眼看着冲到距前沿阵地不到二十米了。

前沿防线即将崩溃，刘斌脸色铁青，把手枪往腰间一插，抱起挺轻机枪，似一个怒目金刚，朝着鬼子狂扫。机枪在他怀里狂跳，喷出一股股青烟，弹壳丁零当啷往外蹦，日军倒下一片。突然，一串子弹射中刘斌左胸，他像被大石块重重砸了一下，抛掉轻机枪，仰面摔倒。

护兵扑上去，把他拖回战壕，尽管穿着棉袄，见他胸膛上的血窟窿大如碗口，鲜血呼呼往外涌，几个急救包塞上去，根本止不住流淌。护兵用头碰地，抱着他大哭。

二营孙营长闻讯跑来，见刘斌目光迷离，已不能说话，喊道：“哭什么？快找卫生兵！”又对身边通信兵喊道：“传达各连排、刘团长殉国，由我代理团长。临阵脱逃，格杀勿论！”

第82回　突围

得知团长阵亡，678团阵脚大乱，有的要冲下山为团长报仇，有的想趁机溜走。孙代理团长手提两个大肚盒子，大张机头，来回督战，终于稳住了局面。弹药不足严重地影响着战斗力，他下令设置滚木礌石，居高临下，战至黄昏，敌军始终未能攻破防线。

残阳落山，刹那间就像涂上一层黑血，一丝红光渐渐由黄变青变淡，天空像抹上了一层墨水。日军怕夜战发挥不出火力优势，遂停止攻击，安营扎寨，在山下休息。

经历了白天残酷战斗，陈树心里焦灼万分，他找到了栗文礼陈言："栗司令，一下午敌军强攻五次，遗尸数百，但未能登上城顶山一步。我们虽然伤亡较敌人轻，但是炮弹几乎耗尽，枪弹所剩不多。明天一战，没有枪弹如何应付，再困在山上，光饿也饿趴了。今晚上必须做出决断！"

目前危局，栗文礼怎么会看不出来，他对陈树说："正好我要去公冶祠堂一趟，你也去吧。"

栗文礼、陈树和一些护兵下山、上山到了城顶山的主峰，进了公冶祠堂，正巧周复主任，韩子乾、张植桴都在，正要叫栗文礼开会。几个人立刻进行了研究，栗文礼说："此战土桥一茨亲自督战，志在必得，我军粮弹所剩无几，要是今夜不能突围，天明再战，势必全军覆没。当断不断，必受其乱！"

周复心情沉重，拿起望远镜向远处观察，但见周围大小山头火堆熊熊，敌军旗帜猎猎，似乎布下天罗地网。他沉吟良久，才说："周围山上山下皆为敌人所控，密密麻麻和个铁桶似的，我军如何能突得出去？！"

陈树鼻子一哼："这样的疑兵计瞒得过谁！山头山谷中随便

放上几十个士兵，点上几堆篝火，吓唬小孩子而已。不过这个吴化文用兵狡诈，熟悉这一带山地地形，更擅长游击战，在重要的山沟要隘，很可能布置了多重伏兵。还得多派一些侦察兵，了解一下周围敌军守备情况。”

韩子乾叫侦察连长，速派多路侦察兵，侦探周围山头、山谷中敌人的防备情况。大约一个小时后，各路侦察兵纷纷前来汇报情况。日伪军在有的山头、山谷中放置的兵力多，有的地方放置的兵力少，有的是日军防守，有的是伪军防守，几乎没有破绽。

韩子乾说：“根据敌情，突围时人多目标大，人少没有战斗力，以千人为好。我建议在日伪军的结合部突围最好。”

栗文礼急忙说：“二纵队情况特殊，一旅、二旅不能分开，由申副司令统一指挥。”

张植桴叫护兵点亮马灯，摊开地图对大家说：“我考虑了一个突围方案，你们听听如何。周主任、栗司令率政治部、二纵队司令部，由二纵队特务团、特务营护卫向东转移。申副司令领二纵队一旅、二旅向西北突围。孙代理团长指挥 678 团主力向西南出击。韩师长率师部和直属部队从正南突围。如各位没有意见，火速通知 677 团，叫他们分兵接应。”

周复听完后，提醒说：“少舫兄，你呢？”

张植桴小心卷起地图：“我和特务连暂留山上，虚张声势，牵制敌军。待你们突围后，再相机行动。”

周复脸色一变：“少舫兄，你最好一起走！”

张植桴走过去，紧紧地拉住周复的手，伤感地说：“一起走，谁也走不了，只能这样了。刘团长的尸骸就埋在公冶祠堂东边，我做了个记号。”

半夜时分，气温骤降，飘起点点雪花，北风一阵阵刮来，阴气愈加沉重。雪花融化后寒风一吹，战士的军衣结了一层冰霜。申副司令，孙代理团长两部进展顺利，各以较小的代价脱离险境。

往正南突围的这一路，韩子乾师长率师部和直属部队从城顶山下来，进入了东南1公里的柳河峪村，打算经柳河峪西南“十二拐”爬上南山顶子向南突围。“十二拐”共有十二个拐弯，是柳河峪村民去南山顶子、搁灯山、太平冈的必经之道。

韩子乾率部在山谷中潜伏到2月21日凌晨2点，估计日军早已睡熟，乃奋力翻上“十二拐”准备南去。就在快爬上南山顶子的时候，山头上突然枪声大作，几十挺重机枪居高临下，大开杀戒，霎时间官兵一片片地倒了下去。

前有重兵阻拦，后面没有退路。韩子乾大呼一声：“杀开一条血路。冲过去——”

无奈山头上敌人火力太猛，官兵们又劳累半宿，体能不足，只能在不利的地形下苦苦支撑。不一会儿，日军从山上冲下来，卫士排为掩护韩子乾，组成“人肉盾牌”，结果全部战死。韩子乾痛不欲生，坐在阵亡卫士身边，呼唤着他们的名字，被日军生俘。

这时候，周复、栗文礼正率部向东悄悄前进，听得南边山头上枪声激烈，知道韩子乾部凶多吉少，但如果回头去救，不但救不了他们，自己这些人也将搭进去，只好忍痛离去。周复所部在几座山头间转来转去，既要避开山谷间的敌人，又要躲开山头上的鬼子，力图跳出敌人的包围圈。

黎明时分，部队行至城顶山东北3公里的张家溜村，侦察兵来报，张家溜东北的胡家旺村发现大队敌兵，人数不下数千。周复大惊，急令部队抢占张家溜西山，居险死守。山头不大，战士们匆忙散开，寻找天然沟壑洞穴藏身，实在找不到地方的就隐蔽在大树后面，几百支长短枪指向山下。

周复发现几挺重机枪太靠前，缺乏保护，命令他们移至一片枯草中。刚刚布置好阵地，日军到了山脚，发现山上有人，便向山上发射了几发迫击炮弹。树林间火光闪闪，硝烟弥漫，不少战士倒在了血泊之中，但其余的战士遵守着战场纪律，没有任何动静。

朝霞在天边凝成血色，太阳从荒凉的、烧焦的山梁后面升上来，照耀着这座即将被烈火和鲜血染红的山岭。日军见山上没有反应，便用几挺歪把子开道，三三两两，试探进攻。刚到山半腰，山上枪声骤起，日军猝不及防，横七竖八倒了一片。

十几分钟后，鬼子开始炮击，迫击炮弹打得山头上“轰轰轰”响成一片，树木被炸断，枯草在燃烧，干瘪的树枝子飞得到处都是，战士们在忍受着极大的伤亡。日军的九七式90毫米迫击炮，中国人又叫“小钢炮”，发射速度每分钟为20发，最大射程3800米，弹重5.26公斤，杀伤半径达三四十米。

如果叫小鬼子的迫击炮逞淫威，这个仗没法打了。陈树对任兆宗喊：“用最少的炮弹，一定把鬼子的迫击炮干挺！”

任兆宗答应一声，右手拇指和眼睛吊了吊线，然后喊道：“方向11点35分，仰角85度4分，82毫米炮弹三发。射——”

“哐哐哐”传出三声闷闷的炮弹出膛声，接着三个小老鸹似的黑炮弹飞上天空，飞翔了极短时间，然后狠狠地砸到敌人的迫击炮阵地上。“轰轰轰”三声巨响，白光闪过，三团浓浓的烟雾紧紧地包围住敌人的迫击炮阵地。

不一会儿，浓烟散去，再看鬼子的迫击炮阵地，一点儿动静也没有了，迫击炮散架，鬼子不是死了，就是肢体不全，缺少的“零件”不知道飞到哪里去了。

鬼子指挥官大怒，立刻指挥着步兵向山上猛烈冲锋，几挺重机枪向山上疯狂扫射，掩护着步兵进攻。弹雨交织成一道火网，山上土石飞溅，枯枝乱飞。日军快冲到山头时，山上枪弹齐发，重机枪也响了起来，压制着日军的火力，鬼子成排地倒了下去。

陈树稍微松了口气，没有敌人的迫击炮，这个仗就好打多了。

周复亲率几名卫士前去督战，给栗文礼下了死命令：“死守阵地，没子弹了，用手榴弹炸，用刺刀刺，用石头砸，用牙齿咬，与敌人拼个你死我活！不成功，便成仁！”同时派一个排的士兵突围下山，准备联络在外围作战的677团。这个排的战士下山不久，一半战死，一半被日军俘去。

日军见从正面无法攻上阵地，便将攻击线向侧翼延伸，环山围成个铁桶阵。阵地上枪声四起，日军从四面向山上发起攻击。防守右翼的第二纵队一部，缺乏训练，弹药不足，马上就要被日军攻上来。

恰在此时，陈树领着特务一连前来救急。右翼的枪声零落，战士们已没有多少子弹，特务营也是子弹不多。陈树大吼一声：“上刺刀，把敌人拼下去。”顺手捡起一支烈士的中正式，向着鬼子带头冲去。

中正式虽然比三八式步枪威力大，但也有缺点，那就是上了刺刀才有1米6，比三八式步枪1米67略微短了一点儿。拼刺刀在相同技术的情况下，可谓一寸长一寸强，一寸短一寸险。小鬼子虽然个子矮，但是仗着刺刀长，朝着陈树“呀——”的一声，来了一个突刺。

第83回　张家溜西山

陈树身大力不亏，不慌不忙，用中正式步枪朝外一拨，就把鬼子的刺刀拨于外侧，再顺势一刀，就朝着鬼子捅去。小鬼子早就练过这一招，进攻不成，急忙缩回刺刀防守，也把陈树的刺刀拨向一边。在拨刺刀的时候，发现了问题，怎么这个中国人的力气这么大呀！

虽然陈树和小鬼子的拼刺技术差不多，但还得比试一下谁的力气大，耐力好。三四个回合下来，这个小鬼子已感到气喘吁吁，力不从心。陈树练过武术呀，时不长地把武术也掺杂到拼刺里面，耍得鬼子心慌意乱。又拼了几个回合，陈树觉得体内尚有余力，暗暗地把全身重量集中到左腿上，腾出另一条腿来，寻找机会。

当小鬼子体力越来越差的时候，陈树右腿腾起，一脚就朝小鬼子的迎风骨踢去。小鬼子拼刺，讲究全神贯注，全身每一个部位都要分担任务，保持平衡。眼看到一条腿飞来，也腾不出身子躲避呀！“哎呀——”小鬼子只觉得腿上骨头就和断了一样，顿时不管事了，一下子趴了下去。

陈树还等什么，上去一刀，结果了他的狗命。

陈明义、曹班生等人，也各有功劳在身。然而二纵队的这些新兵们，技术和体能却不敢恭维。他们三四个围住一个鬼子，勉强应付，一旦鬼子稍强一些，就疲于奔命，应付不了。尽管技术不精，体能不足，但这些战士也豁上了。

一个小战士因为个矮胳膊短，被敌人刺中胸膛，他硬是抱住鬼子，拉响了腰中的手榴弹，和敌人同归于尽。一个眼不好的战士，凶猛异常，刺刀捅弯了，便抡着枪托子猛砸，一连将两个鬼子脑袋砸开了花。

日军得知周复在山上，调来数门重炮，明知山上还有少数日军和中国军队死磕，还是破了条例，朝着山上猛烈轰击。阵地上爆炸声惊天动地，中国士兵和少数的日军士兵纷纷倒地，爆炸的火光连成一片，中心白炽，四面通红，像一个个魔鬼在山头上逞威。

任兆宗跑到陈树面前请示：“打不打敌人的炮兵？”“有把握吗？”任兆宗摇了摇头：“太远了，只能瞎打。”

“那就散了吧，我们的炮弹不多了，只能在最关键，最有把握的时候使用。”

战斗持续了一上午，敌军始终未能得手。中午刮起小北风，大朵大朵灰云贴着山顶飘来，遮住了太阳，阵地上静得令人心悸。一小股日军偷偷从西南方爬上山，距周复指挥处只有十几米距离。

陈树一跃而起，大声吼道：“弟兄们，上刺刀！”说着，端起一支中正式步枪冲上去，十几名战士爬起来，居高临下，扑向敌人。

鬼子也不退缩，直挺挺往上冲。双方杀成一团，不断有人中刀倒下。关键时候，任兆宗的炮兵连也上了，一排子弹射向敌人，鬼子倒下一片。任兆宗仗着个子高，力气大，抱着一截炸断的树干乱抡，三四个鬼子被砸得头破血流，倒在地上。任兆宗嫌不过瘾，又抬起小山似的大脚，把半死的鬼子跺死在地上。

在迫击炮连的干预下，再次将日军赶到山下。

周复见鬼子越打越多，而守军弹药几乎耗尽，他跟栗文礼、胡鼎三、陈树几人商议一下，决定组织敢死队，杀开一条血路突出去。栗文礼说："你的卫士排不要参加敢死队，待敢死队打开通道，卫士排保护着周主任突围。"

周复不同意："二纵队也打得差不多了，卫士排全部参加敢死队。另外再从特务团挑选三十人，每人配备一支二十响盒子炮，五个手榴弹，由四挺轻机枪开路，向西北方向突围。"

栗文礼只好答应。敢死队选拔完毕，荷枪实弹，站立一排，整装待发。周复上前挨个看了一遍，查了查每个人的枪械和手榴弹。他鼓励大家："不用怕，小鬼子也是肉长的，子弹打在身上照样会死！咱们今日身处绝境，只有奋勇直前，才能绝处逢生。就是战死了，鲁苏战区总部也会给你们重重记功的！"

敢死队员齐声吼叫："愿为主任效劳。不成功，便成仁！"

周复拔出一支黑油油的勃朗宁手枪，掂量一下，慷慨激昂："入鲁四年来，我周复从没开过枪，今天很荣幸，能成为你们中的一员！敢死队这个称号，比我的中将军衔更荣耀！突围后，我亲自向委员长为你们请功。弟兄们，随我冲——"

双凫闻言大惊，急忙上前阻拦，劝他不要冲在最前面。周复大声呵斥："我是这里的最高长官，我不向前谁向前！离渝前我向总裁表示，不成功，便成仁。今日即将兑现诺言，你们不要再说了！”

六十名敢死队员个个似怒目金刚，举着盒子炮、手榴弹，随着他，争先恐后呼啸而下。双凫无奈，只好追上去，和几个警卫员一起，护卫着周复。冲到半山腰，遭遇一股日军，他们似乎看出周复是个大官，端着刺刀扑上来，嘴里嗷嗷怪叫。

敢死队奋勇向前，举着盒子炮齐射，击退日军，救出周复。这时候迎面一挺重机枪扫过来，子弹似飞蝗，划破空气啾啾作响。敢死队员毫不畏惧，前面的倒下了，后面的继续向前冲。突然周复一个趔趄，差点摔倒，双凫伸手将他抱住，见他胸口中了一颗子弹，虽然穿着棉衣，鲜血还是立马洇出来，短短几秒钟，前胸被鲜血湿透。

双凫急忙将他放下，解开棉衣，就见左胸有个酒盅大的窟窿，殷红的血液呼呼往外涌，周复说不出话来，浑身抖作一团。双凫惊呆了，急忙用手去捂，鲜血从指缝间射出来，怎么也止不住。双凫疯了一样，大喊道：“急救包！急救包！”

卫生兵过来，掏出两个急救包，塞进伤口，两个人用绑带将伤口死死捆住。周复面色安详，就和终于完成了使命一样，断断续续说：“给我补一枪……烧毁电码……”

双凫闻言大哭。栗文礼跑出老远，又跑回来，喊道：“哭什么，快背起主任跑！”

双凫背起周复就跑，跑了一段路，脚下被石块绊了一下，和周复一块儿摔倒。周复奄奄一息，勉强睁开眼睛，看了看双凫，安慰道：“不疼了，你们快跑吧！”双凫再去抱他，就听到他叹息一声：“局势如何得了！”随即身子一抖，溘然长逝。

这时，一队鬼子发现了他们，号叫着扑过来。双凫慌忙将周复遗体藏进一条土沟，迅速逃走。

陈树的特务营跟着大部队往西北突击，就在北边的一个山头上，突然小鬼子的三挺重机枪发射出密集的子弹，战士们一排排地倒了下去。要想机枪压制，根本没有几颗子弹，想手榴弹轰炸，太远扔不过去，如果不把这三挺重机枪干挺，突出来的部队将全军覆没。

陈树对任兆宗说："还有几发炮弹？"

"就剩下最后三发了。"

"一发不剩，全部射向鬼子。"

任兆宗亲自指挥，测出方向、角度，向炮兵发出指令。"轰轰轰——"三声巨响，山头上火光闪闪，浓烟滚滚，敌人的重机枪不响了。

趁着这个机会，陈树和突围的部队，冲过了敌人的这道卡子。

再说周复率领敢死队冲下山后，栗文礼知道凶多吉少，跟着跑了一阵突然停下。这时前方传来激烈枪声，一阵比一阵紧，栗文礼带着丁叔言的政训处和几个护兵跟随向导又要返回山顶。白玫瑰不干了，拿着手枪，对栗文礼严厉地说："栗司令，我们不能往回跑，回去就是死路一条！"

栗文礼头疼欲裂，指着前面："白科长啊，前面这条路走不通了，正好撞到鬼子的刺刀尖上。"

白玫瑰声嘶力竭地吼："就是刺刀尖也要往前闯！政训处的，掩护着司令往前冲！"

政训处的这些干部，虽然没参加过几回战斗，但是不行硬撑，个个拼命，拿着杂七杂八的武器，在白科长的喝令下，掩护着司令继续往前冲。一路上不断有人倒下，白玫瑰一看，前面实在打没了人，只能亲自扑到前面冲锋陷阵。

冲了一阵，再回头看去，身边没有几个人了，栗司令却也不见了。她喝问身边一个政训干部："栗司令呢？"

这个干部说："不知道，跑着跑着没人了。"

白玫瑰杏眼圆睁，大声叫道："都回去找，二纵队没有司令，我们还活着干什么？"急忙领着几个人又返回重围，寻找栗文礼。

再说栗文礼心眼多，架着他的几个人陆续在流弹中死去。栗文礼一想，自己早已失去屏障，再往前冲，等于死路一条，于是带着向导返回头向东南跑去。

跑了一会儿，向导领着他转入一片流苏林中。

一阵寒风吹来，树上白雪纷纷落下，好似开了一树流苏花。去处五月，栗文礼和申集安、丁叔言还有几名团长慕名来此赏花，还跟张家溜村民约定，等赶走鬼子，就拨专款保护这十几棵流苏树。不想一年未到，自己就要埋骨流苏树下了。想到此，栗文礼好不伤感。

向导胆小，知道此处危险，将要陷入绝境，嚷着回家。栗文礼可怜他一条性命，给了他一根金条，二人换了衣服，向导飞也似的逃命而去。

栗文礼在草丛中藏了一夜，又冷又饿又渴又困又乏，只觉得天旋地转，血流好似要冲破脑壳迸出来，晕晕乎乎，几乎不辨南北。正月十八刚明，他跌跌撞撞，跑到张家溜东边1公里的水涧道村西，找到一户人家，打算讨口热水。

刚敲了一下，就听院中传来哇啦哇啦的说话声。他吓了一跳，知道村中驻有日军，慌忙拔腿就跑，一口气跑到九泉山下，累得上气不接下气，倚在一棵古柳树下歇息。前方来了支中国部队，栗文礼大喜，以为部下前来接应，拼尽全身力气喊了一声。

第84回 栗文礼投日

打头的人凝视着看了看，跟身后几个人嘀咕几句，平端大枪跑过来。栗文礼看着这些陌生面孔，心想不好，准是遇到汉奸队伍了。他掏出怀里的几根金条随便一扔，举起枪牌撸子，对准右侧的太阳穴。

栗文礼的右手食指慢慢地扣动着扳机，使劲扣，使劲扣，只需要小小的力气，自己的一生就可以结束了，可栗文礼始终没有扣下去。一辈子，他曾经枪毙过无数的罪犯，也包括不少汉奸，许多汉奸临死前痛哭流涕，向他告饶。他们临死前的心里话是，好死不如赖活着！

栗文礼也没有逃出这样的宿命，最终手腕一软，手枪啪嗒掉在地上。

得悉吴化文部生擒栗文礼，独立混成旅第五旅团长内田少将高兴得几乎要飘起来，命令将栗文礼押到张家溜，要用他来瓦解中国军人的斗志。

那一队吴部士兵更是厚颜无耻，比内田还要兴奋，捉住了这个重量级人物，升多大的官不好说，可发财是定了，不是几根金条的事儿，弄不好一家人几辈子吃穿玩乐不愁，至于祖宗姓什么叫什么，那就不管了。

到了张家溜村东，栗文礼眼前闪动着无数金星，天地恨不能倒置，脚下一软，踩到了一具死尸，跪在乱石上，两个膝盖疼痛难忍。他慢慢爬起来，睁眼一看，乱石荒草间躺着多具死尸，虽然看不清面孔，但从衣服上看，那是二纵队的士兵。

他擦了擦眼泪，咬着牙拖着两条伤腿继续向前走。

二纵队被俘的士兵更多，远远看到司令来了，冲开押着的鬼子，一齐拥过来。栗文礼摘下帽子，嘶哑着嗓子说："大家别害怕，别扔下受伤的弟兄们。我对不起大家，有什么事往我身上推。无论如何要活下去！"

士兵看到，栗司令在这种时候还想着他们，有的人落下了眼泪。

内田见栗文礼虽然个头矮小，面容清瘦，又一身老百姓穿戴，但目光冷峻，神情沉郁，眉宇间透出一股领导气质，令人望之生畏。他步履轻松迎上前，深深鞠了一躬："鄙人内田银之助，久仰栗司令大名。大日本皇军优待俘虏，害怕的不要！”

栗文礼听说他就是内田旅团长，背过身子，一言不发。内田裹紧大衣，苍白的脸上仍旧挂着笑容。吴部的士兵还想着领赏的好事儿，领头的一个胡子老兵凑近内田的参谋，伸出手做出个捻钞票的动作，咧开嘴巴，谄媚地一笑。

鬼子参谋二话不说，劈脸就是一个大嘴巴，胡子老兵“嗷——”的一声大叫，一口鲜血喷了出来，躲到一边，再也不敢提赏金的事情。鬼子参谋余气未消，掏出王八盒子，还要行凶，被内田伸手制止。

内田对一个汉奸哇啦了几句，身装中国便服的汉奸到了栗文礼跟前，操着一口潍县腔笑吟吟说道：“内田说了，您行走不便，调来一匹战马，送你到坊子修养。”

栗文礼打量了此人一眼，觉得有些面熟，但想不起来在何处见过，开口说道：“多谢先生关照。请转告内田，我乃军人，理应战死沙场，今日不幸被俘，生死无所谓，希望日军遵守《日内瓦公约》，优待我部被俘将士。”

潍县人低声说：“放心，我会尽力的。”他走到内田跟前，哇啦了几句，又对栗文礼说：“内田太君答应，所有战俘都将有生命保障，但必须听从调遣。您如果同意的话，就先进村吃饭。”

栗文礼早就饥肠辘辘，最忍不住的是口渴，他舔了一下焦干的嘴唇，含糊地说道：“听天由命吧！”

潍县人乐得满脸开花，凑近说：“栗司令如此明白，东山再起指日可待，到时候可别忘了兄弟呀！”

这一切，都被隐藏在暗处，本打算搭救栗文礼的白玫瑰看了个清楚。

正月十八午后，日军对城顶山发起总攻，张植桴想到大势已去，遂率特务连经南边“十二拐”突围。刚刚登上南山顶子，与日军一支搜索队狭路相逢。特务连火力厉害，交战中占据上风，但东洋马目标大连中了日军几颗子弹，倒在血泊中。

张植桴紧紧抱住马头，心如刀割，东洋马拼尽最后力气，伸出舌头舔了舔他的脸颊，倒头阵亡。张植桴松开了心爱的战马，挥舞着马牌撸子，率部向南猛冲，到了将军堂附近，突然从西侧山谷中冒出一小股日军，号叫着扑过来。张植桴命令部下避过这股日军，折向西南。

连日厮杀，缺少睡眠，张植桴和部下身体透支到极点，终于跑不动了，被日军困在一条深沟中。日军发现中国军队弹药耗尽，纷纷退出子弹，插上刺刀，欲一展皇军拼刺淫威。张植桴大吼一声："弟兄们，到了我们为国家尽忠的时候了。生当作人杰，死亦为鬼雄，鲁苏战区不会忘了我们的！"

士兵们纷纷互相搀扶着站起来，有刺刀的上刺刀，没有刺刀的摸起了石块，欲用一腔热血捍卫中国军人的最后尊严！拼杀中，张植桴大腿中刀，血流如注，湿透了棉裤，走没几步，支撑不住，仰面摔倒。日军见张植桴佩戴少将领章，一齐围上来。

警卫员李三友刚刺中一名日军，大喊一声："勿伤我主！"拔出刺刀，猛扑过来。张植桴喊道："三友快走，不要逞能！"

李三友横眉怒目，挺枪左冲右挡，奋力拼杀，终因力竭，身中数刀，壮烈牺牲。张植桴声嘶力竭大喊一声，扶着身边小树奋力站起来，面朝河北方向，正一正军帽，整理一下军衣，从容举枪，对准右侧太阳穴扣动了扳机。

正月二十一日下午，日军退走，战区总部随即派人来清扫战场，救治伤员。是役中国军队共战死460余人，大部分战死者因没法通知亲属，总部令就地掩埋，很多遗骸连名字都不知道。一连几天，都有士兵满山转悠，给阵亡士兵筑起一个个小坟头。

张植民听说其胞兄阵亡，约几个战友从六区赶来，在城顶山西南方向遍山寻找大哥尸骸。东古庙村的乡亲们听说寻找张植桴遗体，纷纷上山帮忙。因遗体满山遍野，满面灰土，不好辨认，一直未能找到。

后来张植民记起胞兄脚掌上有一黑痣，终于在将军堂一条深沟中找到。众人抬着张植桴的遗体翻山越岭，来到古庙河旁，砸开河水，用冰水洗净烈士遗体上的血污、征尘，买来棺材入殓，连夜在东古庙村东山岭上砌好墓穴，将张植桴隆重安葬。

同一天，周复警卫员双凫和几个人也在赵家沟找到周复遗体，在附近村庄买了口小棺材，雇人抬到村北，将周复遗体入殓，抬着去了有子山埋葬。有子山道士仰慕周复气节，做了七天法事，周氏族人买了口大棺材，双凫洗净周复身上血污，重新装殓，又请来石匠刻了碑文。

共有一明一暗两块石碑，刻有“周公之墓”的明碑立在墓前，刻有生平传略的暗碑埋在地下。

再说栗文礼被鬼子押到坊子北大营，鬼子头上村大佐就和捡到一个宝贝似的，亲临慰问。栗文礼心情沉重，血压居高不下，双膝又有磕伤，躺在床上双目紧闭。想到一仗下来，重要将领为国捐躯，而自己独活，真是生不如死。

进来一位医官，详细为栗文礼做了检查，留下不少药物。在北大营期间，栗文礼禁不住汉奸鬼子的软硬兼施，采取了投汪不投日的策略，叛变投敌。

城顶山被俘的官兵们，日军挑选身体好点的送到东北和日本做苦力，榨干了中国军人的最后一点儿血肉。大部分客死他乡，也有一些大命的，直到抗战胜利后，才返回家乡。

陈树的特务营突围出来后，损失大半，只有百十来个弟兄了，好在大部分骨干还在。这时候安丘共产党的力量仍然很薄弱，陈树和陈明义他们商量了一番，这支队伍仍然没有地方可去，还得暂时依附在栗文礼的残部里。

申集安、胡鼎三、韩寿臣所部突围出来后，回到崔邑峪是不可能了，所有工事几乎全被摧毁，只好暂时驻在夏坡村，休养生息，收拢旧部。一些突围出来的人员渐渐到夏坡集中，就连八大处的一些军官也回来不少。陈树带着特务营只好到夏坡去混饭吃。

三月的一天中午，二纵队司令部突然下通知，要营长以上军官速速到司令部会议室开会。栗文礼降日的消息，早通过内线到了陈树的耳朵里，陈树对陈明义、任兆宗和曹班生说："是福不是祸，是祸躲不过，二纵队早晚要亮出底牌。是姓蒋、姓汪还是姓日，就看它的造化了。"

陈明义对陈树说："我陪着三弟去一趟，看看二纵队到底使什么鬼花样！"

陈树点了点头，对任兆宗和曹班生说："二哥和曹弟就在家里好好地管理着部队。我还是那句话，底牌不要轻易露出，如果过早地亮底牌，我们就麻大烦了。"

二人骑马带着警卫员来到了夏坡二纵队司令部，还没进司令部，就看到司令部和原来不一样，加强了戒备。大门外有八个岗哨，八字排开，东西两个胡同各有四个岗哨，院子里还有六个流动哨。

第85回　夏坡会议

不一会儿，各部营长以上军官陆续进入司令部会议室，个个一脸严肃，闭口不言，就和互相不认识似的，进了会议室就坐到自己原来的座位上，偶尔有几声咳嗽声，显得特别刺耳。申集安副司令让出正位，坐在副位上，摆弄着他那支勃朗宁手枪，两只马眼闪闪烁烁，在众人脸上扫来扫去。

参谋长孙荣弟走过来，低声说了句什么。申集安看到人已到齐，满面春风地说道："报告大家一个好消息，栗司令安全脱险，已到了夏坡。另外，丁先生也回来了。"

底下一下子乱了，有些欣喜若狂，大喊道："司令来了，赶快见一见大家！”“谢天谢地，司令总算回来了。”“二纵队有救了。”

申集安站起来，双手向下一按：“弟兄们沉住气在此恭候，我去请栗司令和丁先生。”

其实这时候，栗文礼和白玫瑰正在进行着一场交锋。白玫瑰对栗文礼不软不硬地说：“栗司令身体不好，这一阵子受的磨难，部下都知道了，深深为司令感到难过！现在正是一个机会，栗司令如蛟龙出海，虎入深山，正好重整旗鼓，施展一下伟大抱负，率领二纵队，重举抗日旗帜！”

栗文礼深深叹了一口气：“如果一个小兵，什么都好说，但是一万多人的眼睛都在看着我呢，难啊！有什么事到会议室说，我还要听听大家的意见。”

白玫瑰再一次敲打：“上峰早有意见，对投降日寇，意志不坚者坚决打击，绝不手软！司令比我们明白得多。”

栗文礼点了点头：“我心里有数！”

申集安陪着栗文礼和丁叔言一进会议室，满屋人呼啦啦站起一片，齐声鼓掌。栗文礼站定，环视一周，激动地说道：“又见到各位了！还有一些弟兄们，我们永远见不到他们了。我提议，为城顶山战役中殉国的将士们默哀三分钟。”

说完，他摘下礼帽，抱在臂弯中，低下了头，似乎有无限哀痛。众人也都随着他默默地为死去的将士们低头悼念，那么多在一块儿战斗的战友，有的殉国，有的被俘，真是叫人痛苦万分啊！

追悼完毕，众人坐定，栗文礼正襟危坐：“城顶山血战，尽管损失惨重，但也为二纵队书写了光辉一页。战死的弟兄们已长眠地下，被俘的弟兄们还在敌人魔窟里受苦，每想到此，文礼莫不惶恐，一整夜睡不着觉。眼下日军攻势不减，国军且战且退，共产党乘机坐大。我们何去何从，请诸位发表一下高见？”

“坚决抗日，日本人这回下手也太狠了，咱们也甭客气。国军如果不行，咱就和八路联手，拼他个鱼死网破。”韩寿臣团长放了这么一炮。

栗文礼盯住他瞅了一会儿，冷冷地说：“韩团长，你也不数数，你手上有多少八路、抗属的命。你投他们，八路能饶了你？”

参谋长孙荣弟站起来说：“我看啊，不如放弃夏坡，去寻找战区总部。待形势好转，咱再杀回来，东山再起。”

栗文礼摇了摇头：“日军正在集结兵力，对战区总部藏身的大崮山一带发动最后进攻。我们此去，不是自投罗网吗？”

众人搞不清栗文礼葫芦里到底卖得什么药，没有人再随意表态。栗文礼见时机成熟，清了清嗓子，诚恳地说道：“屋里无外人，我就不绕圈子了。我被日军押到坊子后，中风加重，双腿几乎不能动弹，遂抱定一死，不为日本人威逼利诱所动。日酋上村为我的正气压倒，不敢加害于我，将我送到潍县县公署徐观聂处静养。

“在潍县期间，忽接内田来信，邀请我到青岛签署和平协议，如果签了，不但放我部一条生路，还能将被俘的弟兄们要回。不过，这个事情忒大，不敢独断专行，来夏坡就是想听听弟兄们的意见。如果弟兄们让我去，我就去，如果不让我去，我就留在夏坡，和大家同生死，共患难！”

听完这些话，陈树想，狐狸尾巴终于露了出来，不就是投日吗，说得这么高尚干啥？

大家也听出味来了，有的人心里生气，但碍于栗文礼的威严，不敢说话。有的人还在考虑着，没有表态。申集安翻了翻白眼：“去一趟也好，内田准备好了酒菜，请咱去拉个闲呱，吃了也白吃，白吃谁不吃，顺便探探风声。人家内田也没说让咱投降，只是合作嘛，不去就和怕他似的。要说不去嘛，双方交战，互为仇家，不去也应该。”

韩寿臣听不下去了，抢过话巴吼道：“去了就是投降，粘一身黄泥巴，不是屎也是屎了。这可不是闹着玩的，不但叫老百姓戳着脊梁骨骂，总座和总裁都饶不了咱！”

孙荣弟也说："这么大的事儿，应该上报战区总座那里，由他定夺。我们一个二纵队岂能做了这个主！"

陈树虽然没有表明自己的政治态度，但说话也是相当深刻："栗司令呀，这个事儿可要想清楚。去了就是汉奸，就是汪精卫的所谓曲线救国。只要不去，就是鲁苏战区的二纵队，是抗日的国军。何去何从，也许就是一步之差啊！

"城顶山之战，虽然我们败了，损失惨重，可是我们的背后还有几百万抗日国军，还有八路军盟军，还有四万万不愿意亡国的老百姓。在国际上，还有美苏英大国的支持，还有强大的盟国军队，这是大势所趋。切不可以一叶障目，不见泰山啊！"

陈树的话，引起了一部分军官的共鸣，他们议论纷纷，绝不同意到青岛去签订什么和平协议。但也有的说去就去，没有什么可怕的。也有说让他来，看他敢不敢的。也有说不理他，爱咋滴就咋滴。也有说别乱吵，听司令的。

栗文礼明白，是亮出底牌的时候了，他沙哑着嗓子，抽泣了一会儿，拿出手帕来擦了擦眼泪："如果没有城顶山战役怎么都好说，可我们还有几百个弟兄在他们手里！他们的老婆孩子，还在向我要人哩。不去也行，勉强应付一下，先把咱们的人要回来再说，争取些时间休养生息。根据我们目前的情况，二纵队再也不能流血了！"

战俘的事，确实是个大难题。栗文礼这么一说，好多人不言语了，偌大的屋子一片肃静，空气紧张得似乎要爆炸。陈树本要还想发言，被陈明义戳了一下，意思是，不要露出我们的底牌，自己说的话怎么自己倒忘了。

白玫瑰冷冷地说："去青岛签协议，本身就是个大阴谋，短处一旦攥在他手里，重庆方面肯定说不清。再说，救了这几百个弟兄，可是更多的弟兄却背了黑锅，洗不清了。还有重庆那边，怎么交代，谁能交代得清？"

白玫瑰的话，似乎又引起不少人的慎重。

突然，胡鼎三站起来，阴沉着脸大声说道：“家有千口，主事一人，听司令的。谁不听，请便，不过，得把队伍留下！”

胡鼎三是栗文礼从潍县出来时带的心腹，也可以说，他的话，是栗文礼核心层的意见。孙荣弟迫于形势，只好点了一下头，众人沉默一会儿，也纷纷赞同。陈树和陈明义对视了一眼，你就是不同意，他该降日的还要降日，反而暴露了我们的政治倾向，也只好不再说话。

白玫瑰阴沉着脸，气得呜呜的，韩寿臣默默不语，肯定心里也不痛快。栗文礼站起身，对大家拱手道：“感谢弟兄们对我的信任，明天我就回潍县，力争跟上村达成初步协议，停止对我部清剿，具体条款去青岛见内田再谈。我去潍县期间，夏坡大局暂由申副司令主持。”

栗文礼又走到韩寿臣身边，抓住他的肩头使劲捏了几下：“我知道鹤松兄有难处，十团情况复杂，有人勾结八路，怕是你一回去将有人对鹤松兄发难。鹤松兄先不要回去了，留下来参与军机，十团军务暂由韩剑舞营长代理。”

韩寿臣心里一惊，刚和栗文礼意见相左，他就给你上眼药。要是没了权，狗都不如，这就是政治铁腕。韩寿臣的话来得也快：“十团军心不稳，我不回去，恐生兵变。这里可留下韩剑舞营长，一来变于沟通，二来随时听令。”

栗文礼也是吓唬一下韩寿臣，既然韩寿臣的态度有所改变，他也不愿意过于逼迫。于是话头一转：“这样也好，近期诸事繁杂，没有个头绪。韩营长经验丰富，又是本地人，正好留下相助，一旦大局稳定，立刻返回十团。”

栗文礼回到潍县后，去了趟坊子，跟上村会晤。几经磋商，双方于三月十日签订和平协定，共同防共。签字后，栗文礼回潍县城丁四宅养病，部队分遣各处，协助日寇维持地方治安，成了名副其实的汉奸队伍。

栗文礼因病情加重，丁叔言去请名医李德温来给栗文礼看病，李德温称病不见。丁叔言非常尴尬，怏怏而返，见到栗文礼，无言以对。栗文礼明白个八九分，凄然一笑："不怨他，谁都不怨！既然如此，责任由我一人承担。"

栗文礼的公开投日，使山东的抗日危局雪上加霜。鲁苏战区主力51军在城顶山战役中元气大伤，战区机关也难以在山东立足，经批准，于学忠于1943年7月率51军、57军残部撤离山东，进驻安徽、河南修整。

于学忠的离鲁，92军李仙洲部将要入鲁，在离鲁和入鲁之间就出现了一个机会。我山东军区决定利用这个时机，扩大抗日根据地，先控制沂鲁山区，再由山东军区一团奉命由高桥、马站一带东进沂北，开辟莒、沂、安边区根据地。

莒、沂、安边区位于沂鲁山区与诸、日、莒山区之间，战略地位十分重要。7月中旬，国民党山东省党部委员、建设厅长、省政府驻鲁南办事处主任兼鲁苏战区游击第三纵队司令秦续荣，率部由临朐潜入安丘西南王家沟一带。

第86回 拜见秦续荣

秦续荣是个"摩擦专家"，制造过"太河惨案"、"雪野事件"和"淄河事件"等，杀害抗日军民700余人，延安都挂了名的。中央早在1939年4月中就指出："对汉奸分子如秦续荣，必须坚决消灭之……"

陈树的特务营正驻扎在夏坡村北1公里处的姜家庄子村，抓紧时间休整练兵，这里虽然不依山但是傍水，清清的凌河水从庄旁缓缓流过，滋润着这片土地。栗文礼在潍县养病，申集安手大捂不过天来，对栗文礼的这些骄兵悍将有些约束不住，正给这些队伍松了口子。

真是八仙过海，各显其能，谁有本事谁使。

特务营的队伍发展很快，动员了安丘的一些进步青年，一个营的编制又起来了。枪支吗，也问题不大，屡次作战，藏起来一些。可就是炮兵连只有炮架子，没有炮弹，这也叫陈树愁坏了肠子。

接到上级指示，陈树和陈明义、任兆宗与曹班生开了个会。陈树说："秦续荣来了，驻扎在王家沟，来而不往非礼也，我和明义大哥得拜访他一下。"

任兆宗骂道："秦续荣这个大坏蛋，是屎壳郎坐火车——走一站臭一站，又钻到咱这里来干啥？"

曹班生狡黠地眨了一下眼睛："上级是不是要对秦续荣下手？要是叫他坐大了，我们可就遭殃了。"

陈树笑了一下："要是不对他下手，我们去干什么？家里就拜托二哥和四弟了，这么些新兵，不抓紧训练不行啊。"

家里安排好了，陈树和陈明义带着一个班的护兵，骑着快马，备好礼物，往王家沟疾驰而去。王家沟在姜家庄子村西南 22 公里处，要是在平原上，快马一会儿就到，可是在山区，道路崎岖，全是一些小山道，还得跑一阵子。

乌骓马似乎特别高兴，撩开四蹄，大眼睛瞪得溜圆，得得得地跑在最前面。唐王山之战中，于学忠下令把战马全部枪毙，但陈树悄悄地把它藏了起来，没想到乌骓马不但机警造化也大，竟然在激战中也生存下来。

马队沿着凌河一路向南，从白山、杏子山之间穿过，又从获鹿山、望海山之间钻过。

陈明义开玩笑说："这叫什么？这叫二山看门，这个秦续荣算找了个好地方，光看山将军就有两道。"

陈树笑了笑："乌龟壳再硬，也是憋到山窝里，棺材板再厚，也是把自己封到里面。别人不好进，自己也出不来。”

马队又从旺山、陈谷山下跑过，然后到了王家沟村。见到了王家沟村，陈树大叫道：“好地方，真是个好地方呀！”

陈明义也骂道：“这个王八犊子，真是找了个风水宝地，甭管打游击，还是百年之后，王家沟都是个好地方，白白叫他糟蹋了。”

这个王家沟村，东有大山、摘月山，南有虎崖、李家顶，西南有磨山，北有陈古山、旺山、鞍子山，真是钻到山窝里来了。但见周围山上郁郁葱葱，怪石嶙峋，战事不来，农耕山下，世外桃源，战事一来，往山上一钻，藏进密林里，往哪里找去。真是比崔邑峪也差不了多少。

再说这个村，原来于学忠住过，一看就是改造过的，村外有高大的圩墙，圩墙上枪眼密布。村里的小户门虽然没有堵死，但是窗户基本上都封死了，门再一关，也基本上是一条死胡同。凡高大的房屋，修筑得和一个个小碉堡似的，窗户封死，留有枪眼。

至于村里的暗道，只有驻军和本村人知道了。

这里还有一层屏障，就是东边 4 公里的崔家官庄驻有栗文礼的特务团。按说一个是国军，一个是和平救国军，志不同道不合，但是双方早有联络，不但不是敌人，还互相依靠。

离着王家沟老远，有秦续荣的流动哨，枪栓一拉，大声喝问：“什么人，哪支队伍的？”

“栗部特务营的，请转告秦司令，就说是陈树求见。”哨兵一听，颠颠地汇报去了。

不一会儿，秦续荣慌慌张张地一身便装前来迎接。他也懂政治呀，原来栗文礼是二纵队，他是三纵队，同在于学忠手下听差。这会儿虽说栗文礼投日，但也不敢把他得罪了，有道是强龙压不过地头蛇，得罪了栗文礼，家无宁日啊！

再说还是特务营，他把特务团和特务营弄混了，听说又是陈树。陈树是什么人？他早有耳闻，这是一员战将，又是栗文礼的把兄弟，更是惹不起的角色。

陈树看到秦续荣也是有些好笑，只见他高大魁梧，又长着一身肥膘，足有二百来斤。在这个吃不饱饭的年代，能有这个体重，人间奇葩啊！大四方头四方脸，大眼阔鼻大耳朵，要是上餐桌的话，好一盘大菜！

陈树先对秦续荣打了个军礼，然后说道："栗部特务营营长陈树，前来拜见秦司令。"

秦续荣也打了个军礼，拱了拱手说："在下秦向村，前来迎接陈树营长。要说陈营长的功绩，那可是隔着门缝吹喇叭——名声在外呀！潍北柳科之战中，陈营长以区区一个营的兵力，全歼了鬼子两个中队。章步云高密之行中，是陈营长冒充章步云主力，来了个金蝉脱壳，掩护章步云免受刀兵之灾。唐王山之战中，青石胡同受阻，眼看战区总部就要全军覆没，亏得陈营长一顿炮弹，打垮了章步云，使章步云放了战区总部人马。

"还有叫我不明白的是，陈营长和章步云、栗文礼都是铁哥们，于司令也对陈营长寄以重望。这些人风马牛不相及，你是怎么做到这一步的？只能说陈营长是光着腚穿裙子——围得好啊！"

秦续荣对陈树亦真亦假，连讽带刺地说了一套。要回答这些话，陈树干脆摸了摸自己的后脑勺，卖起了盟："这些小事，你怎么全知道啊？"

秦续荣倚老卖老，以长者的口气说："没有金刚钻，不揽瓷器活，要是没有两下子，也不敢到这个风口浪尖上闯啊！"

陈树再次拱了拱手："那小侄实在佩服秦司令的胆识啊！"

秦续荣说："我更佩服你啊，两面三刀，四面溜光，八面取宠，十六面抹油。要软有软，要硬有硬！"

两人说罢，哈哈大笑，手挽着手，进了秦续荣的司令部。

进了会客室，屁股还没坐热，陈树一努嘴，护兵上来一箱酒。陈树拿出一瓶来，放在桌上，那酒瓶显深蓝色，瓶肚呈双曲线，上用琉璃金字写着：“景芝高烧”。还没有开瓶，秦续荣已被馋得口舌生津，唾沫像泉水一样，汩汩要流出来。

陈树又熟练地破开瓶口，顿时，一股酒香飘了出来，沁入每个人的心脾。早把秦续荣肚子里的馋虫给勾了出来，两眼直勾勾地看着这瓶酒。

护兵又上来了景芝小炒、芝泮烧肉等各种名菜。那也是色泽鲜艳、新鲜精致，叫人馋掉牙的特色美味。陈树说道：“我怕秦司令不管饭，预先炒了带来的。此都是名厨大作，带有安丘特点，也请秦司令换一下口味！”

秦续荣为什么有这一身肥膘，那都是酒肉喂的，一见这些新鲜酒菜，如何得了。他大嘴一撇，吧嗒吧嗒嘴：“陈营长见外了，我哪能不管饭。只是队伍里寒酸，又是穷乡僻壤，就是想做也弄不了啊！”他急忙吩咐伙房再添几个菜。

陈树调笑他：“秦司令不是说我两面三刀吗！那好，实话实说吧，两面三刀头一招就是酒肉开道，有什么公事喝着酒说。虽然在你这里吃饭，但我是安丘人，当尽地主之谊，拿着这些小菜，实想巴结一个秦司令，万一那边混不下去了，到秦司令这里混口饭吃。”

虽然陈树这些话说得太过直白，但秦续荣听了照样高兴，大手一挥：“贤弟呀，听了你这些掏心窝子话，心里高兴。叫什么来，酒逢知己千杯少，话不投机半句多。先开席再说——”

这边是陈明义陪着，那边是秦续荣的几个副官侍酒。喝着酒，吃着菜，说了一些没用的废话，表面上看，陈树只是想和秦续荣拉好关系。秦续荣心里也想着好事，真和陈树混熟了，甭管章步云也好，栗文礼也好，也算有了一个联系的纽带。

喝完了酒，吃完了饭，秦续荣倒在一边呼呼大睡。人为什么好长肉，像秦续荣这样的吃货就是个典型。陈树吃饱喝足，和陈明义一起到街上溜达，肚里热量太多，不消耗一下不行啊！

两人在街上闲逛，看到时而有几个小贩在街上叫卖，有卖油炸糕的，肉包子的，凉面的，新鲜蔬菜的。因为村里有驻军，站岗的放这些人进来，也是方便了军队生活。突然有一个人闯入了陈树的眼帘，这个人不是别人，正是自己的胞兄陈文昌，正在叫卖陈家的特产糖鼓子烧饼。

见了文昌，陈树的心里一愣，在这个节骨眼上，大哥来干什么？不用说，准是来传递情报的。而文昌见了亲兄弟陈树，也是一个愣怔，怎么陈树也在秦续荣的营地里，真是芝麻掉到针眼里——巧了。

第 87 回　兄弟见面不识身份

在陈文昌眼里，原来陈树参加八路军，也算是家族的荣耀，不过后来就不敢恭维了，又是栗文礼，又是章步云，又是于学忠的，到底算哪头的啊？自己也弄糊涂了。反正在这个关键时候，离着他远远的，以免叫他坏了大事。

文昌就想避开陈树，眼不见心不烦，往旁边小巷里躲去。可你能躲得开吗，陈树眼睛一斜愣，对陈明义使了个眼色，两个人就贴了上去。

陈明义低声喊了一下："卖烧饼的，站住。俺想买两个烧饼？"

陈明义和文昌从小就在一块儿玩耍，真是扒了皮也认得骨头，就连陈明义也喊自己卖烧饼的，这叫陈文昌听了好不生气，赌气地把挑子往地上一戳，不客气地说道："你想干啥？打断骨头连着筋，别忘了一个祖宗，难道想做坏事！"

陈明义眼睛转了转，看了看周围，小声对文昌说："大哥呀，想吃你个烧饼，跑啥？有什么事你弟兄俩谈，我给你望着。”说着，就和无事人一样，吹着口哨，远远地看着树上的知了叫，还扬起一块小石头，想驱赶它们。

陈树走过来，无话找话地说：“咱爹咱娘还好吧，青儿娘俩还可以吧，这些人都要你照顾，不知道对大哥说些怎样感谢的话！”

听到这些，文昌有些生气：“说这些片儿汤汆丸子有什么用，算我晦气，愿意吃几个糖鼓子烧饼就拿去吧！算我今天白干行吧？”

陈树想来大哥是着急了，由于彼此的身份没有明确，他一直对自己有种既爱又恨，不远不近的感觉。“大哥呀，兴你卖烧饼就不兴俺买吗，俺也卖过烧饼？”

“噢，你也卖过烧饼，你卖的烧饼多少钱一个？”陈文昌兴奋地说。

“别人是二分钱一个，你吗，照顾照顾你，三分钱一个。”

暗号对上了，文昌一下子瞪大了眼睛，上级叫自己接头的联络人原来就是亲兄弟啊！原来自己只是怀疑，他媳妇是共产党，他怎么成了国民党？还和各方面的人有着不明不白的关系。今天的谜底终于揭开了，对三弟的既爱又恨，一下子变成了柔柔的爱，他几乎要抱着亲兄弟亲上一口。

但这个地方不行，几乎遍地是敌人的眼睛，说不定什么时候就招来杀身之祸。文昌嘿嘿一笑，拿起一个糖鼓子烧饼晃了晃，小声说：“今晚上就是秦续荣的死期，部队要长途奔袭，上级命令你，一定要拖住秦续荣，配合主力部队进攻。”

陈树心里并不轻松，拿起那个糖鼓子烧饼，小声说：“王家沟工事如此复杂，不知上级有没有准备。”

文昌笑了笑，小声说：“放心吧，内线早就交上了地形图。我这个烧饼不要钱了，就算孝敬长官了。”

陈树拿起烧饼咬了一口，说道：“味道真不错，下回来一块儿给你钱！”

陈文昌挑起烧饼担子要走，临走时，深深地望了陈树一眼，不过这一次的眼光，和刚见面时大不一样了。

陈树立刻把上级的指示告诉陈明义，陈明义点了点头，心里有了数。

到了司令部的时候，秦续荣刚起来，正在处理着各种军务。陈树嘲笑他:“秦司令，看来酒量不行啊，喝了这么一点儿就醉了。”

“谁说我醉了，”秦续荣一点儿也不认为自己醉了，醉死不认半壶酒。“不过是酒菜太好了，困了，眯了一小觉。”

“解酒的最好办法就是投一投，秦司令还敢投吧？”陈树将他军。

“别的不行，要说喝酒，”秦续荣拍得胸膛咣咣响，“牛皮不是吹的，泰山不是垒的，火车不是推的。不用投，直接开喝，喝完你这一箱好酒不成问题！”

“是骡子是马拉出来遛遛！我就不信你能喝完这一箱酒。”陈树也毫不客气地激他道。

秦续荣安排伙房添菜，大战这箱“景芝高烧”。几个人觥筹交错，推杯换盏，你兄我弟，敞开肚子大灌，一直喝了个天旋地转，不分西东与黑天。喝完了酒，秦续荣像个死猪一样，打起呼噜震天响。陈树也歪倒在他身边，呼呼大睡磨牙放屁说梦话。

这一天为 7 月 24 日，鲁中军分区二分区政委王一平，率领着主力一团，在团长李福泽的带领下，从沂北的箭滩、葛庄一带出发，急行军一百多里，于次日拂晓前到达王家沟随即将其包围。

八路军用的是掏心窝子战术，就是长途奔袭，直接包围秦续荣的司令部并进行攻击。至于秦续荣的其余部队，分隔开就是了。主力一团的一营担任主攻，由于情报准确，敌人毫无觉察，骗开敌人的警卫，直接就杀了进去。

枪声一响，秦续荣一骨碌爬起来，问：“哪里打枪？”

陈树也睡眼惺忪地揉着眼睛问：“是不是误会了？”

几个副官和警卫连长围拢在他俩身边，着急地说：“八路打进来了，快跑吧！”

秦续荣大骂：“几个八路怕啥，打啊！打不一会儿，援兵一到，就把八路灭了。”

副官着急地说：“快跑吧，八路势大，再不跑就来不及了。”

秦续荣对陈树说：“陈营长啊，八路来得猛，还是赶紧跟着我退吧！”

陈树脑子飞快地转动着，凭着自己的这些人，根本挡不住秦续荣的逃跑。如果硬拼，暴露了自己底细，得不偿失，所以只能跟着秦续荣的队伍，冲开一条路，退出王家沟村。

这一仗，主力一团俘虏击毙敌人五百余人，缴获了大批枪支、弹药、电台、马匹等军用物资。

秦续荣从王家沟退出后，退到了西北 10 公里的辛庄子。这个辛庄子在夏坡西南 18 公里处，离着栗文礼过去的老巢崔岜峪也就有 3.5 公里。秦续荣认为王家沟的失败，是由于村里工事不坚，疏于防范，再说兵力也不够集中。

辛庄子原来是一座古老村庄，村周围用大青砖砌成高大圩墙，墙外有壕沟宽约 2 丈，下有半壕沟黑水。四面庄门设有吊桥，村周围一二百米的开阔地外，便是一道道山岭。村中央并排着 3 个大院，是地主丁二白家的豪宅。

中院有高大青砖圩墙，朱红铁皮门，院子正中有一座二层楼。以小楼为中心，自成一个小院，小院出口是一座门楼，上写“欢喜楼”。

在此基础上，秦续荣又大兴土木，建立坚固工事，好适应战争的需要。他还把 38 旅驻扎在南边郭家秋峪，离着辛庄子不过 3 公里，39 旅驻扎在北边上头村，离着辛庄子不过有 2 公里，一有风吹草动，三方互相支援。

秦续荣还有一层保险，那就是栗文礼的胡鼎三团部就设在辛庄子。有了胡鼎三的保护，就等于进了保险箱。

如此的工事，如此的军事部署，秦续荣的心里稍安，又考虑起自己过四十大寿的事情。

祝寿这件大事，不但自己热心，就连潍县城养病的栗文礼和远在日本的冈村宁次都十分上心，纷纷向秦续荣投来了橄榄枝。栗文礼派丁叔言携带寿礼，提前送上，并说寿辰之日，将有安丘祝寿团前来祝寿。

秦续荣的报务员是个娇艳的日本女人，有个中国名字叫仇娅。这天，她高兴地给秦续荣送来一封电报，电报上写着："皇军的忠实朋友秦续荣司令阁下：我远在东京，谨向你致以衷心的问候！欣闻8月6日，乃司令40岁大寿，吾到时即去祝贺！为安全起见，到时即派直升机接送，地点另定，专此布达。

冈村宁次 8月2日"

看了这封电报，高兴得秦续荣啊，就和喝了二两蜜似的，心里甜得就甭提了。他与冈村宁次交往多年，深得冈村宁次信任。冈村宁次最佩服的中国人有两个，一个是汪精卫，另一个就是秦续荣，有时候伸着大拇指对随从说，中国的汪精卫第二怎么样，怎么样！

秦续荣拿着电报看了一遍又一遍，紧紧地捂在胸口上。这说明了什么？和冈村宁次搞好关系，那就意味着没有战争，没有饥饿，就连枪炮子弹都不用愁了，这是外交上的重大胜利啊！

离着8月6日大寿没几天了，秦续荣动员了所有力量，进行两手抓。一是抓军事，继续抢修工事，时刻防止八路军的进攻。二是抓大寿的准备工作，鸡鸭鱼肉的采买，厨师的聘请，桌椅板凳餐具的准备，锅灶的提前砌好。这些工作比军事工作还要重要，秦续荣必须亲手抓。

8月6日这天一早，各路祝寿大军纷纷到达，特别是安丘祝寿团蔚为壮观。虽然栗文礼有病不能来，但是由申集安亲自带队，胡鼎三、韩寿臣、陈树这些大将都来了。而且一个个带着双人抬、小推车，上面扎着红绸子，那都是些重礼啊！

秦续荣身穿大红的元宝服，头戴大红礼帽，脚穿黑布鞋，眼睛眯成一条缝，亲自在“欢喜楼”门口迎接各位贵宾。正在忙碌间，天空中响起马达声，一架直升机飞临空中，空袭的哨子立刻响起，警戒的士兵高呼：“空袭！空袭！防空！防空——”

第88回　直升机之盟

村里所有的防空机枪都对准了空中，街上的警卫部队也在匆忙调动，士兵纷纷拉动枪栓。

“妈的，谁也不许开枪，谁要开枪就崩了谁！”秦续荣骂道。

周围的士兵弄不清怎么回事啊，纷纷看着秦续荣。秦续荣的身边站着女报务员仇娅，正在给秦续荣送来一封电报，一边还忘不了扭动着细细的蜂腰，好吸引男人的注意。

秦续荣恬不知耻地对副官说：“尊贵的日本客人终于来了。下命令，谁要走了火，统统枪毙。招待客人的活儿，你去干！”

秦续荣在女报务员仇娅的陪同下，带着几个护兵，匆匆来到小场院上。仇娅扭动着丰腴的屁股，拿出一条绿手帕，朝天上招了招。直升机快速地下降，卷起了冲天的尘土，吓得周围的士兵纷纷闭上眼睛，身上哆嗦。

灰尘还没有散尽，直升机已落了下来，仇娅的小手紧紧地拉着秦续荣的大胖手往前走。秦续荣眼睛睁不开，只觉得血压一个劲地升高，头上晕晕乎乎，前面有一张梯子，可是秦续荣太胖，爬不上去啊！

后面仇娅的小手推着秦续荣的大胖屁股，费了九牛二虎之力，使他终于爬上了直升机。仇娅紧跟着敏捷地上来，对着面前的冈村宁次行了一个标准的军礼："报告司令官阁下，人已带到！"比特战队军人还要威武、凶悍。

两个重要人物上了飞机，直升机加大马力，"呜——"的一声离开了地面，然后向着高空飞去，直接在空中办公。

冈村宁次见了秦续荣笑得两个大腮帮子扯开着，伸开了两只臂膀："我的老朋友，向村先生，您还好吗？"

秦续荣受宠若惊，赶紧和冈村宁次一个亲热的拥抱："尊敬的冈村宁次先生，一日不见，如隔三秋，托你的福，还算混得下去！"

冈村宁次一挥手，两个黑衣便装的日本人迅速地献给了秦续荣礼物，一盒重重的黄金，一盒中国钞票。这叫借花献佛，中国的财富，搜刮来送给秦续荣一点又有什么可惜。也叫钓饵，钓鱼的话，先得送一点鱼食，好让贪嘴的鱼上钩。

收到重礼，秦续荣有些飘飘欲仙，这些财物到手，别说三辈子，就是十辈子也吃穿不愁啊！千里来做官，为的吃和穿，秦家几辈子的努力没有白费啊！收就收呗，秦续荣还摆出一副想尽点孝心的样子。"尊敬的冈村宁次先生，无功受禄，心中不安啊！不知卑职能为冈村先生干点什么？"

冈村宁次嘿嘿一笑："为你的四十大寿高兴！中国话讲，祝你长命百岁，子孙满堂，福如东海，寿比南山。不过，这里有两个小小的文件，请你处理一下。"

冈村拿出了事先打印好的两份文件，一份是《中日共同开发鲁省二号协定》，一份是《中日共同开发鲁省玉珠山协定》。秦续荣看了一遍，大了头。第一份文件是日本可以和中国在山东开采所有的煤矿及其有关矿产，第二份文件是日本和中国可以在即墨一带开采玉矿石。

秦续荣满脸是汗，支支吾吾地说：“尊敬的冈村宁次先生，我实在想为阁下服务，可我没有这个权利呀，这得省长批准。不，省长也无权利，必须中央批准，卑职实在无能为力。”

冈村宁次的脸上露出一丝凶狠，黑黑的镜框下面闪动着强硬的目光：“你不是山东省建设厅长吗？你不是省政府驻鲁南办事处主任吗？你不是鲁苏战区第三纵队司令官吗？只管签你的字就行，我们只管在你的区域里开矿。你这是为山东的父老乡亲谋福利啊，中国的技术不行，只有我们大日本帝国帮着才行。”

“可我实在没有这个权利，签了也是白签啊！”秦续荣还在做最后的争辩。

“哪尼！”冈村宁次终于图穷匕首见，咬着牙根说，“你要是这样做，就对不起你的老朋友了。”

刚才还给秦续荣笑着送礼的几个日本人，脸色说变就变，有的掏出手枪，有的拿出刀子，在手里比画着。

秦续荣这时候真是叫天天不应，喊地地不灵，这是在日军的飞机上，自己一共才来了两个人，而且另一个还是日本人。吓得秦续荣的脸一会儿红，一会儿白，汗下来了。

想了想，好汉不吃眼前亏，在人屋檐下，不得不低头啊！不就是签个字吗，就是开发的话，自己还不一定活到活不到那时候呢！

想到这里，秦续荣只好哆嗦着在两份文件上签了字。

冈村宁次拿到了这两份文件上的签字，又笑了，拍了拍秦续荣的肩膀：“向村先生，你的大大的朋友！要是中国都像你这样，事情就好办多了。我还有点儿事情，寿宴我就不参加了，回头见——”

冈村宁次把秦续荣送到辛庄子后，油门一加，该干什么干什么去了。秦续荣回到辛庄子后，对签字两份文件的事，只字不提。要是这个事传到上面，哪个上司也不能饶了自己，混到几时算几时，混不下去再说。

秦续荣进了“欢喜楼”，满院的人都簇拥到他身边，众星捧月般地向他问好、祝福、讨好、巴结。他挺胸昂头地说：“弟兄们好！”宾客们一齐鼓掌，参差不齐地高喊：“秦司令好！”

这时候的秦续荣把一切晦气的事情都忘掉了，他还想着长命百岁，子孙满堂。

军需处长前来报告：“报告司令，午宴准备已毕，八八六十四桌！”他回了声：“开宴！”接着鞭炮齐鸣，锣鼓震天响。秦续荣站在二层楼上，像检阅大军似的向楼下众宾客招手致意……

午宴结束，已经快四点了，接着晚宴又开始。留下来的有安丘祝寿团成员，秦部的重要官员，包括担任警卫任务的38旅赵旅长、39旅伍旅长。晚宴结束，申集安、韩寿臣一些人直接回了自己的地盘。陈树他们借口喝多了，走不动，喝着茶水，拉着闲呱，蹭着时间。

八路军山东纵队司令部，早就收到特工人员和地方党组织的多份情报，1943年8月6日，秦续荣在安丘县辛庄子村庆祝40岁寿辰。山东纵队指挥张经武，果断地下达了各兵团、大队，按原作战计划围剿秦续荣的命令。

沂蒙的夜，天阴沉沉的，刮着大风，八路军各部队，从一个个偏僻的山村里，向着辛庄子方向进发。向导领着部队，翻山越岭，跨沟越涧，急行军200余里。鲁中军区主力1团，接近了辛庄子西门，4大队接近南门，6大队包围了辛庄子南的38旅，鲁中兵团包围新庄子北的39旅。

陈树和陈明义酒没有喝多，喷到身上倒不少，半夜12点左右，两个人和几个护兵溜到了西门城墙上。守卫西门的正是秦续荣的警卫团，士兵一拉枪栓问：“哪部分的？”

陈树和陈明义醉醺醺的，看来哪个也“喝”得不清，脚步踉跄，腿上划着圈。陈明义吼道：“瞎叫唤什么？老子是栗文礼的队伍，还不兴到你这里来凉快凉快！”

哨兵一看是几个醉汉，别和醉汉一般见识，赶紧赔着笑脸，说着好话：“长官啊，要凉快还是下面请，这上面不能随便站人的。”

陈树一抠嗓子眼，呜里哇啦吐了一地，城墙上顿时骚臭熏天，亮开了菜谱。陈树往污秽之物上一滚，黏满了全身，然后躺在地上呼呼大睡。陈明义也脚步一歪，瘫在陈树身上打起了呼噜。卫兵也不管，自顾自地抽起了烟。

守城的士兵一个个熏得龇牙咧嘴，扇着臭气，唯恐躲避不及，哪个还敢近身靠前。

不一会儿，吊桥底下有人喊：“喂，弟兄们，放下吊桥，放下吊桥。”

城墙上骂：“你们是干吗的？半夜三更要放吊桥，不是八路吧！”

桥底下喊：“我们有胡团长的通行证，奉命出外巡夜！不信的话，下来个弟兄查查证件。”

“还下去查？我们递个筐，你把证件传上来吧。”

这时候陈树和陈明义都醒了，骂骂咧咧地吼：“还查他娘个X吗！这不是胡团的弟兄吗，这里到底是胡团的地方，还是你们秦团的地方？”

陈树上去就扇了哨兵一个耳光，叫几个护兵绑上他，嘴里还给塞上块破布。城墙上别的哨兵，也被陈明义几个收拾干净。

接着吊桥吱嘎吱嘎放下了，西门也敞开了。陈树和陈明义这些人，顶着一身骚臭气下了城楼，低声说了一声：“同志们快进。”冲进来的部队立刻上了城楼，控制住西门。

紧接着，一个拿手枪的指挥员对陈树说：“我是一团团长李福泽，请内线的同志给我们带路。特务团收拾胡鼎三，一营解决南门守敌，接应4大队进村。二营强攻中大院，三营解决东门守敌……”

陈树安排护兵给他们带路，很快地，枪声在各个地方响了起来。

辛庄子有几个敌人的小炮楼，还在疯狂地射击着，控制着几条街道，妄图阻止八路军的进攻。进攻的部队早有准备，在向导的指引下，利用村里的房屋，迅速地接近敌人，用炸药包爆破，“轰隆——”“轰隆——”一阵响，炮楼坍塌，敌人大部分丧命，没死的也被活埋了。

第89回 建立民主抗日政府

担任强攻的二营，迅速地接近了敌人的中心大院，包围了秦续荣的住处。院墙是砖石结构，二四的墙（24厘米），一丈余高，红色铁皮楸木大门关得紧紧的，坚固结实，院内有秦续荣贴身卫队200余人把守。“欢喜楼”的二楼上，4挺机关枪向外喷着火苗，控制着八路军的进攻方向。

二营组织了一次进攻，一排战士冲上去，很快被敌人交叉的火力打倒。

任兆宗也带着一部分人前来接应，气得大骂：“要是有迫击炮弹就好了。可惜啊，一发炮弹也没了！”

陈树对二营一个连长说：“还得爆破呀，只有爆破，才能打乱敌人的部署。”

这个连长大叫：“可是我们的爆破组上不去呀！”

陈树说：“跟着我吧，我给你们引道。”

陈树利用原来早就侦察好的地形，三转两转绕到欢喜楼后面，放置了好几个炸药包。“轰！轰！轰！”三声巨响，把圩墙炸了三个大窟窿，战士们潮水似的拥进了院。可是二层小楼上的敌人还在拼死顽抗，机枪、步枪、手榴弹飞蝗似的朝外打来，我二营还是攻不进去，只好又退到了圩墙外面。

这时一个战士来对陈树说：“报告陈营长，我们发现了敌人的一个弹药库，里面有大量的 82 迫击炮弹。”

陈树大喜，大腿一拍：“这下好了！”任兆宗连高兴都来不及，带着人迅速地跑到了那个仓库，取回来一些迫击炮弹。

陈树朝二楼上喊道：“秦续荣听着，我是特务营的陈树，你勾结鬼子，早就成了汉奸，昨天上了日军的直升机就是铁证。我们特务营不能和你们一样，我们是中国人，要打日本，被你们逼得，所以投了八路。楼上识数的赶紧投降，兴许还有一条活路，不然，我就开炮了！”

秦续荣一听，大呼上当，原来陈树早就是八路的内应啊，怨不得上次王家沟之败，这次的辛家庄子被围，打得这么惨！他像疯狗一样，一阵汪汪大叫：“我说陈树呀，原以为你是条汉子，又能打仗人品又好，千不该万不该，不该投了八路呀！这些事不提了，希望你能看在弟兄情谊上网开一面，给愚兄留条活路！”

陈树又骂道：“就凭你办得这些事，就是我饶你，安丘的乡亲也饶不了你。废话少说，投降了，咱还有的商量，不投降就是死路一条。迫击炮准备，开炮——”

这么近的距离，还用瞄准吗，任兆宗只一发炮弹，就打得二楼上死伤一片，砖石乱飞，二楼恨不能坍塌了半截，火光中，浓浓的烟雾飞上了天空。

烟雾还没有散尽，陈树又继续喊道：“再不投降，我们继续开炮。楼上的弟兄们听着，我们都是中国人，不要跟着秦续荣当汉奸了。他做的那些坏事是他的问题，你们投降是选择了一条光明大道！”

楼上没死的士兵哪里还敢开枪，纷纷举枪投降：“不打了，不打了。”“再打也是个死。”“我们缴枪。”秦续荣一看，这个仗没法打了，领着他的卫队心腹几十个人，清一色的驳壳枪，杀开一条血路，从东北角逃出。

这么些的八路部队，哪能让他逃走，陈树一些人在后面追，前面不断有人堵截他们，离着辛庄子四、五百米的一块谷子地里，终于被我们全部消灭。战士们上前查看尸体，有一个肥胖的家伙，身穿大红的元宝服，头戴大红礼帽，脚穿黑布鞋，像一个死猪似的趴在地上。

陈树把他翻过来一看，正是秦续荣。

辛庄子战斗顺利结束，6大队包围了新庄子南的38旅，鲁中兵团包围了辛庄子北的39旅，这两个旅自知不是八路的对手，也未敢出兵相救。这时我军接到安丘城送来的情报，驻安丘的日军百余人，正向我方运动。

团长李福泽当即命令，一营监视敌人，二营迅速开饭、集结，准备再次歼灭安丘出动的日寇。但敌人始终在城南三、五里内活动，自知力量不行，未敢南犯。到下午，我军将战后工作处理完毕，所有部队即将返回沂北。

这时候，曹班生根据陈树的命令，带领特务营的所有人马前来辛庄子集结。

陈树对李福泽说："李团长，我们怎么办？身子掉到井里，耳朵还能挂住吗。"

李团长笑了："特务营的问题属于机密，我也听说了一些，你们能生存下来，并发展壮大到现在，已经很不错了。上级让我通知你们，在没有安排新任务之前，暂时随我们返回沂北。"

特务营一片欢腾，终于回到大部队怀抱了，再也不用提心吊胆地在敌人窝里混了。

开辟莒、沂、安边区的战斗继续进行着，八路军已收复村庄114个，解放人口17万，解放区扩大了4800平方公里，歼灭伪军2000余人，并缴获了敌人大批武器。

安丘的各级党组织也在战斗中逐步恢复和壮大起来，1943年8月下旬，中共鲁中区党委决定建立中共安丘县工作委员会，崔杰千为工委书记兼安丘县县长，工委驻西古庙村，并建立夏坡、柘山两个分区。

为了进一步巩固开辟抗日根据地，八路军鲁中军区命一团三营留驻安丘，陈树的特务营也回安丘活动，听候安丘县的调遣。陈树接到命令，立刻带领特务营向古庙村进发。

古庙村位于柘山村的北边3公里，一条清澈的小河从村边穿过，东边紧靠着鞍子山、旺山，东北4公里是峰山，西边4公里是岩山子、双山子，再往西7公里是虎眉山。唐王山大战中，113师曾从虎眉山出兵支援过唐王山。这里离刚消灭秦续荣的辛庄子村，也就有5公里。

还没进村子，就有游动哨枪栓一拉，大声喊道："站住！哪一部分的？"

早有士兵回道："陈树的特务营，自己的队伍。"

"你们先别动，等着，我回去汇报一下。"一个哨兵匆匆回村报告情况。

听说陈树的队伍来了，崔杰千亲自来迎接，自从1939年安丘形势恶化以来，四年了，这对老上下级终于再次握手。陈树摇着崔杰千的手紧紧不放："老领导啊，终于来了。我还以为这一辈子再也见不到你了，终于盼到了这一天。"

崔杰千也唏嘘、感叹一番："这四年来，我都听说了，你们真不容易啊！从小到大，从弱到强，历经几十次大小战斗，好几次差点儿全营覆没。而我，却没有陪着你们渡过难关，真是心里有亏啊！"

"话不能这样说，这都是工作需要，你当时已经暴露了，鬼子、国民党都在四处抓你，留在安丘凶多吉少。而我们还没有暴露，正是有了灰色身份，才在安丘混了这么长时间，没有挂了。"

"你就是钻在章步云、栗文礼肚子里的蛔虫啊！"崔杰千指着陈树的鼻子说，"要不是你机智勇敢，恐怕现在也站不到我的面前。"

两人说完哈哈大笑，一块儿手拉手进入古庙村。陈树看到，村子已经进行了改造，一切按照战争的要求进行。墙上刷着抗日的各种大标语，来来往往有民兵背着枪巡逻，还有正规的八路军时而走过。

一看部队来了，抗日村长领着一些人给号房子，安排部队住下。一切安排妥当后，陈树、陈明义、任兆宗和曹班生这些人，直接到崔杰千的屋里交谈工作。崔杰千亲自一人给倒了一碗开水，热情地说："今天，我成了主人，也没有什么好招待的，一人先喝一碗清水。"

陈树端起碗来喝了一口，感慨地说："多少年来，盼望着有自己的根据地，自己的家，今天这个家终于有了。我们四人，特务营的支部全部到齐了，也盼望有个党的家，不知道安丘工委什么时候能批下我们的关系？"

崔杰千喝了一口水，回答说："这四年来，你们一直组织、发展党的工作，不但你们特务营支部，还有和平救国军十团支部、前屯支部、城里支部，经工委审查后都干得不错，已经正式批准，承认你们的党籍与支部工作。并且，你们特务营还可以发展为总支，连里再设支部。"

陈树再也坐不住了，只感到一阵热血沸腾，鲜血直往脸上涌，霎时通红。陈明义、任兆宗、曹班生也坐不住了，一块儿跳起来，"啊啊——"着拥抱祝贺。四年的企盼，四年的奋斗，直到今天，终于和全国几百万党员站在了一起，成为党内的同志，怎能不激动万分呢！

待他们四个高兴够了，崔杰千按了按陈树的膀子，笑着说："陈树同志，别叫高兴冲昏了头脑。你在安丘工作多年，了解安丘情况，特务营也是安丘武装力量的骨干。我们安丘工委非常尊重你，希望你对安丘的军事情况，有一个指导性的意见。”

陈树看了陈明义、任兆宗和曹班生一眼：“这几个同志和我一起出生入死，从死人堆里爬出来的，所有的大事小事都经历过。先叫他们说说吧！”

第90回　安丘的四个问题

陈明义看了一眼任兆宗和曹班生，笑了，对崔杰千说：“崔书记呀，特务营三四百口，主事一人。再说我们几个委员，要论文化，水平，见识，哪个也比不上我们的支部书记呀！别叫我们为难了，还是让我们的书记说说吧！我们都听他的。”

任兆宗也说：“我懂个啥呀，就知道打炮。陈书记叫我打东我不打西，叫我打南我不打北！”

曹班生也捧场说：“鸟无头不飞，人无头不走，听指挥行，话说不了。”

陈树对他们板着脸说：“怎么叫你们发个言，都这样呢？仗又不是一个人打的，光我自己，巴掌再大，也捂不过天来。有饭大家吃，有任务大家干，有鬼子大家打。”

陈明义推了陈树一把：“好了，好了，崔书记还忙着哩，没时间听你瞎扯。你就代表我们，有什么话赶紧说吧！”

陈树只好沉下心，对安丘的军事工作，做了一个发言：“我认为最难的时期已经过去。现在于学忠的鲁苏战区总部已经撤走，李仙洲的部队还没有进来，我们趁此机会开辟莒、沂、安根据地再合适不过了。等李仙洲的部队再来也晚了，地盘早被我们占了。

“我们安丘是否可以采取这样的军事部署，发展骨干队伍，区武装和村民兵同时展开，采取三位一体的战术。具体来说，如果敌人十个八个的来犯我根据地，自有村民兵对付，如果成连的来犯，区武装也可以应付，要是敌人成团的来进攻，自有我县武装打击。”

“要是敌人来得更多，只有大部队对他们动武了。在此情况下，对敌人进行经济封锁，并大力发展根据地，扩大游击区，对敌人造成各种压力。”

崔杰千还在竖起耳朵听着，听到好久没话音了，问：“说啊，听着呢？”

“我的话完了。”

“完了，就这么完了，”崔杰千嘟哝着，然后说，“陈树同志的发言言简意赅，把主要的都说了，和我们的意见基本差不多。我们工委一定好好研究一下，尽快地贯彻下去。”

陈树接着说：“我还要提一个问题，请安丘工委给解决一下？”

“你说吧，陈树同志。”

“这些话憋在心里好久了，1938那一年，有关部门说是章红立指使人杀害了方华同志，因而被枪毙，同时受到株连的还有金焰和朱文淑。金焰临死前颇有些蹊跷，他咬断了自己的舌头，写了一个“小”字便牺牲了。这个小字是什么意思？我们百思不得其解。

“此案还牵扯到安丘籍的一大批同志，有不少人被缴枪遣散回家。回家的这些人，有的加入了国民党队伍，有的想方设法，又加入了共产党队伍。有的悲观失望，国民党队伍不去，共产党队伍又不收，穷困潦倒而死。在这个案件中，我们也深受其害。”

崔杰千想了想，说：“这个问题太复杂，牵涉到太多的人和事，我们安丘工委根本解决不了。这样吧，我把这个问题汇报给有关部门，希望他们协助解决。”

陈树又说：“还有一个问题，我们特务营是栗文礼的特务营，现在回到了党的怀抱，总得给一个番号吧？”

崔杰千笑了："这个问题我们已经研究过，原来陈树同志不是八路军正规部队派到安丘来的吗，名字叫潍安武工队。好吧，由于你们对安丘情况比较熟悉，现在仍然叫潍安武工队。衣服有两套，一套是八路军服装，另一套是便装。意思我就不用说白了吧，就是既搞情报，也搞军事斗争。"

陈树，陈明义、任兆宗、曹班生互相看了看，都乐了。

根据地在快速发展，很快又建立了南部分区、召忽分区、唐山分区。12 月县大队成立，崔杰千任大队长兼政委。

根据地的扩大与完善，大大地牵制了栗文礼的部队。就在栗文礼的和平救国军司令部往南偏西 5 公里，离着胡鼎三团部辛庄子驻地东边偏北 9 公里，有一个小小的村庄，村子位于获鹿山南坡，裸露着层层叠叠的黄色石板，名叫黄石板坡村。

村里有 160 户人家，600 余口人，多处 200 年以上的黄石板石头房子，周围还有一段残缺的围子墙。围子墙全是用石块垒成，石块与石块之间，不时地出现一个个的窟窿，正好当作射击孔用。

在村政权的组织下，村里建立了自卫团、农救会、青抗先、识字班、儿童团等群众组织。同敌人进行抗粮抗捐斗争，不给敌人一粒米一根柴。特别是自卫团，共有团员 130 人，李明河任团长，李世贞任副团长。

自卫团下设 3 个排，共有土枪、抬枪 110 支，还有组织地进行瞄准、射击、投掷训练。团中还挑选精兵强将建立了护村队，负责埋地雷、站岗放哨。村里重修了圩墙，加固了村的四门，新建了 13 个简易炮楼。全村动员，制造了大批地雷、石雷、火药，随时准备抗击敌人的进攻。

原来的时候，夏坡和辛庄子的伪军经常到黄石板坡来催粮逼款，抓丁拉夫，烧杀抢掠。自从村里建起抗日政权后，不让伪军进村了，进村就开枪。胡鼎三感到麻烦了，以后的吃吃喝喝找谁要去啊，如今村村都搞起了抗日政权，来和自己作对，长期下去，光饿也饿死了。枪打出头鸟，你黄石板村不是厉害吗！就是要打你这个出头鸟，也好杀鸡给猴看。

先上来，胡鼎三带着 2 个连，来到黄石板坡，由于吃过亏，不敢直接进村，就在东门外的沟壑中埋伏起来，观察动静。见村里鸦雀无声，胡鼎三命令一个士兵上去喊话。这个士兵小胆，先扔了两颗手榴弹，“轰轰——”两声响，炸得石头片子一阵乱飞，他又向村里开了几枪，这才喊：

“黄石板村的乡亲们听着，我们往日无怨近日无仇，只是想向村里借点粮食。这回我们可是来了大批人马，如果给点粮食，咱们不记前仇，以前的账一笔勾销。如果不给粮食，可别怪胡团长不讲情面，咱村里可是玉石俱焚，谁也别过了！”

李明河听了这话就生气，骂他说：“简直是胡说八道，满嘴放炮，既然往日无怨，怎么还不记前仇？你们这些狗汉奸，放着中国人不当，却给日本人舔腚。要是掉转枪口，粮食吗，咱可以商量。要是现在给你们粮食，别说乡亲们不答应，就是我这杆枪，也不答应啊！”

这个喊话的士兵不识数，还腆着狗脸继续喷唾沫：“你们要是不给粮食，咱可丑话说到前头，杀进村去鸡犬不留。这叫先礼后兵，别怪我们不客气了……”

听着他放狗屁，李明河把自己的三八步枪递给自卫队员李恩三：“就当是只兔子算了，叫他闭嘴！”李恩三原来好打兔子，靠山吃山，练就了一手好枪法。他接过枪来，定好标尺，左眼闭，右眼睁，朝着狗汉奸扣动了扳机。

隔着一百来米，子弹就像长了眼睛，从眉心穿过，后脑勺穿出，喷出了一大滩黑血。胡鼎三一见大惊，真是高手在民间，我们胡团还没有这样的神枪手，而一个种地的老百姓，竟然有这样的枪法，如何了得！怕再吃大亏，慌忙领着伪军狼狈撤退。

胡鼎三一次次遭受失败后，恼羞成怒，经过充分准备后，

1944年4月8日，率领着伪军一个团，带着迫击炮一门，掷弹筒三门，机枪三挺，倾巢而出。天刚蒙蒙亮，他们就包围了黄石板坡村，也怕夜长梦多，立刻从四面发起进攻，妄想一举拿下这个眼中钉，肉中刺。

村里怕乱埋雷，伤了自己人，所以也没有埋雷，致使胡鼎三占了个小便宜。游动哨枪声一响，全村立刻按照原来的计划，男人摸起枪就上了阵地，女人、儿童运送火药、铁砂，老人挨个炮楼传递消息，全村男女老少，没有闲着的。

战斗最激烈的是村子东南角，胡鼎三妄图从这里打开缺口，冲进村子。李明河拿着自己的三八式，指挥着两个自卫排阻击敌人，利用石围子上一个个窟窿，朝着敌人猛烈地射击。

石围子后面，还有几个小炮楼，炮楼更简单了，也就是二米多高，五米多直径的一个直筒子，也没有顶。别看这样简陋的小炮楼，伪军要爬，爬不上去，要炸，也不少费劲。

在轻机枪的掩护下，伪军的一个排冲上来，别看有机枪掩护，这些子弹打在石头上，什么作用也不起，只是崩起了一些石粉。当敌人冲到五六十米的时候，李明河一声令下，土枪、土炮、三八式、中正式、汉阳造打得敌人溃不成军，东倒西歪。

尤其这些土枪、土炮，打出去全是铁砂，粘到身上，死不了活不成，一个个伤兵疼得哇哇大叫。后面的一看，这些老百姓这么厉害呀，吓得慌忙后退。

第91回 黄石板坡自卫战

第一次进攻失利，恨不能把胡鼎三鼻子都气歪了，大骂道：“真是茅房的石头——又臭又硬。本来不想使炮，可是你们逼的我没办法，迫击炮，给我轰！”

胡鼎三的这门炮也是82毫米迫击炮，先上来没大有准头，上来几炮没有轰上目标，偶尔有一颗炮弹落到圩墙上，竟然没有把圩墙轰塌。接着几发炮弹落到炮楼上，虽然没把炮楼炸塌，但是到处乱崩的石块，也使炮楼里有了伤亡。

迫击炮每分钟能发射二十来发炮弹，光这样轰，也了不得呀！整个东南阵地笼罩在火光与浓烟之中。

驻在古庙村的敌情武工队，接到支援黄石板坡的命令后，陈树立刻命令全队跑步前进。虽然古庙村离着黄石板坡只有6公里，但这一路全是崎岖不平的山路，还得绕过峰山、药山两个山头，耗费了不少时间。

老远听到隆隆的迫击炮声，陈树对任兆宗着急地说："听说胡鼎三去了一千多人，黄石板坡凶多吉少。这个胡鼎三还带着炮，对付这些老百姓，这个家伙真下得了手啊！"

任兆宗的迫击炮连虽然装备较重，但是有骡马驮运，比步兵也慢不了多少。任兆宗一边跑着，一边气喘吁吁地说："老虎离了山，猴子称霸王。我要是到了，看他还逞能不，准叫他腚眼子窜稀！"

队伍过了董家宅，药山，就见前面黄石板坡硝烟弥漫，火光闪闪，胡鼎三仗着自己的武器好，对着黄石板坡的土枪、土炮大使淫威。陈树对任兆宗喊："先把敌人的迫击炮干挺了。有它就没有我们过的了！"

"是！"任兆宗大吼一声，指挥着炮兵卸下迫击炮，装上，然后大吼一声："目标，敌人的迫击炮，1、2、3炮位，每炮一发。放——"

"哐、哐、哐——"三颗榴弹发出炮弹出膛的声音，在浓烟遍布的天空中飞翔，不一会儿到站了，一下子砸到了敌人的迫击炮阵地上。"轰轰轰——"三团红中带白的火光，三团浓浓的烟雾升起，敌人的迫击炮顿时哑巴了。

按说，一发迫击炮弹足以叫胡鼎三的迫击炮“闭嘴”，三发炮弹用上，已经是杀鸡用牛刀了。

敌人的迫击炮不响了，就不用慌慌了，陈树这才召开了一个战前小会。他把陈明义、任兆宗、曹班生叫到跟前，对他们说：“这个仗，准备怎么打？”

陈明义不明白似的看着陈树：“还问怎么打？太好打了。胡鼎三前面攻不上去，我们从后面一打，两面夹击，看他往哪里跑？”

“我这回有充足的炮弹，怕什么？”任兆宗吼，“我就欺负欺负他没炮了，你们打到哪里，我的迫击炮支援到哪里。”

曹班生也说：“步兵一连、二连，早就憋了一肚子劲，别看他有一个团，我们也不怕！”

陈树摇了摇头：“我的意思是，先不慌着打。”

“为什么？”陈明义不明白了，“难道说让一个村的老百姓和胡鼎三的一个团叮当？我们是干什么吃的？”

任兆宗和曹班生也提出反对意见：“不行，不行，老百姓毕竟是老百姓。”“看着他们打仗，我们却按兵不动，这是啥道理？”

陈树说：“我们虽然只有一个营，但是有炮兵，和胡鼎三正面对抗，仍然不怕他。虽然黄石板坡是一些老百姓，但是他们占了地利人和，仍然能和没了炮的胡鼎三拼一拼。我倒要看看，凭着一个村的力量，究竟能不能对付一个伪军的正规团？再说，我们就在跟前，能看着他们吃亏吗？”

陈树这样一说，几个人都不说话了，甭管行与不行，队长说话，自有他的道理。

那边胡鼎三也和几个营长商量着军情。胡鼎三看了看药山这边，眼睛一眨一眨的：“坏醋了，本来这个‘共匪’窝子快拿下了，叫这些八路一搅和，不但没拿下村子，还把我们的炮干挺了。大家说，怎么办吧？”

自从凌小凡营长阵亡后，胡鼎三团的老营长只有二营长王丕周和三营长孔营长了。王丕周说：“团长啊，前有坚城，后有八路，于我军不利呀！我看这次就撤兵吧，下次再来。”

孔营长也说：“光棍不吃眼前亏，他们两面夹击，我们受不了。还是撤吧！”

而胡鼎三却有自己的考虑：“不当家不知道柴米贵，我军粮草紧缺，都和黄石板坡一样，油盐不进，我们还怎么吃饭呀！自凡来了，就得和八路还有这些‘共匪’村子干一仗，守愿战死，也不能饿死啊。”

一营李营长年轻气盛，支持胡鼎三说：“对呀，八路来了有什么可怕的！我们集中力量，再攻村子，我就不信一个团的正规军打不过这些种地的乡下泥腿！”

在一营长的支持下，胡鼎三又重新部署兵力，派三营监视着药山方向，一营再攻黄石板坡，二营为预备队。命令一下，一营重新组织兵力，派一连再次进攻。虽然没了迫击炮，但是有机关枪呀，三挺捷克式轻机枪“突突突……”地掩护着，向山上发射着密集的子弹，直打得石头崩裂，小石子乱飞，石头沫子飘得到处都是。

突然，药山方向又有三发迫击炮弹飞来，把几挺轻机枪炸飞了。没了轻机枪的叫唤，进攻显得冷清了许多，士兵只能使用手榴弹了。伪连长大吼一声：“手榴弹砸，也要把这个阵地拿下。弟兄们，投——”伪军们每个人有三四颗手榴弹，纷纷向山上投去。

那时的手榴弹为拉弦后 7 秒爆炸，士兵的手上挂着弦，手榴弹翻滚着飞上山头，落在地上还“吱吱”响着冒着烟。自卫团排长李金奎看到有机可乘，抓起手榴弹又扔回去，扔了一个又一个，他一连扔了十多颗手榴弹。

“轰轰轰轰——”手榴弹在敌人堆里爆炸。

李明河一见大惊，喊道：“危险，闪开！”可李金奎就是不听，还是拿着敌人的手榴弹就和自己的一样往下扔。李明河看不下去了，一把扯过他，把他拉到了一边。

进攻的敌人离着石头围子有二十来米的时候，再也攻不上去了。山上圩墙后面，炮楼里往外发射着密集的子弹，伪军一片片地倒下。李营长一看，再攻下去，一连就死绝了，只得下令撤退。

再说夏坡的申集安知道这边进剿黄石板坡受挫的消息后，急令和平建国军十团和一团火速前来增援胡鼎三团。

十团韩寿臣接到夏坡的命令后，急忙从驻地夏坡附近的蔡家庄向黄石板坡进发，队伍在崎岖不平的山路上走着，韩寿臣越琢磨越不是个滋味，只好和政训处主任张竹坡，悄悄地商量军情。

张竹坡曾在排共限共最紧张时，被反共派排挤出队伍，形势稍微缓和后，韩寿臣又把他请了回来。

"张主任，申司令叫我们支援胡鼎三，你算算后果如何？"

张竹坡看了看周围没有别人，悄悄地说："韩团长啊，我看此去凶多吉少。"

"此话怎讲？"

"现在形势复杂啊，"张竹坡眨巴一下眼睛，"栗司令远在潍县养病，可谓山高皇帝远。现在黄石板坡是共产党、八路军的地盘，我们和他们打，输赢皆是自寻死路啊。"

"输赢怎么皆是死路呢？"

"打输了，损兵折将，打赢了，把八路得罪了。他们能饶得了我们？"

"可是申司令命令已下，不能不执行啊！"

"这好办……"张竹坡附在韩寿臣的耳朵上悄悄地说了几句。韩寿臣听了大喜，立刻吩咐二营长韩剑舞去办这个事。

韩寿臣领着十团的队伍拖拖拉拉地向前走着，刚出了绪泉村，突然从金鸡山方向传来激烈的枪声。前哨部队来报："报告团长，金鸡山上有敌人，阻挡了我团前进的道路。"

韩寿臣佯装大怒，对二营长韩剑舞说："韩营长，你营速速把前面的山头拿下。胆敢阻挡我团前进的道路，胆子不小啊！”

韩剑舞领到命令，集合二营去攻打前面的山头，当然，二营独独少了八连。原来韩剑舞派八连穿上便衣，在金鸡山方向开枪阻击韩团。韩剑舞又领着二营进攻，攻也好，守也好，自编自导，皆不卖力，总导演就成了韩寿臣。

副团长兼特务营长张建生渐渐焦急起来，主动到韩寿臣跟前请缨：“韩团长啊，这么个小小的金鸡山，二营竟然久攻不下，什么时候才到黄石板坡呀？时间一长，把战机都耽误了。不如把他们撤下来歇一歇，特务营上去再攻。”

韩寿臣哈哈一笑：“心急吃不了热豆腐，张团长啊，太心急了。如果把队伍打垮，谁也不给咱买单。有实力才能被人看得起，这个道理你不会不懂吧？”

张建生听了，心里暗暗地骂：“这个韩寿臣，明明是出工不出力，找个借口，就是不愿意往枪口上撞，明明就是帮着黄石板坡啊！”但是自己只是个副团长，说话不当家呀，也只有气往肚子里咽，忍不下也得忍了。

第92回　舌战退一团

和平建国军一团前进到东柿子园村的时候，离着黄石板坡也就有3公里了，远远听到东北方向传来一阵紧一阵松的枪声。胡团长大声地命令部下：“全团跑步前进，再加一把劲，就到黄石板坡了。就凭着那些乡下把子，怎是我团的对手，弟兄们别客气，一定要打得他们心服口服！”

就在队伍加速前进的时候，突然从药山方向出来一支军队，老远就喊着：“一团的弟兄们，站住！我有话要说。”

这个一团也就是原考斌之团，是栗文礼的核心队伍之一，战斗力强，纪律也好，在潍北的抗日战场上，曾有过不错的战绩。考斌之战死后，派了个姓胡的当团长。

胡团长一看，这不是八路军吗，当面拦截这还了得！于是大呼一声："全团准备战斗——听我的命令……"

就在他的"打"字还没有喊出来的时候，突然三营长郎枢尉一下子站在他跟前，两手张着，阻止着胡团长大声喊："打不得！打不得！"

胡团长就奇怪了："八路怎么打不得！难道你和他们认识？"

"何止是认识，"郎枢尉急得满脸通红，"这就是我们一团的救命恩人，陈树的特务营啊！没有他们，就没有我们一团啊，怎么能打呢？"

胡团长早就听说过陈树的大名，急忙朝八路喊："你就是我们原来栗部的特务营长，陈树？"

陈树大声说道："这是爹妈起的名字，哪能随便改呢！一团的老兵们，哪个不认识我陈树啊，你们都看看我们是谁，我们是特务营啊，一块儿打鬼子的特务营啊！"

这边一团的老兵定睛一看，确实不错，互相都认识，有的还相互包过伤口，肩并肩和鬼子拼过刺刀。两边就喊了起来："张班长，你怎么来了？""李排长啊，好久未见了，挺好吧？""大老吴啊，还是这么壮实啊，咱弟兄俩见面，不容易啊！""我以为你挂了呢，还活着啊！"

胡团长见了气却是不打一处来，八路挡道，还没开打呢，两边就亲热起来，这如何了得！他大呼道："一团全体听着，准备开打！闲话淡话的不要瞎扯。"

陈树也大声对一团的官兵呼喊："潍北前线柳科之战中，一团的官兵不会不记得吧？我们特务营为了救你们，牺牲了一百多人，其中也包括我的结拜兄弟王凌云排长。我们特务营敬佩的考斌之团长，也英勇战死在柳科战场上。

“我们什么关系？是亲兄弟，一块儿打鬼子，一块儿付出重大牺牲的亲兄弟。昨天的战事，血迹还没有擦干，今天如果你们翻脸不认人，硬要装不认识的，那好，就从我的尸首上跨过去吧！我陈树保准眼睛都不眨。”

胡团长一看，对方话虽这样说，可是轻重机枪明明都拉开架子，保险早就拉开，说打就打的。还有一大排迫击炮，都支了起来，也做好了战斗准备，就等着往里装炮弹了。怎么看怎么觉得这个陈树的部队并不好惹，比自己的部队火力强大许多。

郎枢尉又敲边鼓了，趴在胡团长耳朵旁边说：“真要打的话，恐怕也打不过人家！这个陈树的特务营可是战力强大，曾经干掉过两个鬼子中队，恐怕我们比不过两个鬼子中队吧！”

再看一团的这些官兵，虽然面临“强敌”，但一个个吊儿郎当，根本不像打仗的样子，还在说着亲热话，拉着家常呱儿。因为双方太熟了，好不容易见了面，自然不会放过这个机会。

这就叫胡团长为难了，打，打不赢，退，有违申集安的命令。他眨巴一下眼睛，对郎枢尉说：“这可给我出了个大难题，你说怎么办吧？”

郎枢尉挺精的，一下子就看出了胡团长难在哪里，对他小声道：“这个陈树挺好说话的，我上去给他说说，既不让你作难，申司令那边还好交代。”

胡团长点了点头，只好这样了。郎枢尉到了陈树跟前，把这个事儿一说，陈树略微一考虑：“这好办，我们朝天开枪，总可以吧！一团也好对申司令，胡鼎三有个交代。”

郎枢尉也对上话：“我们朝那边打上几炮，也算给胡鼎三，申集安那边应付了。”

双方达成协议，潍安武工队朝着天空，步枪、机枪一齐发射，“突突突……”“哒哒哒……”热闹了好一阵子。一团也不客气，朝着周围山上，黄石板坡方向，“轰轰轰”放了几发迫击炮弹，也算给胡鼎三做个样子。

胡鼎三正在进攻黄石板坡，听到北边传来断断续续的枪声，南边不但有枪声，还有炮声。知道韩寿臣的十团和胡团长的一团，正在向自己增援，于是就和打了鸡血一样，又来了精神，张牙舞爪地号令全团：

“弟兄们，申司令命令十团和一团来支援我们了，我们还怕什么！全力进攻，一定要拿下这个共匪窝子，为我们团涨脸。”在兵力部署上，他让二营预备队出动，准备占领村子北面的山头，只要占领了山头，也就从高处控制了黄石板坡。

一营再拿出更多的兵力进攻，东南角攻不进去，再从东门进攻，东门攻不下，又从东北角进攻，东北角不得逞，又转攻西北角，转了半个圈，丢下几十具尸体，还是一无所获。胡鼎三急了，认为攻不下村子的原因，是士兵不肯用命，于是大吼道：“现在我决定，从一、三营中组织敢死队，我就不信拿不下这个小小的黄石板坡！二十元有愿意参加敢死队的么？”

有的士兵一想，二十元伪钞值什么钱？五元伪钞换一元法币，一元法币可兑换一块银圆，可是现在伪钞和法币大大贬值，也就是说，三四块银圆买一条人命，不值！不值！

胡鼎三一看士兵都闷着头不说话，又吼道：“五十元有参加的么？”

五十元还是没人答应。胡鼎三又吼：“一百元有参加的吗？”

“我参加！”重赏之下必有勇夫，终于有参加的了，一百元伪钞也相当于十五六块银圆呀，这个发财的机会终于被一些人逮到了。于是挑选了80名敢死队员，由副团长亲自带领冲锋，要一举拿下黄石板坡。

可是有的士兵伸手领钱的时候，又出现问题了，胡鼎三没有现钱，只能赊着。有些士兵嘟嘟囔囔，又要打退堂鼓。胡鼎三急了，掏出手枪指着自己的头吼道：“定了的事情就是定了，要是以后有了钱，不发给你们，你们任何一个人都可以开枪打死我！”

敢死队员一看胡鼎三这么说了，又迫于他的淫威，只好自认倒霉。

在副团长的亲自带领下，敢死队员互相打着气，然后一个个顶上子弹，上着刺刀，带着四颗手榴弹，气势汹汹地向山上展开进攻。一边进攻着，一边还大喊着：“我们必胜！敌人必败！攻下山寨！个个发财！”

迫击炮没了，轻机枪也炸毁了，这时候再不拿出点气势来，真是没有什么优势可言了。

李明河看着伪军这回进攻和上几次不一样，他们气势汹汹，势在必得，拼老命了，骂了几句，赶紧招呼神枪手：“李恩三！”

“在！”李恩三正在旁边着急呢。他那杆土枪，打一枪就得上药，填砂，特别费事。

李明河又把自己的三八式递给他，仔细嘱咐：“看到前面那个当官的吗？先把他干挺了再说。”

“好来！”李恩三把自己的土枪扔到一边，乐滋滋地摸起了三八式，借机向李明河提开了条件，“李队长啊，要是把这个当官的干挺了，就把这支三八式赏给我吧？这么好的枪，你使瞎了！”

“你说什么？”李恩三的话，李明河听了好不生气，这不是拿着队长不当干部吗！但对这样的神枪手，也只得网开一面，对他说，“好吧，把他干了，这支枪归你了。”

李恩三高兴地嘟囔着：“这还差不多，好枪打起来带劲！”用枪瞄准了冲在最前面的副团长，在慢慢地等待着机会。

这个副团长是胡鼎三刚提拔上来的，没有尺寸之功，正好想借机表现一下自己，冲在了最前面，还大声地鼓励着队员们：“只要拿下这个阵地，村里有的是鸡，有的是猪，随便吃，撑不死管换。还有大闺女，小媳妇，可漂亮了，一人赏给你们一个当老婆。

柜子里有的是银圆，谁拿着算谁的。”

有的听到这些话来了精神，嗷嗷叫着更响了。有的听着就骂，原来的军纪多严啊，不让糟蹋老百姓，怎么换了和平建国军的番号后，纪律说变就变呢！奶奶的，没真事了。

当这支队伍冲到圩墙前有五十来米的时候，突然一颗子弹飞来，从副团长的前胸穿过，后胸出来，前面伤口不大，只有一个小眼眼，后面留下碗大的血窟窿，鲜血一下子迸了出来。敢死队长一句话也没说，往后一仰死挺了。

第 93 回　巷战

当头的一死，队伍出现了一片混乱，“轰轰！啪啪！”山头上劈头盖脸下来了一顿铁砂夹子弹。铁砂比子弹还要可怕，打进肉里拔不出来，疼得那些敢死队员吱呀怪叫，哭爹叫娘，军心大乱。

山上又扔下来一些手榴弹，别看山下往山上不好扔，可是从上往下扔，可以飞得老远。“轰轰轰——”手榴弹在伪军堆里爆炸，一些敢死队员一看情况不妙，连滚带爬地从山上退下。

这次伪军进攻又失败了，从敢死队长到队员死伤二十多人。

胡鼎三的王丕周二营进展也算顺利，北山上只有少数自卫团员守卫，哪里经得住一个正规营的攻打。占领北山后，山下的黄石板坡村一览无余，王丕周命令向村里开火，压制住村里的火力。

山上的机枪、步枪一块儿朝村里射击，村里的工事顷刻之间处于十分不利的情况。修的炮楼都是露天的，经不住从上到下的打击，防守的石墙要是从后面打，更是破绽百出。“轰——”的一声，西北角炮楼的火药库被打着了，燃起一片大火。炮楼里的自卫团员都和火球一样，从炮楼里滚出来，出不来的，很快被烧死了。

王丕周一见大喜，命令全营：“全部冲下山去，杀进村子。”全营立刻像潮水一样，涌进村去。村北由护村队长李桐把守，一看形势危急，把驳壳枪一举，大声地呼喊道：“全体自卫团员听令，坚决守住村子，不让伪军打进来！”

于是自卫团员从各个角落钻出来，把守着每一条街道，每一所房屋，利用手中的武器，不让伪军杀进村子。大部分没有快枪，只能用红缨枪扎，用石头砸，拼命地抵抗着这些伪军。

在村中街道上，李义海老人突然手拿拐杖窜了出来。他颤巍巍地撅着白胡子，挥舞着拐杖嘶哑地吼道：“哪个小兔崽子胆敢过来，吃我一拐杖！”

他的威严，拼命的样子把几个伪军震慑住了。说实话，这个老头子不用打，一推就能把他推个跟头，人心都是肉长的，就是伪军也不忍心在自己手里把这个七十多岁的老人送“终”。王丕周走了过来，着急地吼道：“你这个老头，这不是找死吗！我们正在打仗，请您闪开——”

李义海大声地喊：“你们这些二鬼子，谁叫你们来的？没有请你吧。算中国人的，赶紧滚出去。非要进村，那也好，先把我打死吧！”

王丕周好歹也是抗过日的，那时穿国民党的衣服，讲国民党的纪律，也有一条叫爱民如子。如今碰到这个难缠的老头，真叫他伤透了脑筋，只好再劝：“老头，我们不愿意打死你！这么大年纪了，还跟着共产党、八路军闹腾什么。闪一边去，给你留条活命，否则的话，别怪子弹不长眼睛。”

“那好吧！”李义海冲着王丕周的手枪，手执拐杖往前撞，“你要是没爹，就打啊，打啊！打死你爹，你就出名了是吧！你就有本事是吧！打啊，打啊——”

枪响了，一颗伪军的子弹夺去了李义海老人的生命，老人至死还紧紧地攥着手中的拐杖。

王丕周大声呵斥："谁开的枪？一个快死的人，犯不上背这黑锅！"

战斗还在继续，黄石板坡的男女老少，一齐上阵，有枪的用枪，没枪的用镰刀、锄头也和伪军死打硬拼。王丕周的二营，这时候也有些不大适应，过去打鬼子，这时候打老百姓，这个思想弯子转得也忒大了点。要说豁上命地打，实在有些豁不上，打仗有些牵强。

但是双方强弱差距太大了，前有胡鼎三的一营猛攻，后有二营突进村子，自卫团又大都是土枪土炮，村破人亡已是早晚之事。

这个时候，陈树再不参战不行了，急忙领着潍安武工队杀进村子，就如一锅开水泼进了蚂蚁窝，无不以一当十，个个奋勇争先。村自卫团一看八路军来了，民心大振，从各个院子杀出来，嗷嗷大叫，手拿杂七杂八的武器，向伪军展开勇猛的反攻。

本来王丕周营就是硬着头皮和自卫团作战，这会儿一见过去的特务营杀来，慑于特务营的威力，腿先软了三分。打仗全凭一口气，气没了，这个仗还怎么打？只有败退的份了。

前面的胡鼎三领着一营还没有攻下正面的炮楼和圩墙，一看正规的八路杀了出来，知道再打下去绝没有好下场，只得急忙下令："撤退。你等着，黄石板坡，我和你没完！"

官兵早就不愿意打了，听到命令，如释重负，赶紧向自己的老窝狼狈逃窜。

这一仗，打死胡团官兵一百多人，连副团长都打死了，伤得更多。黄石板坡以重大的牺牲，以一个村的力量，击退了一个伪军正规团的进攻，创造了保卫家乡的战斗范例。这一仗后，栗文礼的和平建国军一蹶不振，好长时间没有恢复过来。

双方的力量此消彼长，八路军的根据地在飞速发展，从相持阶段，到逐渐占了上风。但是敌人是不甘心失败的，到了 1944 年的 5 月份，潍县日军出动了 400 余人，再加上吴化文、栗文礼的队伍，共1000来人，带着6门迫击炮，12挺重机枪，沿着安丘到召忽的大路向南进犯，妄图从岐山向南向西采取拉网式扫荡，一举荡平根据地的县级武装力量。

安丘是平原、丘陵、山地各占三分之一，岐山正是平原与山区的分界线，往西南大片山区正是我莒沂安抗日根据地。

日军先头部队一百来人，由上村大佐亲自率领，于5月28日上午10时占领后韩寺庄，又爬上庄的西北面、北面、东面山头，并不断的摇旗呐喊，打炮鸣枪。好像是打了枪放了炮，这个地方就是他们的了。

这个后韩寺庄也就在现在的召忽乡东面3公里，就在西边离这2公里的东召忽村，崔杰千率领着县大队二百多人，和陈树率领的潍安武工队三百多人，正在密切地注视着敌人的一举一动。

陈树用望远镜观察了一番敌人的部署，对崔杰千轻轻一笑：“崔书记，我看这股敌人又犯了轻敌冒进的错误。一共一百来人，却分兵三路，分别占领了三个山头。这又不是逛闲集，哪有这样干法的？”

崔杰千看了一眼陈树：“陈队长啊，你想怎么打？”

“你是总指挥，我想听听领导的高见。”

“你看是不是可以这样，”崔杰千以商量的口气说，“我们集中兵力，从后韩寺庄的西北山头打起，然后北面、东面山头。待占领了这些山头后，然后再进攻后韩寺庄。”

陈树点了点头：“好是好，只是这样一路打下去，耗费了不少精力和时间。要以我说啊，干脆，以优势兵力，分别向三个山头同时发起进攻，打他个措手不及！”

崔杰千皱起眉头：“要是这样的话，有违我们传统的战术原则啊！我们历来都是攥紧一个拳头，一个一个地砸。这下子突然伸出三个拳头，万一出现点状况，是不是应付不了啊？”

陈树摇了摇头：“此一时彼一时，我看这些山头比较平缓，没有什么突兀之处。二是有充足的预备队，哪里进攻失利，预备队顶上去支援。三是我们还有强大的炮兵，不怕小鬼子强硬。”

崔杰千点了点头：“好，就依你的办法打。我们县大队打两个山头，你队打一个山头，留好预备队。咱们说干就干！”

命令一下，11点来钟，县大队的两个中队，武工队的一个中队，突然向后韩寺庄的西北、北边、东边的三个山头迂回运动。陈树亲自领着陈明义中队，借着一道道山沟，一棵棵杂树，对着西北山头跑步前进。

远远看到，日军初到山头，根本来不及建立防御工事，几个日军端着大枪，还在山头上来回晃荡。他们总共三十来人，计算的话，不到一个小队，也就是有三个班。山头只是比平地略微高起，地理优势并不大，也没有茂密的植被掩护。

响鼓仍需重锤敲，第一回合必须打他个稀里哗啦！陈树掏出一块红布向后面摇了三摇，给任兆宗炮兵连发出信号。

不一会儿，三颗黑黑的弹丸在空中划过。“轰轰轰——”三声炮响，任兆宗的迫击炮往西北山头上打了三发迫击炮弹。十多个鬼子被炸死了，没死的也有不少挂了花，鬼子惊惶失措，慌忙开枪射击，一挺歪把子轻机枪封锁着向山上进攻的道路。

小鬼子不是每个班有一挺轻机枪吗，不错！不过有两挺轻机枪被炸毁了，机枪手也死挺了。可是陈明义连每个班有一挺捷克式轻机枪，一个连就有12挺捷克式，12挺对1挺，那仗还用打吗？

很快压制住敌人的火力。小鬼子没被炸死的又被机枪打死不少，剩下的七八个人一看众寡悬殊，只好败下山来。

就在这时候，伪军才姗姗来迟，来的这支部队正是韩寿臣的二营。小鬼子一看救兵来了，心中底气顿时增加不少，鬼子小队长还没有战死，狗眼一瞪，对着韩剑舞吼道：“你的，怎么早不来，晚不来，这时候才来？”

第94回　三个拳头出击

韩剑舞用眼一斜愣，看到鬼子这个熊样，心里好笑。七八个鬼子，三四个挂花，就连这个小队长也是头上缠着绷带，只露出一只眼睛，丑态百出。韩剑舞讥诮他："我们进攻，你们做什么？"

鬼子小队长吼："八路大大的厉害，你们的进攻，我们的督战！"

韩剑舞心里就骂："怎么不你们进攻，我们督战啊！"但是这句话没敢说出来，谁让鬼子是爹，自己是儿呢！韩剑舞本来就不愿意和八路军作战，再加上初来乍到，一看真鬼子都打不过八路，我们一些伪军还打个什么劲呢，心里先没了底气。

在后面鬼子的督促下，没有办法，只好硬着头皮往山上进攻，离着山头上有五六十米的时候，突然山上枪声大作，12挺捷克式和一百多支步枪一齐开火，伪军顿时倒下一片。韩剑舞急忙命令队伍后撤。

刚刚撤到山下，鬼子小队长不乐意了，领着几个残兵，用枪指着韩剑舞："你的，真正的军人不是！一个营，竟然攻不下一个小小的山头。再回去，一定要消灭山顶的八路！"

韩剑舞心里这个骂，你他妈的，有本事自己守住山头啊！自己守不住，丢了山头却叫我们进攻。什么玩意儿！但是在人屋檐下，不得不低头，只好组织部队再次进攻。

当然，这一次进攻又败下阵来。鬼子小队长一看十分震怒，对着自己的七八个残兵下了命令："我们不给他们点厉害，这些中国军队不拼命。开枪——"鬼子别看打八路没本事，对伪军可真敢下手，当时韩剑舞的五六个士兵就倒在血泊中。

韩剑舞一看，肺都气炸了，我的兵没死在八路手里，倒死在你们的枪下，根本就拿着我们不当人啊！还没等他下命令，八连连长张秀亭大呼一声：“弟兄们，受小鬼子气受够了，别客气，开枪！”

八连官兵的几十支步枪一块儿射击，小鬼子没有准备，七八个人全被打死了。张秀亭唯恐留下一个，惹下大祸，一人又补上一枪。

原来张竹坡受国民党右派排挤的时候，他的弟弟张秀亭也不让当连长了。以后形势稍缓，张竹坡被请出来，他的弟弟张秀亭又回到八连当连长。八连的秘密党支部，也在暗暗支持着左派的张秀亭。

韩剑舞一看八连惹下大祸，脸从黄变红，嘴都结巴了：“八……连长，你惹了大祸，杀……了这么些日本人，可怎么收拾？”

八连长看了一眼连队的战士，眼睛一斜说：“弟兄们，日本人怎么死的，你们看见了吗？”

“没看见。”八连的弟兄们异口同声地说。

韩剑舞还不放心，又问全营的官兵：“日本人都死了，你们知道怎么死的吗？”

“不知道。”全营的官兵七嘴八舌地说。

“我知道！”有一个小兵喊。

“日本人怎么死的？”韩剑舞不放心地问。

“明明是叫山上的八路打死的。”

韩剑舞这才放了心。不过到了这时候，他也没什么咒念了，要是汇报给日本人，那是自找绝路。要是藏着掖着，就怕东窗事发，总有一天老账新账一块算。想来想去，也没有什么好办法，只能做一天和尚撞一天钟，隐瞒到几时算几时。

陈树领着陈明义和十多个战士从山上下来，老远陈树就喊：“剑舞兄，多日不见，近日可好？”

“好个屁！”韩剑舞紧张地拿着枪，看着陈树的队伍越走越近，五六挺轻机枪都挂在脖子上，七八支中正式正在指着自己的队伍。不过他还算知趣，知道硬打也占不了便宜，只好说道：“陈树啊，别逼人太甚！再往前，我可要开枪了！”

陈树不再往前走了，缓和着语气对韩剑舞说：“刚才的事情我都看到了，回到栗文礼的队伍里也是个死，不如加入我们八路算了。我们可以按战场起义对待！”

“哼！”韩剑舞对陈树毫不服气，“现在说这话未免太早，日本人还有势力，国民党还相当强大，最后天下是谁的，我还要看看。”

陈树劝他说：“那是以后的事儿，可是当前的事情你怎么处理？听人劝吃饱饭，我劝你还是想开点，不然当断不断，必受其乱！”

韩剑舞还是固执地吼：“这个事我得听团长的，他不说话，谁也做不了主。”

陈树和韩剑舞说话的时候，八连的官兵都在静静地听着，张秀亭看了看一排长张泽民，见张泽民没言语，本来想说话，又忍住了。

陈树看到韩剑舞这么固执，也不再相劝，对他们说：“人各有志，不可强勉，那就尽快退出吧！我们放枪相送。”

韩剑舞领着二营退出了东北山头，陈树叫士兵对着没有队伍的地方，放一阵子枪，也叫他们有个交代。

这时候，后韩寺庄的北面山头，东面山头的枪声也逐渐稀疏。不一会儿，通讯员来报告说，北面、东面的山头均被县大队占领，鬼子和伪军不是被消灭，就是跑了。陈树一听大喜，急忙领着一中队和炮连继续向后韩寺庄压迫。

陈树和崔杰千的县大队胜利会师，两支队伍合兵一处，开始进攻后韩寺庄。

上村大佐挺精的，一看后韩寺庄无险可守，一旦进入村子，要是被八路军大部队包围，凶多吉少。他看到村南有一片坟地，可守可攻，是个活地，急忙领着剩余的敌伪军进入了这片坟地，利用一个个坟头，企图做最后挣扎。

崔杰千和陈树商量着：“我们怎么办，是不是把这片坟地包围了？”

陈树摇了摇头：“我的意思，不要包围，只能围住三面，放开一面。要是四面围住，容易逼着小鬼子拼命，再说，我们也没有这个力量。”

崔杰千笑着总结三面出击的经验：“甭说，刚才这个战术真叫你用对了。我们突然从三个方面进攻，小鬼子摸不清虚实，一下子被打垮了。真要是一个山头一个山头地进攻，小鬼子和伪军人多，如能从容应对，也许我们就占不到便宜啦！”

陈树也总结着：“这样的战术一般不用，全仗着上村用兵有误啊！他才应该集中兵力，把一千多人攥成一个拳头，说打哪里就打哪里，要是那样的话，我们反而不好办了。而他用的却是添油战术，先锋部队本来就不多，还分成三股，这仗怎么打？而这些伪军也是一股子一股子的，兵力分散，不败才怪呢。”

崔杰千反驳：“这不上村把兵力都集中到坟地了吗？”

“可是晚了，”陈树说，“他们已被打没了士气，伤亡也不小，残兵败将对付我们胜利之师，更没有胜算了。”

崔杰千用望远镜观察了一番敌人的阵地，鬼子和伪军凭借着天然坟头，架起了七八挺重机枪，四五门迫击炮，五六百人拉开阵势，大有鱼死网破的决战劲头。“看这阵势，小鬼子拼命了。我们是不是硬啃？”他问陈树。

陈树果断地说：“不能硬攻，他们指望咱们往他的枪口上撞呢！还是看我们炮兵的吧，先杀杀他的锐气再说。”

崔杰千点了点头：“好吧，先尝尝我们的铁疙瘩。”

陈树把任兆宗叫过来：“任连长，小鬼子的迫击炮和重机枪就是你们的事了，别让他们胀饱！”

任兆宗答应一声：“是！不能让他们胀饱。”赶紧指挥他的炮兵连了。

为了配合炮兵行动，崔杰千命令小部队从三面向坟地发起进攻。日军的迫击炮开始发威了，一发发炮弹在进攻的队伍里爆炸。

日军为 90 毫米迫击炮，它的发射速度比步枪射击还快，一分钟可发二十发炮弹。如果让日军的迫击炮发了威，我们的伤亡率可就太惊人了。

敌人的迫击炮阵地充分暴露以后，任兆宗的迫击炮连就有了用武之地。

“轰轰轰轰——”，后发制人的迫击炮弹在敌人的迫击炮阵地上连续爆炸，别看 82 毫米迫击炮弹比 90 毫米迫击炮弹略小一些，可是砸到日军的迫击炮旁边十几米的地方，日军的迫击炮照样完蛋。不是炮筒子被炸飞，就是底盘和炮筒分了体，炮手随着碎土、烂树枝一块儿飞上天空，到天照大神那里报到去了。

日军的迫击炮阵地刚被消灭，机枪中队又倒了霉，一片炮弹砸到了机枪阵地上。三年式重机枪虽然厉害，但它比歪把子轻机枪高出一些，这就使迫击炮弹片能更好地炸到它。一片火光和浓烟紧紧地笼罩着机枪中队，等到烟雾散尽，鬼子的机枪大部分不响了。

小鬼子之所以厉害，就仗着飞机、大炮和坦克，飞机坦克来不了，迫击炮和重机枪又完了蛋，还有什么优势可言？倒是县大队和潍安武工队的十几挺轻机枪，对坟地形成了压制性火力，不断地杀伤着鬼子和伪军。

第 95 回 进攻栗文礼防地

仗打到 5 点来钟，山东军区的一团一营增援来到，这就从兵力上对敌人形成了优势。上村更加恐慌，要是再打下去，就有全军覆没的危险，只好下令撤退。他们从坟地里再往南退，退到了一个干涸的池塘内，然后顺着与池塘相连的一条大沟逃去。

敌退我追，这时候不但县武装在追，连区武装也出动了，再加上村自卫团，几千人对着逃跑的敌人穷追猛打。兵败如山倒，日伪军溃不成军，只恨爹娘少生两条腿，哪里还有心抵抗，沿途又被老百姓的土枪、鸟枪打死、逮住不少。

此次惨败，上村大佐再也没了信心，领着他的潍县鬼子回了老家。安丘县呢，只留下高岛、麻田一百多个鬼子领着几千伪军困守在一个个小据点内，不时地遭受着根据地八路军的“欺负”。

更重要的是，安丘的栗文礼部缺少粮食，没有物资，生存来源几乎被根据地的老百姓切断。为了活命，他们又举行了几次大的抢粮行动，但都被武装起来的根据地军民击退。

到了 1945 年 6 月，抗日战争进入反攻阶段，为了夺取抗日战争的最后胜利，安丘县党组织领导和发动全县人民，配合鲁中八路军主力，展开了夏季攻势。

当时栗文礼的和平建国军还有万余人，以 4000 左右分布在潍县、昌乐一带，以 8000 多人驻守安丘一带。为了抵御八路军的进攻，将十团、十六团两个团的兵力分布在安丘的东部、南部，组成东线防御系统。

他们在安丘城东 30 余里的王家古城设立指挥部，由十团团长韩寿臣兼司令部副指挥，负责东线作战。

将 5 个团的兵力集中在司令部夏坡村，组成西线防御系统，由特务团长胡鼎三兼司令部总指挥，与参谋长孙荣弟负责西线作战。他们抓丁拉夫，抢筑工事，死心塌地充当日军帮凶，誓与共产党、八路军顽抗到底。

我参加夏季攻势的鲁中部队，集结了第一、二、四、十一、十二5个团及九团1个营，再加上各县大队，县属武装共万余人的优势兵力，并采取了“打击胡鼎三，争取韩寿臣”的策略。

争取韩寿臣的工作，主要有军分区秘书科长张俊千，科员张守仁完成。张俊千原是韩寿臣团二营八连的支部书记，张守仁是八连三班班长，后被国民党右派逼走。人虽走了，但是他们留下的“种子”，却一直在八连及韩寿臣的部队里存在。

张俊千还想着陈树，他认为陈树在韩寿臣的队伍里影响颇深，非要带着陈树去不可。陈树和他开玩笑说：“张司务长（张俊千原来在韩寿臣的二营八连干司务长），你放着好事不叫我，这杀头冒险的事想着我了。”

张俊千嘿嘿一笑：“我这个人好记仇，记着当时你说我的一句话，‘放着八路的大官不当，却来这里当一个小卒。’这句话足叫我记一辈子。这不，‘倒霉’的事来了，杀头也拉个垫背的，所以想到你了。”

玩笑归玩笑，冒险的事情该干还得干。陈明义必须带着，这是自己的左膀右臂，至于任兆宗和曹班生就不能带了，还要他俩留守老营。没想到任兆宗和曹班生也非要跟着去，陈树不高兴了，熊他俩说：

“你俩非跟着干什么？这又不是什么好事儿，可能今天喘气，明天就不喘气了。”

任兆宗却非常固执：“咱弟兄七人出来，现在能喘气的只有咱四人，活到现在已经不错了。冒险的事儿必须叫着我，能和三弟死在一起，也算我的福分。再说阎王叫你三更死，谁敢留你到五更，人生早有生死簿写着，用不着我们操心！”

曹班生说话更是实在："我看咱安丘打不几仗了，再不争取什么仗也捞不着了。不跟着你跟着谁？谁不想耀祖光宗，多捞几块奖牌呢！"

陈树深深地叹了一口气："向着你不知道向着你，非要争着抢着去钻龙潭虎穴，丑话说到前头，如果挂了，那就怨不得我了。"

王家古城就在安丘县东南15公里，是平原地区的一个小村庄，属于比较富庶的地方。

陈树、张俊千两个商人打扮，张守仁、陈明义、任兆宗、曹班生几个像是跟班的小伙计。到了王家古城跟前，陈树先观察了一番地形：

平原上修据点几乎是一个模子出来的，村子有圩墙，外面是一道深深的封锁沟，封锁沟外面有鹿砦保护。村内以碉堡为制高点，圩墙为基础，庄里门窗封死，院墙屋里枪眼密布，街道内形成交叉火力。

在没有战事的时候，据点里还敞着口，允许各种人进出，更容许买卖人做买卖，也好方便军队生活。

王家古城据点门口值班的正是二营八连，很多人都认得陈树，更认得张俊千、张守仁。一个士兵一见这三人，吓得脸色都变了，悄悄地凑近陈树和张俊千的跟前说："大白天的，这里可是危险啊。几位可要小心！"

"你把张秀亭连长请出来！"陈明义小声说道。

不一会儿，八连长张秀亭来了，看到一个是八路军的营长，一个是八连被撵走的共产党头目，想到必有大事。看了看左右没有外人，着急地说："来也不打个招呼，你以为这是赶庙会！这不叫我们为难吗，先到八连落落脚吧。"

二人互相看了一眼，然后点了点头。张秀亭干八连连长多年，要不是他掩护着八连内的支部，党的活动也不会这么长时间地坚持下来。所以对张秀亭这个人，陈树和张俊千早已看成是自己的同志。

进了村内，三拐两拐，走进一个院子。张秀亭领着几个人进了一间屋子，然后躲到一边。他虽然同情共产党，掩护连的支部，但还不在党，知道必有党内的人和陈树、张俊千联系，自己一个外人，不方便在场。

不一会儿，一排长张泽民兴奋地进了屋，见了这几个人，先向张俊千、张守仁、陈树敬了一个军礼。然后说："你们冒险到八连，必有重要任务。说吧，需要我们做什么？"两个过去、现在的支部书记紧紧地握着手，好久没有松开。

张俊千看了看张泽民建国军的军装，知道早已不是班长了，问："你现在是什么职务？"

"我现在已经成了二营八连一排排长。"张泽民回答道。

"很好！"张俊千感慨地说，"这些年来，能坚持下来，并发展了不少党员，不容易啊。这次我们来，就是要促使韩寿臣起义，请支部动员一切力量，配合我们行动！"

张泽民紧紧地摇着张俊千的手："太好了！我们所有韩团党员，将积极配合主力部队行动，促使韩寿臣部队起义。"没说了几句话，张泽民对张俊千和陈树说："目前我们还是地下状态，时间长了怕引起敌人怀疑，没有别的事，我就先出去。"

张俊千点了点头。

张泽民走后，张秀亭又进了屋，对陈树和张俊千说："长话短说，你们需要八连做什么？"

陈树又摇了摇张秀亭的手："首先谢谢张连长对我们工作的支持，要不是你，我们的同志也不会这么长时间保存下来。你能不能约韩团长一下，我们有事要和他商谈。"

张秀亭多聪明啊，陈树的用意他一下子猜到了，有些为难地对陈树说："水大不能漫桥，这个事儿最好先和韩营长打个招呼。"

"韩剑舞最近思想怎样？"张俊千早已拿着张秀亭不当外人，

所以直接问这个问题。

“韩剑舞么……”张秀亭考虑着说，“其实你是八连的共产党，韩营长早知道。为什么要撵走你，要不撵你，恐怕早被那些特务杀了。这也是无奈之举，请你们原谅！”

陈树和张俊千点了点头。张秀亭又说道：“韩剑舞的所作所为，你们也不是不知道，过去打鬼子还算尽力，成了和平建国军后，没做过什么坏事。上一次韩寺庄战斗中，我们八连打死七八个鬼子，他也一直给我们捂着。我的看法，这个人还是可以谈一谈的。”

张俊千和陈树交流了一下眼神，点了点头，认为张秀亭的话还是比较现实的，韩剑舞是韩寿臣的堂弟加心腹，如果做通韩剑舞的工作，对争取韩寿臣大有益处。

张俊千对张秀亭说：“能不能约个地方和韩营长谈一谈？”

张秀亭点了点头：“好吧，我这就把韩营长请到这里。街上到处是敌人的耳目，你俩是知名人士，被人认出来要麻烦，所以不要随便走动。”

第 96 回　虎穴里谈判

没有多长时间，韩剑舞独身一人来到八连，见了陈树和张俊千眉头一皱，埋怨道：“你们不该来这里，最近张建生监视得很严，他要是往上一汇报，我们可都完了。”

陈树不卑不亢：“是啊，来这里是危险，可是我们身为军人，无时无刻不处在危险之中。无事不登三宝殿，这回我们见一见韩营长，是有要事相商！”

“噢，找我能有什么事？”韩剑舞装疯卖傻。

“形势你也应该看到，”陈树不紧不慢地说，“县城里的日军就一百多人，而栗部的军队也就一万来人，而且缺少粮食、物资，我们八路军四万多人（一下子把主力部队扩大了四倍），就要进攻栗部了。”

“那就打呗，和我什么关系？”韩剑舞耍开了无赖。

张俊千接着话巴：“我们深为韩营长的为人所感动，也敬佩韩营长的民族气节，如果韩营长能劝说韩团长战场起义，不论对十团、十六团来说，还是对韩营长和韩团长来说，都是一条光明大道！”

韩剑舞冷冷一笑：“我以为什么事呢，原来是叫我们调转枪口打日本人。恕我直言，现在双方谁输谁赢还不一定呢！凭什么你们这么自信？凭什么非要我们调转枪口打日本人？我也会说，你们调转枪口反水，我们还既有官又有赏呢！”

陈树一听这话，气得牙根痒痒，这个韩剑舞来这一套啊！不给他点厉害，不知道马王爷三只眼。对他眼睛一斜愣嘲讽道：“光韩寺庄战斗中，你们打死日本人的事，叫我一封信捅到安丘去，就叫你无法收拾！”

韩剑舞一听，倒吸一口凉气，人都有短处啊，这个七寸可叫陈树抓住了。他严肃的面孔缓和了不少，停了一会儿嘿嘿一笑：“以我对陈营长的观察，陈营长不会这么做吧！说着玩呢，也就是试试陈营长的决心。好了，我这就和韩团长打个招呼，你们有什么事，和他谈谈。他愿意，我同意，他不愿意，我也没招。”

没有多长时间，韩寿臣进了八连的院子，后面还有一个人，那就是政训处主任张竹坡。一见韩团长进来，陈树先给他打了个军礼：“报告韩团长，特务营陈树前来报到。”接着又给张竹坡打了个军礼：“报告张主任，特务营陈树前来报到，请指示！”

身份不一样，张俊千敬礼的次序也不一样，他先给张竹坡敬了一个军礼：“张主任好。感谢这么多年来，对我们八连的保护，我代表鲁中军区，深深地表示感谢！”

张竹坡客气地拉住张俊千的手说：“作为一个普通的国民党

人，我认为自己所做的一切，都是符合中山精神的！这些都是我应尽的职责。有些事情我无能为力，超出了我的能力，还请贵军见谅！”

张俊千和韩寿臣互敬军礼后，亮出了底牌：“韩指挥好！我代表鲁中军区，要和韩指挥谈一谈我们的意见，不知道韩指挥有没有兴趣？”

一听说张俊千是代表鲁中军区来的，韩寿臣心中生出许多感慨，过去张俊千只不过是十团二营八连的一个司务长，可如今代表着鲁中军区的重大使命，真是人不可相貌，海水不可斗量！目前的危局自己怎么会看不到，正愁找不到八路军的主要领导呢，没想到八路军的代表找上门来了，自己怎么能不欢迎呢！

韩寿臣急忙摇了摇张俊千的手说：“张代表啊，欢迎！欢迎！过去有做得不对的地方，还请多多谅解！”

张俊千笑了笑：“过去的事情就不要提了，有些事情，并不是一个人能左右了的。对于韩指挥在历次战斗中的表现，我们有目共睹，表示钦佩！”

寒暄过后，进入正题，韩寿臣问：“听说贵部将向栗部防区发起进攻，如果战端一开，你以为战局如何？”

张俊千朗朗一笑：“如果战局一开，我数万大军集中力量进攻胡鼎三部。胡部必将土崩瓦解，很快被消灭！”

韩寿臣也笑了，有些看不起地说：“张代表啊，未免太自信了。就是杀羊的话，几千只羊也得杀一阵子，何况胡鼎三在夏坡经营多年，工事坚固，怎么能说完就完呢！神仙也不会相信的。”

陈树想，原来还指望韩寿臣现在起义，看来时机还不成熟。他是不见棺材不落泪，还相信栗部有强大的作战能力。陈树想了想说：“如果我们打垮了胡鼎三的西线部队，韩指挥能不能起义？”

韩寿臣想了想，如果强大的胡鼎三部都被击溃，我们弱小的东部防线，还有什么打头呢！遂点了点头：“到了那个时候，我们可以起义。如果我们起义，几千弟兄八路将如何对待？”

张俊千说：“将按战场起义对待，就是编入我八路军正规部队，编制不变，主要指挥不变，官兵的待遇将按照我八路军的执行。不过有个前提条件，就是胡鼎三部在被攻击的时候，你们东部不能上去增援。”

韩寿臣想到，如果西边打起来，我上去支援的话，不但两个团没有那个能力，恐怕这里也会被八路偷袭，只好说道：“可以！”

就在这时候，只听到外面脚步凌乱，似乎有无数的人向这边跑来，一边跑着，一边有一个尖嗓子在喊：“保卫副指挥！包围八连这个匪窝子！不能让那些人跑了。”

听到外面发生剧烈“兵变”，韩寿臣的脸色略微一惊，张竹坡也有些慌乱。张俊千拿不定主意，看了陈树一眼。

陈树一听外面叫唤最响的就是张建生，扒了皮也认得他的骨头，喊了一声：“你们在屋里待着，我出去看看！”手枪一拔，带着陈明义几个冲了出去。

院子里八连的官兵早就做好了应战的准备，上墙的上墙，房顶上也架上了机关枪。张秀亭领着张泽民几个战士，早堵在了门口。外面张建生正指挥着特务营的队伍，包围了这所院子，占领了所有街道路口，近处的也上了房，架上机枪。

看来双方就像两个大火药桶，稍有点火星就能点着，一旦炸响，就能把王家古城炸个稀烂。

张秀亭大声地呼喊：“张副团长，你想干什么？韩指挥在这里，没接到命令，你就胡来！”

张建生大声吼道：“你这个八路窝子，撅撅屁股，我就知道拉什么屎。把韩指挥骗了来，想干什么？难道还想谋害韩指挥不成。我们特务营是干什么的，不能看着不管，就是全战死了，也不能让你们的阴谋得逞！”

陈树的脑子飞快地转动着，八连和特务营动嘴，这是他们内部的事情，如果自己一旦露面，不会解决问题不说，还会激化矛盾。还是等一会儿再说吧，陈树对陈明义歪了歪头，意思是先不要动，看一看下面还有什么事情发生。

果然一石激起千层浪，八连和特务营顶起来，十团哪一个人也不能坐着不动。又有一支队伍开了过来，有的平端着步枪，有的把轻机枪挂在脖子上，韩剑舞的声音也响了起来："占领有利地形，控制这些地方。先不要开枪！"

陈树的头上捏着一把汗，韩剑舞到底是干什么的？出水才见两腿泥。他要是向着张建生，十团的形势必将雪上加霜，如果他向着八连，情况另当别论……

韩剑舞的队伍围住了张建生的队伍，他嘿嘿一笑，对张建生说："张团长，你这是干什么？还用带着队伍来吗，自己来还不能解决问题？家有千口，主事一人，什么事情还得韩指挥说了算！"

"哼！"张建生一肚子不服气，"我是怕韩指挥吃亏，所以才不得已而为之。八连的匪气太重，不带队伍压不住他！"

韩剑舞的队伍刚刚占了点儿上风，白玫瑰又领着十几个政训处的人赶来了。张建生一见大喜，就和撒了气的皮球又呼呼地打上气一般，这个白玫瑰不但是自己的顶头上司，还代表着栗部的政治主导思想。她来了，自己就有了主心骨，赶紧依附到白玫瑰身边，谄媚地说："这些人都不可靠，想投八路。"

白玫瑰虽然带的人不多，可那都是些政治干部，个个都是有头有脸的人物。白玫瑰腰一掐，眼一斜楞，那也是威风八面，妖媚十足，挺吓人的。她先扫视了一下这些人物，看看都是些什么人，当然，也在人堆里发现了陈树。

见到陈树，她当然就猜到这些人到底为了什么事，闹出这么大的动静。她一声冷笑，就和夜猫子叫一样："无风不起浪，既然陈营长来了，那就要唱大戏，出大鬼了！"

陈树的心里也有些胆战心惊，如果白玫瑰不来，一切都好说，但是她来了，说不定又要闹出什么幺蛾子！

就在这时候，张竹坡从屋里走出来，对几个人说："韩指挥有请几位军官，到屋里说话？韩指挥再次强调，谁也不能动武，谁要是私自动武，那就是不服从命令，就要以军法从事！"

韩剑舞和张建生互相敌意地看了一眼，各自进了屋子。白玫瑰对着陈树冷冷一笑，也跟了进来。陈树站在兵堆里，对陈明义一个暗示，也只好进屋。

张建生进了屋才看到，好家伙，过去共产党的头目，二营八连司务长张俊千在，三班长张守仁在。往旁边一瞧，已经归顺八路的特务营长陈树带着几个人也在，这真是进了八路的窝子了。但是他想到有韩寿臣和白玫瑰撑腰，也不怕这些，所以挺胸昂头，站在了韩寿臣的身边。

韩寿臣轻轻一笑："张团长啊，谁叫你带队伍来的？"

第97回　进攻夏坡

张建生鼻子一哼："我怕韩指挥吃亏，才带着特务营来的。最近形势有些复杂，有些事情不得不防啊！"

韩寿臣对他笑了笑："感谢张团长对我的关心！正巧你来了，不来还想请你呢。八路的谈判代表来了，有些事你也听听，给参谋参谋！还有白科长，来得正好，也好回去给胡总指挥汇报一下。"

韩寿臣叫张俊千把谈判条件又说了一遍。张建生听完大怒，叫道："我不同意！仗还没打，怎么就知道我们必败。再说谈判这件大事，也得告知胡总指挥，栗司令，我们做不了主的！"

韩寿臣微微一笑："我也是这么个意思。"

张建生一听，有韩寿臣给他撑腰，更来劲了，大吼道："我建议，立即扣留八路的谈判代表。一是表示我们的决心，二是给他们个颜色瞧瞧！”

韩寿臣微微地摇了摇头：“两国交战，不斩来使。既然谈判不成，我们也不当这个恶人。”

张建生尴尬地没了话说。仔细一想，不对啊，我要是不来，他们还不知道谈得什么。我来了，才让我参加意见。张秀亭是张竹坡的弟弟，韩剑舞是韩寿臣的堂弟，张俊千、张守仁曾被张竹坡包庇过，而陈树更是韩寿臣的爱将，一屋子就我是个外人啊。他们合起伙来拿我当猴耍呢！

可是心里生气也没有办法，谁让自己没有人缘呢。有山靠山，旁边正好白玫瑰在，他把眼睛投向了白科长，愤愤不平地说：“白科长，你看看，要是咱们不在，还不一定是什么事呢！”

白玫瑰却相当冷静，沉稳地笑了笑：“我就知道韩指挥会很好地处理这件事情的。大敌当前，我们总不能自己乱了阵脚！”

待张俊千和陈树临走时，白玫瑰却悄悄地叫住了陈树，小声说：“陈营长，高明啊！你以为你做的这些事情我都不知道？”

陈树想到，以白玫瑰的聪明，她绝对会想到这些，只不过她这个人一向扑朔迷离，弄不清她的真实想法。白玫瑰又说了几句话：“党派之争，总归是内部矛盾。民族大义，才是当前最主要的。”

陈树久久地回味着白玫瑰的这些话。

取得韩寿臣的口头承诺后，张俊千、张守仁、陈树他们立刻回到了鲁中军区司令部，向有关领导汇报情况。一切还得武力说话，所有参加进攻夏坡的部队积极地进行了准备。

八路军鲁中四军分区敌工科干事张世祥，和张俊千一样，原来也是七支队二大队的。这回他奉命联络夏坡的内线，当然也离不开对栗部比较熟悉的陈树支持。

6月5日早饭后，张世祥、陈树、陈明义、曹班生几个人穿着伪军服装来到了夏坡据点东门外不远的一个小饭馆内坐着，在等待着机会。

夏坡据点，栗文礼部经营多年，沿着夏坡村为中心，胡鼎三将 5 个团的兵力，分别布置在西北 3.5 公里的柳沟店子村，南边 4.5 公里的辉渠村，东南 2.5 公里的刘家林村，东北 2.5 公里的土山村和东边 7.5 公里处的泉子崖村。

也可以说，方圆十公里内，胡鼎三布置了一个团形阵地，一方挨打，八方支援，胡鼎三坐在中心位置上，指挥着各部行动。

核心据点夏坡村可谓精心构筑，据点外围先有深沟，深四米，宽四米，上面有吊桥。深沟外有鹿砦保护，内有一道铁丝网，空隙间拉雷密布。深沟内圩墙高两丈，宽一丈，上面可以跑车，更适合居高临下射击。且大小碉堡林立，对着壕沟和圩墙形成交叉火力。四个大门，唯有东门没被封死，好从此运送物资。

村内更是按照战时需要进行改造，该封的封了，一条条村内秘道四通八达，从屋里对街道挖有无数枪眼，街道口有小制高点，村内有中心制高点。

陈树想道，如果硬攻，吃亏的必然是进攻一方。

不一会儿，东门响起了跑步声。原来是守卫东门的孔营三中队因为村内地方狭窄，只能是到外面跑步。张世祥对陈树等人喊了声："准备，一旦三中队从跟前跑过，我们就跟在后面。"

陈树心里暗暗好笑，这个张世祥玩得好，这叫什么计策？这叫"多此一部"计策。明明伪军在前面跑步，而我们却突然加入，蒙蔽了敌人，掩护了自己。

原来，张世祥早就做好了三中队的工作，晚上就要大举进攻，先利用这一招，把我们的人员派进去。跑步的声音越来越响，三中队一排长张福龄跑在最前面，而三中队文书孙慰臣跑在最后面。

当队伍跑过的时候，张世祥、陈树七人立即加入，跟在了队伍后面。孙慰臣对着张世祥眨了一下眼睛，意思是一切正常。张世祥对着孙慰臣点了点头，意思是计划照旧。

哗哗的跑步声，跑进了东门。陈树看到，东门口戒备森严，有三中队的一个排守卫，沙袋工事上架着两挺轻机枪，其余的一些士兵，也荷枪实弹地对准着东门外。门口出入的老百姓很少，就是出入的话，也检查得极严，别说武器了，恐怕一根草棒也带不进去。

三中队跑步进入夏坡后，拐进了东门内的一间民舍，这就是三中队的营地。部队解散后，孙慰臣对着张世祥一努嘴，张世祥七人跟着他进了三中队的队部。屋里除了三中队李队长以处，还有一个人，他就是孔营营部书记官孙伯霞，我们的秘密党员。

进了屋，孙伯霞紧紧地握着张世祥的手说："终于等到这一天了，我们做好了充分准备。"接着又和陈树握手，笑着说："没想到陈营长也来了，你是栗司令的大红人，哪个不知，哪个不晓。"

陈树谦虚地笑了笑："原来真是迷糊，一个锅里搅马勺，还不知道是自己人。晚上还有好长时间呢，这么长时间，不知道会出现什么情况，所以大家务必小心！"

见面完毕，为了便于隐蔽，张世祥、陈树七人隐藏到三中队一间放杂物的小屋里。陈树和张世祥商量了一番，然后对大伙布置任务："今晚 8 点，主力部队就要对夏坡及其附近据点展开进攻。任务是这样的，进攻开始以后，我们就迅速上圩墙，协助三中队控制住东门附近，然后放下吊桥，打开城门，迎接主力进城。主力进城以后，陈明义领着一部分主力迅速向南门迂回，曹班生领着一部分人向北门迂回，而我领着一部分人向西门迂回。占领四门后，大家再领着主力，向村内进攻。听明白了吗？"

大家纷纷点头："听明白了。"

"好！现在没有大事，我们就抓紧时间休息吧。"

也就在这天下午，鲁中八路军在安丘县委、县政府及万余民兵群众大力支援下，按照预先的作战方案，迅速插入敌人纵深，以优势兵力，分割包围了夏坡及其周围 11 个主要据点，切断了敌人互相间的联系。并以主力一部，担任安丘城方面的打援任务。

一开始，夏坡据点司令部里还能接到各部告急电话：“报告胡总指挥，柳沟店子外围，突然发现大批八路主力，正在向我村包围，请求总部支援。否则，我们柳沟店子不保啊！”

胡鼎三骂道：“沉住气，先报上来多少八路，都是什么番号，有没有重炮？”

“八路有两个团，什么番号不祥，有大炮七八门。一旦打起来，我柳沟店子凶多吉少啊，请总部快快派兵支援！”

胡鼎三吼道：“仗还没打起来，瞎叫唤什么！一旦你那里危险，我自会派兵支援的。”

这边电话还没搁下，那边电话又响起来。胡鼎三拿过电话，电话里响起急促的告急声：“报告胡总指挥，大事不好，辉渠村周围发现大批八路主力，足有两个团，正在向我村包围。请胡指挥速速派兵支援，要不，凭我们这点儿兵力，村子不保啊！”

“不可能吧，你那里能有八路两个团？到底有多少八路，什么装备，请你速速报来！”

“没有两个团，也有一个团，光那大炮，足有十多门啊！双方力量悬殊，一旦开战，我辉渠危险啊。”

“到底有多少八路，什么番号，什么装备，说清楚？不然的话，没法支援你们！”

“哎呀！人山人海的，老鼻子了，数都数不过来。总之，这个仗没法打呀……”

下面的电话不通了，一点声音也没了，再听其他的电话，几乎也都没了音。“看来电话线被八路割断了，”一个参谋嘟囔着。电话打不通，夏坡司令部里更乱了，参谋人员都和无头苍蝇一样，在看着参谋长孙荣弟和总指挥胡鼎三。

孙荣弟大声喊道：“电话打不通，用电报，务必要和各方面保持联系。”

参谋们这才纷纷拥入电报房，和各个部队继续联络。

孙荣弟考虑了一会儿，对胡鼎三说：“胡指挥，看来鲁中军区的八路要对我们采取大的军事行动，想一口吃掉我们。安丘、潍县方面远水解不了近渴，还是和东线韩寿臣联系一下吧，看看他那边怎样，争取他的援助。”

胡鼎三一想也是，西线和东线本来就是一个整体，我西线遭到进攻，他东线岂能不救，于是打起电话。还好，东线的电话线还没有割断。

“鹤松兄，你好！我夏坡周围，突然遭到大批八路包围，恐怕八路要向我夏坡开战了。你那边情况如何？”

“哎哟，胡总指挥，我正要向你汇报呢，这里情况不妙！八路大概有四个团，包围了我们王家古城一带，看来想分割包围并进攻我们。如果情况一旦危险，需要总部支援，请胡总指挥做好准备，要不，我王家古城危险啊！”

胡鼎三一听，心里咯噔一下，还没向你求援，你那里倒告急了。这种小把戏骗谁啊？！可是自己有求于人，只好耐住性子说：“鹤松兄，请你看在兄弟一场的份上，如果我真的爬不出来，总得拉我一把呀！你不救我谁救我？”

第98回　里应外合

韩寿臣也言辞恳切地说：“胡总指挥，出兵相救本是我分内之事，只是我部目前泥菩萨过江自身难保。八路已层层包围我部，再说，即使我部突出重围，恐怕八路也早在路上等着我了。没有坚固工事，窝在山沟沟里，什么处境，胡总指挥必然十分清楚！”

听到了这些话，胡鼎三的心里拔凉拔凉的，慢慢地放下电话。

胡鼎三正在沉思着当前的危急情况，突然又一个电话打进来，孙荣弟接过电话，听了几声，急忙递给胡鼎三说：“胡指挥，韩寿臣部张建生来电话，说有要事向总指挥面呈！”

胡鼎三接过电话，先落实那个事：“张团长啊，你王家古城一带，是否受到大批八路的压迫？”

“没有啊！”

“你要说实话，到底有没有大批八路出现，要分割包围你们？”

“噢，胡总指挥，要说有的话，也是小股地方部队，正在我防区内穿插，还不至于影响我防区的大局。”

胡鼎三心里明白了，原来韩寿臣怕自己被调到西线增援，故意用一些危言耸听的假象，来推脱这个事。

“胡总指挥呀，我正有一些事情要向您汇报！”张建生就把韩寿臣私自和八路军谈判的事情说了一遍。胡鼎三一听，心里勃然大怒，韩寿臣啊韩寿臣，你不来增援，原来早就和八路眉来眼去，做好了通敌的准备呀！

听完张建生的汇报，胡鼎三又熊他说：“你是干什么吃的！枪是吃素的吗？怎么不用特务营制止呢？”

张建生一脸无奈地诉苦：“胡总指挥呀，真是冤枉我了，该做的都做了，胳膊扭不过大腿呀！韩寿臣的那些人都听他的，二营韩剑舞的八连更是个八路窝子。上有韩寿臣、张竹坡那些人压着，下有韩剑舞、张秀亭那些人顶着，我真是老鼠钻到风箱里——两头受气啊！”

胡鼎三又骂了一顿，然后吼他说：“叫白科长听电话！”

白玫瑰来听电话，胡鼎三对她却是相当的恭敬，声音软软地说：“白科长啊，你好！栗司令远在潍县，丁处长也不在身边，我胡鼎三还能相信谁啊！你是党国股肱之臣，说句话能顶半边天，对当前的局势怎么看？”

停了一会儿，白玫瑰从电话里说道：“胡指挥呀，我看，张营长也是有些小题大做。八路军善于两手作战，既攻坚又攻心，我们切不可上他们的当啊！八路到韩寿臣那里谈判，谁能说不是离间之计呢？越在这个时候，上层之间越要精诚团结，切不可以自乱阵脚，互相猜疑，你说是不是呢？”

胡鼎三默默地放下电话，他本来要好好地考虑一下几个人的话，哪个对哪个错，可是目前西线形势凶险万分，火烧眉毛先顾眼前。他和孙荣弟简单地商量了一下，决定各部坚守据点，哪里最凶险，相对缓和的据点则出兵相救。

命令一下，所有西线的据点紧急备战，做好一切战斗准备。当然夏坡也不例外，伪军们上了圩墙，居高临下地用枪对着四门外空旷的地方。东门关闭，拉起吊桥，同时伪军也开始埋设大批地雷，有的给早已埋好的地雷“挂弦”。

不一会儿，孙伯霞来到三中队的小屋里汇报工作。他对张世祥说：“目前，三中队的主要任务是埋地雷、挂弦。”

陈树焦急地说：“一旦埋上地雷，挂上弦，进攻部队将受到重大伤亡。”

孙伯霞笑了笑：“放心吧，我和孙慰臣早做了工作，地雷没有埋在东门路上，大都埋在鹿砦跟前。主要路上的弦也没有挂上，已经埋上了土。”

张世祥和陈树等人这才松了一口气。

晚上 8 点一到，我八路军鲁中军区的火炮首先发威，朝着夏坡村的外围工事、碉堡发起了猛烈炮击。闪闪的火光和浓浓的烟雾，迅速笼罩在夏坡村的周围，一些外围的碉堡、工事纷纷炸毁，工事里的士兵不是死就是亡，残碎的肢体，破碎的武器飞上了天空。

原来这回用的也是掏心战术，那就是封锁住夏坡以外的小据点，先集中兵力攻克敌人的指挥机关夏坡村。担任主攻的八路军一团和安丘县属武装，迅速地接近了夏坡东门。

这时候，张世祥和陈树他们已乘乱上了东门圩墙，混在三中队的士兵里面，就等着一团和潍安武工队冲到跟前，然后放下吊桥，打开东门，迎接主力部队进村。这个时候，胡鼎三突然打来电话，命令三中队让出东门防区，调到东南圩墙防御，由特务营一连接防。

紧接着特务营一连也来到了三中队跟前，奉命来接收防地。

突然的变故，让三中队李队长猝不及防，他用眼睛看了一下张世祥和陈树，两人经过短暂的目光交流后，都点了点头。命令已下，只能听其自然，如果这时候违抗命令，还不到火候。

李队长只好把三中队带到了夏坡村的东南角，原来从东门放水的计划失败了。陈树对张世祥说："敌变我变，迅速派人出去送信，叫部队秘密运动到东南圩墙下，把主力部队接到圩墙上，然后再进攻东门。拿下东门，再放下吊桥，迎接主力进村。"

张世祥点了点头："好，就这样办！"

陈树立刻命令曹班生带着一个战士，用绳子缒下圩墙，去向主力部队报告突发情况。曹班生接到命令，立刻领着一个战士沿着顺下的绳子下了圩墙，钻铁丝网、越封锁沟、过鹿砦。"轰隆"一声响，两人不小心触到了地雷，一团浓浓的烟雾包围了他们。

陈树的心里顿时沉下来了，前面两人凶多吉少，部队还不知道这里情况有变，一旦东门贸然进攻，必然遭受重大伤亡。就在这危急时刻，后面又出现了险情，胡鼎三派了一个机枪排过来，架起三挺轻机枪，从后面对准了三中队。

前面危机重重，后面被敌人用机枪逼着，这个仗还怎么打？陈树和张世祥、李队长商量了一下，对陈明义下了命令："你带着两个战士，还有三中队的一排，想办法解决敌人的这个机枪排。"

陈明义点了点头，想了想，立刻对自己的两个战士，和三中队一排长张福龄布置任务："我看这样，我们三个和你们一排装着打架。原因呢，就是晚上吃饭我们三个把排里的肉偷吃了，然后浑水摸鱼……"

两名战士和那一排士兵纷纷点头同意。八路还没有打上圩墙，圩墙上的“内战”先开始了，一排长张福龄首先开骂：“真是好几个月没见肉了，今晚上好不容易吃了一顿肉菜，怎么见不到肉呢？原来被你们几个偷吃了。小子哎，认个错，咱算完事，要不，老子和你没完！”

陈明义还嘴骂道：“你当官的好几个月没吃肉，我一年没吃肉了，见了肉不吃才是傻瓜哩！吃了就是吃了，今晚不吃，还不知道明天吃上吃不上呢！”

“你他妈的给脸不要脸，烂泥糊不上墙。你几个偷吃，别人一块肉也捞不着。”

“反正肉进了肚子里，你能怎么着？还能给扒出来！”

“真气人啊！明明有错还不承认。弟兄们，给我打——”一声喊打，十几个人围着三个人一顿老拳。三个人打不过，只好从圩墙上退上来，往机枪排的阵地里跑去。

机枪排的官兵还在看热闹，眼看着几十个人从圩墙上打到圩墙下，有的人还要劝架：“不就是几块肉吗，值当的。”“八路快打上来啦，你们还为着鸡毛蒜皮闹个没完，傻不傻呀！”正在劝着架，忽见打仗的不打了，一齐用枪对着自己，才知道上了当，只得乖乖地缴了枪。

机枪排长一看情势不妙，撒开两腿就跑，一边跑着一边朝天开枪，大喊着：“三中队反水了——三中队反水了——”

胡鼎三早就对三中队有所防备，一听说三中队缴了机枪排的枪，立刻命令特务营的一个连队从村内向三中队发起进攻。此时双方都明着了，张世祥、陈树、李队长指挥着三中队居高临下，向着从后面进攻的特务营展开了阻击。

“突突突……”“哒哒哒……”“啪啪啪……”夏坡攻守战，先从伪军内部打了起来。正在双方打得激烈的时候，陈树看到一支部队，悄悄地穿鹿砦、过壕沟，越铁丝网，正向东南的圩墙下运动。仔细一看，领头的不是别人，正是曹班生，他把二连带了过来。

原来虽然是触雷，把那名战士炸死了，曹班生侥幸逃生。

陈树大喊一声，马上往下顺绳子，绳子不够，撕了衣服，结成绳子，把他们接上来。曹班生的二连，不但是支生力军，而且装备也好，12 挺轻机枪往圩墙上一架，打得胡鼎三特务营的一个连溃不成军，纷纷后退。

打退了眼前的敌人，潍安武工队的一连又从后面上来了。陈明义、曹班生这两员大将，有了自己的连队，如虎添翼，和三中队一起，迅速从城墙上往东门插去。东门正面，八路一团也在向东门外发起猛烈进攻。

防守东门的特务营一连，还在负隅顽抗，仗着坚固的工事，向着进攻的八路一团进行垂死挣扎。可是陈树他们从旁边圩墙上一进攻，他们就没有什么优势了，特别是三中队，这里本来就是他们的防区，对这里的一砖一瓦，碉堡工事，特别熟悉，就和在自己家里作战一样。再就是陈树的一连、二连，那都是些虎狼之兵，见什么灭什么。

很快圩墙上被我们占领，特务营一连退守到东门下的几个碉堡里防守。

他们用几挺轻机枪封锁着，不让主攻的一团接近碉堡，可是陈树他们早就控制了大门外侧圩墙，居高临下地压制着他们。主攻的一团跃过封锁沟，在碉堡上放置了大量炸药包，“轰隆隆——”一阵巨响，碉堡被炸塌。

三中队打开了东门，一团像潮水一样，涌进了村子，打散了防守的敌人，分成几路，向村内分割包围。

战斗持续到 6 日凌晨，除胡鼎三率领残部龟缩到指挥部小楼作困兽犹斗外，夏坡其余守敌均被八路军消灭。

我八路军在进攻夏坡占优后，其余的部队也向夏坡以外的伪军据点展开进攻。柳沟店子、辉渠、刘家林、土山、泉子崖一带的伪军也被我军一一消灭。

第99回 乘胜追击

6日晨，安丘、坊子的敌伪军前来增援夏坡残敌，但遭到了八路军阻击部队的坚决打击，根本就到不了夏坡。胡鼎三在司令部小楼里苦苦支撑，度时如年，又熬到了7日，一看再也无药可救，于是集中所有兵力，孤注一掷，杀开一条血路，突了出去。

此一仗，鲁中军区八路军联合地方部队和政府，攻克夏坡、偕户、土山、泉子崖等16个栗伪据点，解放村庄300多个，人口约15万，毙伤伪军400余名，生俘2000余。缴获轻重机枪90余挺，小炮12门，长短枪2200余支及其他大批军用物资。

重要的是伪孔营三中队反正起义，加入我八路军，在敌人阵营内造成混乱。栗伪司令部只能龟缩在安丘城西关，残部驻扎在县城附近，士气低迷，地盘缩小，吃饭和物资更成了大问题。

8日，八路军主力一部发扬连续作战精神，分别扫荡安丘南部栗伪残余据点。在八路军优势兵力包围下，这一带的伪军弃寨而逃。八路军又收复高家营、白石岭、西小泉、官庄等栗伪据点。

10日，八路军又以3个团的兵力，挥师深入昌乐腹地作战，消灭了驻郚部日军1个小队和伪军一部，攻占北展伪军碉堡，重创杏子山守敌。11日拂晓，敌伪2000余分由昌乐、安丘、潍县向郚部增援，八路军则主动撤出战斗。

借着这个机会，栗伪慌忙由潍北调遣机动部队，在敌山骑大队支援下，纠集伪军1700余人，由参谋长孙荣弟带领，于15日晨重占夏坡据点，修筑寨墙，恢复工事，妄图继续与八路军分庭抗礼。

敌变我变，八路军暂时放弃进军昌乐的作战步骤，重新部署第二阶段的作战计划，除第四团返回根据地修整待命外，其余4个团组成3个梯队，从16日开始，以攻占夏坡为中心，分别向左右两翼扩大战果。

八路军右翼梯队两个团，长驱挺进直插安丘东南部后，直接对韩寿臣部、景芝镇的敌人形成包围之势。为了迫使韩寿臣起义，让他实行承诺，6月20日，鲁中四军区副政委李化文、敌工科干事张世祥，联络科长张俊千，潍安武工队长陈树，把韩寿臣约到了车戈村小学的两间教室里，直接与韩寿臣进行了面对面的谈判。

车戈庄村就在王家古城西南5公里，这里刚刚解放，一切还是老样子。教室没有玻璃，只有老式的窗棂子，糊着几张白纸。但是夏日阳光炽热，早已把屋里的一切照得亮亮堂堂，教室的桌子拼成了长方形，坐着双方谈判代表。

韩寿臣满脸疲惫，一脸愁容，为起义的事情，还在犹豫不决。他的左边坐着张竹坡，右边坐着韩剑舞。

韩寿臣无精打采地说："对于贵军的战斗力，我不怀疑，胡鼎三部这么强大，工事异常坚固，还是被贵军打败了。但是起义不是个小事情，关系到近二千官兵的前途问题。如果我们起义，贵军将如何安排？"

李化文笑了笑："伪军起义，也不是第一回了，1944年7月21日，伪山东'灭共建国军'第八团团长王道率部二千余人，在寿光县丰城一带起义，被八路军山东军区编为'山东军区独立第一旅'。

"1944年11月19日，伪莒县保安大队长莫正民率部三千五百人反正，被编为'山东军区独立第二旅。'接着又有伪山东保安十二旅旅长张希贤率部一千五百人，在诸城起义，被编为'山东军区独立第三旅'。如果你们起义，将被编为山东军区独立第四旅。至于目前他们过得怎么样，你可以派人去打听一下。”

韩寿臣又提出自己的困难：“不过，王子春的十六团和景芝镇的部队我节制不了，如果他们不听指挥，前来捣乱，恐怕我部内外交困，处于被动啊！”

李化文的态度非常坚决：“我们早就考虑到这一点，为了减轻你的压力，对景芝和王子春部，我们实行坚决打击。”

韩寿臣还是没有做出最后决断，拿不定主意。

陈树忍不住了，插嘴说：“韩团长啊，请容许我叫你一声韩团长。想当年你也是一个响当当、硬邦邦的汉子，曾和鲁东游击队七支队二大队一块儿打过鬼子。为了搞给养，还大闹过黄旗堡，打死过不少日军。

“栗文礼信任你了吗？一直在用着你，防着你！这几年来，把你派到和八路军对峙的前线，就是想借八路之手，来削弱你，灭了你。原来派了个张建生，就是监视你的，有点什么屁事，就抓紧向栗文礼、胡鼎三汇报。这回又派了张立三的一个营来，更是加强了反韩力量，说不定什么时候，就会死在这些小人手里。

“人啊，必须得有信仰，原来栗文礼也算一壶，好歹也是抗日的。可如今和平建国军是个什么货色，说白了，就是日本人的走狗，帮着日本人杀中国人的。这个时候你还执迷不悟，还有幻想，拍拍自己的良心想一想，还算个中国人吗？”

一席话，激起了韩寿臣的良知，他腾地一下站起来，大声地说：“好了，从现在起，我已下定决心，坚决起义，跟随八路军抗战。至于具体事宜，还请八路军安排……”

22日拂晓，我八路军一部突然进攻、占领景芝镇，俘虏伪官兵340余人。景芝镇离着王家古城也就有4.5公里，解除了韩寿臣的东南侧翼威胁。

同日晚上，我八路军向盘踞在石堆街、河洼、王集、宋官疃等地王子春部发起猛烈进攻，歼灭了伪十六团王子春的主力大半，为韩寿臣的起义扫清了主要障碍。为了保护和监视韩寿臣起义，陈树率陈明义的一个连直插王家古城，配合行动。

晚上10点，韩寿臣命令王家古城附近的4个营长到王家古城指挥部开会。当时韩部共有7个营，有3个营驻扎在韩吉村一带，鞭长莫及，所以只能通知这4个营长前来开会。为了防止张建生特务营捣乱，韩剑舞的二营和陈明义连监视着张建生特务营的驻地。

张建生原来还觉得有后台，随着西部夏坡伪军的大部被歼，栗部主力向安丘县城龟缩，他觉得也没有什么指望头了，只好硬着头皮前来开会。

韩寿臣看到4个营长全部到齐，看了一眼旁边压阵的张竹坡，开门见山，对大家说："各位兄弟，大家随着我征战多年，我韩某表示深深的感谢！

"大家不用说，都是明白人，栗司令远在潍县养病，胡鼎三部在夏坡被打得稀里哗啦，要想重返过去的日子，我看难了。我们和平建国军说白了吧，其实就是汉奸，死了恐怕也进不了祖坟。什么曲线救国都是骗人的，大家想必也心知肚明。

"目前，八路军已集中大批主力，包围了王家古城一带，胡鼎三部这么强大，不还是被八路打垮了。如果我部死抗，什么下场，大家恐怕也会明白。如今我们怎么办，还请大家拿个意见。"

几位营长除了张建生外，都是韩寿臣的心腹，韩寿臣这些日子做了些什么，他们怎能不知道。一营长说："我们坚决跟着韩团长干，叫我们打狗，我们不骂鸡，叫我们往东，我们不往西。你说怎么办，咱就怎么办！"

三营长愤愤地说："这个汉奸队伍早就不想干了，干脆投八路去。就是死了，也落个气节，也不能让人戳着脊梁骨骂，也好安心地闭上眼睛进祖坟。"

只有张建生耷拉着脑袋不说话，他知道，这回算被韩寿臣涮了。他看了看旁边的白玫瑰，早就知道白玫瑰有军统背景，一向是自己的政治靠山，自己只能以白玫瑰马首是瞻。

白玫瑰的表态，却叫张建生大加意外。她说："栗司令表面上投汪，实际上就是降日，叫我深恶痛绝，没有办法，只好胁从。我认为，党派之争，只是兄弟间的事情，而民族大义，才是大是大非的问题。我个人的意见，支持韩司令，服从韩司令的指挥！"

白玫瑰的话，不但张建生的脑子转不过弯来，连陈树都有些迷糊了。

二营长就不用表态了，正在外面执行任务。韩寿臣稳了稳说："既然大家都这么说，好吧！为了全团近两千弟兄有个好前程，也算为了我们国家，我韩寿臣决定起义，投八路了。当然要是有人不愿意，绝不勉强，队伍和枪留下，走人！"

韩寿臣说这话的时候，看着张建生，这个副团长兼特务营长一直和自己过不去，自己一直受他的气。但是今天，韩寿臣瞪着眼睛看着他，决定他政治命运的时候到了。

张建生一直在考虑着，自己到底应该何去何从？如果弃特务营而去，就算韩寿臣放他一命，没有兵权的他到了哪里也吃不了香的。胡鼎三不会拿他当个菜，就算到了栗文礼那里，最多也就弄一个副官当当，自己一辈子也就完了。

如果跟着韩寿臣干，掌握着一营兵力，谁也不敢怎么着他！

第100回 顺手牵羊

想到这里，张建生突然来了个一百八十度的大拐弯："我坚决服从韩指挥的命令，跟着韩指挥起义！"

韩寿臣心里才一块石头落了地，躲在幕后的陈树也把枪放心地掖进了枪套。

“关于具体的起义步骤，请八路军代表陈树宣布，大家欢迎啦！”韩寿臣首先鼓掌欢迎。接着张竹坡，司令部的人，还有这4位营长，一块儿响起热烈的掌声。

陈树这才从屋外走向了屋里，向大家按了按手，满面春风：“想我陈树，和大家也不是外人，原来也就是一个特务营的营长。我陈树为什么是八路？因为八路是抗日的队伍，是中国老百姓的队伍，还是一支能征善战的队伍。在这支部队里生活、战斗，我觉得舒心。今天，大家能和我终于走到一条战线上，我代表八路军，代表鲁中军区，表示热烈的欢迎！”

陈树和大家一齐欢快地鼓掌。

待大家鼓掌完了，陈树说：“请大家少安勿躁，休息一下，我和韩指挥商量完后，马上宣布具体方案。”

这个时候陈树的心里，还是相当紧张、复杂的，内部有一个敌对的部队，那就是张建生营，如果张建生营捣起乱来，弄不好一口臭肉坏了一锅汤。还有这个白玫瑰，绝不是个善茬，她要是发挥出她的能量，绝对搞得韩寿臣焦头烂额。

不过情况还算满意，白玫瑰表态，支持韩寿臣。张建生迫于各方面的压力，决定跟随起义。

内部暂时无事，还有一个外部的重大敌人，就是张立三营。他是胡鼎三派到这里来监视韩寿臣的，就驻扎在西古城村，离这里有600来米，就是眼皮子底下。他的一个营要是扑上来，这些人弄不好就会被包了饺子。

一旦到了那种情况，这几个营长也不保险，起义说得好好的，翻脸不认人，那也说不定。

韩寿臣也有些皱眉头，原来说好的，一旦大家同意就宣布起义方案，怎么陈树临时变卦，不宣布了呢？

陈树把韩寿臣叫到一边，问：“打算对张立三营怎么办？”

韩寿臣叹了一口气：“胡鼎三的人，我管不了，由他去吧！”

陈树摇了摇头："离着我们这么近，不管他不行。他要是真打过来，我们可是没法招架啊！"

"你说怎么办？"

"不如把他叫过来，控制住，然后逼他！看他怎么说，再做决断。"

韩寿臣想了想："好，就听你的。"于是摸起电话，接通，然后对张立三说："张营长啊，目前王子春部突然遭到八路攻击，情况危险啊！请你速速到指挥部来，商量怎样出兵救援王子春的事儿。"

韩寿臣打完电话，陈树和他商量了一下，立刻命令二营和陈明义连解除对张建生营的监视，二营再赴西古城村，负责对张立三营的监视，陈明义连速回指挥部，防备不测事情发生。

王子春部被打击，张立三怎么会不知道，听到指挥部召唤，想也没想，立刻带着几名护兵，骑着马飞速前来。到了指挥部门口，韩寿臣副官让士兵接过马，直接把护兵拦了下来："请各位兄弟先到一边休息。"

张立三在院子里，又被韩寿臣的卫兵收了枪，直接被带到一间厢房。等了一会儿，才见韩寿臣进来，后面还跟着一个人，就是原来特务营的营长陈树。张立三一见大吃一惊，这个陈树不是早就投了八路吗，他来干啥？

一种不祥的预感笼罩在他的心头。但这是在韩寿臣的指挥部里，孤身一人，就是想反抗的话，也没有什么本钱了。

韩寿臣和他握了握手，直接对他说："张营长啊，老十团的弟兄们决定起义，参加八路军，一块儿打日本。是去是留，请你自己选择，如果还想当汉奸，我们放你，但是特务营你不能回去。要是你参加八路军，抗日救国，我们欢迎，还是当你的营长。"

张立三一下子头上冒出了汗，事情变化得忒快，脑子几乎要炸了。但是不考虑也不行，韩寿臣可没有耐心等上你几天！

自己原来是胡鼎三派来的，说是保护其实是监视韩寿臣。这下子好，现在胡鼎三部损失大半，早已退到县城附近，夏坡虽说又被重新占领，能撑几天，也难以说清。特务营肯定是回不去了，没有兵权的人，狗也不如，就是回到胡鼎三那里还能干什么呢?

回去是条死路，如果不回去的话，兴许还有活路。想到了这里，张立三只好点头说："韩指挥，我愿意跟着你起义，参加八路军。"

"那好！"韩寿臣亲热地拍着他的肩膀，"从今以后，你就是我的亲兄弟。同生死，共患难，一块儿打鬼子！"

这几句话，说得张立三心里有些感激涕零，胡鼎三还没有这么信任他呢，只不过拿他当一般军人对待，而韩寿臣却拿他当亲兄弟相看。张立三立刻加强语气说："韩指挥看我的吧，原来我是什么角色，你我心里都清楚。但是今天，我决心脱离胡鼎三部，加入八路军，一切听从韩指挥调遣。"

韩寿臣和张立三重新握手，陈树也和张立三握手，不过握手的含义不一样了。

除了韩剑舞执行任务外，四个起义营长又聚在一起，听从陈树宣布起义方案："现在我宣布，我们五个营正式起义，脱离栗部，加入八路系列，大家欢迎啦！"

会场上响起热烈的掌声。

掌声完毕后，陈树又宣布："大家回去分头准备，一个小时后，向解放区沂水县官庄村进发。为了确保起义成功，请大家暂时不要对连以下单位宣布实情，只说是执行紧急任务。到了目的地后，再统一宣布起义。各位同志，还需要派兵保护吧？"

一营长、三营长都说没问题。二营韩剑舞不在，也不用表态。张建生说："我只要同意，就基本没问题。"只有张立三有顾虑："事情变化太快，我怕队伍里有人闹事。"

韩寿臣想了想："那就叫二营跟在你们后面，如果真控制不住局势，自有韩剑舞给你撑腰。"

张立三站起来大声说："感谢韩指挥对我的帮助。"

王家古城到沂水县官庄村将近60公里，且大部分是山路。韩寿臣的5个营经过简单准备后，立刻向西南进发。

当时的行军次序是这样安排的，一营在前，担任前锋，后面是张建生的特务营，再接着是三营，三营后面是张立三的特务营，再后面是二营，二营后面是韩寿臣的司令部，直接由陈明义连压阵。

也就是说，张建生的特务营，由一营和三营夹着，张立三的特务营，由二营看着，陈树带的连队，也算是机动部队吧！

队伍一路急行军，先向西，再向南，摸着黑渐渐进入山地。张立三的几个连长也不是一般人，感到情况异常，渐渐心焦起来，合起伙来找到张立三问："张营长，咱们这是上哪里去？""是不是投降八路？"

"我只是奉命执行任务，具体任务我也不清楚。"

"不对吧，"一连长首先发难，"这都是八路的地盘呀，我们这不是送死吗！不要听韩寿臣这个老小子的话，他们是不是把我们交给八路呀？"

"那不行，要是那样的话，我们反了！"二连长也发着狠话。

三连长却说："大家不要激动，一切由张营长说了算，军人吗，以服从命令为天职。只是我们要听句实话，这是上哪里去，去干什么？"

张立三只好说："弟兄们跟了我这么多年，要是昧着大家，实在于心不忍。不过说句实话，这也是为了大家好，韩指挥这是命令我们起义，参加八路军系列。我奉劝各位兄弟，识时务者为俊杰，再跟着日本人干，继续当伪军就是死路一条，只有参加八路军，才是一条光明大道。何去何从，还是请诸位兄弟自己决断，如果跟着我一块儿投八路，我欢迎！如果不愿意，我也不强勉，放下枪，走人！"

三个连长这才知道行军的真实目的，不禁一个个惊得瞠目咋舌。一连长首先暴跳起来：“不行！就是一只鸡挨了刀还要扑棱几下呢，何况我们是一个整营。张营长啊，你领着我们干，就是死，也要杀他个人仰马翻！”

二连长也跟着说：“对呀！对呀！宁愿叫他打死，不能叫他吓死。我们一冲，准能冲出去，找到胡指挥，再做打算。”

三连长却一个劲地摇头：“你们呀，也不动动脑子，胡指挥是泥菩萨过江自身难保，还顾得了你们？全营几百人，主事一人，还是听营长的吧！”

张立三对这几个连长做工作：“几位弟兄不是外人，听我说说心里话吧！只要跟着我，保准你们吃香的喝辣的，受不了委屈。当然走人我也不挡，你走你的阳关道，我走我的独木桥。可是丑话说到前头，走了再回来，好位子没了，只能当小兵。”

张立三这样一说，二连长也没了这么大火气，只有一连长还愤愤不平：“我就是觉得冤，就是不平气，这么一个营，就白白地交给八路了？！”

听得这边吵闹，二营长韩剑舞领着八连长张秀亭过来。张立三营的后边就是二营八连，虽然他们也在行军，但是一双双警惕的眼睛，都在看着这边。只要这边一闹腾，那边可能就会步枪一端，立刻武力解决问题。

第 101 回　转移家属

韩剑舞对张立三笑了笑：“张营长啊，这边有情况吗？如果请我们二营帮忙的话，说句话。”

张立三也笑了笑：“没什么，我们弟兄几个说闲话呢！”

待韩剑舞走后，张立三对他的几个连长说：“如果你们还拿着我当大哥，就听我一句话，我绝不会领着你们走错道。要是不听话，那也没办法，就请自己闯社会吧！”

内有张立三压着，外有二营武装“押运”，一连长就是再有脾气，也没有办法，只好来了个徐庶进曹营——一言不发。

韩部5个营经过一夜急行军，于第二天上午10点钟终于到达目的地——沂水县的官庄村。村口八路驻军和当地群众打着红底白字“热烈欢迎投入人民怀抱”的大横幅，敲锣打鼓地正在热烈欢迎呢！

这5个营的官兵经过一夜行军，就是再傻的人，往八路的根据地里进发，也知道干什么来了。虽然人困马乏，但是村里水缸早盛满开水，大笸箩里放满了蒸好的大肉包子，再加上鞭炮一响，锣鼓一敲，口号一喊，再疲乏的人，也来了精神。

士兵们纷纷议论。“八路的地盘就是好啊，渴了有开水，饿了有包子，好长时间没吃过包子！好几个月没闻到肉味了！真想一口气吃上10个。”“原来我们到八路的地盘抢点儿粮食，一粒粮食也找不到，他们还鼻子不是鼻子，脸不是脸的。可是今天，怎么发现他们变了个人一样。”

“谁让我们是和平建国军呢，说白了也就是汉奸，今天我猜八成要换旗号，大家信不信！”“还信不信，肯定的。我早就盼着这一天了，要不，连家也不敢回，光挨骂！”“韩指挥总算办了件人事儿。”

四军分区副政委李化文亲自前来迎接，他和韩寿臣热烈地握着手：“韩指挥啊，我们从现在开始，就以同志相称了，就是一个战壕的战友，祝贺你啊！”

韩寿臣长叹一口气，谦和地说：“哎呀，早就盼着这一天呢！终于熬了过来。过去，我犯过很多错误，还请李政委原谅！”

“过去是过去，不要再提。现在是崭新的一页，一切从头开始。”

李化文和军区领导与各位起义营长一一握手，吃完饭后，把他们叫到一个屋里开会。韩寿臣的主要军官吃饱喝足，坐在简陋的会议室里，听候军区领导指示。

领导和起义军官开会，陈树就不进去了，经过一夜征程，又受了这么多惊吓，这时候才觉得浑身疲惫，昏昏欲睡，和陈明义都想闭上眼睛休息一会儿。但是一种胜利的喜悦冲击着他，会议室里时时响起的热烈掌声刺激着他，兴奋之情早就赶跑了困顿。

李化文对大家说："由于这次起义比较仓促，还有一个重要工作忘了做，不知大家想到没有？"

大家一阵沉默，都在考虑着不知道忘记了什么重要工作。

韩寿臣想了一会儿："我还有 3 个营在后方没有拉出来，是不是这个事？"

李化文摇了摇头："老太太（韩寿臣的母亲）出来没有？"

韩寿臣说："我已经安排他们从城里移到韩家王封。"

李化文严肃地说："3 个营是小事，5 个营出来了，你出来了，这个旅就站住了，主要是你家属的安全。如果大家没有意见，我们这就安排把主要军官的家属接到根据地里来住。这样才能使大家安心抗日，没有后顾之忧。"

韩寿臣有些激动，站起来对李化文说："没想到李政委工作这么忙，还想着这件小事，叫韩某实在感动啊！"

"怎么能是小事呢？"李化文说，"栗文礼，胡鼎三的小心眼子不是不知道。他们心狠手辣，什么事情做不出来！所以我们要防患于未然，提前做好这些工作。"

几个营长纷纷表示感谢。

"还有另外 3 个营，我们也要抓紧做工作，防止夜长梦多。趁着栗文礼、胡鼎三没有回过神来，最好尽快地把他们带出来。"

韩寿臣立刻表态："李政委说得对，我们立刻派张竹坡和韩剑舞到那 3 个营的驻地韩吉村一带，让他们立刻起义，到这里来。"

命令一下，那边有张竹坡、韩剑舞带着八连的一个排，这边有张世祥、陈树、陈明义带着曹班生的一个连，迅速回去，赶到韩吉村一带，去完成这两项任务。

也就是6月22日晚上，八路军中央梯队的一个团，对重新占领夏坡的敌人展开行动。首先歼灭了离夏坡半公里的南山守敌1个连，23日上午8时半，八路军以一部攻占牟山，切断了夏坡伪军到安丘的补给交通线，主力则分东西两线向夏坡据点实行钳形攻势。

孙荣弟一看不妙，被八路抄了后路，以后光饿也饿死了。再说，韩寿臣率部5个营投降八路的事情也传到他的耳朵里，整个东部阵线全垮了，赖以支持的半壁江山没了，这个仗还怎么打？

与其困守孤城，等待被歼，还不如回到县城，靠拢大部队再作打算。于是孙荣弟率领着刚刚占领夏坡才8天，被窝还没暖热的残部，仓皇弃寨北逃。八路军遂彻底解放夏坡。

再说执行搬迁家属任务和促成韩寿臣余部起义的这支部队。

韩吉村在安丘城的东北，离着这里有六七十公里，韩寿臣的老家韩家王封村，也就在韩吉村的西南6公里，这两个地方离着安丘县城都不远，也算是个险地。时间万分火急，两支队伍合兵一处，立刻向东北进发。

曹班生有些不理解，对陈树发着牢骚："你们刚回来，又再杀回去，这不脱了裤子放屁——多此一举吗！当初为什么不把这两件事都办了？"

一旁的陈明义听了，却不是这样理解，摇了摇头："话说得太轻巧，哪有这么容易呢！能把这4个营带过来，又顺手牵羊弄回张立三的1个营，已经不错了，哪能想得那么细呢！这一步总算有惊无险完成了，才能进行下一步搬迁家属和促成另外3个营起义的工作。"

"这也叫走第一步，想着第二步，准备着第三步，不能黑瞎子掰棒子，掰一个丢一个。”陈树总结说。

曹班生看着陈树骑在乌骓马上困得不行，已睁不开眼睛，陈明义骑在白马上也没有什么好模样，眯着眼睛半说半睡的。曹班生咂着嘴：“你看你俩这个熊样！不能晚走一天吗，休息好了有精神才能工作。”

陈树闭着眼睛说：“我们这是和胡鼎三抢时间呢！晚走一天，等胡鼎三回过味来，早把家属抓走了。”

乌骓马也像在配合着主人睡觉，故意放慢脚步，和缓着节奏，让主人舒服。

六七十公里的路程，将近 23 日晚上，才到了韩家王封村。陈树和他们分了工，由韩剑舞、张世祥接几个营长家属，二营八连的一个排跟着。陈树和张竹坡接韩寿臣的家属，曹班生的一个连紧随。两拨队伍完成任务后，在韩吉村会合。

已经进入敌占区，为了便于工作，曹班生连全部换上伪军衣服。韩家王封就在安丘的鼻子底下，什么事情都可能发生，所以曹班生连进村后迅速封锁路口，布下暗哨，人是只能进不能出。

张竹坡和陈树直闯韩宅，韩寿臣有两个老婆，大夫人正巧在家，张竹坡和陈树她都认得，惊奇地问：“你们怎么来了，有什么事吗？”

张竹坡笑了笑：“是这样的，最近韩指挥工作忙，不能回家，所以叫家属去住几天，都去。请你们抓紧安排，这就走！”

韩夫人不禁起了疑心：“这个老韩怎么了，刚从城里搬出来又要搬家？再说，也不能都走啊，破家值万贯，都走了谁看家。还有天黑看不清道，哪有晚上搬家的啊，莫不是张主任有什么事瞒着我？”

黑夜里让全家人搬家，确实也没有合适的理由，张竹坡只得压低声音说：“是这样，韩指挥参加八路了，为了怕栗文礼、胡鼎三报复，所以叫我们来搬家。具体事情，韩夫人就不要再问了，请带领全家速速跟我们走。”

韩夫人一听大吃一惊，才知道丈夫已经改换门庭，再不走，恐怕祸及全家。只得说：“好了，全家这就走，容我们收拾一下。”

张竹坡又叮嘱道：“请夫人配合一下，切不要对全家说韩指挥参加八路的事。到了根据地里，韩指挥必然给家人说清，免得寻根问底，耽误时间。”

“我明白。”

韩夫人这才督促全家，收拾东西，赶紧跟着张竹坡和陈树“搬家”。韩寿臣有个老父亲，七十多岁了，特别固执，平时哪里也不去，进城享福都不去，这会儿更是坚决不走：“我都黄土埋到脖子了，还瞎转悠什么。你们跟着这个贱人享福就享福去，我反正不走！”

韩夫人劝他说：“爹啊，鹤松说军务繁忙，也没时间孝敬您老人家。这回一定要你去，好歹享两天福，也不白活一辈子。”

“当这个破汉奸，有什么招摇头，见了乡亲都嫌丢人。他要是死了，我素净，随便找个坑埋了。我韩家祖坟一向清白，汉奸不能进祖坟。作孽啊！作孽啊！”

第102回　带回三个营

正在这时候，哨兵来报：“从城里出来一个排，向这个方向来了。”

陈树着急地对张竹坡说：“恐怕这股敌人也是冲着家属来的，事不宜迟，背也要把他们背走。我们不能和敌人硬打，没有这个必要。”

张竹坡点了点头：“强制带走，一个不留，家里值钱不值钱的，统统不要，顾不得了。”

命令一下，几个战士背起老爷子就走。老头一路上破口大骂：

“你们这些挨千刀的，和土匪什么两样，这不是架户吗！韩寿臣，你这个王八的儿，我怎么生了这么个贱种……”

陈树的部队带着韩寿臣的家属往东北跑去，后面的队伍追了一会儿，看着这边人多，没敢再追，然后返回城里报信。

韩家王封往东北走6公里就到了韩吉村，韩吉村紧靠着汶河，是安丘县较富庶的一个村庄。过去抗日初期，出过不少人尖子，连张竹坡、张俊千，张守仁都是本村人。张竹坡进了从小生活的家乡，自然不算外人。

韩剑舞、张世祥也带着一些起义军官家属过来，算是比较顺利地完成任务。韩寿臣的3个营长，见政训处主任和韩寿臣的心腹营长都来了，知道必有大事发生，不用通知，早凑到了张竹坡的身边。

再一看，原来特务营的陈树也来了，还带着一些陌生人，他们的心里已猜透了八九分。

就在营部里，张竹坡、韩剑舞、张世祥、陈树召集他们开会，屋里的小油灯一闪一闪的，一会儿明一会儿暗，显得屋外的天空更加阴暗。

张竹坡对3个营长说：“就在今天早晨，韩指挥率领着5个营到了沂水官庄，宣布起义，成了八路军山东独立四旅的旅长。韩指挥时刻关心着大家，特叫我们来欢迎你们到沂水去，如果还有什么情况不明白的，这里有八路同志，给你们解释一下。”

3个营长这才知道，这是韩寿臣叫他们加入八路系列啊，事情来得太快，脑子转不过弯来，一时没了话说。

好一会儿，营长刘念友说：“张主任啊，你也不是不知道，我好抽大烟。到了八路的队伍里，怎么办？”

张竹坡看了一眼张世祥。张世祥说：“按照八路的规矩，应该戒烟，但是戒不了，照吸。”

刘念友点了点头：“那好，我放心了。”

王营长说：“过去没少和八路打了仗，有人命啊！要是到了八路队伍里，会不会算总账啊？”

张世祥解释：“过去是过去，两军交战，难免死伤，以前的账一笔抹消。”

“如果那样的话，没有意见了。”王营长点了点头。

吴营长又出难题了：“我的二弟不老实，时常好逛个窑子啥的，八路兴不兴这套？”

张世祥回答：“按说八路的纪律，不兴这套，连高级领导都不允许。这一条确实没法答复你。”

吴营长想了想：“既然八路不兴这套，我也就忍着吧！一切随着八路的纪律办。”

3个营长既然没有意见，张竹坡宣布：“好！不愧为韩指挥的好兄弟，那我们3个营现在就起义了。”

大家一致鼓掌通过，并再次亲热地握了握手。

张竹坡郑重告知：“那我们就各自回去，整理自己的队伍，半小时后向沂水官庄出发。为了确保起义成功，请各位不要透露我们的行军目的地，也不能给下面说我们起义。到了沂水官庄，自有韩指挥给官兵讲明。”

3位营长点了点头，刚要出门，突然外面响起了枪声。不一会儿，曹班生进来报告说：“胡鼎三的一个团，正在向韩吉村压过来。打还是退？”

陈树果断地说：“敌人压过来，怎么不打，请你们连和八连一排，迅速占领有利地形，阻击胡鼎三的进攻。”

“是！”曹班生答应一声，迅速组织部队抵抗去了。

这3个营长一时有些慌乱，刘念友说：“这起义的事咋办？胡鼎三有那么些人，打不过他们的。再说，队伍什么事儿也不知道，叫他们打胡鼎三，以下犯上，肯定他们不打！”

王营长直接打了退堂鼓：“起义的事啊，我看就算了吧。你们快走，我们掩护着你们，就说什么也不知道，你们没来。”

“那样我们不受损失，还能保全面子。”吴营长敲着边鼓。

张竹坡觉得情况非常严重，对陈树说：“我们的力量太薄弱了，根本支撑不了多长时间。这时候刚刚起义的3个营还不能打仗，自己连什么番号都弄不清，怎么和胡鼎三交战？”

韩剑舞对是否能抵抗住胡鼎三的进攻也信心不足：“要不，我们退一步吧！”

“不行！”陈树果断地说，“胡鼎三不是照着我们来的，他们是照着韩寿臣的这3个营来的。一退，胡鼎三进一步，就把起义的3个营控制了。我们没有退路，只能坚决抵抗，为3个营起义争取时间。还有，我们的几个主力团恐怕离这里不远，速速找到他们，请求支援。”

张世祥也同意陈树的意见：“对，只能这样，我们才不至于被动。”

张竹坡和韩剑舞想了想，也点头同意。陈树立刻叫陈明义派出几个小组，骑着快马，迅速寻找主力部队，请求支援。

陈树又安慰这几个起义营长：“大家不要惊慌，我们是韩寿臣的人，韩指挥对我们这3个营起义抱有重大期望！再说，八路的大部队离这里并不远，马上就要支援我们这里。夏坡也传来好消息，孙荣弟带领的那些伪军也被八路灭了，剩下的又重新退回城里。身子都掉到井里，耳朵还能挂住了？几位回去抓紧准备，半小时后，我们就开拔。”

这几个营长心神不定，抓紧开溜，说是回去准备，实际上在观望形势，哪边风大朝哪边倒。

谈判的技巧再高，也不如军事实力说话。韩吉村边打得火爆，陈树、张竹坡、韩剑舞立刻赶到曹班生那里。

韩吉村有一个土圩墙，圩墙上挖有枪眼，曹班生连和二营八连的一排，正是利用这些有利地形，在阻击着胡鼎三部的疯狂进攻。

虽然曹班生只是一个连，但是久经战火，战斗力强大，全连配备 12 挺捷克式轻机枪。再加上八连一排也有一挺轻机枪，机枪与步枪构成了交织火网，在阻止着胡鼎三部的进攻。

陈树他们到的时候，刚刚打退敌人的一次进攻，近处的树木、杂草都在燃烧，火光里躺下一片伪军尸体，足有七八十个。

胡鼎三这次真急了，就像一个输急了眼的赌徒一样，亲自带着一团人前来进攻。

韩寿臣已经带走了栗部的 5 个营，不能再带走剩下的 3 个营，再加上夏坡二次占领又被八路攻克，自己的主力被歼，王子春的十六团被灭，自己还有什么呢？剩下的日子怎么过，连傻瓜也能算出来……

胡鼎三大吼：“对面的队伍谁是头，请站出来说话？”

陈树大声说道：“是胡指挥吧！我陈树不算八路头，也就是一个普通战士，有什么事，你就说吧？”

胡鼎三叫唤道：“我说陈树啊，你这个忘恩负义的小人！栗司令待你不薄，怎么投降八路了呢？这样做对得起谁？趁现在反悔还来得及，把你的队伍带过来，回到我们队伍，保准让你官升三级，过来吧！”

陈树嘿嘿一笑：“栗司令啊，原来佩服他是条汉子，打日本也算英雄。可是他千不该，万不该，怎么投降日本人呢？你们和平建国军，当日本人的走狗还有什么出息？如今日本人是秋后的蚂蚱，蹦跶不了几天啦，还有什么撑头。眼皮子的事儿，弟兄们不会看不出来吧！

“八路可是打日本的队伍，个个都是英雄好汉。和平建国军的弟兄们，你们过来吧，参加八路打日本，再也不用叫人戳着脊梁骨骂了，也能挺直腰板做人。虽说没有山珍海味，可也吃得饱，穿得暖受人尊敬。这么好的事儿，哪能不过来呢，我们八路军欢迎你们！”

本来胡鼎三还劝着陈树投降，没想到倒成了陈树劝着伪军反正，直把胡鼎三气得肚子鼓鼓的，要是没有肚皮包着，恐怕早崩了。他把手枪一挥，汪汪道：“我看你是不见棺材不落泪，我胡鼎三就是再无能，也不能对付不了你们这点儿人马。全团压上，一个不留，向着韩吉村，进攻——”

伪军进攻前，刚上来两门90毫米迫击炮，立刻用迫击炮对着韩吉村土圩墙射击起来。“轰轰——”“轰轰——”一团团火光，一阵阵烟雾，立刻在圩墙上弥漫开来。直炸得土圩墙纷纷坍塌，捷克式轻机枪，中正式步枪随着战士的肢体，炸上了天空。

陈树心里这个恨呀，恨什么呢？恨没有带任兆宗的几门小炮过来。兵器学上正所谓一物降一物，卤水点豆腐，机关枪能克制步兵，而迫击炮能克制机枪。在敌人的迫击炮面前，韩吉村只有挨打的份啊！

第103回　独立第四旅

部队的伤亡在增加，战士们一个个倒在血泊之中，再这样打下去，我们的阵地凶多吉少！

胡鼎三看看炸得差不多了，大手一挥，停止炮击，在机枪的掩护下，一个团的步兵，连炊事员都上了，要全力对付陈树的这点儿人马。

炮击中，队伍伤亡过半，能向敌人射击的只有五六十支枪了。胡鼎三的步兵有的已冲进圩墙，和曹班生连厮杀在一起。我们的战士也不是吃素的，抖擞精神，和敌人乒乒乓乓拼起了刺刀。可是敌人越杀越多，有的三四个伪军对付我们一个战士。

真是好虎难架一群狼，眼看着韩吉村阵地就要被胡鼎三拿下。

就在这千钧一发时刻，突然传来八路军的冲锋号响，一彪人马杀到，从侧面向胡鼎三部发起猛攻。两军正在激战之中，任何一方的援军来到，都是对另一方重大的打击。胡鼎三的士兵一看，我那妈呀，打不过呀，赶紧跑吧，马上胜利的队伍，立刻像潮水一样败了下来。

兵败如山倒，胡鼎三也被裹胁在败军之中，向县城方向退去。这支援军，原来是陈明义领着主力部队赶到。

陈树心情沉重，没有下令追击，没有一点儿高兴，反而沉浸在无比悲痛之中。马上就要大胜，一次小战斗却使曹班生连损失大半，无数优秀战士，没有死在鬼子枪下，却在这次战斗中牺牲了。如果迫击炮对付迫击炮，本可以避免这次重大伤亡，但是自己没有带来，这是自己的重大失误啊！

韩寿臣的那 3 个营长，一看八路的势力确实忒大，再不反正有点儿傻瓜了。立刻集合起队伍，按照预定路线，向西南进发，经过一夜行军，于第二天上午，到达沂水官庄。

这回韩寿臣亲自来迎接，队伍吃完饭，休息后，韩寿臣向他们宣布了起义的决定。当时部队乱了一阵，有的借着上厕所，想趁机溜掉。但是韩寿臣早就做了准备，士兵想逃跑的都被堵了回来。

韩寿臣对他们说："想起义的我欢迎，不想干的我也不强留，但是枪必须留下。签上名，摁上手印，领上路费，光明正大地走。我韩寿臣好歹管了你们几年饭，人非草木，孰能无情，不能连这点儿友情也没有！"

刘念友看了一眼韩寿臣，眉毛一竖，大声骂道："他妈的，韩团长给你们面子，我刘念友不能给你面子。谁要是不够朋友，偷偷摸摸走人，小心吃我枪子！"

王营长也吼道："他娘的，有些人怎么就是个二百五，不明白呢！韩团长领着你们走上一条光明大道，是为着你们好。谁要是再想回到胡鼎三的队伍里，哼！小心我一个纸条递过去，胡鼎三也饶不了你。”

本来想溜掉的士兵一想，是啊，当官的都一个鼻子出气，他们要是和胡鼎三串通一气，肯定没有自己的好果子吃！

吴营长也敲边鼓：“栗文礼、胡鼎三已日薄西山，日子一天不如一天了，吃不上喝不上的，哪有八路的肉包子好吃！听说军属家里也有好处，烈属更是吃香。有些人真是好孬不知，香臭不分，真要是走了想回来。哼！就是韩团长宽宏大量容你，我老吴也不要你，赶快滚蛋！”

陈树对他们做工作说：“希望你们好好想一想，问问早起义的这些人，八路到底怎么样？原来我也是老十团的人，不会坑了弟兄们。在这里我负责任地对大家说，伤了有人治，死了有人埋，家属有人管，烈属门前挂红牌。

“再说我们这是抗日救国，有全国人民支持，有世界反法西斯联盟相助，小鬼子能活几天，恐怕你们心里也清楚。小鬼子都完了蛋，汉奸还有什么好下场吗……”

经过大家细心的工作，想溜号的人才逐渐稳定了情绪。

至此，伪鲁东和平建国军第十团和胡鼎三部张立三营已全部起义。起义官兵达 1800 余人，携各种枪支 2000 余支，战马 300 余匹及大宗军用物资。

八路军大部队并没有停止反攻的步伐，右翼梯队两个团乘胜向章步云部发起攻势。24 日，一举攻克伏留、临浯两据点，毙伤伪营长以下 80 余人，生俘伪团副以下 500 余人，又向诸城一带进攻。

25 日乘胜向都吉台、里丈、朱家、孟家店子、石桥子扩大战果，同时逼退平仓等据点的伪军。26 日晚，八路军进抵大里户、平家楼，全歼章步云第一团张昆部及第五团马进友 1 个营。

1945 年 7 月 15 日，鲁中区在沂水县官庄村举行隆重的授名宣誓典礼大会。鲁中区各党政机关、部队代表、起义官兵代表与群众团体共4000余人参加会议。会场布满各种标语、贺幛，解放区群众敲锣打鼓，载歌载舞，表示对起义官兵的爱戴。

当起义官兵穿着刚发的绿色军装从“光明门”进入会场时，全场响起雷鸣般的掌声，呈现出一片欣欣向荣，万众欢腾的景象。

大会主席、鲁中军区政治部主任周赤萍在鸣炮奏乐声中宣布大会开始，他热情洋溢地指出：“今天是山东独立四旅诞生的一天，这是继第一、二、三旅之后，山东又新生起来的一支抗日武装力量。它再次表明王道、莫正民、张希贤、韩寿臣的出路就是山东十几万伪军的出路……”

全场欢声雷动，有的人巴掌都拍红了。

山东军区代表，四军分区副政委李化文宣读山东军区命令：授予该起义部队为山东军区独立第四旅番号，任命韩寿臣为四旅旅长，王芳为政治部主任，张俊千为政治部副主任，张竹坡为秘书长。

四旅下辖十、十一两个团，韩剑舞任十团团长，陈相林为十一团团长。当即，周赤萍主任受印于韩旅长。

最后，韩寿臣讲话，他心情复杂地说：“过去两年多的时间，我们受了国民党反动派‘曲线救国’谬论的欺骗，在日寇和栗逆的指示下做了不少损害人民利益的事，实在对不起国家、民族和各位父老兄弟。如今我们重回祖国怀抱，在共产党、八路军的领导下，只有痛改前非，坚决守土保家，来回报各位首长和群众的慰问和勉励。”

全场响起热烈掌声，用掌声来表示对韩寿臣和所有起义官兵的谅解与支持！信息通过报纸、电台、口传，迅速传住各敌占区，对伪军敲响了丧钟，引起了他们内部极大的分化。

在讨伐栗文礼部的节节胜利中，鲁中区沂山地委为了不失时机地建立抗日根据地，考虑到地理条件、自然环境，决定1945

年6月中旬建立以景芝镇为中心的淮安县。中共淮安县工委决定，同时建立景芝、渠河、金堆、古城子4个分区委员会。

而这时的白玫瑰，已成为淮安县的妇女部长，虽说和安丘县的潍安武工队属于两个县，但彼此离着不远，又有旧情，所以常常来找陈树他们几个，借着工作喝场酒，交流一下感情。

这一次陈树兄弟四人和白玫瑰酒至半酣，白玫瑰借着酒劲说：“你们不知道啊，陈树搂着我已经亲了好几回了。”

不但陈树大吃一惊，陈明义、任兆宗、曹班生几个更是大惊失色。陈树着急地问：“我说白部长啊，说话可要负责任，什么时候亲过你了？”

白玫瑰借着酒劲，脸孔红艳艳地说：“你忘了，第一次的时候，你骗了章步云的军火，小银子紧追不放，我去救你。你却抱着我滚到一边，狠狠地亲了我一阵。”

陈树大喊冤枉：“我也是好心，怕你中弹，却不知道你是女人。要是知道你是女的，打死我也不会抱着你滚到一边的。”

陈明义这才听明白，松了一口气：“白部长，说话大喘气呀！战场上没有男女，只有战士，那个事不算数的。”

任兆宗嘻嘻地笑。曹班生的脸色也和缓了：“我说呢，三哥没这毛病啊！真要有这毛病，嫂子那里也饶不了他呀。”

白玫瑰穷追猛打：“不但这一次，还有一次呢！”

这一下，陈树四人又紧张了。

白玫瑰又说：“陈树啊，忘没忘，楚家洼子突围战，好不容易到了安丘，遇到了县警备队的堵截，你办的那些瞎包事？”

陈树有些吃惊：“没办过什么瞎包事啊！”

陈明义点着陈树的鼻子训斥：“我说三弟呀，是不是背着我们又办了什么坏事？”任兆宗瞪大了眼睛。曹班生皱起眉头：“三哥，是不是和白部长又发生了什么风流事？”

“是这样的，”白玫瑰点着陈树的鼻子，“他抱着我，滚到了一边又亲了一阵子。”

陈树连喊不是：“当时我们弹药耗尽，被二邪子的手榴弹炸得到处乱逃，我想护住一个算一个。当时身子底下有一个小战士，拼命挣扎，我可不知道是白部长啊，援兵来了才知道，救的这个人正是白部长。”

陈明义、任兆宗、曹班生这才知道了事情的原委，又松了一口气。

白玫瑰却不是这么认为：“我一个黄花大闺女，被你连搂带抱亲了好几回，按说，早该嫁给你了。要不是有嫂子，恐怕早就‘主动进攻’了。”

陈明义一听，白玫瑰和陈树还有这么一层意思，借着酒劲，逗她问：“三弟有什么魅力，叫你这么动心？”

白玫瑰也借着酒劲发飙：“你这个三弟可不简单，章步云送给他乌骓马、栗文礼的盟兄弟、于学忠的大红人、上村大佐送给他一只王八盒子。你们身为共产党，却钻进国军的队伍里唱白皮红心的大戏，以为这些事我不知道啊？”

陈树也有好多疑团要问，引诱她说：“你身为栗文礼的政训科长，杀死我们如同捻死一只只蚂蚁，为什么没对我们下手？”

白玫瑰说起了谜底：“我不是说过吗，党派之争只不过是兄弟之间打架，而民族矛盾才是大是大非的问题……”

第104回 景芝事件

8月15日，日本投降后，安丘、潍安县再次陷入非常复杂的局面。1945年10月，国民党山东保安第一师章天佐部荣光治团乘机占领安丘县城，重新组建了国民党安丘县政府，设置由遗留伪军、土匪组成的保安大队和警察大队，形成蒋、伪合流的局面。

他们以潍县、坊子等地国民党军队为后盾，与安丘、淮安两县解放区相对峙，经常对解放区进行袭扰和破坏。淮安县驻地景芝镇处在安丘、高密、诸城三县交界处，日军投降前，栗文礼、章步云在此地经营多年，根基颇深。国民党势力不断地策划已经起义伪军的倒戈反叛，不断纠集伪匪残余窜入解放区抢劫财物，袭击民主政权机关。

小青这时候已为金堆分区妇女主任，常到区委驻地中南戈庄工作，中南戈庄也就在下里戈庄的东南5公里。陈树的儿子小建已经6岁了，由爷爷、奶奶看管，爸爸、妈妈全心全意地投入到减租减息、扫清敌伪残余、发展生产工作之中。

9月14日晚上，下里戈庄的陈树家，沉浸在一片欢乐之中。陈树好不容易回趟家，凑巧小青也在，陈传吉破例炒了两个菜，和三个儿子喝起景芝白干，又拿出十几个舍不得自己吃的糖鼓子烧饼，全家吃了一顿团圆饭。

经过了一场战争，居然三个儿子还在，作为陈传吉的心里，不禁有些心存侥幸。他说："小鬼子没少毁了人啊，咱下里戈庄，你们一块出去七个人，如今只回来四个。小金、小凌云，还有西伦，都是我看着长起来的，可惜啊，都见不着了！"

陈树叹了一口气，说道："爹啊，这几年抗战，光潍安武工队换了好几茬，一场恶仗下来，折损一半，补充再战，剩下的老战士没有几个。小鬼子是完了蛋，可是还有蒋介石，内战还要打，说不定还要死多少人！"

老大陈文昌听到这些话不乐意了："好不容易一家人吃顿饭，别死人死人的好不好。乌鸦嘴！"

陈传吉还是骂了一句："这个蒋该死，于学忠的队伍还算能打，可是这个栗文礼就不行了，投降了日本人。还有那个章步云，算个什么东西……"

小青插嘴说："爹呀，要不是你救了章步云一命，他也不会做这么大！”

“是呀，”陈传吉喝了一口酒，“知人知面不知心，画虎画皮难画骨。天底下卖什么药的都有，就是没有卖后悔药的。”

陈文昌早已入了党，现在已是区小队队员了，他瞄了一眼爹：“爹呀，可能区小队以后也要出去作战，家里只能指望陈平了。”

陈平白愣了一眼大哥：“没了你地球一样转，你走了烧饼铺照样开。”

陈传吉听到这些话有些烦，挥着手说：“走吧，走吧，都走吧！你们年轻的走了，我和你娘也走，家也不要了，领着小建要饭去。”

话是这样说，吃完饭后，陈传吉还是疼儿子，对小建说：“小建啊，你爸爸、妈妈都累了，跟着爷爷睡吧。”

小建头一扭：“我才不呢，爸爸会讲打鬼子的故事。你会啥呀，除了打烧饼就是种地！”

陈传吉嘿嘿笑着：“小兔崽子，没良心啊！管你吃管你喝的，一扭头不认爷爷了，还是和爹妈近啊！”

小两口和孩子回到自己屋里，好长时间没在一起了，见了面显得格外亲热。摸着黑，陈树先摸了小青的手一下，小青打了他一巴掌，意思是，孩子在跟前呢！

小建也好长时间没有见爸爸了，见了面，也要撒娇一番。油灯点亮了，他就缠着爸爸：“爸爸，给我讲故事，不给我讲故事，我就不睡觉！”

“哎哟，乖儿子，今天爸爸累了，能不能让我早睡一会儿。等明天爸爸养足了精神，再给你讲行不行？”

“不吗！不吗！”小建也来了脾气。

没有办法，陈树只好对小建，也是对小青讲起：“最近的故事有点儿险恶，9月5日，栗文礼的特务大队几十个人，袭击了淮安县新建的甘泉区政府，杀死了区长和两名村干部。最近一段时间，孟家庄、渠河、朱子等地也连续发生杀害村干部的事件。”

“明天下午3点，上面通知到景芝天主教堂开会，估计就是研究对付国民党的暗杀事件。”小青说。

陈树忧郁地皱起眉头：“人无远虑，必有近忧，县大队情况复杂啊！有一大批栗文礼的人混在里面，他们到底是谁的人，脸上又没有贴着帖子，也看不清。最近风声不好，国民党特务正在到处策动叛乱。

“特别是县大队升为独立第四旅十团三营后，七连、九连在外地活动，八连由十团参谋长巫景全带领驻在景芝镇上。这个八连可靠力量少，党的力量薄弱，特别是一个叫孙松山的，过去是十六团的一个中队长，活动能力挺大。万一要是做起恶来，怕是你们应付不了啊！”

小青笑了：“看你说的，你怎么什么事情都知道啊。要相信起义官兵，不能戴着有色眼镜看人！”

“但愿如此吧！”

小建不耐烦了：“爸爸，你讲得故事怎么听不懂呀。妈妈不要乱讲，等爸爸讲完了，你再讲！”

小建在爸爸的抗日故事中睡熟了，陈树把他抱在一边，然后和小青的手紧紧地攥在一起。两个人的手已经相当滚烫，一种柔情在心中久久酝酿，重温少年油坊里的故事，赤裸健硕的躯体紧紧依偎在一起，万物早已不在，只有激情摩擦起疯狂的火花……

屋外秋虫映着月光浅唱低吟，秋叶伴着凉风舞动纷纷，一片秋叶落下，仿佛在这静静的夜晚，宣告情的来临。烟雨红尘中，身影如两道霞影缠绵缱绻，把一份牵挂丢在这里，只有夜深的时候才会奔腾着相思的激情，倾听对方无言的相思，身体里流淌那缕不染纤尘的柔情……

9月15日下午3点，小青准时到景芝镇天主教堂开会，天主教堂是一个歌德式建筑，存在几十年了，高高的塔尖直插云霄，表现出神秘、哀婉、崇高的强烈情感。由于天主教堂也算比较坚固、舒适，所以十团参谋长巫景全带着八连住在这里。

离着教堂不远，小青就看到白玫瑰好像在迎接着自己，旁边还有几个陌生的便衣，周围没有一个拿枪的民兵。小青觉得情况有些诡异，过去轻轻问：“这里没有什么不正常吧？这几个人是干什么的，不认识啊？”

白玫瑰笑了笑：“一切正常，我都不害怕，你还怕什么！这几个是我们的同志。”

小青这才放下心，点了点头：“那咱进去开会。”

“你先进去吧，我在这里等几个人。”

小青只好先进教堂，门口有两个八连的士兵站岗，一切和平常并没有什么两样。小青进了教堂，突然两个士兵笑着对小青走过来，小青还没有明白怎么回事，一个兵突然把小青连胳膊紧紧抱住，另一个兵就把小青的枪下了。

突然的变故，让小青大吃一惊：“你们这是干什么，我是李青，金堆分区的。误会了——”

一个兵笑着：“没有误会，抓的就是你！”两个人熟练地把小青绑了起来，然后推搡着往教堂后面走去。小青大喊着：“我要见陈书记，我要见县委，有什么话直说嘛，这是干什么？！”

路过孙松山身边的时候，看到这个家伙手握着盒子枪，看着小青不怀好意地笑：“又抓着一个大的，陈树的老婆。”旁边几个兵瞪着贼眼，不时警惕地注视着左右。他们把李青押到教堂后边北屋，门口也有两个士兵站岗，打开了门，一下子把小青推了进去。

初秋的3点来钟，屋里还算亮堂，小青看到屋里绑着一堆人，有的绑在柱子上，有的两个人绑在一起。为首的正是县委书记陈克，还有组织部长刘铭，十团参谋长巫景全，还有几个八连的干部，二十来个人，全是淮安县的主要领导。

“这是怎么回事，”小青问陈克，“是不是误会了，怎么把我们全绑了起来？”

陈克沉痛地说：“李青同志，没有误会，八连孙松山叛变了。”

巫景全在检讨着自己：“对孙松山这种人，没有足够的警惕，致使阴沟里翻了船。”

“哎——早应该掌握好部队，没想到连队叫三排副孙松山把持了。早把他撤了，也不至于这么被动。”八连的曲副连长也发着牢骚。

小青这才知道，原来是八连的一个副排长叛变了，鼓动着半个连趁着开会的机会，把参加会议的人一个个抓了起来。同时又有点儿生气，怎么这么些大领导，就管不住一个小副排长呢！同时也有点儿惊叹，一个小小的副排长，竟然有这么大的能量。

“我们怎么办？”小青问陈克。

“我正在想办法，”陈克说，“最好有人通知外面。”

“白玫瑰还在外面。如果让她知道，孙松山这些人不会得逞的。”

说着话的空儿，又有两个干部被抓进来，他们也和小青一样，一头雾水，弄不清怎么回事。不用说，行动如出一辙，就是放进不放出，进一个抓一个。

小青急了，对陈克说：“陈书记啊，要是再拿不定主意，被抓的人会更多。就是喊，也要让外面知道怎么回事，防备更多的人被抓。还有，看看这屋能不能出去？”

几个人搜索了一下屋里，看看能不能想办法逃出去。很可惜，屋是砖瓦结构，很结实，短时间根本掏不了洞，窗户也早用砖堵死了，没有工具甭想打开。屋里人在陈克的指挥下，只好齐声喊道：“孙松山叛变了——孙松山是叛徒——”

屋门“哐啷”一响，两个站岗士兵端着枪进来，子弹一推，大声吼道：“不许乱叫，谁叫就毙了谁！”

第105回 营救

曲副连长往前一站，大声吼道：“董志华，我是你的连长，你们这是叛乱，知道吧！现在后悔还来得及，赶紧把我们放了。”

董志华嘿嘿一笑：“曲副连长，那是过去了。今天，我们就跟着中央军干了，你以为我们过去是真投降啊，那是没有办法。你们再喊我就开枪了！”

“你打啊打啊！”曲副连长挺着胸膛叫他打。

董志华想开枪，而另一个匪兵却摆了摆手，意思是不能动枪，一开枪外面怕听到了。于是两个人手握刺刀，向着曲副连长逼了过来。小青一看，怒从心头起，恶向胆边生，一头就撞了过去，一下子把董志华撞了个趔趄。

随即几十双脚朝着两个匪兵踹了过去，踹得两个匪兵只有招架之功，没有还手之力。就在占上风的时候，十几个匪兵扑了进来，和屋里人打在一起。小小的屋里乱了营，厮打声，叫骂声，用牙咬，用脚踹，鲜血飞溅，人头攒动，白白的墙壁上溅上了一片片血迹。

由于匪兵手里有武器，而被绑的人束缚了两手，反抗还是失败了。被缚的这些人，有的砸坏了腰腿，有的满身是血，有的伤了头，都躺在了地上。

小青头上被打破了，鲜血和头发粘在一起，身了挨了两刺刀，往外汩汩地淌着鲜血，躺在地上，闭着眼睛心里想着：“搏斗毕竟要实力啊，要是陈树在，恐怕不会这个样子。要是潍安武工队在，怕是早把这股敌人灭了。”

下午5点来钟，孙松山看到该抓的差不多了，把匪兵集合起来，在后院里训话。“弟兄们，该做的我们都做了，要是再想回到八路那里，八路也不会轻饶了我们！从现在起，我们就投降了中央军，跟着蒋委员长吃香的，喝辣的。

“我还是那句话，谁愿意跟着我干就上安丘，不愿意干的，回家种地。可是种地能种成吗？我们这些人恐怕早出名了。现在，我们把死心眼跟着共产党干的头目都抓了起来，这就是本钱。有了这些本钱，不怕栗司令那里升不了官，发不了财。现在我们就去安丘，安丘派人来接我们，咱们要大胆向前闯，有福同享，有难同当……”

讲完话后，叛匪将被捕的同志押到院内，重新捆紧了绑绳，几个人串在一起。被捕的同志，经过刚才的搏斗，个个有伤在身，互相搀扶着，紧紧地靠在一起。

小青发现，就在孙松山后面，白玫瑰领着几个陌生人手拿盒子枪也站在那里，心里这才恍然大悟：原来白玫瑰和孙松山是一伙的啊，弄不好她就是幕后指使人。

白玫瑰对孙松山冷冷一笑：“孙排长啊，绳子不管用的，你就不能来点狠的！”

孙松山心领神会，狰狞地对几个匪徒说：“给这几个头头绑上铁丝，逃，我看往哪里逃？！”

上来几个匪兵，在几个主要领导身上，随着一阵尖声惨叫，在他们身上穿上了铁丝，铁丝和铁丝又系在了一起。

几个叛匪押着重要干部在前，后面几个匪兵在后，而孙松山、陈金祥和几个骨干，带着两个班居中。队伍出了教堂大门，慌慌张张向安丘解送，这时候景芝镇上做小买卖的已挂起灯笼，人来人往的有不少人闲逛，看着“八路军”押解着一些“犯人”过来，并没有引起太大的注意。

叛匪一共才五六十人，心里也是害怕，一个劲地用枪托砸着被捕的同志，催促他们快走。小青心里默默地念叨着：“如果这个机会不抓住，出了景芝镇更没有机会了。”

走到景芝东南门时，小青突然看到一支背着枪的队伍过来。

原来这是淮安县邮局的十几个邮递员，他们刚接到信件，要去各地送信，因为天黑，又是自家门口，所以对这队人也是毫不在意。

陈克突然大吼一声：“孙松山叛变了，大家快跑呀——”大家一阵慌乱，四散跑去。可是由于一根绳子连着好几个人，也只能几个人一块儿跑。特别是陈克、刘铭、巫景全几个主要干部，那都是用铁丝连着的，铁丝早已从肉里穿过，稍微一跑，感到针扎般痛苦。

白玫瑰和她的一些人这时候却显示出超常的“本事”，手拿盒子枪，站在阵中，连连射击。他们的枪法精准，几乎一枪一个。

邮递员没经过什么大阵势，遇到这种突发事件，也是一阵慌乱，手里虽然有枪，但怎能敌过虎狼之兵。除一人逃出外，其余人不是被打死，就是被孙松山的人缴了械，绑了起来。

街上老百姓一见八路内部打起来，也弄不清怎么回事，一哄而散，各自向自己的家里逃去。混乱中，几个干部侥幸逃出，像出笼的鸟儿一样，迅速隐藏在黑黑的夜色中。

孙松山急忙整理自己的队伍，狼狈地押着这些人，在白玫瑰的督促下，又是刺刀戳，又用枪托砸，向着安丘城的方向快速奔去。

再说逃出来的几个干部，互相解开绳子，很快地跑到了天主教堂西南1公里的县府所在地葛家庄。为什么县委和县府分开来住，也是因为淮安县由独立四旅驻防，而独立四旅是韩寿臣的起义反正人员，对他们不放心，所以才分开来住，以防万一。

为了保护县政府，应淮安县要求，莒沂县民兵连也在那里，这是一支共产党领导的民兵组织。

县府的武装部副部长杨兴正巧值班，听到几个干部汇报了孙松山的叛变后大吃一惊，立刻带领莒沂民兵连跑步去追，沿着安丘方向寻了十几里路。由于天黑，未见叛匪，又怕遭到敌人伏击，只好返回驻地，向有关部门紧急汇报。

这次事件中，孙松山共逮捕了淮安县主要干部22人，其中主要领导 14 人。孙松山这回立了大功，被编为十六团直属二连，几个主要叛匪都升了官。孙松山为连长，马玉德为副连长，一排长董志华，二排长陈金祥，三排长孙华堂，司务长赵凤鸣。

地委得到这个消息后，立刻做了指示，赶快营救被捕同志。县长周次温和杨兴等研究后，也做了适当安排：当晚将县机关移驻景芝天主教堂，因为教堂房高、墙厚、易守难攻。召开全县干部会议，传达地委指示，从这次血的事件中吸取教训，应付恶化的形势。

陈树收到地委的命令后，立刻带着潍安武工队火速赶住淮安县景芝镇。

陈树骑在乌骓马上快马加鞭，一马当先。陈明义骑着大白马，一路上不断扬鞭抽打着马屁股，希望战马再快一点儿，早早地到达景芝镇。陈树后面是警卫班的十几匹快马，再往后，就是跑步前进的两连步兵，一连炮兵，几百人马的脚步扬起了一路征尘。

陈树的脸色铁青，一路上几乎不说话。陈明义安慰陈树："不要紧的，别着急。栗文礼看在过去救他几次的面上，不会对小青下手的。"

听到陈明义的话，憋闷许久的陈树终于发泄出来。他骂自己："我千不该，万不该，昨天早上，就该陪着小青一块开会。那个混蛋孙松山，看他还能尿出一丈二的尿来！还有那个白玫瑰，真是画龙画虎难画骨，知人知面不知心。可惜呀，淮安县都是些文人，打不过那些当兵的。有本事朝着我们来啊，欺负一些文人和女人算什么本事？！"

"你打算怎么办？"陈明义问。

"他抓我的家属，我先把他们的家属抓起来再说！"陈树咬着牙根说。

"是不是有点儿狠呀，这样做会不会闹成一场抓家属大战？"

"他们还算人啊，对待恶人就不能用常人之法！"陈树发狠道。

潍安武工队到了景芝镇天主教堂，先和周次温和杨兴见了面，研究了一下怎样营救被捕同志。取得县府的同意后，立刻派人把几个叛匪头目的家属抓了起来，关押在天主教堂办“学习班”。

孙松山、孙华堂、孙凤岗都是伏戈庄人，董志华和陈金祥是官庄人，他们离着景芝镇并不远，所以很快将他们的“军属”牌子收了，家属抓了起来。关押后不打不骂，给他们讲清为什么抓他，及叛匪所犯下的滔天罪行，动员他们写信劝降，不会写的找人代笔，目的是给叛匪造成一种精神压力。

家属写完信后，经过审查，然后迅速派中间人送到了安丘城里，交给这些叛匪。

孙松山的老婆十分顽固，骂陈树：“等我男人回来，非把你们都毙了！”

气得陈树啊，一下子掏出了枪，指着她的脑门吼：“我这就把你毙了，信不信？就是犯错误也把你毙了。”

吓得陈明义赶紧抢过陈树的枪，劝道：“别这样，别这样，要犯错误的。”

其实孙松山把被捕的同志交到安丘城后，自己就不当家了。陈树和自己的几个连长又在商量着怎样才能营救被捕同志。陈树说：“敌人把被捕的同志关押在安丘城隍庙，咱们准备武力营救吧？”

曹班生咬着牙根，恨恨地说：“就是把武工队全拼光，也得把嫂子他们救出来！”

任兆宗吼叫着：“就是把我们的炮弹全砸光，也得轰烂安丘城！”

“武工队全拼光，炮弹全砸光，恐怕也进不了安丘城。”陈明义泼着凉水。

“为什么呢？”任兆宗看起了陈明义。

陈明义皱着眉头：“我一直在考虑这个问题，安丘城有外城和内城，内城里还有西北围子，城隍庙又在西北围子内，可谓戒备森严。敌人好不容易抓着了我们这些同志，想必是早有准备，硬打肯定不行。偷袭的话，需过三道关，恐怕也很难成功。”

任兆宗顶他一句：“过去我们到内城的小学里，掏国民党县党部书记于兰洲的老窝，不是成功了吗？”

陈明义摇了摇头：“那时敌人没有防备，怎么都好说。现在防备了，怎么都不好救。”

陈树想了想：“看来，武力营救行不通。要不，我出面，找一下栗文礼，看看他怎么说？”

陈明义摇着头：“不行，不行，此一时，彼一时，原来你的身份没有公开，对栗文礼说什么都行。现在你已是他的公开敌人，巴不得抓到你呢，这不是自投罗网吗！”

“这不行，那不行，前怕虎，后怕狼，总得想个办法呀？！”陈树有些急了。

第106回　信使李秀才

陈明义想了一阵子：“有一个人倒是能用，就是你老丈人啊！怎么放着现成的中间人不用呢？”

陈树闭上眼睛，叹了一口气：“道不同，不相为谋，他这个人啊，老顽固，不想用他。”

陈明义据理力争：“虽说他是老国民党，思想顽固，可他闺女被抓，总不能不救吧！再说他和栗文礼的关系，你也不是不知道，老朋友了，风筝友，兴许能说上话。”

陈树想了想，只能死马当作活马医了。

陈树几个骑着快马，迅速回到了下里戈庄，先到自己家转了一圈。还没有说话，老爹先问开了：“怎么小青好几天没回家了，过去工作再忙，也没有不回家的时候。听说景芝镇出了事，有人叛变抓了人，不会把小青也抓去吧？”

陈树一时卡了壳，该怎么说呢？本来想昧着老爹，可是躲过初一，躲不过十五，早晚得说呀，只好阴沉着脸说：“爹呀，有个不好的事儿告诉你，小青真的出了事，被叛匪抓了去，押进了安丘城。”

陈传吉一听，如五雷轰顶，一时懵了，好半天才琢磨出味来，接着牢骚就来了：“我说老三呀老三！一些大老爷们出去瞎混就行了，干什么还放一个娘们出去？！我早说过，常在河边走，哪能不湿鞋。前天晚上还高兴呢，这里死人那里死人，咱陈家老天保佑，还算没折人。人真是不能张扬，接着家里就倒了大霉……”

陈树有点烦：“爹呀，我这不正在救人吗？”

“救人就救人呗，还跑到家里来干什么？该顾家的时候不顾家，不该顾家的时候又跑来了。”

“我想带着小建找他姥爷想想办法？”

“他……那个老混蛋，他能有什么办法！心眼和针鼻似的。”

“他不是和栗文礼有点儿关系吗，有枣没枣打一竿子！”

陈传吉又嘱咐道：“可别吓着孩子，小建还小，不该知道的不能让他知道。在村里转悠行，出村的事儿千万不能让他去。”

陈树只好说：“我是他爹，这些事我还不知道吗。”

陈树左手提着一些水果和十几个烧饼，右手领着儿子的小手，到老丈人家去。一路上小建不停地问：“爸爸，我妈干什么去了？怎么好几天见不着了。我想她呀！”

陈树不好回答，只好说：“你妈忙，这几天出差了，恐怕好几天不能回家。”

“那我们这是上哪里去啊？”

“上你姥爷家去。”

"姥爷是干什么的？妈妈没有说姥爷这个人，爷爷、奶奶也没提姥爷是谁。"

"姥爷就是你妈的爸爸呀！见了姥爷就叫'亲姥爷'，也叫你姥爷高兴一下。"

小建把这些话记在了心里。

没走多远，就到了李秀才家。敲开了门，李秀才见女婿陈树来了，鼻子不是鼻子眼不是眼的，但见到外孙来了，却是另一番表现，眼睛一下子瞪大了，慈眉善目的，他弯下了腰，张开了双手，在期待着小建认亲。

陈树对小建说："这就是你亲姥爷，快叫亲姥爷！"

小建一撇嘴："就是这个老头啊，成天在我家门口看我，爷爷说他不是好人，妈妈说不认识，他怎么会是我亲姥爷呢？我不信！"

陈树只好说："这就是你的亲姥爷，快叫一声亲姥爷！"

小建只好无奈地叫了一声："亲姥爷！"

李秀才一下子把外孙揽在怀里，这里亲一口，那里亲一口，不停地拍打着："乖孙子呀，你终于叫我一声姥爷了。甭说，这孩子长得和你妈差不多，真是儿随妈，闺女随爹，一点也不错。亲孙子，今晚就住在姥爷家，哪里也不去了。"

既然认了外孙，当然对陈树又是另一种看法了，不冷不热地说："赶快进屋吧！"

进了屋，看到陈树来了，而小青却没来，李秀才心里又产生了一种不祥的预感，问："小青呢，这一阵子工作忙吧，好长时间没见到她了。"

陈树只好实话实说："出事了，景芝镇出了叛匪，把小青和一些淮安县的干部抓去了。这个事怨我，是我没有保护好小青，是我犯了严重错误。"

李秀才一听，不禁怒从心头起，恶向胆边生，多少年来的怨气一块儿暴发了：“我说陈树啊，就知道你小子拌不出什么好馅子来。当初，没有结婚，就给俺搞大了肚子。以后又领着俺小青这里跑，那里颠，一个男人家也算一壶，一个女人家，参加的什么党？这下子好，叫你领错了道，领到坑里去了……”

陈树觉得也不能对老丈人太软，只好说：“参加共产党、八路军也不是什么坏事，这是正事！”

“什么算正事？”李秀才反驳道，“你们做的这些事实在不行。减租减息，以后还不把我的地和钱全分了。挣点儿钱，买点儿地，容易吗？就这么被你们全分了，我不甘心啊！”

陈树不愿意和他说起这些事情，以后的事儿，自有党和政府做主，现在需要谈的是如何营救小青：“爹呀，我知道你和栗文礼有点儿关系。能不能你老出面，找栗文礼谈一谈？”

一听陈树叫爹，李秀才心里“咯噔”一下，这个称呼非常别扭却最能打动他的心。不过，嘴上仍然不示弱：“这时候想到我了，早干什么去了？晚了！我看国民党就挺好，我们这些人有过头儿，要是你们掌了权，就没有我们这些人的过头儿了。”

要不陈树怎么不愿意找他呢，就是因为思想不一样，所以话也说不到一块儿。陈树等了一阵子，待他发了一顿牢骚后，抱起小建，告别说：“爹呀，既然你不愿意帮忙，那我们爷俩再想想别的办法！”

“先别慌，让我想想！”李秀才摆了摆手，白愣着眼睛想了一会儿，“要是你，打死我也不去，可是看到俺孙子的面子上，我就跑一趟。可是丑话说到前头，成与不成，就看栗司令的了。”

陈树心想，他只要答应去一趟，才能试试栗文礼的底线。成与不成，去了才知道。

陈树把自己写给栗文礼的信交给他，李秀才仔细地掖到兜里，准备立刻到潍县，面见栗文礼。

这时的栗文礼在潍县过得怎么样呢？

日本宣布无条件投降后，栗文礼一改汉奸嘴脸，立即控制住潍县城，逮捕了伪莱潍道尹王子枫和伪潍县长曲化如，但由于二人“钱能通神”，王子枫很快“越狱逃跑”，曲化如则被栗文礼的副司令申集安偷偷放走。

8月20日前后，栗部三支队队长王治平由潍北进入潍县城，在县政府旧址办公，并代理潍县县长。9月中旬，国民党山东省政府正式委任的潍县县长王有为由昌乐到潍县就职，潍县各界举行了非常隆重的欢迎仪式。

这时，栗文礼的伪鲁东和平建国军名义上还有十多个团及特务大队、手枪队等，约6000人。国民党为了利用栗文礼，山东省政府把他委任为安（丘）、高（密）、昌（乐）、潍（县）先遣军司令，同时被戴笠以蒋介石之名委任为诸安昌潍先遣军司令，令其维持地方治安。栗文礼的司令部设在潍县城，指挥部仍住安丘西关。

胡鼎三和王子春则与日伪安丘县政府合伙组成安丘城防司令部，在蒋伪顽合流的闹剧中垂死挣扎。

李秀才买了些礼物，到潍县城胡家牌坊街先遣军司令部看望栗文礼，还不错，通报了姓名后，没有多长时间，栗文礼即召见李秀才。两人见了面，李秀才向他拱了拱手：“栗司令啊，还记得小民吧？”

栗文礼别看高血压，脑子还是挺好使的，也拱了拱手说：“怎么不认得呀，这不是原来的风筝友大哥李秀才吗？幸会！幸会！”

两人叙了一阵子旧，谈起了过去的欢乐时光，不禁长吁短叹，唏嘘不已。拉了一阵家常后，栗文礼问道：“这么老远来看我，一定有事吧！”

李秀才点了点头：“麻烦栗司令了，我的女婿陈树托我捎来一封信，您是不是看看？”

“陈树啊！”栗文礼一下子瞪大了眼睛，“原来陈树是你女婿呀。别说，好长时间未见，真怪想他的。这个人，有才啊，是一员难得的干将！”

栗文礼急忙展开陈树的信观看，一手漂亮的毛笔字展现在面前：

栗司令：

栗司令以前的抗日风采久久在眼前回现，实在令晚辈钦佩！当然，中途落水，降了日伪，实在不敢恭维。现在，新的形势又摆在我们面前。

如栗司令能想办法搭救我被俘的潍安县干部，则我代表抗日根据地军民不胜感激之至！对过去所犯之错误不予追究。这是人生政治上千载难逢的一次机会，请栗司令斟酌再三，早做决断！

您的晚辈陈树恭敬呈上

栗文礼一琢磨，真是礼没好礼，原来这个李秀才是托我办事啊！故意装傻地问：“不知潍安县的干部有你的什么人？”

李秀才叹了一口气：“小女李青就在里面啊！”

栗文礼感叹一声：“一个女流之辈，竟然受共产党蛊惑，中毒之深，令人惊叹。其实这事也没有什么难办的，只要你叫她写了悔过书，脱离共产党，我立刻放人。”

李秀才心里一惊，还有些不相信：“真的！栗司令不是拿小民涮着玩吧？”

“怎么会呢！”栗文礼说，“这些要犯最近才转到潍县来。这个家我还是能当的。”

“请你尽快地叫我见到小女，我要好好地劝劝她！”

第107回 刑场上的较量

“这就对了。”栗文礼说，“一个女孩子家，别跟着他们瞎胡闹。你也是党内老人了，子不教，父之过啊！”

父女俩被安排在潍县司令部一间优雅的会客室里见面。

李青被几个国民党士兵押了过来，她的脸上布满了一道道血痕，头上的伤还没好，缠着绷带，身上刀伤的炎症也在深深地折磨着她。尽管换了一身干净衣服，明显的，衣服也难以遮住外伤，走路有些不稳，但精神尚好，挺着胸昂着头。

从小养大的亲闺女，李秀才怎能不心疼，他赶紧过去，搀着快要歪倒的女儿，扶着她到椅子上，既痛又恨地说："这都是陈树办得好事儿！都是他，把咱爷俩害惨了！！"

李青并不回答这些话。人之将死，其言也善："爹呀，你怎么来了？"

"我是你亲爹，我不救你，谁救你！"

"是陈树叫你来的吧？爹呀，我的事你甭管，你不该来。"

李青一句话就道破了李秀才来的原因，这叫李秀才的心里好不舒服，骂了一句，真是嫁出去的闺女，泼出去的水，不认亲爹了，光认那个害他的臭男人。

"我跟栗司令说好了，只要你写了悔过书，他就放你，这是最后的机会了。小青呀，赶紧写吧！"

小青笑了："你以为悔过书是这么好写的，只要写了，就要上报纸，上电台，我就成了他们手中的风筝，飞得再高，摇把子还在他手里攥着。"

"那……那……不会这么复杂吧！栗文礼是这样的人？"

小青平静地说："爹呀，有些事你不懂，我认准的道儿，别人八匹马也拉不回来。爹呀，有些事心里还是不得劲，不能在你跟前尽孝，不能给你养老送终，这终归是心里的遗憾。你就当没有我这个闺女吧……"

几句话说得李秀才涕泪涟涟，抹了一把又一把："怨……都怨陈树这个……坏小子，把你……引错了道。"

李青给爹擦着脸上的鼻涕和眼泪："不怨陈树，是我自己选择的一条光明大道。共产党没什么不好，这是中国的希望！”

“我怎么认为国民党好呢……”一说到政治，李秀才又和闺女理论开了。

“爹，我不和你争这个！”李青没有时间再和爹争论以前的老问题了，“只是求你给陈树带句话。”

“什么事，你说吧？”

“不要来救。”

李秀才没听懂，着急地问：“这是什么话，他不来救谁来救？”

“我只求爹捎给陈树这四个字，他懂的。”李青平静地说。

1945年腊月12日，白雪铺满了大地，北风呼呼地刮着，寒风刺骨，天空阴沉沉的，似乎要落下一场更大的雪。在潍县郊外，国民党士兵挖好了坑，坑边上站着淮安县剩下的十几名干部，陈克、巫景全、刘铭、李青等。

男人被扒光上衣，赤裸着脚，女人李青只穿着单薄的衣服，身上血痕累累，只有嘴里喷出一团团热气。穿着厚棉袄厚棉裤的国民党士兵，冻得瑟瑟发抖，枪口上的刺刀不住地往下耷拉着。

栗文礼穿着厚厚的锦缎冬装，戴着皮帽，走到李青跟前，叹了一口气：“我和陈树亲如兄弟，他救过我几次命，对他的恩德，我一辈子不会忘记。你是我的弟妹，救你是我的本分，为了对上面好交代，不就是写几个字嘛！为什么写几个字就这么难呢？！”

李青觉得浑身冰凉，身上的热量几乎耗尽了，强忍着说道：“我听陈树说过，前年城顶山一战，栗司令进一步流芳百世，退一步遗臭万年，栗司令啊，你不会叫我遗臭万年吧？！”

栗文礼悲哀地说：“弟妹说得对啊，城顶山之战，我犯了严重错误！如果一颗子弹打出去，也不会像今天这样狼狈，被免去军职，只落得个顾问闲职，死不了活不成的。说实话，别看我现在人模人样地站在你面前，其实不如你啊！历史是无情的，自有人来说长道短。弟妹啊，我现在仍能救你，只要你写几个字。”

小青歪了歪头，已懒得和他说话。

栗文礼低下了头，闭上眼睛，知道再劝已是无用，只能默默地走到一边。

白玫瑰身穿橄榄绿棉军装，鬼魅地走到小青跟前，还要当说客：“嫂子啊，在我遇到的男人中，最佩服的就是陈树。你走了，就不怕他另寻新欢？”

小青冷冷一笑：“白玫瑰呀，我不和你谈论这些问题。我听陈树说，他对你一直拿不准，不知道你到底属于哪头的，有时帮助他，有时又和他作对。现在终于看清了你的真实面目，他认识了你，我也认识了你！”

白玫瑰冷冷一笑：“我不和你谈论政治问题，只和你谈论一下私人问题。我和陈树，既有思想上的交锋，也有身体上的接触，有你在，我没有机会，你不在了，我就有机会了。嫂子啊，你不怕我去勾引陈树吗？”

小青鼻子一哼：“你和陈树根本就不是一路人，怎么可能？到了那个世界我也放心，你和他，不会的！”

白玫瑰还在做着最后的努力：“好死不如赖活着，不就是几个字吗？来日方长，想不到的事情也可能发生。”

小青扭过头去，不愿意再和她说话。

最后，白玫瑰仍然在说：“嫂子啊，看在陈树的面上，只要你点一下头，我就给你一枪，免得坑里难熬。”

小青仍然高昂着头，不理她。

十几个人被推下坑去，传来陈克等人激昂的高呼：“共产党万岁！”“中国人民必胜！”“坚决打倒国民党反动政府！”声音渐渐微弱，十几个人英勇就义。

1946年11月3日，山东军区集中鲁中军区4师、9师、滨海军区警备2旅，三军分区12团，安丘县地方武装，柘山乡和召忽乡的民兵连，再加上安丘县和淮安县一千多民工的支援，终于要攻打安丘城了。

安丘城内地下党组织为攻城部队提供了敌人的军事设施、兵力部署等情报。此时的栗文礼，暂居潍县，其部被时任山东第八区行政督察专员兼保安第一师师长章天佐收编。孙松山的十六团直属二连，被章天佐收编为安丘保安大队，正在安丘城内，这正是为牺牲的淮安县干部报仇雪恨的好机会。

盘踞安丘城的主要有国民党章天佐部保安一师教导团，保一师补充第一团一部，诸城保安大队，安丘保安大队和安丘警察大队。他们在安丘城构筑了坚固的防御工事，以此为依托，妄图继续鱼肉人民，作为反攻的据点。

11 月 4 日，4 师奉命到城北丰台一带埋伏，准备打击潍县增援之敌。丰台村在安丘城北 5 公里，正好扼守着从潍县过来的公路，援军如果前来，此是必经之地。

下午 3 时，我攻城部队首先发起炮击，城内的敌人慌忙龟缩到工事里，负隅顽抗。当时安丘城内的全体国民党人员正在为蒋介石庆祝 60 寿辰，山东省参议员李致民也在场，炮击把他们吓破了胆，纷纷退到最安全的“西北围子”里躲避炮弹。

日本人在西北围子经营多年，碉堡高，墙壁厚，是内城中的内城。安丘县长潘杰民急忙拍发电报，向王耀武、章天佐告急，并命令用密集的炮火阻止攻城部队的进攻。

为了尽快攻下安丘城，我攻城指挥部制订了详尽而科学的作战计划。由于安丘内城的东、南、西南是敌人的外城，如果先攻外城再攻内城，必然耗时耗力，得不偿失。而安丘城的西北就是汶河，内城的西北部与北部没有外城保护，所以决定从这里主攻，外城辅攻。

敌人也想到了这一点，安丘城北门外的“北关阁子”又叫“玉皇阁”距城北门 500 米，就是天然的一座大堡垒，敌人的一个加强营驻扎在这里。阁子四周有坚固的圩墙，墙外有七、八米宽，两米多深的壕沟环绕，南北均有吊桥通行。离阁子不远的小学，也驻有大量守敌。

担任进攻“北关阁子”据点的是9师25团和安丘独立团与潍安武工队，战斗一开打，我主力部队炮火即朝着“北关阁子”倾泻，直炸得阁子上火光闪闪，烟雾腾腾，人仰马翻，不少的士兵从阁子上飞起来，然后重重地摔到地上。

轰炸了5分钟，阁子上没了动静，就和死了一样。担任主攻的2营，架着事先准备好的梯子，过壕沟，攀上另一侧，潮水一样地向“北关阁子”涌去。

突然，敌人的轻重机枪、迫击炮又响了起来，这是没有炸死的敌人又还过魂来，疯狂地向我2营射击。空旷的地面上，没有隐蔽物，2营的战士一批批地倒了下来。要是这样打下去，不但攻不下阁子，2营还会全部阵亡，我指挥员只好命令撤退。

急得陈树直拍大腿，这一阵子伤亡一百多，照这样打下去，那还了得！陈树对阵地指挥官25团李团长和安丘独立团吴团长说：“要对付这样坚固的工事，我迫击炮连早就准备好了充足的炮弹，叫他们吃不了兜着走！”

李团长和吴团长支持说：“好，请你们炮兵开道！”

陈树对任兆宗大吼一声：“任连长，你有办法的，对付北关阁子，杀鸡用牛刀——狠狠地砸！”

第108回 攻克安丘

任兆宗打了一个军礼：“早等着这一天呢！一定要为弟妹报仇。我的炮弹要是再不用，以后就是想用，恐怕也没地方使了。”任兆宗转身对炮连发出命令：“全连注意，每炮10发，目标北关阁子，连续射击。放——”

如今的迫击炮连为9门82毫米迫击炮，3门90毫米迫击炮，12发炮弹一拨，这一拨还没落下，那一拨又飞上天空。肉眼看到天空上，就和布满了一排排黑乌鸦似的。“哐哐哐哐……”这边的炮兵阵地上，响起了连续炮弹出膛的声音。

不远处的北关阁子上，火光闪闪，一团团火光形成一片，满阁楼冒起一团大金光。“轰轰轰轰……”的爆炸声震耳欲聋，浓浓的黑烟飞上天空，使整个北关阁子笼罩在死亡之中。

几十秒的时间，每炮10发炮弹很快放完。时间越短，发射频率越高，对敌人的伤害越大，躲都没时间躲。北关阁子又一次“闭嘴”，和个死物一样，没有一点儿生息，又像蒸熟的馒头，冒着徐徐的热气。

我主攻3营和安丘独立团，又一次向敌人发起猛攻。进攻的战士呐喊着，扛着梯子，越过壕沟，像潮水一般朝北关阁子冲去。敌人的轻机枪、步枪又响了，相比第一次已薄弱多了，我们的重机枪、轻机枪也射向敌人，压制着敌人的火力。

爆破队冒着敌人的不断射击，把大药量的炸药包放在阁子下面。“轰轰轰轰——”随着一阵阵轰响，北关阁子一处处坍塌，幸存的敌人没被炸死，也被活埋了。

战士们冲上去，北关阁子终于被我们占领。

我主攻部队，迅速推进到北门城下。北门距敌人的指挥机关“西北围子”只有二三百米，所以敌人在这里的防守最为严密。北门阁楼的平顶上，敌人设置了炮兵阵地，有3门大炮和7门迫击炮组成，说打哪里就打哪里，对城墙上的敌人进行强有力的火力支援。

和阁楼相连，还有一圈又高又厚的城墙，北门外有3米多宽的护城河，河上的桥头建有多个桥头堡，周围还有不少暗堡。如果步兵一旦进攻，将会受到敌人密集火力网的交叉射击。

“嘿嘿！”陈树对李团长和吴团长说：“敌人的炮兵是厉害，

可惜啊，是一些死物，不能来回活动，这不是等着挨炸吗！”

李团长和吴团长说：“你们武工队有炮兵，先把敌人的炮兵干掉！”

陈树点了点头，立刻对任兆宗说：“就看你们的了。”

任兆宗一声令下：“每炮 2 发，目标北城楼敌人炮兵阵地。射击——”

“哐哐哐哐……”24 发迫击炮弹向着城楼上敌人的炮兵阵地飞去。敌人又犯了一个大错误，炮兵设在城楼上好是好呀，射击直接目测了，说打哪就打哪，可是不能挪动呀，直接成了挨打的靶子。

这 24 发炮弹，最起码有 15 发射中了敌人的炮兵阵地。大炮散架，零件乱飞，士兵被炸得支离破碎，飞向各处，再拼个完尸都不容易。炮兵完了蛋，城下的地堡、暗堡也不好受，迫击炮对着敌人的碉堡群射击起来。一座座碉堡、地堡被掀翻，碉堡里的敌人不是被炸死，就是被活埋。

迫击炮停止射击后，攻城部队借着夜色来临，扛着梯子，越过护城河，炸药包、手榴弹一齐上，摧毁了敌人残余的炮楼、地堡，竖上梯子上了城墙，在轻重机枪的掩护下，终于占领了北门，全歼了北门守敌。

在攻克外城东门和南门的过程中，担任攻城部队的 26 团也遭到了敌人疯狂的反击，但战士们英勇顽强，前仆后继，终于将东门、南门攻下，未被歼灭的敌人龟缩到内城西北围子内。攻城部队也付出了沉重代价，9 师 26 团副团长黄奇士在指挥东门的战斗中壮烈牺牲。

5 日黎明时分，攻城部队在攻破内城北、东、南三门后，突入城内，经过激战，扫清了城内的碉堡工事，残敌全部退入到西北围子。9 时许，攻城部队完成对西北围子的包围，使敌人成了“瓮中之鳖”。

西北围子里筑有坚固的炮楼，周围有两米高的石墙，墙外有纵横交错的战壕，附近的民房早已全部改建成防御工事，户户相通，连为一体。工事外又修了一条宽 3 米，水深 1 米的防护壕，壕底下布有铁蒺藜，壕外还有密集的铁丝网和鹿砦。

敌人还有“发明创造”，把一些步兵炮和迫击炮装在炮楼里，使火炮和轻重机枪连为一体，组成强大的火力网，阻止攻城部队的进攻。

我攻城部队从北、东、南向西北围子逼近，突破鹿砦和铁丝网，越过防护壕，再占领纵横交错的战壕，直接攻到了石墙前面。

陈树对李团长和吴团长说：“防护壕啊，战壕啊，碉堡啊都不可怕，可怕的是这道石墙，足有半米厚，我们的炮弹根本打不透。打不通石墙，就没法攻下西北围子。”

李团长咬着牙：“只有使用我们的土办法，大药量的炸药包了。”

吴团长攥着拳头：“就是用炸药包炸，也要把这道石墙炸开！”

在迫击炮、轻重机枪的掩护下，我爆破队开始抱着炸药包，一拨拨的朝上冲，前面的倒下了，后面的继续上。敌人也是豁上了，知道要是丢了这道石墙，西北围子内就会被穿插、分割，然后一口口被吃掉。

石墙上的枪眼一个挨着一个，每一个枪眼里都往外喷吐着子弹和枪膛摩擦的火光，火力密集，交叉射击，组成了一张密不透风的子弹网。

上百名的爆破队员牺牲在这道石墙前面，但还是接近不了这道石墙。

曹班生看在眼里，急在心里，眼睛里充满着血丝。他到了陈树跟前咆哮着：“这样打下去不行啊，我们就是全死光了，也到不了石墙根前！”

“你说咋办？”陈树比他更着急。

“别叫任兆宗撒胡椒面了，就照着三十米的一段地方打，我们就趴在石墙根前，炮声一停，立刻扑上去，放炸药包，看他们快，还是我们快！”

陈树阴沉着脸：“办法是好，只是太危险！”

曹班生大声地吼叫着：“舍不得孩子套不住狼！什么时候了，哪顾那么多。要不我们就全部死在这里，要不我们就把敌人全灭了，没有什么可选择的！”

陈树点了点头：“还是我去吧，你们留下。”

“等我死了吧，还轮不到你！”曹班生大叫一声，立刻布置去了。

曹班生召集步兵二连，进行全连动员大会：“同志们，这道石墙阻挡在我们面前，炸毁石墙冲进去，我们就胜了。如果炸不毁石墙，困在这里前功尽弃。我们尽量靠前，迫击炮轰击后我们立刻冲上去，放置大药量炸药包，炸他娘的破石墙。我死了，由一排长代理我指挥二连。”

一排长立刻表态：“我死了，由二班长指挥全排。”

二班长也表示：“我死了，由李一民代替我指挥。”

全体干部，个个安排后事，要冒死一搏。

二连立刻运动到最前面，战壕离着石墙也就有四五十米。陈树看在眼里，急在心里，大声地呼喊着：“危险，请你们往后退一退。”

曹班生不理陈树的碴，往后扬了扬手，意思是开炮。

陈树眼睛都红了，闭上眼睛，低下了头，命令炮连任兆宗：“向着曹班生连前面的石墙，左右别超过 30 米，开炮——”

任兆宗怎么能看不清前面的情况，他大吼一声：“四弟，前面危险，请往后靠一靠。”

“你瞎叫唤什么，叫你开炮你就开炮！”曹班生大吼道。

任兆宗只好对全连下了命令：“炮连注意，目标，曹班生连前面的石墙，抬高仰角，尽量打石墙后面的敌人。左右别超过 30

米，每炮 3 发，开炮——”

可是任兆宗等了一会儿，并没有听到炮响。原来炮连的战士面面相觑，哪一个也不敢贸然开炮。一个排长终于忍不住了，对命令提出了质疑：“任连长啊，曹班生连离着石墙太近，误伤了咋办？”

“是啊，这个炮我们打不了！”“不能打着我们的同志。”士兵们纷纷提意见。

任兆宗火了，挥舞着手枪大吼道：“谁叫你们打我们的同志，我说是打石墙后面的敌人。丑话说到前头，谁要是打着我的四弟，我先把他的头掐下来当尿壶！”

战士们不说话了，纷纷在试炮，迫击炮就有这么个好处，能大仰角曲射。几颗炮弹射向天空，然后从高空中落下来，砸在石墙后面。“轰轰——”几颗炮弹落过，战士们获得了新数据，然后落弹点再往后靠，终于有一些炮弹砸在了最为靠近石墙的后面。

这是极其危险的，稍有不慎，就可能落在曹班生的连队里。

石墙后面的敌人被炸得纷纷倒毙。有几颗炮弹落在石墙上，只是掉下来一些石头块子和石粉沫沫，根本炸不塌石墙。

炮声一停，曹班生大手一挥：“前进——”亲自抱起一个 40 斤重的炸药包向前冲去，排长、班长各自抱着炸药包紧紧跟随。硝烟稍微一散，敌人的轻重机枪，迫击炮和步枪立刻射击起来，战士们倒下一片。

但曹班生和几个班排长的炸药包终于放在了石墙上面。点上导火索，曹班生领着人迅速往后滚，中途又被敌人的机关枪打中不少。

“轰轰轰——”随着几声巨响，大地在震撼，红中透白的火光闪烁，巨大的浓烟冲上天空。烟雾散尽，石墙上出现了几个巨大的豁口，不用说，石墙后面的敌人不是被炸死，就是被震死了。

曹班生大喊一声：“冲啊——”立刻率领着残余的战士向前冲去。远处，敌人的碉堡仍然在疯狂地射击着，但左右，除了稍远处的敌人射击外，近处已听不到敌人的枪声了。曹班生连还算幸运，终于占领了一段石墙，为后面的部队抢占了有利地形。

曹班生松了一口气，笑了：“孙松山啊，看你还往哪里跑！”

第109回 孙松山与白玫瑰

就在这时候，几颗流弹飞来，击中了曹班生的胸膛，顿时血流如注。陈树和陈明义也带着一连冲过来，看到四弟受伤，陈树一把抱住他，掏出急救包，想给他堵住伤口。但这是重机枪子弹所伤，根本止不住血，鲜血像泉水似的往外涌。

曹班生紧紧地抓住了陈树的胳膊：“抓住孙松山，一定要为小青嫂子报……仇！”说完，溘然去世。

陈树一辈子见过死人无数，几乎变得麻木，但这一次真让他动了感情，眼泪夺眶而出，好久好久止不住。他默默地咬着牙说：“四弟啊，放心吧！我一定要为小青，还有五弟、六弟、七弟，还有所有的同志们报仇！”

25团和安丘独立团也靠了上来，立刻向西北围子发起强攻。敌军感到固守待援已经无望，只好组织兵力从圩墙的西北角突围。我9师27团和柘山乡、召忽乡的两个民兵连，早已在那里等候多时，将突围的敌人大部分击毙在护城河中，侥幸没死的也做了俘虏。

对西北围子里的残敌，攻城部队实施勇猛进攻与政治攻势相结合，迫使他们缴械投降。国民党山东省参议员李致民、诸城保安大队长李贤斋等700官兵被击毙，安丘县长潘杰民及国民党官兵2500人被俘虏。

另缴获八二炮5门，迫击炮10门，长短枪3000余支，轻重机枪90余挺，战马20余匹。

5日中午，经坊子、潍县分6路南援安丘的国民党46师188旅562团、564团及章天佐部孙玉田团，与打援部队在安丘城北发生激战，被毙伤百余人，其余溃退。

城内也在抓紧打扫战场，对于我们的巨大胜利，陈树没挂在心上，他最关心的是孙松山和一些叛匪的下落。地委和县委给潍安武工队的重要任务是，“解放安丘城后，要千方百计活捉叛徒孙松山和他的那些帮凶，为死难烈士报仇！”

陈树给全体武工队下的命令是“活要见人，死要见尸”。为了配合武工队的行动，县委还动员了叛匪的家乡，伏戈庄、官庄村、戴家庄、永贞村的民兵，在死尸堆里翻，在俘虏群里找，就是藏在石头缝里，也要把他们剔出来。

奇怪的是，找了一天，死尸堆里，俘虏群里找遍了，竟然没有找到一个叛匪骨干。

潍安武工队的主要干部，马上在一块儿商量情况。原来的结义兄弟七人，目前只剩下了三人，陈明义、任兆宗的心里非常难过，陈树的心里更不好受：“昨天四弟还在，怎么现在就不在了！还有小青，还有曹金、王凌云、郑西伦，他们一个个离我们而去，到天上享福去了！”

“还有潍安武工队的这些同志们，换了一茬又一茬，多少人在战斗中牺牲了。”陈明义悲痛地说。

“无论如何要找到孙松山这些叛匪，不能叫他们这么便宜就溜了。”任兆宗咬着牙根恨恨地骂。

“这些人啊，”陈明义叹了一口气，“知道自己作孽太重，可能早就逃了。情报恐怕不准！”

“抓不住他们，没法给小青和淮安县的陈克、刘铭这些人一个交代！他们能跑到哪里去呢？”陈树在思索着。

“死人堆里，活人俘虏都找了好几遍，就是腚眼子也早摆布出屎来了，怎么就找不到他们呢？”任兆宗发着脾气。

一种灵感突袭袭上陈树的脑子："死人没有，俘虏没有，伤兵里可没找过呀！是不是他们混到伤兵里了？"

陈明义脑子也被激活了："有枣没枣打三竿子。走，找找去！"

弟兄三人，叫上伏戈庄的民兵，立刻向医院找去。医院里既有我方伤员，也有敌人伤兵，认识孙松山的民兵，在伤兵里一个个地寻找。陈树发现一个伤兵，脸上包裹得严严实实，像是受了重伤，但是看到来了生人，赶紧扭过了头。

既然是伤兵，还怕见人吗？异常的举动，引起了陈树的怀疑，陈树走过去，问："哪里受的伤？"

伤兵指了指自己的嗓子，意思是说不出话来。

脸上受伤，没看到脖子有伤啊，还影响到嗓子，这就更叫人怀疑了。伏戈庄的民兵走了过来，看了看伤员说："孙松山，就是扒了皮，也认得你的骨头！"

陈明义和任兆宗一拥而上，扭住了孙松山，又揭开了他脸上的纱布。原来他没有大伤，只是脸上擦破了一块皮。陈树左右开弓，一边扇着大耳刮子，一边骂道："这巴掌是小青的，这巴掌是陈克的，这巴掌是刘铭的，这巴掌是巫景全的，这巴掌是四弟的，这巴掌是……"

孙松山被扇得金星乱冒，头嗡嗡作响，很快就没了知觉。

陈明义赶紧阻止陈树说："三弟呀，他要是死了，没法抓别人了，也没法公审了。你先歇歇吧！"

陈树他们继续寻找其他匪徒的下落，别人没找到，倒找到白玫瑰了。白玫瑰躺在病床上，胸部挨了两颗子弹，受了重伤，看来离死期不远了。输液瓶还在输着液体，我方医院按照政策，尽量地挽救敌方俘虏的生命。

陈树有许多谜团，要问白玫瑰，白玫瑰也愿意在最后时刻见到陈树，直勾勾的眼睛盯着陈树。陈树问："白科长，白部长，叫你什么好呢？你曾经说过一句话，叫我感受很深，党派之争不过是兄弟之间打架，而民族矛盾才是大是大非问题。你曾经帮助过我，我深受感动，在位期间，没有对我们动手，我们也感谢你。可是为什么又要叛变投敌呢？”

白玫瑰平静地说道：“这没有什么好奇怪的，日本投降了，党派矛盾就是大是大非的问题了。”

陈树终于明白白玫瑰叛变的真正原因，点了点头：“我明白了。”

白玫瑰又哀求陈树说：“陈树呀，我敬重你的人品，今有一事相求，能不能帮个忙？”

“你说吧，什么事？”陈树问道。

白玫瑰忍着伤痛说道：“我的家庭你可能知道，父亲是外交官，“五卅”惨案中被日军杀害，我将要随他而去，只是家中还有一个老母亲，如果你以后有权，能不能照顾一下？”

陈树想了想：“看来你还是个孝女，如果我有这个权力，将尽力而为。”

“谢谢了，我相信你说到做到。”白玫瑰对陈树的帮助非常感谢。“也不能白叫你帮忙，这里还有一个秘密，告诉你，刺杀方华的人别找了，就是我。”

陈树大吃一惊，金焰临死前，写了一个“小”字，以后百思不得其解。这个小字是什么意思呢？现在想来，突然悟出，因为白玫瑰个子矮，是不是“小个子”的头一个字呢。

白玫瑰突然大叫一声：“你是我爱慕的男人，今世已了，来世再见吧！”她以奇特的动作，突然打碎输液瓶，拿起破碎的瓶子，朝伤口上用力一插，本来就重创的伤口顿时血流如注，就是神仙也救不活她了……

11 月 6 日晨，国民党 96 军暂 14 师与 46 师 188 旅及章天佐的 10 团、特 1 团等共 8 个团的兵力，在飞机的掩护下，分 3 路再度向打援部队反扑，被我 4 师阻于安丘城桥北头与汶河两岸，激战两昼夜，打援部队毙、伤敌600余人，俘虏100人。

前线指挥部决定，为了摆脱目前被动局面，命令部队于7日晨7时主动撤出战斗，转移阵地，安丘城再为国民党军占领。此战我军获得巨大胜利，被称为“一一·五”大捷。

对孙松山的审问也在抓紧进行，当问到参加景芝叛乱其他骨干的下落时，孙松山只好说道，孙华堂、董志华、陈金祥、赵凤鸣这些人，迫于家庭和八路军双重方面的压力，知道自己作孽太重，人民不会放过他，先后脱离军队，逃往外地，过着生不如死的逃亡生活。

当然躲过初一，躲不过十五，这些骨干分子陆续在今后几年中，先后落网，受到了应有的惩罚。

经上级批准，孙松山被押回景芝镇，召开万人大会进行公审。会上淮安县政府公安局宣布了孙松山的罪行，受害家属血泪控诉后，当场处决了这个罪大恶极的叛徒。

陈树也接到了地委通知，把他调到华东建大二校，和一些同志一道，准备参加迎接城市解放和进城接管工作。

安丘冬天的黎明，阳光如万道金箭穿透云彩射向大地，陈树牵着乌骓马，与送行的家人和同志告别。陈树从老爹的怀里接过小建，亲了一口，对父亲说：“爸爸，你受累了，小建还得你照管。等我们接管了城市，一定让全家人到城里享福！”

陈传吉笑了笑：“等着这一天呢！你们翅膀都硬了，能飞的就飞吧！我老了，走不动了，守着你妈和小青就埋在咱祖坟里了。”

小建搂着陈树的脖子舍不得撒开：“爸爸，还等着你回来讲战斗故事呢。我都讲给小伙伴听了，他们也等着我继续往下讲呢！”

大哥陈文昌和二哥陈平又对三弟嘱咐了一番。

陈树把小建交给了爸爸，然后紧紧地拉着陈明义和任兆宗的手说：“大哥、二哥，潍安武工队就交给你们了。如果四弟、五弟、六弟、七弟在，他们也会来送我的！”

陈明义拿出了景芝老烧，灌满了七个大碗：“当初我们下里戈庄七兄弟，偷偷出走，参加八路，现在我们七兄弟仍在，干——”

陈明义拿起那四个碗，替曹班生、曹金、王凌云、郑西伦把酒撒在了安丘这片热土上，然后和任兆宗、陈树一饮而尽。

“这世我们是兄弟，来世我们还是兄弟！”陈树跨上乌骓马，两腿一夹，那马长嘶一声，撩开四蹄，向着太阳初升的地方，尽力奔去。枯草、落光叶子的树木、近处的房屋，飞快地向后面退去。陈树的脑子浮现出：

楚家洼子战斗中，曹金班长像一个皮球似的滚过去，半道上，中了几弹，但他还是忍着剧痛，继续前进，滚到了敌人跟前，抛出了一颗手榴弹。潍北柳科之战中，王凌云连续拼死了两个鬼子，最后被一个鬼子刺倒。唐王山苦战中，郑西伦双腿中弹，控制不住，一个前扑，滚下山去。攻克安丘中，几颗流弹飞来，击中了曹班生的胸膛，顿时血流如注……

潍县郊外，国民党士兵挖好了坑，坑边上站着淮安县的十几名干部，陈克、巫景全、刘铭、李青等。李青不被敌人的劝降所动，十几个人被推下坑去，传来陈克等人激昂的高呼：“共产党万岁！”“中国人民必胜！”“坚决打倒国民党反动政府！”声音渐渐微弱……

陈树的眼角滴下两滴晶莹的泪珠，阳光把大地染得一片血红！

后 记

自2015年秋末，我开始采访、搜集、整理和构思这部小说，当我一次又一次走在潍坊到安丘的这片热土上，就会心痛不止，眼泪就会止不住地流出来。我的眼前仿佛出现父亲陈澍和他的老战友张守仁、张泽民叔叔及下里戈庄一起参军的十二位生死相依的好伙伴（有五位已寻不到他们的名字）。现在我终于写完了最后一个字，心里才终于长长地松了一口气。

感谢山东作协陈文东及创联部全力支持，感谢安丘文联张海涛主席、安丘党史研究室李树杰主任、安丘史志办郎潮同志热情介绍安丘的历史，提供市志资料并把他写的作品赠我。还感谢安丘作协周庆武、刘孝山、刘春山、于朝阳等同志的帮助和支持，感谢会员赵启光亲自开车去父亲当年战斗的地方实地考察，感谢安丘作家王洪德、孙树贵、王凤鸣、李建明等的热情接待。

在本书的写作过程中，我和韩济生同志，衷心感谢济南周三读书会李炳锋主席热情为本书题写书名，读书会文友提出宝贵修改意见，特别感谢周三读书会秦义玲老师牺牲宝贵时间为本书指出语言及标点错误。在此一并致谢！